本报告出版获教育部人文社会科学研究青年基金项目

（项目号：20YJC780005）资助

三原天井岸建筑遗址

2015~2019 年考古发掘报告

西北大学文化遗产学院
陕 西 省 考 古 研 究 院
咸阳市文物考古研究所　编著
三 原 县 文 化 和 旅 游 局

文物出版社

北京·2024

图书在版编目（CIP）数据

三原天井岸建筑遗址——2015~2019年考古发掘报告 /
西北大学文化遗产学院等编著. --北京：文物出版社，
2024. 7. -- ISBN 978-7-5010-8474-6

Ⅰ. K878.35

中国国家版本馆CIP数据核字第2024E1A166号

三原天井岸建筑遗址

——2015~2019年考古发掘报告

编　　著：西北大学文化遗产学院
　　　　　陕西省考古研究院
　　　　　咸阳市文物考古研究所
　　　　　三原县文化和旅游局

责任编辑：杨冠华
责任印制：张　丽
封面设计：程星涛

出版发行：文物出版社
社　　址：北京市东城区东直门内北小街2号楼
邮　　编：100007
网　　址：http://www.wenwu.com
经　　销：新华书店
印　　刷：北京荣宝艺品印刷有限公司
开　　本：889mm×1194mm　1/16
印　　张：31.5　　插页：1
版　　次：2024年7月第1版
印　　次：2024年7月第1次印刷
书　　号：ISBN 978-7-5010-8474-6
定　　价：520.00元

Sanyuan Tianjing'an Architectural Relics

Archaeological Excavation Report from 2015 to 2019

edited by

School of Cultural Heritage,Northwest University

Shaanxi Provincial Institute of Archaeology

Xianyang Municipal Institute of Cultural Relics and Archaeology

Cultural and Tourism Bureau of Sanyuan County

Cultural Relics Press

Beijing · 2024

逐光，在路上

焦南峰

一　使命

去年年底，西北大学文化遗产学院薛程老师来找我，请我为西北大学文化遗产学院、陕西省考古研究院、咸阳市文物考古研究所及三原县文化和旅游局合作调查、发掘、编写的《三原天井岸建筑遗址——2015~2019年考古发掘报告》写个序，并强调说，这是段清波教授离世前在病床上的遗言。

说心里话，我是想婉言谢绝的，因为以我的学识和研究经历，对"天齐公祠""五帝祠"这样的大型祭祀类遗址，虽有想法，也被动地有过举措，但整体的把握和认识还只是"雾里看花""盲人摸象"。因为，无数事实证明：面对此类事情，藏拙是最明智的选择。

然而，世间的许多事常常没有选择的余地。清波教授的遗言对我来讲，可以说是一种使命；就像考古是使命，"这辈子，除了考古我没想过要做别的事情"的清波教授一样。虽然我算是他的师兄，也曾忝任他的领导。

二　"哥德巴赫猜想"

1988年，咸阳市文物普查队在三原县嵯峨镇天井岸村发现一处汉代建筑遗址群。根据《中国文物报》1989年4月21日《咸阳文物普查又获重大成果》的披露，该遗址区西侧为一直径约260米的巨型圆坑，东侧分布有4座高大的建筑台基，台基周围散布有大量的秦汉砖瓦残片。普查队的学者根据文献记载，认为此处遗址应该是秦汉"池阳宫"遗址。

1992年4月20日，"池阳宫"遗址被列为陕西省重点文物保护单位。

1993年10月，陕西省文物保护技术中心秦建明、张在明、杨政等在对文物普查成果进行复查时，对天井岸遗址进行了考古调查、勘探和测绘。

1995年3月，秦建明、张在明等在《文物》月刊上发表《陕西发现以汉长安城为中心的西汉南北向超长建筑基线》一文，认为天井岸遗址中的天井坑遗址可能是《汉书·地理志》中记载的"天齐公祠"，五处夯土台体建筑可能是《汉书·地理志》中记载的"五帝祠"遗址，两处遗址均为西汉皇家礼制建筑遗址。同时，秦建明、张在明等采用地理测绘方法发现，以天井坑为北部起点，向南依次经过清河大回转段、汉长陵、汉长安城，最南到达子午谷存在一条长约 74 公里的超长基线。

2007 年，刘瑞在《文史》发表《西汉长安城的朝向、轴线及布局思想》一文，对秦建明等提出的超长南北向基线提出异议，认为从子午谷的设立时间、天井坑以及五处夯土台基的性质等方面系统推理，目前还不能贸然断定这条超长建筑基线的存在及其出现、沿用时间。

一个硕大无比的巨型圆坑，五座呈"十字形"排列的夯土台基，"天齐公祠""五帝祠"，两千多年前一条长约 74 公里的超长基线的存在与否？使包括清波教授和笔者在内的许多学者对天井岸遗址产生了诸多疑问和兴趣。

在老同学张在明、秦建明的威胁、蛊惑下，我也曾在他们复查期间安排雍城考古队王林带领勘探技工张毅、张旭东前往天井岸勘探，试图发现一个巨大的天外陨石，以解决天井岸圆坑是天然还是人工的关键问题。可惜运气不好，探铲断在地下近二十米处，加上手头拮据，只好铩羽而归。

天井岸遗址一时似乎成为陕西文物界的"哥德巴赫猜想"。

三 "夸父"

清波教授 1988 年到陕西省考古研究所工作，当时我因患胃溃疡从雍城考古队回到所里任资料室主任。由于年龄差距不大，性格相似，又是校友，加上研究领域及兴趣基本一致，他经常到我的办公室看我和王胡子（王占奎）、金宪镛、李增社等下棋、斗嘴，海阔天空地瞎聊。1995 年初，我担任了秦汉研究室主任兼汉阳陵考古队队长，聘请时任秦始皇陵考古队副队长（队长是考古所书记、副所长吴镇烽老师）的清波做我副手；2001 年 5 月我接任韩伟先生任考古研究所所长，他也正式成为秦始皇陵考古队的队长。2009 年，清波调任西北大学文化遗产学院，我也离开了考古研究院的领导岗位。后来在清波担任西北大学文化遗产学院副院长、院长时，我成为他麾下的"临时工"。从 1988 年到 2019 年，我们作为校友、同事、朋友、互为上下级整整 31 年。

在我看来，清波教授不仅"志存高远、敢为人先、自强不息、执着奉献"。在工作中，他勇于担当，能打硬仗，堪称"拼命三郎"。从秦始皇帝陵铠甲坑、文官俑坑、水禽坑、百戏俑坑的发掘，到地宫、陵西陪葬墓的探测；乃至临急受命，出任陕西和甘肃历代长城调查队队长；他都能身先士卒，竭尽全力，合理统筹，排除种种困难，出色圆满地完成各项调查、勘探、发掘工作。在学术研究方面，他基础深厚，涉猎广泛，眼光独到，勤于著述。他有关秦始皇陵陪葬坑、外藏系统、"中成观游"、独立陵园制及其所反映的中央集权政体、文明宇宙观等系列文章，思路宏观，新见迭出，影响较大。他主持秦始皇帝陵的物探考古调查——"863"计划秦始皇陵物探考古，利用综合地球物理方法、高光谱遥感技术、高精度重力测量技术等对秦始皇陵地宫、封土进行探测；他参与主持秦始皇陵区出土2000年前秦人颅骨、颌骨、牙齿的体质人类学研究，显示出他对多学科协作、科技考古的深刻理解和巨大期望。他主持调查、编著的《陕西省明长城资源调查报告》"陕西战国秦长城调查与研究""历代长城文化遗产研究方法创新初探""文化遗产视域下的中国长城及其核心文化价值"等十多部（篇）则是其临急受命、超负荷工作的丰硕回报，等等，不一而足。

为了圆考古的梦想，清波成了新的时代的"夸父"。

四　绝知此事要考古

2008年，为了庆祝陕西省考古研究院成立五十周年，我和清波等合作撰写《陕西秦汉考古五十年综述》时，清波正式提出了去西北大学文化遗产学院工作的调动意向。此前老同学王建新已经就此事征求过意见，当时我已经下了辞去考古院院长职务的决心，于是就顺水推舟地签署了同意清波调任西北大学文化遗产学院的申请报告。

2010年，清波担任了西北大学文化遗产学院副院长，经常找我这个已经成为其麾下"临时工"的"游侠"开会、答辩、聊天、吃饭。大约是2014年春天吧，我在陕西省考古研究院办完退休手续不久，他来到我办公室，用较为正式的口吻问我当年天井岸遗址勘探的起因、经过、结果以及对启动新一轮工作的看法。在详细介绍了天井岸遗址勘探情况之后，我转述了我和张在明、秦建明以及王胡子占奎等多次聊天、争吵后基本一致的认识：（1）天井岸遗址面积大、遗存多，应运用大遗址考古的思路、方法，长时段、大投入，坚持不懈；（2）遗址选址、布局、造型涉及地质学、天文学、建筑学、数学、考古学、历史学等，要注重多学科协作，大力开展科技考古工作；（3）天井坑的成因和五个夯土台基的"十字形"布局是两个核心问题，应为主攻目标。

最后我用刁难的口气说：难、费钱、花时间、结局……无言。

清波笑着反诘道：看不起谁？你老焦西汉帝陵能做二十年！田亚岐坚持雍城三十年！我老段天井岸也能干几十年！一个字：探、挖、整！

五　上路

2015年，西北大学文化遗产学院、陕西省考古研究院、咸阳市文物考古研究所、三原县文化和旅游局天井岸联合考古队在遗址首次调查、勘探、测绘后的二十多年后，在领队段清波的带领下重新对天井岸建筑遗址进行了持续、系列的考古工作。

2015~2016年，联合考古队对天井岸建筑遗址所在的核心区域即整个天齐塬进行了系统的考古调查，对三原、泾阳、淳化等县区诸多可能为秦汉时期的建筑遗址进行了全面系统的调查，调查面积约2000平方公里，复查了八处秦汉时期建筑遗址，基本清楚认识了天井岸建筑遗址周边秦汉建筑遗址分布与保存状况。

2016~2017年，联合考古队对天井岸建筑遗址进行了全面的考古勘探。

2018年6月至2019年持续对五座夯土台中的东夯土台、西夯土台进行了考古发掘。

2019年10月13日，因清波教授的离世，天井岸遗址考古研究历程的第二阶段戛然而止。

短短的五年，联合考古队对以天井岸遗址为中心的渭河北侧张家坳遗址、官道村遗址、惠家村遗址、西独冢村遗址、下常社遗址、柳家湾遗址、口镇宫殿遗址、贾河滩遗址等10处遗址进行了调查，部分了解了秦汉渭北地区遗址的分布，丰富了上述遗址的文化内涵。

联合考古队调查天井岸遗址，勘探面积达210万平方米，初步确定遗址面积约160万平方米，基本了解了天井坑以及五处夯土台遗址的具体形制，采集了瓦当、板瓦、筒瓦、"回"纹砖等大量具有西汉特点的建筑遗物，判断出具有明显西汉中晚期纹饰与制作特点的遗物占采集遗物中的大部分，西汉早期遗物发现较少。

勘探还发现天井坑遗址坑最底部的直径长约110米，现存坑内耕土层表面向下5米处有一宽2米的环形平台，环形平台的直径长约154米，地平面开口直径约220米，三圆直径比值约为5∶7∶10。这与北大秦简《鲁九次问数于陈起》中陈起构建的"三方三圆"宇宙模型基本相似。考古队推测天井坑遗址三个圆分别内接三个正方形，外切两个正方形，形成一个"三方三圆"的嵌套结构。

勘探发现，天井坑遗址东侧的夯土台遗址共5处，呈梅花桩式分布于天齐塬中部。中夯土台中心距西夯土台中心569.7米，距东夯土台中心571.6米，距南夯土台中心573.6米，距北夯土台中心570.6米。

勘探、发掘发现天井岸遗址的五座夯土台建筑平面形制基本一致，中心为夯土台，外有方形或圆形围沟，围沟内外多有坑状遗存。夯土台基础均近似方形，规模基本一致，边长22.5~26米。

短短的五年努力，联合考古队在《考古》《文物》《考古与文物》《中国科技史》等刊物已经发表了《陕西三原县天井岸汉代建筑遗址第一次发掘简报》《陕西三原天井岸汉代礼制建筑遗址调查勘探简报》《陕西三原天井岸汉代礼制建筑遗址（天井坑遗址）勘探简报》《陕西省三原县、泾阳县秦汉行宫遗址调查简报》《陕西三原天井坑遗址坑底结构的天文意义初探》《天井坑的结构与功能》《陕西三原县天井岸汉代礼制建筑遗址中颜料的科技分析》等简报和论文。今天，一部资料翔实，图文并茂，论述有据，结论基本合理的调查、勘探和发掘报告待刊稿又呈现在我们眼前。

六　在路上

断断续续浏览了两遍，又选择重点章节看了又看，《三原天井岸建筑遗址——2015~2019年考古发掘报告》的学术价值主要体现在以下几点。

（1）确认了天井坑遗址东侧五座夯土台建筑的梅花桩式分布的宏观布局，发现了遗址浓郁的祭祀性特征，基本确定了遗址"五帝祠"的文化属性。

（2）根据遗址地层学和遗物的类型学研究确认遗址主要遗存可分为西汉早期和西汉中晚期两个阶段，为天井岸遗址各类遗存的认识界定了时间框架。

（3）联合考古队与中国科学院地球环境研究所古环境研究室孙有斌团队合作，在天井坑现坑底采用了干压式打钻方法，布设 5 个岩芯钻孔。根据任军莉博士对三原天井坑两个 30 米岩芯的年代学、磁化率、亮度、平均粒度等特征分析表明，天井坑应形成于天坑地表以下 23.8 米处，形成时间约为 6000 年前，极有可能是全新世中期强季风降水和强地震事件共同作用的结果。

（4）联合考古队与西北大学科学史高等研究院合作，在勘探资料的基础上，测绘出天井坑上、中、下三圆直径比值约为 5：7：10，并以此与北大秦简《鲁九次问数于陈起》中构建的"三方三圆"宇宙模型进行比较，推测出天井坑遗址三个圆分别内接三个正方形，外切两个正方形，形成一个"三方三圆"的嵌套结构，并进而认为天井坑遗址在修建时可能遵循了"三方三圆"宇宙模型理念。同时还根据天井坑遗址物理结构判断其应该还具有观天功能，可能是当时长安地区用于观象授时的地平式日晷。

（5）联合考古队在众多自然科学家研究的基础上，根据考古资料和历史文献勾勒出从西汉统治者为了建造大型的祭祀场所，选择和利用了天井坑优越的地理位置及独特的自然形态；到王莽新朝灭亡后，祭祀场所废弃，天井坑回归自然的一条可闭合演变链条。合情合理，较为可信。

然而，在取得丰硕研究成果的同时，由于考古工作的戛然而止，难以避免地存在一些问题需要进一步深入探索。例如：

（1）天井坑上、中、下三圆的直径是自然存在？还是人工设定？如何能使其比值恰好约为 5：7：10？中圆环形平台的台面是人工整理的吗？天井坑北侧的斜坡道，"依据坡度推算斜坡道全长约 145 米"。其两端是如何确定的？有考古资料证实吗？等等。有一些数据仅仅依靠考古勘探是无法得到的，需要考古发掘才能解决问题。

（2）应加强以秦汉尺度为标准的统计学研究。根据陕西咸阳汉景帝阳陵、陕西西安汉长安城南郊礼制建筑、甘肃礼县四角坪秦代礼制建筑的发掘研究资料分析，天井岸遗址的五座夯土台建筑平面设计尺度似乎为秦汉十丈（23.1 米），五座夯土台建筑的间距规划尺度或为秦汉二百四十丈（554.4 米）。此外建筑材料的秦汉规制也应进入研究重点领域。

（3）报告中有些问题的讨论和认识应与相似或相近遗址进行比较研究，详细论述。

天井岸遗址发现 35 年了，考古研究的历程也经过了两个阶段。成果非常丰硕，待确认问题还有许多。"哥德巴赫猜想"的猜想依旧还是猜想。考古在路上。

七 "逐光"的"夸父"

2020 年 1 月 15 日，新浪微博"挖啥呢"Vol.72 ｜ "2019 年离去的文博名家，我们想念您"栏目披露了我在重感冒之时抄袭《山海经》改写的纪念段清波教授的一段短短的文字。原文抄录如下：

《山海经》中有"夸父逐日"的记载。在我的眼里，清波教授就是"逐光"的"夸父"。

清波说过："这辈子，除了考古我没想过要做别的事情。它是我生命中的光，照亮了我一生的梦想。"

为了圆考古的梦想，清波成了新时代的"夸父"……"与日逐走，入日；渴，欲得饮，饮于河，渭；河，渭不足，北饮大泽。未至，道渴而死。弃其杖，化为邓林。"

谨以此文为《三原天井岸建筑遗址——2015~2019 年考古发掘报告》序。

谨以此文为"段清波教授五周年祭"。

2024 年 6 月 4 日夜

于陕西省考古研究院白鹿原考古基地

目　录

插图目录

彩版目录

彩版一五八　　云纹瓦当

彩版一五九　　云纹瓦当

彩版一六〇　　云纹瓦当

彩版一六一　　云纹瓦当

彩版一六二　　云纹瓦当

彩版一六三　　云纹瓦当

彩版一六四　　云纹瓦当

彩版一六五　　云纹瓦当

彩版一六六　　云纹瓦当

彩版一六七　　云纹瓦当

彩版一六八　　云纹瓦当

彩版一六九　　"千秋万岁"瓦当

彩版一七〇　　"千秋万岁"瓦当

彩版一七一　　"千秋万岁"瓦当

彩版一七二　　"千秋万岁"瓦当

彩版一七三　　"千秋万岁"瓦当

彩版一七四　　"千秋万岁"瓦当

彩版一七五　　"千秋万岁"瓦当

彩版一七六　　"千秋万岁"瓦当

彩版一七七　　"千秋万岁"瓦当

彩版一七八　　"千秋万岁"瓦当

彩版一七九　　"千秋万岁"瓦当

彩版一八〇　　"千秋万岁"瓦当

彩版一八一　　"千秋万岁"瓦当

彩版一八二　　"千秋万岁"瓦当

彩版一八三　　"千秋万岁"瓦当

彩版一八四　　"千秋万岁"瓦当

彩版一八五　　"千秋万岁"瓦当

彩版一八六　　"千秋万岁"瓦当

彩版一八七　　"千秋万岁"瓦当

彩版一八八　　"千秋万岁""长生未央"瓦当

彩版一八九　　"长生未央"瓦当

彩版一九〇　　"长生未央"瓦当

第一章　引言

第一节　地理环境与文献记载

陕西省三原县位于关中平原中部，古称池阳，因境内有孟侯原、丰原、白鹿原而得名。三原县位于西安市以北40公里处，东与临潼、富平、阎良相连，南与高陵接壤，西临泾阳、淳化，北靠铜川、耀州。三原县地处北纬中纬度，属暖温带大陆性季风气候，年降雨量平均537.6毫米。县区属于渭河冲积平原的一部分，系渭河二级阶地，由地堑式构造盆地经渭河冲积而成（彩版一，1）。

天井岸建筑遗址位于陕西省咸阳市三原县嵯峨镇天井岸村，东南距三原县城15公里，遗址中心坐标北纬34°42′35.3″，东经108°53′11.7″，海拔约600米（图一-1）。天井岸村位于天齐塬东段，西靠三社、槐树坡村，北与河西、樊河、坡间相连，东以杨社水泥厂、张岳村为界，西与嵯峨山遥遥相望。天井岸村地处鄂尔多斯地台南缘褶皱带上，整体地貌以台原为主，气候属暖温带大陆性季风半干旱气候区。天井岸建筑遗址所处的天齐塬属于传统意义上的渭河三级阶地，塬面由北向南倾斜，塬边有锯齿形沟壑，沟谷多呈"V"形（彩版一，2）。天齐塬海拔约860米，该塬地势平坦，土壤流失严重，植被覆盖较少。农作物主要以小麦、玉米、绿豆等为主。

文献中有关三原的记载主要以唐代为主。《元和郡县图志》卷第一《关内道一·京兆府上·三原》载：三原县，次赤。西南至府一百一十里。本汉池阳县。巀嶭山在今县西北六十里，苻秦于此山北置三原护军，以其地西有孟侯原，南曰丰原，北曰白鹿原。后魏太武七年罢，改置三原县，属北地郡。明帝孝昌三年，萧宝夤逆乱，毛洪宾立义栅捍贼，永安元年于此置北雍州，洪宾为刺史，亦谓之洪宾栅，其故城在县北五十五里。又割北地郡之三原县于此置建忠郡，以旌其功。隋开皇三年，罢郡，以县属雍州[1]。《通典》卷第一七三《州郡三·古雍州上·京兆府》载：今之雍州……周之旧都，平王东迁而属秦，始皇以为内史地。汉高祖初属塞国，后更为渭南郡，寻罢，复为内史，武帝分为右内史，后更分京兆尹……后汉因之……魏改尹为守，

---

[1]（唐）李吉甫：《元和郡县图志》，中华书局，1983年，第7、8页。

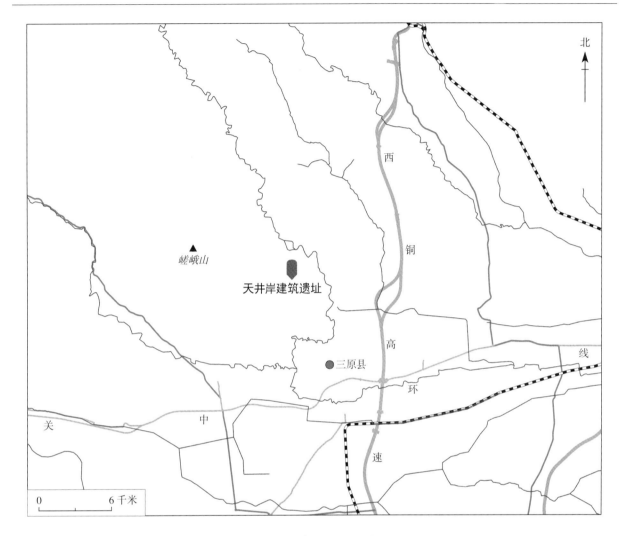

图一—1　天井岸建筑遗址位置图

后改为秦国，后复为京兆国。晋为京兆郡，兼置雍州……后周复为京兆尹。隋初置雍州，炀帝改为京兆郡。大唐初复为雍州，开元元年改为京兆府。凡周、秦、汉、晋、西魏、后周、隋，至于我唐，并为帝都……其间王莽、更始、刘曜、苻坚、姚苌，亦都于此……今号西京……领县二十三：万年……长安……鄠……蓝田……咸阳……礼泉……三原。汉池阳县地。苻坚于巀嶭山北置三原护军。后魏罢护军，置三原县。巀，才薛反。嶭，五结反[1]。《旧唐书》卷三八《志第十八·地理一·关内道》载：三原隋县。武德四年，移治清谷南故任城，改为池阳县。六年，又移故所，改为华池县，仍分置三原县，属北泉州。贞观元年，废三原县，仍改华池县为三原县，属雍州。九年，置高祖献陵于县之东南。天授元年，改隶鼎州。大足元年，隶京兆府[2]。《新唐书》卷三七《志第二十七·地理一·关内道》载：京兆府京兆郡，本雍州，开元元年为

---

[1]（唐）杜佑：《通典》，中华书局，1988 年，第 4508、4509 页。

[2]（后晋）刘昫：《旧唐书》，中华书局，1975 年，第 1396、1397 页。

府。厥贡：水土稻、麦、黐、紫秆粟、隔纱、粲席、韡毡、蜡、酸枣人、地骨皮、樱桃、藕粉。天宝元年领户三十六万二千九百二十一，口百九十六万一百八十八。领县二十。万年……长安……咸阳……兴平……云阳……泾阳……三原，次赤。武德四年曰池阳，六年曰华池，析置三原，隶泉州，贞观元年省，复华池曰三原。永康陵在北十八里，献陵在东十八里，庄陵在西北五里，端陵在东十里[1]。《资治通鉴》卷第二六三《唐纪七十九·昭宗圣穆景文孝皇帝中之下·天复二年》胡三省注："宋白曰：三原县，本汉池阳县地，苻坚于巀嶭北置三原护军，以其地南有鄷原，西有孟侯原，北有白鹿原，是为三原。后魏太平真君七年，罢护军，置县。"[2]《长安志》卷第二〇《县十·三原》载："三原县。本汉池阳县之地。案池阳县，惠帝四年置。前秦苻坚于巀嶭山北置三原护军，以其地南有鄷原，西有孟侯原，北有白鹿原，是为三原。后魏太武太平真君七年，罢护军，置三原。三原县，属北地郡。周地图记曰："孝明孝昌三年，萧宝寅逆乱关右，毛洪宾立义栅捍贼，庄帝永安元年，于此置北雍州，洪宾为刺史，俗谓之洪宾栅。其故城在县北五十五里。又徙县于清水谷。……周武帝建德二年，郡废，以三原县隶冯翊郡，今县治西北三十一里三原故城是。隋开皇三年，以县隶雍州。唐武德四年，徙治清谷南故汪城，改为池阳县。六年，又徙故所，改为华池县，仍分置三原县，隶北泉州。贞观元年，废三原县，改华池为三原县，隶雍州。后唐同光元年，隶耀州。"[3]《太平寰宇记》卷之三一《关西道七·耀州·三原县》载：三原县，正南五十里。旧二十四乡，今十四乡。本汉池阳县地，始因苻坚于巀嶭山北置三原护军，以地南有鄷原，西有孟侯原，北有白鹿原，是为"三原"。后魏太平真君七年罢三原护军，置三原县，属北地郡。明帝孝昌三年，萧宝夤逆乱，毛洪宾立义栅捍贼。永安元年于此置北雍州，洪宾为刺史，俗呼洪宾栅，其故城在县北五十五里；又割北地郡之三原县于此置建忠郡，以旌其功。隋开皇三年罢郡，以县属雍州。后唐割属耀州[4]。《大明一统志》卷之三二《陕西布政司·西安府上》载："三原县。在（西安）府城南九十里。本汉池阳县地。晋时苻秦置三原护军，以其地在清鄷原、孟侯原、白鹿原间，故名。后魏改为三原县，属北地郡，后周属冯翊郡，隋初属雍州。唐初改为池阳县，又改华池县，仍置三原县，属北泉州。贞观初废三原县，改华池为三原，属雍州。五代唐属耀州，宋金元仍旧。本朝改今属。编户三十一里。"[5]《陕西通志》卷之七《土地七·建置沿革上·陕西等处承布政使司·西安府》载："三原县。上古为皇帝铸鼎之地。周为焦获地。《诗》曰：'整居焦获。'郭璞以为瓠中，今三原是。秦为汤杜。《括地志》云：雍州三原有汤陵，又有汤台。盖成汤之胤亳王所都，故曰汤杜。始皇时属北地郡。汉为池阳县，属京兆郡。应劭曰：'在池水（南）之阳，故名。'

[1]（宋）欧阳修、（宋）宋祁：《新唐书》，中华书局，1975年，第961、962页。
[2]（宋）司马光：《资治通鉴》，中华书局，1956年，第8687页。
[3]（宋）宋敏求、（元）李好文：《长安志·长安志图》，三秦出版社，2013年，第589、590页。
[4]（宋）乐史：《太平寰宇记》，中华书局，2007年，第662、663页。
[5]（明）李贤、万安等：《大明一统志》，巴蜀书社，2017年，第1538页。

东汉因之，属左冯翊。晋复为池阳县，属扶风郡。苻坚于巀嶭山北置三原护军，以其地有东、中、西三原，故名……南北朝后魏罢护军，置三原县，属北地郡。孝明诏析北地郡之三原为建忠郡，已旌毛氏兄弟捍贼之功。后周郡废，仍为三原县，属冯翊郡。今县治东北三十里故城是也。隋因之，隶京兆郡。唐初徙清水谷南，复为池阳县。又徙故所，改为华池县。仍置三原县，隶北泉州。贞观初废三原县，改华池为三原。属京兆府。五代唐属耀州。宋、金俱因之，属京兆府。元至元二十四年，徙县于龙桥镇今治，属耀州。皇明仍为三原县。弘治三年，三原民巨海奏称本县为耀州所辖，往复劳费不便。户部提准，遂直隶西安府。编户三十一里，今三十"[1]。

《读史方舆纪要·卷五十三　陕西二·西安府上·三原县》载："三原县，府北九十里。西至耀州九十里，西南至醴泉县百十里。汉池阳县地，苻秦置三原护军，以其地在清鄜原、孟侯原、白鹿原间，故名。后魏废。西魏置三原县，属北地郡。后周置建中郡，建德初郡废，县属冯翊郡。隋属京兆郡。唐武德二年改为池阳县。六年改曰华池，复分置三原县，属北泉州。贞观初废三原县，而改华池为三原，属雍州，天授初改隶鼎州，大足初仍隶京兆府。五代唐属耀州，宋以后因之。明弘治四年改今属。城周九里有奇。编户三十四里。"[2]

从以上文献记载可知，三原县原属于汉惠帝四年设置的池阳县，隶属于北地郡。十六国时苻坚在嵯峨山以北设置护军而被载入历史，因为嵯峨山周边分布有丰原、孟侯原、白鹿原所以称为三原护军。北魏太平真君七年废三原护军，设三原县，隶属于北雍州。武德六年改华池县，贞观元年，恢复三原县治。

嵯峨山在关中地区作为一处地标性自然山体，在历史文献中的记载也主要是以地理标志物作为记载（彩版二，1）。《史记》卷一一七《司马相如列传第五十七》裴骃集解：汉书音义曰："九嵕山在左冯翊谷口县西。巀嶭山在池阳县北。"[3]《汉书》卷五七上《司马相如传第二十七上》颜师古注："九嵕山今在醴泉县界。巀嶭山即今所谓嵯峨山也，在三原县西也。"[4]《资治通鉴》卷第七《秦纪二·始皇帝下·三十五年》胡三省注：关中有南山、北山：自甘泉连延至巀嶭、九嵕为北山；自终南、太白连延至商岭为南山[5]。《太平寰宇记》卷之三一《关西道七·耀州·三原县》载：天齐原，在县西北二十五里，西连巀嶭山……巀嶭山，自云阳县界连亘，事解在彼县（彼县指云阳县）[6]。《太平寰宇记》卷之三一《关西道七·耀州·云阳县》载：巀嶭山，在（云阳）县东北十里。一名慈峨山，俗名嵯峨山。王褒云阳宫记："东有慈峨山，今土人谓之嵯峨山。

［1］（明）赵廷瑞、（明）马理、（明）吕柟：《陕西通志》，三秦出版社，2006 年，第 259、260 页。
［2］（清）顾祖禹：《读史方舆纪要》，中华书局，2005 年，第 2573 页。
［3］（汉）司马迁：《史记》，中华书局，2013 年，第 3641 页。
［4］（汉）班固：《汉书》，中华书局，1962 年，第 2554 页。
［5］（宋）司马光：《资治通鉴》，中华书局，1956 年，第 245 页。
［6］（宋）乐史：《太平寰宇记》，中华书局，2007 年，第 663 页。

顶上有云起即雨，里人以爲候。昔黄帝铸鼎于此山。"^[1]（宋云阳县在今泾阳县境内）《类编长安志》卷之六《山水》："〔嵯峨山〕一名巑岏山，在云阳县东北十里，东西二十五里，南北二十里。《汉书》：巑岏山在池阳县北。师古曰：俗呼嵯峨山是也。音截豁。《云阳宫记》曰：东有慈峨山。盖又名慈峨。《四夷郡县记》曰：山顶有云起即雨，人以为候。昔黄帝铸鼎于此山。"^[2]《雍大记校注》卷之九《考迹》：巑峩山，一名巑崕山，在泾阳县东北十里，东西二十五里，南北二十里^[3]。

从以上有关嵯峨山的记载可知，嵯峨山在九嵕山以东，汉池阳县位于嵯峨山以南，汉云阳县位于嵯峨山西南十里处。以嵯峨山为地标进行的文献记载为我们研究当时渭北主要的遗迹分布提供了重要资料。文献中记载黄帝曾铸鼎于此，相传鬼谷子曾经在嵯峨山传授兵法，这些记载从侧面说明了嵯峨山在当时社会以及人们的心中有着非常崇高的位置。

天井岸村位于嵯峨山西南麓的天齐塬（原）上，天井岸遗址也均位于天齐塬的中南部。天齐塬（原）史书记载最早出现在唐《元和郡县图志》中，至今天齐塬（原）名称从未改变，仍被称为天齐塬。《元和郡县图志》卷第一《关内道一·京兆府上·三原》载：天齐原，在（三原）县西北二十五里，上有天齐祠^[4]。《太平寰宇记》卷之三一《关西道七·耀州·三原县》载：天齐原，在（三原）县西北二十五里，西连巑崕山^[5]。《长安志卷》第二〇《县十·三原》载：天齐原。在（三原）县西北二十里，连巑岏山，上有天齐祠^[6]。《类编长安志》卷之七《原丘》载：天齐原，在三原县西北二十里，连巑岏山，上有天齐祠^[7]。《雍大记校注》卷之九·考迹》：天齐原，在三原县北二十里，连巑崕山，因原上古有天齐祠，故名^[8]。《陕西通志》卷之二《土地二·山川上·西安府》：三原县嵯峨山在县西北四十里，古名荆山。其东为县之毛坊，其北为县之大盘、小盘、杜寨，又西北为旧县。山西有冶水，东有清水，皆自西北来，而会于东南。山有五峰，秀丽如笔架形，故又名笔架山。山东峰凡冒云即雨，否则虽阴不雨。山在天齐高原之上，特出云表。登其巅则泾、渭、黄河举在目前，视秦中如指诸掌矣。其西逾冶水为中山，逾泾水为九嵕。其东麓有坪为马圈，有峰为尧门山，无峰为西原，逾清水为中原，逾浊水为东原。又东为断原，峨山之麓尽矣。右西、中、东三原，县之所由名也……西原以在清水西。一名天齐原，以高名。一名七里原，计其里名^[9]。从以上文献可知，天齐塬名称由来主要是在汉代天齐塬上

［1］（宋）乐史：《太平寰宇记》，中华书局，2007 年，第 665 页。

［2］（元）骆天骧：《类编长安志》，中华书局，1990 年，第 170 页。

［3］（明）何景明：《雍大记校注》，三秦出版社，2010 年，第 115 页。

［4］（唐）李吉甫：《元和郡县图志》，中华书局，1983 年，第 8 页。

［5］（宋）乐史：《太平寰宇记》，中华书局，2007 年，第 663 页。

［6］（宋）宋敏求、（元）李好文：《长安志·长安志图》，三秦出版社，2013 年，第 592 页。

［7］（元）骆天骧：《类编长安志》，中华书局，1990 年，第 208 页。

［8］（明）何景明：《雍大记校注》，三秦出版社，2010 年，第 120 页。

［9］（明）赵廷瑞、（明）马理、（明）吕柟：《陕西通志》，三秦出版社，2006 年，第 59、60 页。

分布有"天齐祠",因此得名。

从以上对三原、嵯峨山、天齐塬名称由来的文献梳理可知,三原县因其北侧分布有三座土原而得名,嵯峨山自在文献中出现,就被命名为嵯峨山,至今名称一直未变。《楚辞·淮南小山》:"山气巃嵸兮石嵯峨,溪谷崭巖兮水曾波。"嵯峨一词,本身形容山势高峻,被称为嵯峨山,应该是因为山体挺拔的嵯峨山与关中平原平坦低洼的地形形成鲜明的对比,从而被命名为嵯峨山。天齐塬名称的由来应该就是因为这一片土塬上分布有天齐祠而被命名,并一直沿用。综上,对天井岸建筑遗址地域范围内地名文献的梳理可知,天井岸建筑遗址所属区域在汉唐时期也属于京兆之地,拥有深厚的历史文化底蕴,这对讨论天井岸建筑遗址的性质具有重要的参考意义。

第二节　历史沿革与发现简史

天井岸建筑遗址主要由天齐塬西南侧的天井坑和天齐塬中南部的五处夯土台遗址组成(图一–2)。天井坑位于天齐塬西南侧临近断崖处,平面近圆形,北侧部分向外凸出,坑边沿由上向下逐渐向内倾斜,现存地表部分剖面呈圜状,坑底平坦,均为耕地。五处夯土台呈东、南、西、北、中正方向分布,各夯土台正方向距离约500米,北侧夯土台因20世纪60年代造田运

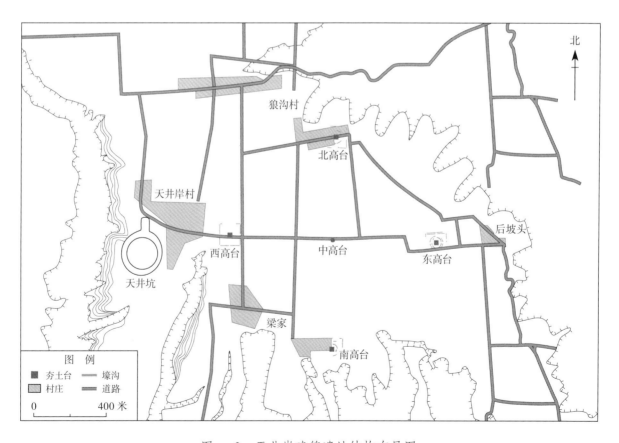

图一–2　天井岸建筑遗址结构布局图

动被完全破坏，仅保留部分地基遗存，其余夯土台主体保存相对完整（彩版二，2）。

天井岸建筑遗址虽然距汉长安城遗址仅 35.8 公里，但是有关天井岸建筑遗址的报道以及研究直至上世纪第二次文物普查后才陆续展开。在此之前，有关天井岸建筑遗址系统的考古工作并没有开展。在天井岸建筑遗址的考古调查与发掘中，因为没有发现带有文字等可以明确进行性质判断的遗物，所以对本遗址的具体性质还无法立即判断。

天井岸建筑遗址由咸阳市文物普查队首次发现于 1989 年，该次调查大致确定了遗址的范围，东西南北各长约 1500 米，此外发现有 5 座高大的建筑台基，周围散布有大量的砖瓦残片，当时推测可能为秦汉"池阳宫"遗址[1]，并于 1992 年 4 月 20 日被列为陕西省重点文物保护单位[2]。1993 年，陕西省文物保护技术中心的秦建明等对天井岸古遗址进行了考古调查，调查认为天井岸古遗址中的天井坑遗址可能是《汉书·地理志》中记载的"天齐公祠"，五处夯土台体建筑可能是《汉书·地理志》中记载的"五帝祠"遗址，两处遗址均为西汉皇家礼制建筑遗址。同时，秦建明等采用地理测绘方法发现，以天井坑为北部起点，向南依次经过清河大回转段、汉长陵、汉长安城，最南到达子午谷存在一条长约 74 公里的超长基线[3]。这是首次有关天井岸建筑遗址较为详细、系统的考古调查与研究，也是首次将天井岸建筑遗址相关学术研究观点向学术界公布。至此，学界开始陆续关注天井岸建筑遗址相关考古调查与研究工作。刘瑞在《文史》发表的"西汉长安城的朝向、轴线及布局思想"一文中，对秦建明等提出的由天井坑至子午谷存在一条超长南北向的基线存在异议。其从子午谷的设立时间、天井坑以及五处夯土台基的性质讨论等方面进行了系统的推理，认为目前还不能贸然承认存在这条超长的建筑基线，以及其出现时间和沿用时间[4]。段清波在《汉长安城轴线变化与南向理念的确立——考古学上所见汉文化之一》一文中赞同秦建明的观点，认为这条超长基线形成于西汉晚期，是西汉晚期南向理念形成的标志之一[5]。虽然学者们对天井岸建筑遗址及其相关内容进行了探索，但是因为缺乏系统的考古发掘，所以学者对天井岸建筑遗址的性质讨论争议较大。

2015 年起，西北大学文化遗产学院联合陕西省考古研究院、咸阳市文物考古研究所、三原县文化和旅游局对天井岸建筑遗址进行了系列的考古工作。2015~2017 年，在领队段清波的带领下，联合考古队对天井岸建筑遗址进行了系统的考古调查。本次调查主要对天井岸建筑遗址所在的核心区域以及整个天齐塬进行了考古调查。通过此次调查，本团队对天井坑以及五处夯土台

[1] 咸阳文物普查队：《咸阳文物普查又获重大成果》，《中国文物报》1989 年 4 月 21 日。
[2] 樊延平：《咸阳文物古迹大观》，三秦出版社，2007 年，第 56 页。
[3] 秦建明、张在明、杨政：《陕西发现以汉长安城为中心的西汉南北向超长建筑基线》，《文物》1995 年第 3 期，第 5~9 页。
[4] 刘瑞：《西汉长安城的朝向、轴线及布局思想》，《文史》2007 年第 2 期，第 94 页。
[5] 段清波：《汉长安城轴线变化与南向理念的确立——考古学上所见汉文化之一》，《中原文化研究》2017 年第 2 期，第 31 页。

遗址的具体形制有了清楚的认识，并且在遗址区内采集了大量具有西汉特点的建筑遗物，如瓦当、板瓦、筒瓦、"回"纹砖等。从遗物占比方面判断，具有明显西汉中晚期纹饰与制作特点的遗物占采集遗物总量中的大部分，西汉早期遗物占比较少。通过对采集遗物的特点分析，以及结合天井坑和五座夯土台的地表形制特点，综合历史文献记载，本团队初步认为天井坑可能是西汉早期设立的"天齐祠"遗址的一部分，五座夯土台遗址可能为西汉中期设立的"五帝祠"遗址（彩版三、四）[1]。

2016~2017年，本团队对天井岸建筑遗址进行了全面的考古勘探，勘探范围主要集中在遗址分布的天齐塬及其周边区域，勘探面积210万平方米，初步确定遗址面积约160万平方米。通过此次勘探本团队对天井岸建筑遗址遗迹分布与保存情况有了全面的了解，包括天井坑和五处夯土台遗址的形制特点及基本组合（彩版五）。

2018~2019年，西北大学文化遗产学院联合陕西省考古研究院、咸阳市文物考古研究所开展了对天井岸建筑遗址的持续性考古发掘。2018年6~8月对东夯土台台体南侧以及东南侧进行了考古发掘，清理出台体南侧部分台基以及台体东南侧的两条圜形壕沟，并对夯土台台体表面的四分之一进行了清理。台体南侧台基部分发现柱础遗迹，柱础宽0.25~0.3米，柱础外侧地面有厚0.02~0.03米的踩踏面，台体夯层厚0.08~0.15米。夯土台体外侧两重壕沟形制规整，整体呈西南—东北走向，沟内填土堆积清晰，壕沟剖面呈"U"形，与勘探结果基本吻合。双重壕沟在正对台体东、西、南、北处断开，应该为当时进出的门道。东夯土台在发掘过程中出土了部分云纹瓦当、文字瓦当以及大量筒瓦、板瓦、铺地砖等具有明显西汉特征的建筑遗物（彩版六、七）。

2018年11~12月，本团队以探沟试掘的形式在西夯土台南侧与西侧布设探沟两条，并以勘探报告数据为基础，在西夯土台外侧方形壕沟处布设探沟，一方面是为了对西夯土台台基结构进行清理，一方面则为了进一步印证勘探报告中西夯土台周围遗迹分布的准确性。从勘探报告可知，西夯土台主要由夯土台以及外侧方形壕沟组成。通过对西夯土台台体西、南侧的发掘可知西夯土台台基保存较好，柱洞、铺砖印记、踩踏面等遗迹清晰可见，散水、增筑夯台等建筑形制清楚。台基柱础间隔2.18~2.45米，柱础宽0.25~0.43米，南侧夯土台基壁面发现有白色墙帐，台体南侧分布有散水遗迹，西夯土台台基明显有二次增筑痕迹。台体正对东、南、西、北四个方向分别分布有门道。台体外侧壕沟剖面呈圜形，沟内填土分层明显，沟壁有脚窝。西夯土台周围发掘出土了"长生未央""千秋万岁"等瓦当以及大量素面砖、"回"纹铺地砖、外绳纹内布纹板瓦、外绳纹内布纹筒瓦等建筑遗物。在2018年发掘的基础上，本团队2019年又对西夯土台周围进行了考古发掘，在台体南侧发现了卵石铺设的散水，以及在台体西侧探方文化层

---

[1] 西北大学文化遗产学院、咸阳文物考古研究所：《陕西三原县天井岸村汉代礼制建筑遗址调查简报》，《考古与文物》2017年第1期，第46~50页。

中发现了瓦砾倒塌形成的二次堆积现象。除此之外，此次发掘还出土了大量板瓦、筒瓦、铺地砖等建筑遗物（彩版八～一〇）。

自 2015~2019 年，本团队对天井岸建筑遗址进行了一系列的考古调查与发掘。虽然目前只是对 5 座夯土台中的东、西夯土台进行了重点的考古发掘，但从五座夯土台整体分布特征以及地表采集遗物等因素分析，五座夯土台的建造时间应该属于同一时期或相差时间较短。在对天井岸建筑遗址进行的勘探工作中并未在遗址区内发现墙垣或连续性夯土遗迹，所以本遗址的具体性质还需进一步商榷[1]。通过对天井岸建筑遗址现场遗迹以及出土遗物的判断，本团队初步认为该遗址可能是西汉时期一处规模较大的礼制性建筑遗址，对其具体性质的讨论将在后面章节中系统展开。

---

[1] 天井岸建筑遗址一直被认为是池阳宫遗址，但并不具备宫殿遗址的基本建筑特点，因此对该遗址性质的科学认识还需要系统的考古发掘与研究。

第二章　渭北秦汉建筑遗址考古调查

　　2015 至 2017 年，西北大学文化遗产学院联合陕西省考古研究院以及咸阳市文物考古研究所，先后对天井岸建筑遗址及其周边区域进行了系统的考古调查。本联合团队进行的一系列考古调查工作，主要想达到两个目的：一、调查清楚天井岸建筑遗址区域内地面遗迹的具体范围与分布规律，对天井岸建筑遗址的基本特点有初步的了解和认识；二、对天井岸建筑遗址周边的秦汉建筑遗址进行系统全面的调查。通过这种大视角范围的调查，明确天井岸建筑遗址与周边秦汉建筑遗址的分布关系，以及搞清楚周边秦汉建筑遗址的基本分布特点，为讨论天井岸建筑遗址的具体性质提供更多的参考资料。

第一节　调查背景

　　本次对渭北秦汉建筑遗址进行系统的考古调查，主要是以三原天井岸建筑遗址的考古工作为基础。三原天井岸建筑遗址位于嵯峨山东南麓、三原县北部的天齐塬上，此处刚好位于关中平原北部黄土高原边沿处。1989 年，咸阳市文物普查队在三原县嵯峨乡天井岸村发现一处汉代建筑遗址群。遗址区西侧为一直径约 260 米的巨型圆坑，东侧分布有 4 座高大的建筑台基，台基周围散布有大量的砖瓦残片。发现者根据文献记载，认为此处遗址应该是秦汉"池阳宫"遗址[1]，遂该遗址于 1992 年以"池阳宫"之名被列为陕西省重点文物保护单位[2]。1993 年，陕西省文物保护技术中心秦建明、张在明等对三原天井岸建筑遗址进行了测绘与调查，指出存在一条南起秦岭子午谷，经汉长安城安门大街、汉高祖长陵，北至天井岸遗址西侧"天井坑"的建筑基线，提出天井坑（天齐）可能象征"天极"以法天，东侧的夯土台基可能象征"太微垣"，由此推测天井岸遗址可能为西汉时期的皇家礼制建筑遗址（图二–1）[3]。同时，秦建明等推测天井坑遗址应该是史书中记载的"天齐祠"遗址，五处夯土台遗址应该是史书中记载的"五帝祠"

[1] 咸阳文物普查队：《咸阳文物普查又获重大成果》，《中国文物报》1989 年 4 月 21 日。

[2] 樊延平等：《咸阳文物古迹大观》，三秦出版社，2007 年。

[3] 秦建明、张在明、杨政：《陕西发现以汉长安城为中心的西汉南北向超长建筑基线》，《文物》1995 年第 3 期，第 4~15 页。

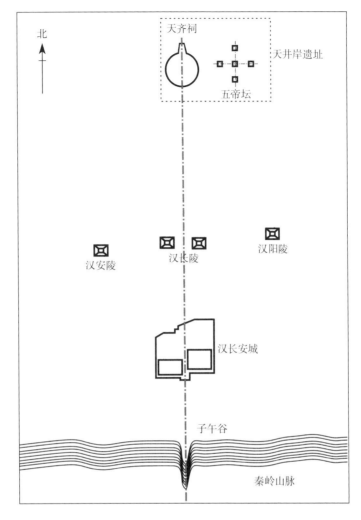

图二-1　汉长安城南北基线示意图

（据秦建明《陕西发现以汉长安城为中心的西汉南北向超长建筑基线》图一改绘）

遗址。这是学界在将天井岸遗址命名为池阳宫后首次提出不同的观点。那么天井岸建筑遗址到底是何性质，则需要系统性深入的考古调查与发掘。

池阳宫为渭河北岸一处重要的宫殿建筑，池阳县又以宫为名，二者在西汉时期有着重要地位。由于各种因素，今人对池阳县、池阳宫所在的位置仍是众说纷纭。除天井岸遗址外，多位学者均提出了不同的地望，如姜宝莲认为池阳宫在今天泾河以南，即泾阳县的二杨庄汉代建筑遗址[1]；孙相武认为今耀州区小丘镇独家村遗址为池阳宫[2]。后史念海撰文认为池阳宫不应该在今耀州区境内，但未提出新的地点[3]；吴镇烽则认为今泾阳县北宝峰寺遗址为汉代池阳县

［1］姜宝莲：《池阳宫位置考》，《陕西历史博物馆馆刊》第九辑，2002年。

［2］孙相武：《秦直道调查记》，《文博》1988年第4期，第15~20页。

［3］史念海：《直道和甘泉宫遗迹质疑》，《中国历史地理论丛》1988年第3期，第45~84页。

所在地[1]。此前的论证和考古调查均集中于讨论池阳宫的名位问题，对周边秦汉宫殿遗存并未进行全面的调查与梳理。第三次文物普查延续了前人"池阳宫"的判断，认为天井岸遗址面积较大，堆积丰富，形制特殊，地表采集的诸多遗物均表现出典型的汉代特征，符合秦汉时期高等级建筑的一些基本特点，但并未提供新的证据，由此得出的结论在一定意义上仍然缺少明确的说服力。

为了搞清楚天井岸遗址的基本布局特点以及与秦汉时期渭北地区高等级建筑遗址的分布关系，本团队在对三原天井岸建筑遗址进行考古工作的同时，对渭北地区秦汉建筑遗址进行了系统的考古调查，希望从整个渭北地区秦汉建筑遗址的分布讨论天井岸建筑遗址的基本性质以及池阳宫可能存在的位置。

秦汉时期关中地区的行宫星罗棋布，其中渭北地区作为都城通向东北、西北和北方地区交通要道行经之处，宫殿的数量尤为众多。较为著名的即有秦望夷宫、林光宫和汉甘泉宫、祋祤宫等，既有秦汉两代各自营建的宫殿，也有"秦宫汉葺"更名后继续使用者。宫殿的选址和营建受到地理环境、交通条件、军事战略、意识形态等众因素的影响，所以多选择靠近交通要道，且又具有一定军事战略意义的地方。

渭北主要指渭河以北平原区域以及以九嵕山为主的部分山岭地带，主要包括礼泉、淳化、泾阳、三原以及耀州等区县。这一区域位于秦咸阳城、汉长安城的北部，是通往北方必经的交通要道，也是皇室选择修建行宫庭苑的主要地域。甘泉宫、池阳宫等著名宫殿遗址均分布在渭北地区。除了近几年考古工作者对几处规模较大、保存相对完整的宫殿遗址进行过深入的考古调查外，整个渭北地区还分布有大量未被系统调查的秦汉建筑遗址。因此，对渭北地区秦汉建筑遗址进行系统的考古调查，有利于本团队对渭北秦汉建筑遗址建造特点以及分布规律等有具体认识。

渭北秦汉建筑遗址主要位于当时的谷口县与池阳县境内，对这两处行政区域相关的历史文献的梳理，有利于本团队对渭北秦汉建筑遗址的分布以及天井岸建筑遗址是否就是池阳宫做出科学的判断。秦汉时期的渭北主要设谷口县与池阳县。文献中记载设立谷口县的时间应早于池阳县。谷口因近泾河出山谷之口处而得名，常常作为白渠的起点进行记载。《史记·河渠书》记载："令凿泾水自中山西邸瓠口为渠"，索隐曰："瓠口即谷口，乃郊祀志所谓'寒门谷口'是也。与池阳相近，故曰'田于何所，池阳谷口'也。"[2]《两汉纪·孝武皇帝纪》记载："赵中大夫白公穿渠，引泾水，首起池阳谷口，尾入栎阳注渭中。广袤一百里，溉田四千五百余顷。"[3]此地又相传为黄帝升仙之处，因此谷口又常出现于汉代的祭祀活动中。《史记》索隐引《汉旧

[1] 吴镇烽：《秦汉谷口县考》，《陕西史志》2005 年第 5 期，第 22~24 页。

[2] （汉）司马迁：《史记》，中华书局，2013 年，第 1690、1691 页。

[3] （汉）荀悦：《两汉纪》，中华书局，2002 年，第 260 页。

仪》记载："祭参、辰星于池阳谷口，夹道左右为坛也。"[1]《汉书·郊祀志》记载"其后黄帝接万灵明庭。明庭者，甘泉也。所谓寒门者，谷口也"，颜师古注"寒门谷口"曰："谷口，仲山之谷口也，汉时为县，今呼之治谷是也。以仲山之北寒凉，故谓此谷为寒门也。"[2]部分文献将池阳与谷口合称，表明汉代谷口县与池阳县的位置可能较为接近。

关于谷口县的具体地望，文献中的记载主要有徐广注《史记·孝武本纪》记载："《河渠书》凿泾水自中山西"，索隐曰："此山在冯翊谷口县西，近九嵕山，土人呼为中山。"[3]《汉书·淮南衡山济北王传》孟康注曰："谷口在长安北，故县也，处多崄阻。"[4]《汉书·地理志》"谷口，九嵏山在西。有天齐公、五床山、仙人、五帝祠四所"[5]。此条记载较为全面地表示了谷口县和九嵕山的相对位置关系，同时还记载在县境内有"天齐公、五床山、仙人、五帝祠"等具有祭祀性质的设施。《后汉书》记载："更始邓王廖湛将赤眉十八万攻嘉，嘉与战于谷口"，注曰："谷口，县，故城今醴泉县东北四十里。"由以上记载可以看出，多数文献对谷口县具体地望和县境的记载主要是以九嵕山为参考。九嵕山在礼泉县境，颜师古注《汉书·司马相如传》曰："九嵕山今在醴泉县界。巀嶭山即今所谓嵯莪（嵯峨）山也，在三原县西也"[6]，《新唐书·太宗本纪》记载唐太宗在九嵕山修建陵墓，即为唐昭陵之所在[7]，今昭陵东距泾河谷口约9公里，距泾阳县口镇约21公里，距嵯峨山主峰约30公里，其山仍名为九嵕山。所以今九嵕山及其余脉嵯峨山区域在当时应该还是属于谷口县管辖范围之内。

池阳县以宫为县名，在文献记载中出现的频率也比较高。《史记》卷九八《傅靳蒯成列传第三十八》张守节正义："雍州泾阳县西北三里池阳故城是也。"[8]《汉书》卷二八上《地理志第八上》："左冯翊……户二十三万五千一百一，口九十一万七千八百二十二。县二十四：高陵……栎阳……翟道……池阳，惠帝四年置。巀嶭山在北[9]。池阳条下应劭注：'在池水之阳。'"[10]北周建德三年（574年），并池阳县入泾阳县。《汉书·宣帝纪》中记载："（神爵三年）上自甘泉宿池阳宫，上登长平坂"[11]。又有《后汉书·章帝纪》记载，"（上）又幸长平，御池阳宫"[12]，《后汉书》卷五《孝安帝纪第五》李贤注：池阳，县，故城在今泾阳

［1］（汉）司马迁：《史记》，中华书局，2013年，第1646页。

［2］（汉）班固：《汉书》，中华书局，1962年，第1228、1229页。

［3］（汉）司马迁：《史记》，中华书局，2013年，第586页。

［4］（汉）班固：《汉书》，中华书局，1962年，第2141页。

［5］（汉）班固：《汉书》，中华书局，1962年，第1545页。

［6］（汉）班固：《汉书》，中华书局，1962年，第2254页。

［7］（宋）欧阳修、（宋）宋祁：《新唐书》，中华书局，1975年，第37页。

［8］（汉）司马迁：《史记》，中华书局，2013年，第3267页。

［9］（汉）班固：《汉书》，中华书局，1962年，第1545页。

［10］（汉）班固：《汉书》，中华书局，1962年，第1545页。

［11］（汉）班固：《汉书》，中华书局，1962年，第271页。

［12］（南朝宋）范晔、（唐）李贤：《后汉书》，中华书局，1965年，第144页。

县北也[1]。《后汉书》卷七二《董卓列传第六十二》李贤注：池阳，县，故城在今泾阳县西北[2]。《魏书》卷一百六下《地形志二下第七·雍州》：咸阳郡。领县五。石安。石勒置。秦孝公筑渭城，名咸阳宫。有四皓祠、安陵城、杜鄠亭、窦氏泉、周文王祠。池阳。郡治。二汉属左冯翊，晋属扶风，后属。有郑白渠[3]。《晋书》卷一四《志第四·地理上·雍州》：扶风郡。汉武帝以为主爵都尉，太初中更名右扶风。统县六，户二万三千。池阳。汉惠帝置。有巀嶭山[4]。《资治通鉴》卷第一七《汉纪九·武帝建元三年》胡三省注："班志，池阳县属冯翊。"[5]《资治通鉴》卷第二七《汉纪十九·宣帝甘露三年》胡三省注："池阳县属左冯翊，有离宫在焉。贤曰：池阳县故城，在今泾阳县西北。"[6]这里的离宫即池阳宫。《资治通鉴》卷第九九《晋纪二十一·穆帝永和九年》胡三省注："池阳县，汉属冯翊，晋属扶风，唐为云阳县，属京兆。"[7]具体位置在文献中也有记载，《元和郡县图志》中记载："汉池阳宫，在（泾阳）县西北八里。"[8]《长安志》卷第一七记载："汉池阳宫在（泾阳）县西北八里，长平观在县东南九里。"[9]《后汉书》注引《前书音义》曰："长平坂在池阳南，有长平观，去长安五十余里。"[10]《三辅黄图》卷之五载："长平观，在池阳宫，临泾水。"[11]《旧唐书》记载："四年，改三原为池阳。五年，复以华州之渭南来属。六年，改池阳为华池县……贞观元年……废云阳入池阳县。仍改池阳为云阳县。"[12]从上述文献记载可知，池阳县的沿用时间大致从西汉一直延续到唐代，其中池阳县县制位置有过多次大的变动，但无论如何变动，池阳和泾阳、云阳、三原三者之间存有密切的关系。

　　历史文献虽对池阳县及池阳宫的位置做了较多描述，但由于历代行政区划和其他因素的影响，仅根据文献记载仍难以对池阳宫的具体位置作出明确的判断。但是从文献记载可知，池阳县、泾阳县与谷口应该处于渭北九嵕山、嵯峨山以及该区域渭河以北平原地区，两县紧邻甚至重合。魏晋南北朝时期，设泾阳县。那么泾阳县、谷口县、池阳县可能存在行政区域的重合变更。从上述文献记载可知，古池阳县位于泾阳县西北、嵯峨山以南，池阳县又因池阳宫而得名，所以池阳宫的所在位置应该也在当时池阳县范围之内。但池阳县范围目前又无法准确获悉，文献

[1]（南朝宋）范晔、（唐）李贤：《后汉书》，中华书局，1965 年，第 216 页。

[2]（南朝宋）范晔、（唐）李贤：《后汉书》，中华书局，1965 年，第 2338 页。

[3]（北齐）魏收：《魏书》，中华书局，1974 年，第 2608 页。

[4]（唐）房玄龄：《晋书》，中华书局，1974 年，第 430 页。

[5]（宋）司马光：《资治通鉴》，中华书局，1956 年，第 569 页。

[6]（宋）司马光：《资治通鉴》，中华书局，1956 年，第 902 页。

[7]（宋）司马光：《资治通鉴》，中华书局，1956 年，第 3183 页。

[8]（唐）李吉甫：《元和郡县图志》，中华书局，1983 年，第 28 页。

[9]（宋）宋敏求、（元）李好文：《长安志·长安志图》，三秦出版社，2013 年，第 525 页。

[10]（南朝宋）范晔、（唐）李贤：《后汉书》，中华书局，1965 年，第 144 页。

[11]何清谷：《三辅黄图校释》，中华书局，2005 年，第 333 页。

[12]（后晋）刘昫：《旧唐书》，中华书局，1975 年，第 1395 页。

中虽给出了池阳县的大致范围，但是具体位置细节还是无法得知，所以池阳宫的确切范围还需要通过实际的考古调查进行判断。

第二节　调查概况

一　调查概况

（一）天井坑

西北大学文化遗产学院联合陕西省考古研究院、咸阳市文物考古研究所分别于 2015、2017 年对天井岸建筑遗址及周边地区进行了田野调查。其中 2015 年的调查主要确定了天井岸建筑遗址的基本概况，包括范围、地形地貌等，并采集瓦当、筒瓦、板瓦、铺地砖等遗物，这对研究天井岸建筑遗址性质与作用具有重要意义。

天井坑位于天井岸村西部的黄土台塬上，其形制为一巨型盆状圆坑，坑平面呈规则圆形（彩版一九）。根据现场调查与测量可知，天井坑现存南北开口长约 220、东西长约 217 米。天井坑遗址现存坑底为耕地，表面平整，坑底南北长约 178、东西长约 168 米。现存坑底东侧距地平面 24.5 米，南侧距地平面 26.5 米，西侧距地平面 33 米，北侧距地平面 29 米。坑壁斜面均匀，坑底平坦。东西两侧有南北向的黄土沟壑，西边沟壑纵深，地形陡峭，东边沟壑较为狭窄，雨水冲击严重。西侧黄土沟壑离天井坑约 50 米，深度达数十米，沟壑为东北—西南走向，南面尽头接广袤的平原地带。沟壑两侧有窑洞，两侧均有水土流失迹象，现已被修整为梯田，其上黄土塬的东西两侧均分布有自然村落，站在沟东侧向西远眺，嵯峨山巍然耸立于村落尽头。根据沟壑边缘有废弃窑洞，但没有通向其中的道路推测，沟边缘可能发生坍塌。修建的现代窑洞对坑东南部遗迹破坏较为严重，使此处遗迹的圆形弧线不再规整。此外，从天井坑算起，东约 200 米处还有一条黄土沟壑，宽约 110 米，沟壑为东北—西南走向，南面尽头接广袤的平原。在此黄土沟壑东侧塄坎处发现少量外绳纹内素面的红色板瓦和部分筒瓦残片，散落长度约 10 米[1]。

天井坑北侧地面已被村庄覆盖，无从探查地面具体遗迹情况。在走访村民过程中了解到，20 世纪 90 年代，村民在天井坑北侧建造房屋时，在挖地基时发现了大量砖瓦、陶罐等遗物，并发现了一层层叠压、坚硬的土层，疑似为经过夯筑的土层。1995 年秦建明等对天井坑进行考

---

[1] 西北大学文化遗产学院、咸阳文物考古研究所：《陕西三原县天井岸村汉代礼制建筑遗址调查简报》，《考古与文物》2017 年第 1 期，第 45~51 页。

0　　　　　600 米

图二-2　天井坑遗址地理位置图

古调查时，曾在天井坑西北 200 余米冲沟边缘发现部分绳纹瓦砾及人工堆积层[1]，但本次调查在此位置未发现瓦砾及人工堆积层（图二-2）。

修建的现代窑洞对坑东南部遗迹破坏较为严重，使此处遗迹的圆形弧线不再规整，而向外凸出。

（二）夯土台

在天井坑东塬分布有 5 座夯土台建筑遗址，呈东、南、西、北、中正方向分布，各夯土台之间的正方向距离约 500 米，北夯土台台体已经被铲削（彩版一九）。在走访村民过程中了解到，20 世纪 90 年代，村民在天井坑北侧建造房屋时，在挖地基时发现了大量砖瓦、陶罐等遗物，

---

[1]秦建明、张在明、杨政：《陕西发现以汉长安城为中心的西汉南北向超长建筑基线》，《文物》1995 年第 3 期，第 4~15 页。

并发现了一层层叠压、坚硬的土层，疑似为经过夯筑的土层。

西夯土台西距天井坑450米（彩版二〇，1），北侧紧邻一条东西向水泥乡道，道路两侧发现少量残瓦及鹅卵石，台体南、西、东三侧均分布着广袤的麦田，台体东侧因平整土地被下挖0.8米，低于台体其他三面，台体西距临近村庄约120米。西台体整体呈方形，现残存台体东西长15.4、南北长16、高约10米，从断面上观察台体夯层厚约0.08米（彩版二〇，2）。台体如今杂草丛生，上部损毁严重，顶部东南角遭人为铲削约0.3米，保护状况不佳。该台体位置坐标为北纬34°42′36″，东经108°52′49″。

东夯土台西距中夯土台约500米（彩版二一，1），其四周均为麦地，东夯土台属于泾阳县管辖范围。地表现存台体整体呈方形，东西长约15、南北长约16、高约5.5米，从断面观察台体夯层厚0.07~0.08米（彩版二一，2）。台体周围发现大量绳纹瓦片和卵石，整体保存一般，东夯土台周围因盗扰活动已经形成多个盗洞，台体南侧、西侧及顶部发现有盗洞，台体顶部被人为铲平。该台体位置坐标为北纬34°42′35″，东经108°53′35″。

南夯土台北距中夯土台约500米（彩版二二，1），位于天井岸村南部村落东侧，破坏严重，整体保存状况一般。南夯土台紧邻天井岸村四组，东、北两侧均为麦地，南侧为台地，台体西侧紧邻一座废弃土坯房，土坯房在修建时将台体进行了铲削，土坯房修建在台基之上（彩版二二，2）。台体北侧、东侧、南侧因为村民平整土地而被严重的铲削破坏，台体进一步缩小。台体西南侧两米处为水泥硬化路，硬化路下方发现竖立鹅卵石遗迹。南夯土台整体呈方形，东西长13、南北长11.5、高7米，从断面上观察台体夯层厚0.07~0.1米（彩版二三，1、2）。台体表面草木密布，散落有大量空心砖、绳纹瓦片等遗物，均为村民在修整这一区域农田时将耕地内散落的砖瓦丢弃在台体表面。除台体之上，在台体四周也发现了被村民遗弃的砖瓦堆积部分瓦片及卵石（彩版二四，2～二六，1）。在南夯土台南侧、东侧以及东北侧两米范围内均发现有鹅卵石竖立铺设的遗迹，虽被严重破坏，但零散还有保留，约距台体距离1~2米，应为散水遗迹。该台体位置坐标为北纬34°42′17″，东经108°53′12″。

北夯土台距东、南、中夯土台正方向距离均约500米（彩版二六，2），分布在天井岸村三组一处居民家房屋与前院下，目前地表部分已经完全被破坏，地基部分保存完整，但台体地基的北部被民房叠压。地基及周边遗迹需通过勘探进行明确。该台体位置坐标为北纬34°42′53″，东经108°53′12″。

中夯土台距东、南、西、北四座夯土台的距离均约500米（彩版二七，1），分布于天齐塬东部正中位置，南、东、西三面均为麦地，北面是一条东西向的田间生产路。中夯土台整体呈方形，现存台体东西长15.1、南北长14.8、高约7.4米，从断面上观察台体夯层厚0.07~0.08米（彩版二七，2）。台体如今杂草丛生，西南侧有通往台体顶部的小路，顶部有人为破坏的痕迹。台体南北两侧因平整土地被铲削严重。该台体位置坐标为北纬34°42′35″，东经108°53′12″。

（三）其他

本次调查在天井岸建筑遗址 5 处夯土台的南夯土台周边零星发现几处卵石竖立的遗迹。南夯土台南侧与东侧均为耕地，耕地内的卵石遗迹已经被全部破坏，在南侧的地垄上零星保留了一小处卵石竖立的遗迹，卵石大小均匀，均为椭圆形，距现台体 3.1 米。在南夯土台西侧村民厕所旁边的小路下埋藏有部分竖立卵石遗迹，与南侧发现的卵石大小基本一致，距离现存南夯土台约 3 米。在台体西北侧发现大片竖立卵石遗迹，但大部分已经掩埋于西北侧乡村硬化路下，无法测量，仅路旁还零星保留个别卵石遗迹，距现存夯土台约 1.6 米。从卵石遗迹分布以及与台体的位置关系，可推测这些卵石应该是当时的散水遗迹（彩版二四，1）。

在天井坑顶部西北 175 米处的打谷场上，发现大面积的瓦砾堆积，当地村民为了平整打谷场，将瓦砾堆铲平掩埋，目前地表零星可见外绳纹内布纹板瓦、筒瓦。本团队对这一区域进行了勘探，发现了面积约 200 平方米的瓦砾堆积区，距离地表约 0.7 米。根据当地村民回忆，这一区域在当时是天井岸村主要打谷的场所，因此只是对地表进行了平整，将瓦砾堆进行了掩埋，并没有将瓦砾堆积完全破坏。但是其他区域发现的瓦砾堆因为村民修建房屋的原因，完全被叠压或破坏。特别是天井岸村民在天井坑北侧修建地基时，发现了大量的砖瓦残片和陶罐等器物，在部分区域还发现了坚硬的硬土块（疑似应为夯层）。但因为影响村民民房的修建，瓦砾堆已经被倾倒至天井坑西侧的沟壑内，已无任何参考价值。根据当地村民的描述可以推测，在天井坑北侧应该存在着一块瓦砾堆积的区域，整体面积约 5000 平方米，可以推测这一区域在当时可能存在有相当规模的建筑群。

（四）采集遗物

本次三原天井岸建筑遗址调查，通过调查发现、走访采集等方式收集到少量板瓦、筒瓦、瓦当、铺地砖等遗物，为初步判断天井岸建筑遗址的性质提供基础资料。现选取标本介绍如下。

瓦片

本次采集到的瓦片多为筒瓦、板瓦等，大部分筒瓦、板瓦都为红色外绳纹内素面或内布纹，有少量的板瓦为青灰色。筒瓦厚 1~1.2 厘米，板瓦厚 0.8~1.2 厘米。以下为各个遗址点采集到的瓦片标本。

板瓦　18 件。多保存不完整。标本 2015ST 采：1，残，采集于西夯土台，外饰绳纹，内饰布纹，绳纹较粗且斜向平行分布。残长 9.8、宽 7.8、厚 1.7 厘米（图二-4，1）。标本 2015ST 采：2，残，采集于南夯土台，外饰绳纹，内素面，绳纹较粗且竖向平行分布。残长 14.8、宽 12.2、厚 1.2 厘米（图二-4，5）。

筒瓦　25 件。多保存不完整，外饰绳纹，内饰布纹，绳纹较粗且竖向平行分布。标本 2015ST 采：3，残，采集于东夯土台，外饰绳纹，内饰布纹，绳纹较粗。残长 13.5、宽 12.2、厚 1.4~2.2

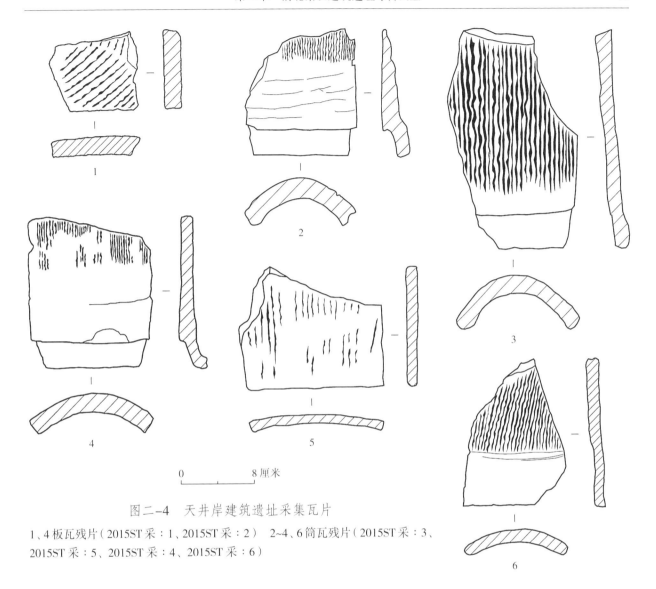

图二-4 天井岸建筑遗址采集瓦片

1、4板瓦残片（2015ST 采：1、2015ST 采：2） 2~4、6筒瓦残片（2015ST 采：3、2015ST 采：5、2015ST 采：4、2015ST 采：6）

厘米（图二-4，2）。标本 2015ST 采：4，残，采集于东夯土台，外饰绳纹，内饰布纹。残长15.9、宽 13.5、厚 1.3~1.9 厘米（图二-4，4）。标本 2015ST 采：5，残，采集于南夯土台，外饰绳纹，内饰布纹，绳纹较粗且分布密集。残长 22、宽13.4、厚 1.2~1.8 厘米（图二-4，3）。标本 2015ST 采：6，残，外饰绳纹，内饰布纹，绳纹较粗且分布密集。残长 14.6、宽 11、厚 1~1.4 厘米（图二-4，6）。

瓦当 2件，均为采集。

标本 2015ST 采：7，"千秋万岁" 瓦当，保存较差，直径不详，当面饰 "千秋万岁"，"千秋万岁" 外侧饰方形凸弦纹，方形凸弦纹四边正中各饰一乳丁，再外侧饰一周凸弦纹。边轮宽 1.5、当厚 3.4 厘米

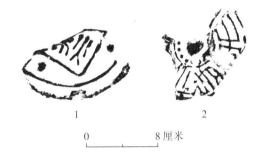

图二-5 天井岸建筑遗址采集瓦当拓片

1. "千秋万岁" 瓦当（2015ST 采：7） 2. "长乐未央" 瓦当残片（2015ST 采：8）

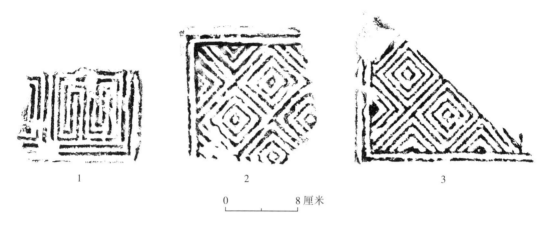

图二-6　天井岸建筑遗址采集残铺地砖拓片

1. 2015ST 采：9　2. 2015ST 采：10　3. 2015ST 采：11

（图二-5，1）。标本 2015ST 采：8，"长乐未央"瓦当，保存较差，直径不详，边轮宽度不详，边轮缺失。当心饰大乳丁，周围饰一周小乳丁，小乳丁外侧饰一圈凸弦纹，凸弦纹向外引四条双界格线四分当面。当厚 2.2 厘米（图二-5，2）。

　　铺地砖　本次采集到的铺地砖破损较为严重，均为青灰色，纹饰为回纹和雷纹，均采集于北夯土台附近。标本 2015ST 采：9，残，表面饰双层雷纹，砖背素面。长 14.2、宽 10.4、厚 3.5 厘米（图二-6，1）。标本 2015ST 采：10，残，表面饰两层"回"形纹，铺地砖外侧饰一周单凸弦纹，砖背素面。长 14.5、宽 14、厚 3.5 厘米（图二-6，2）。标本 2015ST 采：11，残，表面饰两层"回"纹，铺地砖外侧饰一周单凸弦纹，砖背素面。长 20、宽 15.8、厚 3.5 厘米（图二-6，3）。

　　柱础石　在遗址区南夯土台西南侧 20 米处发现两个正方形柱础石，柱础石边长约 0.5、高 0.35 米，在柱础石的正面中间位置有明显的立柱痕迹，柱体直径约 0.21 米，柱础石四面有明显的凿刻修整痕迹。当地居民回忆，这两块柱础石原埋藏于南夯土台南侧约两米处，因平整土地被挖出，后遗弃于村民家前院。

　　（五）小结

　　从天井岸建筑遗址调查采集到的筒瓦、板瓦以及文字瓦当、铺地砖等遗物的基本制作特点可知，这些建筑遗物的制作年代主要以西汉中、晚期为主。在此次调查中几乎没有发现具有西汉早期制作特点的砖瓦建筑遗物，那么说明天井岸建筑遗址的建造年代很有可能集中在西汉中晚期。此次调查发现的建筑遗物主要集中在天齐塬中南部 5 座夯土台所在区域，在天井坑坑内未发现砖瓦等遗物，这对判断天井坑的具体性质带来困难。结合天井岸村民采访，本次调查确定在天井坑以北 100 米的村民宅基地下分布有大量的汉代建筑砖瓦。本团队认为如果天井坑是皇家祭祀场所，那么这一区域可能在当时是为了配合祭祀而修建的建筑群，比如皇族祭祀时临时休憩的行宫以及日常维护和看管祭祀人员居住的场所等。但因目前已无法进行系统勘探与发掘，因此这一区域也只能进行推测，是否完全准确，还无法定论。

二　渭北其他建筑遗址

在2015年工作的基础上，2017年本团队对渭北地区相关秦汉时期建筑遗址进行了调查与梳理，对泾阳县口镇以东、三原县新兴镇以西、三原县城以北、淳化县固贤镇以南，冶峪河、清峪河流域内的六处秦汉遗址进行了调查，初步了解了遗址的分布规律、沿用时代等，获得了一批重要的考古资料，同时对讨论天井岸建筑遗址的性质提供了佐证。2022年，西北大学文化遗产学院又对上述范围内的秦汉建筑遗址进行了部分复查，掌握了各遗址的保存现状，进一步充实了相关资料（图二-7；彩版二八，1）。

梁云在《汉甘泉宫形制探讨》中提到汉长安城与甘泉宫之间的驰道路线为："过中渭桥，

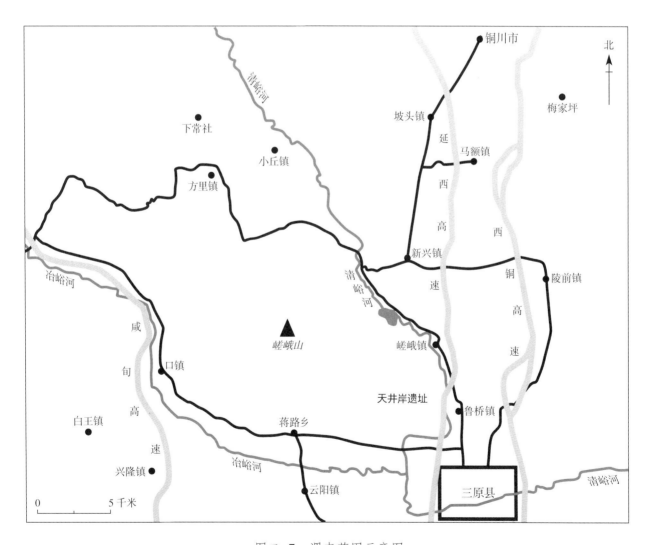

图二-7　调查范围示意图

经秦咸阳和汉安陵邑附近,过望夷宫,下长平坂过泾河,在谷口宫附近入冶峪河谷口,北上车箱坂道,再经棠梨宫,沿冶峪河上游至甘泉宫。"[1]这条道路沿途多位于平坦开阔的关中平原之上,路线走向较为清晰,已得到历代学者的关注和讨论。而另一条自甘泉宫向东南行,过子午岭南端,沿清峪河上游支流、干流,南出清峪河谷口,再南至长安城的道路由于文献失载,且大部分路途位于黄土台塬之上,较少有学者进行讨论。梁云根据沿途发现的行宫遗址,认为这条路线应当客观存在。这些行宫遗址彼此间的距离大致相等:柳树湾村遗址与下常社村遗址相距约 7 公里,下常社村遗址与西独冢村遗址相距约 8 公里,西独冢村遗址与惠家村遗址相距约 6.5 公里,惠家村遗址与张家坳村遗址和天井岸村遗址距离均约为 8 公里,宫殿的分布显然充分考虑到车马出行止息的时间[2]。本团队对渭北秦汉城址的调查范围主要基于前人研究中所涉及到的通往甘泉宫的两条路线,以文物普查资料作为参考,对沿途的秦汉建筑遗存进行调查,摸清遗址的分布规律、沿用时代,详细记录遗址保存现状,采集相关遗物。由此对遗址的性质和主要使用时代作出大致推测,为进一步对三原天井岸建筑遗址的性质研究探讨提供参考。

(一)调查对象

本次调查线路主要分为东线和西线,主要调查张家坳遗址、官道村遗址、惠家村遗址、西独冢村遗址、下常社遗址、柳家湾遗址、口镇宫殿遗址等 9 处遗址。

(二)东线遗址

本次调查的东线遗址,主要是指清峪河中上游地区的秦汉遗址,起于三原县新兴镇,止于淳化县固贤镇和耀州区小丘镇,全长 60 多公里。涉及的秦汉遗址主要有 6 处,由南至北分别是张家坳遗址、官道村遗址、惠家村遗址、西独冢村遗址、下常社遗址、柳家湾遗址。

1. 张家坳遗址

(1)遗址概况

张家坳遗址位于三原县新兴镇张家坳村,地处清峪河和浊峪河之间的新兴塬南部,西距天井岸建筑遗址约 4.2 公里,与天井岸遗址所在的天齐塬隔清峪河谷相望。遗址区地势较为平坦,略呈北高南低的缓坡状。东距张寅水塔约 300 米,西邻张家坳村,南距焦家村约 100 米,北侧为张家坳村民宅(图二–8;彩版二九,1)。坐标为北纬 34°43′50.3″,东经 108°55′45.0″,海拔 550 米。

(2)遗址现状

遗址整体保存状况差。现地表未见任何夯土遗存,仅遗址西南部的一处断壁上发现一处长

---

[1]梁云:《汉甘泉宫形制探讨》,《考古与文物》2015 年第 3 期,第 67~75 页。

[2]梁云:《汉甘泉宫形制探讨》,《考古与文物》2015 年第 3 期,第 67~75 页。

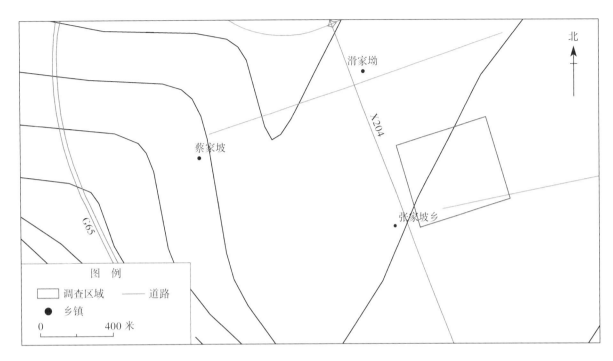

图二–8　张家圪村遗址调查范围示意图

约 1.68、高约 0.3 米的红烧土及灰土堆积，或为窑址遗迹，时代不明。据记载，20 世纪 60 年代本区域曾出土一件汉代钱范，现存三原县博物馆。遗址区内可见少量外绳纹内素面板瓦、筒瓦及器物口沿等。

张家圪村中有一条东西向生产路，本次调查从起始点（坐标为北纬 34°43′15″，东经 108°56′00″）开始，以此生产路为界，分为南北两条线路进行踏查。沿东西向生产路向东行走约 393 米后，向南进行调查。在调查过程中，发现地表有少量瓦片，于向南约 437 米处采集一块板瓦。根据当地村民介绍，此区域的田地中以前发现有比较多的瓦片，但目前地面散落瓦片等遗物较少。沿东西向生产路向东行走约 393 米后，向北进行调查，未发现有夯土，地面未见遗物。

（3）初步认识和性质判断

根据全国第三次文物普查资料和本次调查所获资料显示，张家圪遗址区面积约有 1.7 万平方米。该遗址南北较长，东西较短，基本呈长方形，西、北侧皆为现代村落，东、南皆为农田，中部有一条新修的水泥路通过。遗址位于张家圪村的东侧，有张家圪至寅王村的水泥路从遗址中部穿过，西临张家圪村，背面亦有几户村民住宅，遗址地表现为耕地。张家圪遗址的面积远小于一个宫殿遗址的面积大小，故判定此处遗址应该不是宫殿遗址，很有可能是一处行宫遗址。在踏查过程中发现有散落的残瓦和残损的陶器，多为外饰绳纹内素面的板瓦，根据其纹饰判断可能为汉代遗物，故张家圪遗址年代应在汉代，可能为一处聚落遗址。由于近年来的平整土地，以及村间道路的修建，均使该遗址遭到一定的破坏，导致在踏查的过程中极少发现遗迹遗物现象。

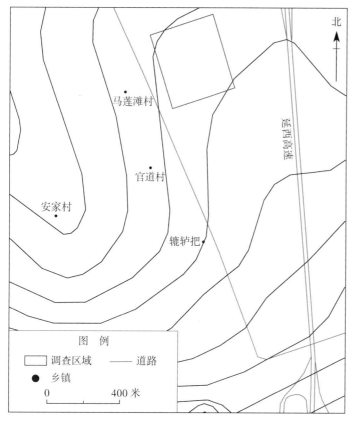

图二-9　官道村遗址调查范围示意图

2. 官道村遗址

（1）遗址概况

官道村遗址位于三原县新兴镇官道村东北，X204和G65包茂高速之间的区域。遗址平面近长方形，南北长约235、东西宽约195米，面积约为4.5万平方米。遗址现地表为耕地，西南两侧均为现代村庄，遗址西侧近邻X204三（原）新（兴）公路，南侧为东西向水泥路（图二-9；彩版二九，2）。坐标为北纬34°45′08.4″，东经108°54′13.3″，海拔631米。

从其位置来看，位于清峪河以东，距离官道村遗址4~5公里，根据张家坳村当地村民介绍，官道村有一条道路可通往耀州区小丘镇，此道路的起始年代已不可考，沿用时间较长，现已经成为水泥硬化路面。结合"官道村"的村名，不排除此地位于传统交通要道沿线的可能性。

（2）遗址现状

本次调查以村中一条东西向生产路为起始点（坐标为北纬34°45′10″，东经108°54′21″），以此生产路分为南北两线进行踏查。由生产路向北进行调查时发现田地中散落外绳纹内布纹的筒瓦，分布范围北至一条沟渠。在踏查过程中，于距离生产路以北260米，起始点向西10米处发现瓦砾集中分布，采集外饰绳纹的筒瓦等遗物。其中遗物以板瓦、筒瓦、器物口沿、器物残片为主，器物残片中可辨别器形有陶罐底部、陶罐口、陶罐腹部等。向生产路以南调查，至西铜高速，地表均未发现遗物和遗迹现象。

据村民所描述，原田地中瓦片较多，后因翻整土地、房屋建设等原因，大量瓦砾被填埋、丢弃，导致瓦片数量日趋减少。原村庄西北方向有一条大路，当地民众称之为"官道"，向北可通往照金、柏社、新兴，向南可通往三原县城，现部分已成为X204三原—新兴公路继续沿用。

（3）初步认识和性质判断

官道村遗址范围4.5万平方米，位于清峪河东侧，地势较为平坦开阔，扼守新兴原上由三原县城通往小丘、耀州乃至照金等重要城镇的南北向道路沿线。在踏查的过程中未发现夯土遗迹，但发现有外绳纹内布纹板瓦等建筑材料以及器物残片，初步判断遗物年代应为汉代。考虑到遗

图例内容：
调查区域　　——道路
●乡镇
0　　　400米

图中标注：北、延西高速、马莲滩村、官道村、安家村、辘轳把

址面积较小，所以此地更有可能为道路沿线一处驿站或一般聚落，而非宫殿或其他高等级建筑遗址。在本区域其他遗址踏查时，村民均提到官道村南北向大路的存在，证明该道路在新兴原区域应作为主要交通干道而存在，道路串联起新兴原上诸多城镇村落。根据文献记载，从汉长安城通往甘泉宫有两条道路，从位置来看，其中东线道路是从惠家、西独家、下常社、柳家湾遗址通往甘泉宫，官道遗址距离惠家遗址较近，虽然本次调查并未发现相关带有文字记载的遗物，但根据文献记载和遗址内采集的遗物以及地理位置等多方面信息综合显示，该遗址可能与本地区其他汉代高等级建筑遗址属于东线道路上的同一建筑群，兴建与使用的年代主要集中在汉代。

3. 惠家村遗址

（1）遗址概况

惠家村遗址位于三原县新兴镇惠家村北 300 米，地势北高南低。遗址东南为赵村，西南为西段村，西至清峪河沟畔，北接潘家村，坐标为北纬 34°46′40.5″，东经 108°51′29.4″，海拔 698 米（图二-10；彩版三〇，1）。惠家村遗址东北距天井岸遗址约 7.6 公里，南距张家坳遗址 7.4 公里。遗址主要集中在曹惠村北、潘家村南的范围内，平面呈近东西向的长方形，南北宽约 400、东西长约 1000 米，整体占地面积约 40 万平方米。

（2）遗址现状

遗址中间略高，东、西、南三面逐渐降低，地表起伏平缓。遗址中部南北向水泥路将其分成东西两部分。遗址地面多被果树、玉米等农作物覆盖。地表陶片分布较为密集，多为建筑材

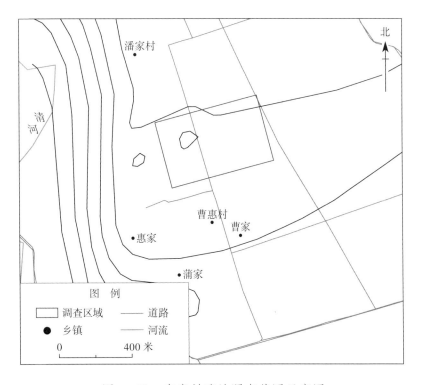

图二-10　惠家村遗址调查范围示意图

料。遗址总体保存情况较差，2017 年调查时发现地表存有东西向和南北向两段夯土遗存，总长约 31、高约 1 米，夯层厚 0.06~0.08 米。其中东西段长约 23、南北段长约 8 米，南北段终端向南 5 米处暴露有一断面，宽 1 米，夯层厚约 0.3 米。2022 年调查时地表已基本无法看出遗迹现象的存在（彩版三〇，2）。

从瓦片分布密集程度来看，惠家遗址文保碑向西约 150 米的范围内，瓦片较多，耕土层中发现有绳纹、麻点纹瓦片。遗址内散布有内饰麻点纹外饰绳纹筒瓦、云纹瓦当、柱础石等建筑材料，另在村民家中发现有云纹瓦当、外绳纹内布纹筒瓦各 1 件。

文保碑西侧，有一处长约 400、高 1.8~2.5 米土垣，土垣上地势平坦开阔，种有玉米、苹果树等农作物，但整体未见夯层。据当地村民介绍，土坎下在翻整土地时见较多瓦片及带有云纹纹饰的瓦当。土坎向西，垣上逐渐变为平地，瓦片数量减少，大部区域已不见遗物。向西距文保碑约 250 米，有一条南北向生产路，路东侧散落少量瓦片，收集外绳纹内素面板瓦一块。该点向西约 50 米，距文保碑约 300 米，土坎两侧分布有少量碎瓦片，未见夯层。继续向西行距离文保碑约 400 米，至清峪河河沟附近时，沿途土坎两侧瓦片数量逐渐减少，发现瓦片多为外绳纹内素面板瓦或外绳纹内麻点纹筒瓦。此处向西南方向可见嵯峨山，直线距离约 8 公里。由此处向北约 40 米，有一条东西向生产路，现路面已硬化，据当地村民叙述在修建道路时，翻挖出大量瓦片。本团队初步判断此处可能为惠家宫殿遗址的北界。此外，在惠家村南约 160 米处有一处夯土层和一处瓦砾堆积，可能为该遗址南界（彩版三一，2）。

在曹惠村北和潘家村南 160 米之间的生产路以东区域，发现有夯土层遗存。遗存平面近曲尺形，分别呈东西向和南北向两段相连，总长 31、高 1、夯层厚 0.06~0.08 米。其中东西段长约 23、南北段长约 8 米（彩版三二；彩版三三，1）。其西端起点距离惠家村南北向水泥公路 70 米，坐标为北纬 34°46′40.5″，东经 108°51′32.2″，海拔 697 米。东端向南的折点坐标为北纬 34°46′40.7″，东经 108°51′33″，海拔 697 米。南端终点坐标为北纬 34°46′40.5″，东经 108°51′33″。在该处夯土层的折点向东北方向约 2 米处发现外饰绳纹内素面的瓦片等遗物，向东约 9 米处发现饰有回字纹的空心砖和饰有绳纹内麻点纹的筒瓦。在遗址分布范围内，发现有夯土堆积，夯土堆积位于上述夯土层南端终点向南 5 米处的断面上，厚约 0.3、宽约 1 米。此处有较多陶片，多见外饰绳纹内饰麻点纹的筒瓦、外圈饰卷云纹中心饰菱形纹的瓦当、外饰绳纹内为素面的板瓦等。

（3）采集遗物

本次调查，共采集建筑遗物 12 件。其中，瓦当 1 件，筒瓦 5 件，板瓦 2 件，方砖 3 件，石柱础 1 件。

瓦当　1 件。2017SSHJ1 采：1，当面卷云纹，中心饰菱格纹。残长 8.1、残宽 6、边棱宽 1.5、厚 1.5 厘米（图二-11）。

筒瓦　5 件。2017SSHJ2 采：1，外饰交错细绳纹，内饰麻点纹。残长 9.5、残宽 8.5、厚 1.3

厘米（图二-12；彩版三二，1）。

板瓦 2件。2017SSHJ3采：1，外饰粗绳纹，内为素面。残长10.5、残宽9.5、厚1.1厘米（图二-13）。

（4）初步认识和性质判断

惠家村遗址范围40万平方米，位于清峪河东侧。相较于清峪河西侧，地势较为平坦开阔，坡缓，且位于新兴原区域南北向交通干道沿线，适宜营建大型建筑（彩版三一，1）。调查中发现的多处夯土遗存和地表散布的大量各式瓦当、内麻点纹外绳纹的筒瓦等建筑材料也表明该遗址应该是一处面积较大的宫殿建筑遗存，证明了该建筑遗址有一定程度的沿用（彩版三三，2～三四）。遗址位于清峪河东侧，相较于清峪河西侧，地势较为平坦开阔，坡缓，适宜作为建筑宫殿、道路的地点。虽然本次调查并未发现相关有文字性质的遗物，但根据文献记载和宫殿遗址内采集的遗物、遗址位置等多方面的信息表明，该宫殿遗址应当是秦汉时期一处重要的行宫遗址，时代上限甚至可至战国秦，至汉代仍有沿用，可能为秦汉时期一处重要的行宫遗址。

4. 西独冢村遗址

（1）遗址概况

西独冢村遗址位于耀州区小丘乡西独冢村，南距惠家遗址约6.5公里。遗址东临浊峪河，西临清峪河，南侧为冲沟，北接乙社村，坐标为北纬34°49′30.2″，东经108°49′42.08″，海拔814米。西独冢村遗址南距惠家村遗址约6.4公里，西北距下常社遗址约8.2公里。遗址主要集中在西独冢村以西、以北的范围内（图二-14；彩版三五，1）。

（2）遗址现状

遗址区整体地形较为平坦，地表现均为耕地，东南高西北低呈缓坡而下，遗址中间有一条生产路从中穿过。该遗址整体保存较差，仅在独冢村生

图二-11 惠家村遗址采集瓦当
（2017SSHJ1 采：1）拓片

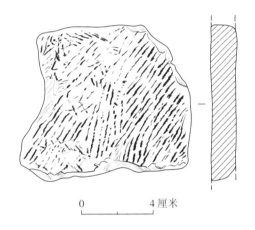

图二-12 惠家村遗址采集筒瓦
（2017SSHJ2 采：1）

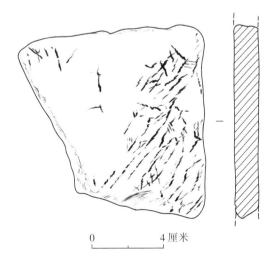

图二-13 惠家村遗址采集板瓦
（2017SSHJ3 采：1）

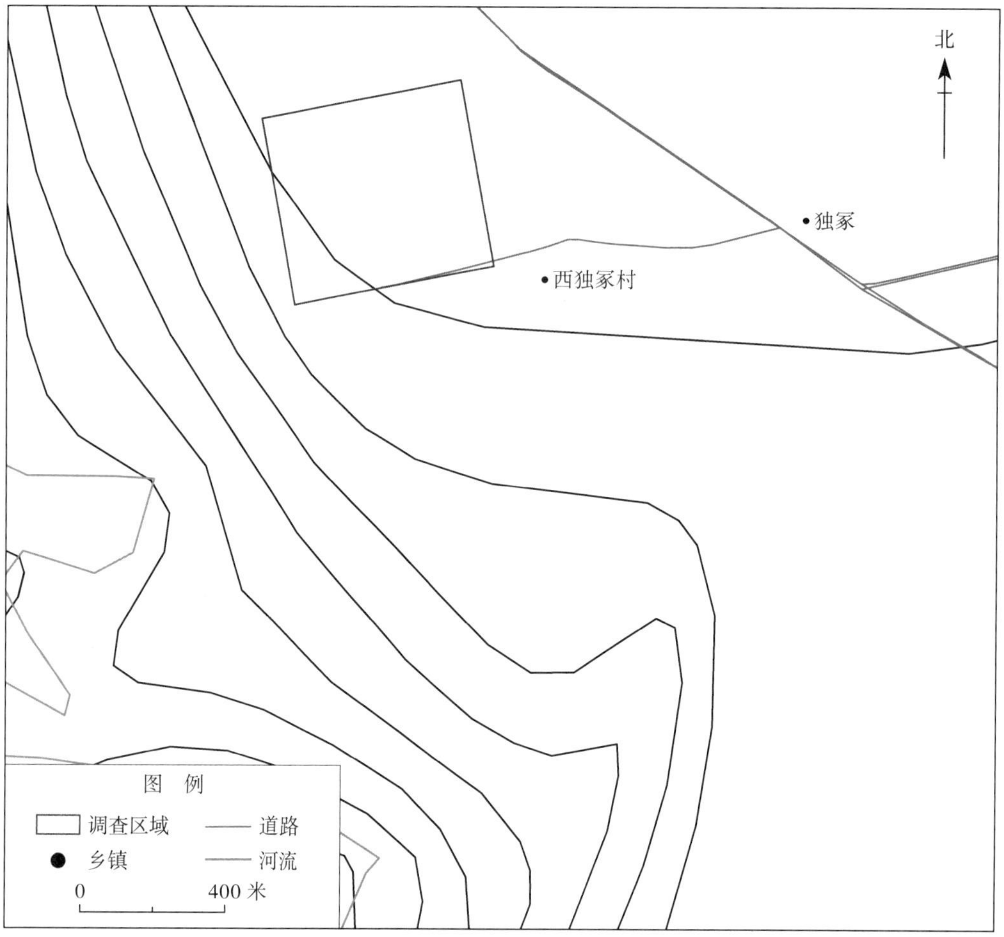

图二-14　西独冢村遗址调查范围示意图

产路西部的一处断面见夯土，呈南北向，顶部被农作物覆盖（彩版三六，2）。夯土长约 10、高约 1.8、夯层厚 0.06~0.08 米，顶部被农作物覆盖。南部起点坐标为北纬 108°49′27.0″，东经 34°49′32.8″，海拔 814 米，北端止点坐标为北纬 108°49′26.9″，东经 34°49′33.2″，海拔 811 米；以夯土台（设祤宫文保碑处）为起点，向西 237 米至沟边台地塄坎处陆续见有夯土，长约 60 米（彩版三七，1）。

遗址内的瓦片分布，主要集中在西侧的清峪河冲沟台地和断崖上，多见建筑材料，包括瓦当、筒瓦、板瓦、铺地方砖、空心砖、陶管道等（彩版三七，2）。

台地顶部以残存夯土台为中心，有三处地点为瓦砾集中分布区。第一处为遗址的西北方向，发现 4 处瓦砾集中堆积，其坐标和相关发现如下。

第二处在设祤宫文保碑处继续向西延伸约 100 米至一条南北向生产路，为文保单位保护范围西界，该生产路分布有较多破碎的瓦片，纹饰以外绳纹内布纹为主。路南北有界桩，分别如下。

西北方向的 3 号界桩（北纬 34°49′32″，东经 108°49′25″）。生产路西侧距离 3 号界桩 4~5 米处，有散落的瓦砾堆，此处瓦片以外绳纹内素面、外绳纹内布纹的筒瓦、板瓦为主。

表一　西独冢村西台地瓦砾集中堆积发现情况详表

地点序号	坐标		海拔	遗物情况
测点 1	东经 108°49′25.0″	北纬 34°49′36.7″	814 米	以外饰粗绳纹和内为素面筒瓦和板瓦为主
测点 2	东经 108°49′24.6″	北纬 34°49′36.9″	811 米	以外饰粗绳纹内饰麻点纹的板瓦为主
测点 3	东经 108°49′24.4″	北纬 34°49′36.8″	811 米	以外饰粗绳纹和内为素面板瓦和筒瓦为主
测点 4	东经 108°49′23.0″	北纬 34°49′36.8″	812 米	以外饰粗绳纹内饰麻点纹的板瓦为主，内为素面和布纹的板瓦次之

　　西南方向的 4 号界桩（北纬 34°49′30″，东经 108°49′25″）。由此处生产路向西为一处高约 3 米的断崖，断崖至清峪河冲沟沟边约 146 米范围内分布大量瓦砾、铺地砖、散水石，断崖上可见部分区域有夯土，故宫殿范围可能至沟边。

　　第三处于清峪河河谷沟边发现有瓦砾堆，分布有极多瓦片、瓦当、铺地砖等。据当地村民描述，此地为历年耕作和房屋建设过程中所挖出瓦砾的集中倾倒区域（彩版三八，1）。此处坐标为北纬 34°49′31″，东经 108°49′19″。

　　遗址的东部边界基本被村庄覆盖，但仍发现有零星铺地砖，上饰有菱形纹，以及少量外饰有绳纹的筒瓦。由夯土台向西至西独冢村南采集一块板瓦，由此至村南东西向生产路未见瓦砾分布，可能由于此路接近宫殿南界，大部分遗迹现象被村落覆盖。

　　（3）采集遗物

　　本次调查共采集遗物 25 件，主要为建筑材料。其中有瓦当 5 件，筒瓦 7 件，板瓦 7 件，方砖 6 件。现挑选具有代表性的遗物介绍如下。

　　2017STDZ1 采：9，当面饰单卷云纹，其间以三条纵向凸弦纹相隔，边轮内一周饰 2 条凸弦纹。残长 10、残宽 8.5、边轮宽 1.5、当面厚 1.8 厘米（图二-15）。

　　2017STDZ1 采：2，当面饰单卷云纹图案，边轮内一周饰一条凸弦纹，内饰麻点纹。残长 9、残宽 6.7、边轮宽 1、当面厚 1.5 厘米（图二-16）。

　　2017SYZDY1 采：4，当面饰卷云纹，瓦身发现有戳印文字"宫三"。残长 10、残宽 9.6 厘米（图二-17）。

　　2017SYZDY1 采：6，当面饰卷云纹，当面中心饰有疑似"宫"字图案。残长 11.7、残宽 6.8、边轮宽 1、当面厚 2 厘米（图二-18）。

　　2017SYZDY1 采：13，残长 13.5、残宽 6、边轮宽度 1、当面厚 2 厘米，当面饰葵纹（图二-19）。

　　筒瓦　8 件。均残。

　　2017SYZDY2 采：1，外饰细绳纹，内为麻点纹。残长

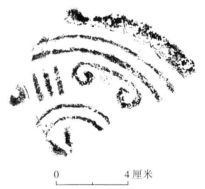

0　　　　4 厘米

图二-15　西独冢村遗址采集瓦当
（2017STDZ1 采：9）拓片

图二-16　西独冢村遗址采集瓦当
（2017STDZ1 采：2）拓片

图二-17　西独冢村遗址采集瓦当
（2017SYZDY1 采：4）拓片

图二-18　西独冢村遗址采集瓦当
（2017SYZDY1 采：6）拓片

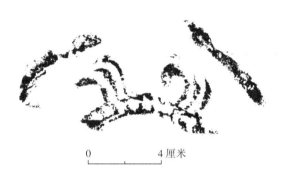

图二-19　西独冢村遗址采集瓦当
（2017SYZDY1 采：13）拓片

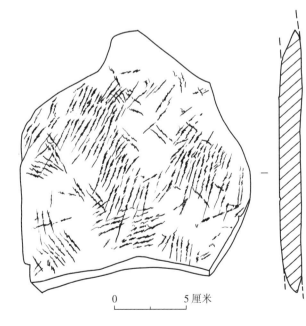

图二-20　西独冢村遗址采集筒瓦（2017SYZDY2 采：1）

16、残宽 15.4、厚 1.5 厘米（图二-20）。

板瓦　5件。均残。

2017SYZDY2 采：2，外饰细绳纹，内饰布纹。残长 11、残宽 8.5、厚 0.8 厘米（图二-21）。

2017SYZDY3 采：2，外饰粗绳纹，内饰叶脉纹。残长 24、残宽 11.5、厚 1.2 厘米（图二-23）。

2017SYZDY3 采：3，外饰粗绳纹，内饰麻点纹。残长 11.5、残宽 9.6、厚 2 厘米（图二-22）。

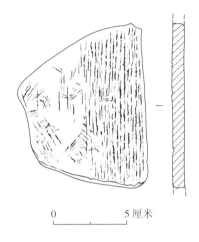

0　　　　　　5厘米

图二-21　西独冢村遗址采集板瓦
（2017SYZDY2 采：2）

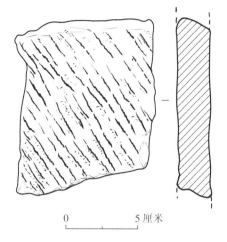

0　　　　　　5厘米

图二-22　西独冢村遗址采集板瓦
（2017SYZDY3 采：3）

0　　　　　4厘米

图二-23　西独冢村遗址采集板瓦（2017SYZDY3 采：2）拓片

砖　6件。均残。

2017SYZDY4 采：1，外饰回纹，内素面。残长14.5、残宽9.8、厚3厘米（图二-24）。

（4）初步认识和性质判断

西独冢村遗址于 2013 年以"役祤宫遗址"之名列入全国重点文物保护单位，并设立保护范围界碑，划定了保护范围。由于历代农业生产和村庄房屋建设活动，台基目前仅存最东侧一条狭长的夯土高台，其西侧已被辟为耕地（彩版三五，2）。根据 2017、2022 年两次调

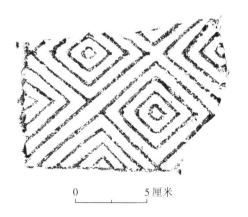

0　　　　　5厘米

图二-24　西独冢村遗址采集砖
（2017SYZDY4 采：1）拓片

查结果，在保护范围之外仍有大量遗迹遗物存在。尤其是西侧靠近清峪河冲沟的边缘地带，除村民集中倾倒瓦砾堆之外，耕地中亦散落大量瓦砾、柱础石等建筑材料（彩版三八，2）。同时可在沟边断崖上见到小范围的夯土迹象，表明独冢村遗址的实际范围应远大于目前所划定的文物保护范围（彩版三六，1）。根据调查中所发现的大量建筑构件，包括内饰麻点纹、布纹的筒瓦，葵纹瓦当等，可初步推断遗址的使用年代上限可至战国秦，并于汉代继续沿用。采集于独冢村遗址的外饰回纹的方砖在延陵严家沟遗址和延陵陪葬墓园遗址[1]中大量出现，外凸弦纹方砖则见于秦始皇陵区附近的赵背户秦代窑址[2]，从采集方砖的角度来看，独冢村遗址的时代跨度较长，可能包含了秦至西汉晚期。故本团队推测该遗址的沿用时间段至少从秦至西汉晚期。

在汉代，秦代的宫殿或毁或为"修葺沿用"。汉《三辅黄图》谓"秦离宫三百，汉武帝往往修治之"[3]，且多有易名，如秦兴乐宫，汉改长乐宫；秦明光宫，汉改甘泉宫；秦信阳宫，汉改萯阳宫等。根据郦道元《水经注》记载，"郑渠故渎又东迳巀嶭山南，池阳县故城北，又东绝清水。又东迳北原下，浊水注焉，自浊水以上，今无水"[4]，由此可见此平行的清水河、浊水河即今天的清峪河、浊峪河。《水经注》载，浊谷水"东历原，径曲梁城北"[5]，《长安志》下注"（曲梁城）则城以宫名也"[6]，则秦曲梁城即应位于曲梁宫附近，在浊水河与清水河之间。西独冢村遗址正处于清峪河和浊峪河之间的黄土台塬之上，其地理位置和出土遗物的特点符合秦大型宫殿建筑的特征，不排除西独冢村遗址即为秦曲梁宫之所在的可能性。

曲梁宫在汉代修葺沿用后为何名，不见记载。但在今耀州区境内，文献记有宫殿两座，一为步寿宫，据《汉书·郊祀志》记载，汉宣帝神爵二年（前 60 年），"凤凰集祋祤，于所集处得玉宝，起步寿宫"[7]；一为祋祤宫，从《汉书》可知此时祋祤名已传，祋祤县应由祋祤宫而得名。《中国瓦当艺术》中收录了八枚出自独冢村遗址的瓦当，内有"祋祤"文字瓦当两枚、"宫"字瓦当一枚，其纹饰风格具有典型的西汉时期特征[8]，可知西独冢村遗址即为汉"祋祤宫"遗址。

5. 下常社遗址

（1）遗址概况

下常社遗址位于淳化县固贤乡下常社村西 200 米，清峪河上游，遗址居于南北狭长的一处高地上。坐标为北纬 34°50′38″，东经 108°44′11.4″，海拔 944 米。遗址位于清峪河西岸台地之上，东、北临下常社村，西、南临冲沟，公路从遗址东南—西北向横穿而过，沿公路向南可直抵三

[1] 咸阳市文物考古研究所：《西汉帝陵钻探调查报告》，文物出版社，2010 年，第 124、125 页。

[2] 陕西省考古研究院：《秦始皇帝陵园考古报告（2001~2003）》，文物出版社，2007 年，彩图 14。

[3] 何清谷：《三辅黄图校释》，中华书局，2005 年，第 223 页。

[4]（北魏）郦道元：《水经注校证》，中华书局，2007 年，第 406 页。

[5]（北魏）郦道元：《水经注校证》，中华书局，2007 年，第 406 页。

[6]（宋）宋敏求、（元）李好文：《长安志·长安志图》，三秦出版社，2013 年，第 593 页。

[7]（汉）班固：《汉书》，中华书局，1962 年，第 1245 页。

[8] 傅嘉仪：《中国瓦当艺术》，上海书店出版社，2002 年。

原县城。下常社遗址东南距西独家村遗址约 8 公里，西北距柳家湾村遗址约 7.8 公里，遗址主要集中在下常社村西、南侧（图二–25；彩版三九）。现地表为耕地。

（2）遗址现状

该遗址保存情况差。由于历年耕作活动和人为破坏，地表并未发现有夯土遗迹。调查由下常社村西北台地边缘的废弃砖房向南、东南延伸，瓦砾集中分布区在下常社村西北的台地，向南地表瓦砾逐渐越少。仅在遗址区西南发现一处瓦砾堆积，厚约 0.4 米，坐标为北纬 34°50′43.7″，东经 108°44′07.2″，高程为 947 米。继续向

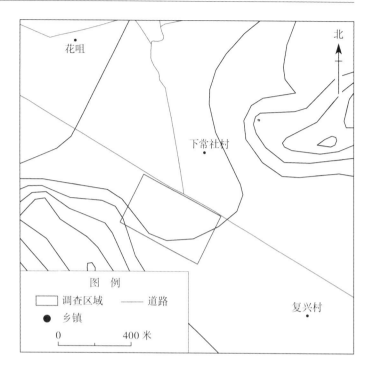

图二–25　下常社遗址调查范围示意图

西南，其间分布大量瓦片。沿生产路向南约 213 米，其间分布有较多瓦砾，继续向南则无瓦砾分布，推测此点为下常社宫殿遗址南界，坐标为北纬 34°50′38″，东经 108°44′11.4″，高程为 958 米（彩版四〇，1）。

（3）采集遗物

本次调查共采集建筑遗物 3 件，瓦当、筒瓦、板瓦各 1 件。

瓦当　1 件。2017SYZDY1 采：1，当心饰菱格纹，当面引三条界格线，界格内饰卷云纹，外饰凸弦纹。残长 15、残宽 7.1、边轮宽 0.5 厘米（彩版四〇，2）。

筒瓦　1 件（2017SYZDY2 采：7）。外饰粗绳纹，内饰布纹。残长 23、宽 16、厚 1.5、唇长 4.5 厘米（图二–26）。

板瓦　1 件（2017SYXCS3 采：7）。外饰粗绳纹，内饰网格纹。残长 9、残宽 7.6、厚 1 厘米（图二–27）。

（4）初步认识和性质判断

2017、2022 年的两次调查中并未发现有夯土遗迹，仅有少量的外绳纹、内素面或内布纹瓦片，以及双界格线云纹瓦当，散落瓦片较小，难以提供更多信息，只能推测遗址的大致使用时间为汉代。从板瓦的纹饰来看，下常社遗址采集的外饰粗绳纹、内饰网格纹的板瓦见于平陵邑[1]、云

———————————

[1] 咸阳市文物考古研究所：《西汉帝陵钻探调查报告》，文物出版社，2010 年，第 89 页。

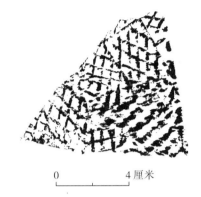

图二-27　下常社遗址采集板瓦

（2017SYXCS3 采：7）拓片

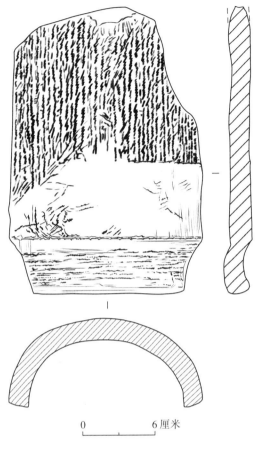

图二-26　下常社遗址采集筒瓦

（2017SYZDY2 采：7）

陵陵园北门[1]、云陵寝园遗址[2]；外饰粗绳纹内素面的板瓦还见于延陵严家沟遗址[3]，故本团队推断，下常社遗址的沿用时段中包含西汉中晚期。根据地表瓦砾的分布密度，遗址区北侧可能为建筑的主要分布区。此处虽然濒临东西两大冲沟，原面较为狭长，但却是由清峪河河谷向上前往甘泉宫所在地区的最短路线，因此应当仍具有一定的战略意义。

6. 柳家湾村遗址

（1）遗址概况

据铜川市第四批市级文保单位资料显示，柳家湾宫殿遗址位于耀州区小丘镇焦子河村，其时代是秦汉。柳家湾村遗址位于耀州区小丘镇焦子河村，凤凰山山谷之中（图二-28；彩版四一，1）。坐标为北纬 34°53′13″，东经 108°40′59″。

（2）遗址现状

沿村中生产路向东进行调查，在地表未发现有瓦片等遗物。两侧山体高耸，谷底面积十分狭小，地势高低起伏较大，未发现大型夯土建筑基址的迹象，地表为耕地。据村民介绍，柳家湾村原本有一座古庙，年代不详，被当地村民称为"老庙"。

（3）采集遗物

由于遗址的表面基本上被农作物覆盖，加上常年的自然与人为破坏，地表未见任何遗迹与遗物，因此，本次调查并未采集到遗物。

---

[1] 咸阳市文物考古研究所：《西汉帝陵钻探调查报告》，文物出版社，2010 年，第 152 页。

[2] 咸阳市文物考古研究所：《西汉帝陵钻探调查报告》，文物出版社，2010 年，第 154 页。

[3] 咸阳市文物考古研究所：《西汉帝陵钻探调查报告》，文物出版社，2010 年，第 125 页。

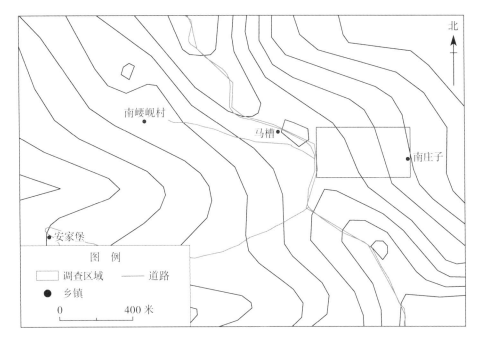

图二-28　柳家湾村遗址调查范围示意图

（4）初步认识和性质判断

柳家湾村是第三次文物普查时所发现，但在本次调查中并未发现任何遗迹现象，亦无砖瓦等建筑材料遗物。此外，柳家湾村从生产路向南，地势持续向下倾斜。由于宫殿遗址一般会建筑在高台、高地或者地势平坦开阔的地方，故柳家湾村并不适合营建大型宫殿建筑。从地理位置来看，柳家湾遗址距离汉云陵、淳化县很近，向北约9公里可至甘泉宫。由于汉代有设置陵邑制度，可能汉云陵陵邑是代替柳家湾遗址，作为一个通往甘泉宫的重要交通枢纽。尽管通往甘泉宫的东侧线路上分布的行宫距离为7~9公里，但行宫与行宫之间也应分布有大小驿站，因此推测柳家湾南可能是一处驿站遗址。

（三）西线遗址

本次调查的西线遗址，主要为冶峪河上游口镇周边的秦汉遗址，遗址分布较为集中。第二、三次文物普查资料显示西线范围内的口镇、杨赵、贾河滩、东曹等5处遗址发现了秦汉时期遗物以及不同规模的夯土遗迹。但在2017、2022年的调查中，贾河滩、药树两处遗址已遭到严重破坏，地表的遗迹现象和遗物全然不存，东曹村遗址破坏也比较严重，仅保留极少量遗迹。故本节仅介绍口镇、杨赵村以及东曹三处遗址的情况。

1. 口镇遗址

（1）遗址概况

1989年，咸阳市文物普查队在泾阳县口镇西南方发现一处建筑遗址，东西长约700、南北宽约 900 米，总面积达 63 万平方米。遗址区内瓦砾堆积较为丰富，最厚处达 2 米，分布区域内发现的建筑构件有板瓦、筒瓦、云纹瓦当、宫字瓦当、方形几何纹铺地砖、陶质圆形水管道等。在一台地断面上还发现一组保存尚好的地下陶水管道，距地面深约 2 米，直径 0.33 米。普查队员根据现场遗迹判断此处遗址应该是秦"谷口宫"遗址。第三次文物普查的资料显示，口镇遗址位于泾阳县口镇街道南、东、北三侧，地处冶峪河东岸台地，口镇街道与贾河滩村之间，东北距嵯峨山约 9 公里。西侧为冶峪河，由北向南，在贾河滩村以南转向东。遗址整体地势为东北高西南低，现地表大部分为耕地，少部分为现代村镇房屋叠压。坐标为东经 108°41′38.2″，北纬 34°42′13.8″，海拔 580 米。县 208 公路呈南北向从遗址区内穿过。遗址东西长约 1500、南北宽约 500 米，面积约 75 万平方米（图二-29；彩版四一，2）。

（2）遗址现状

随着该区域人类生产活动越来越频繁，遗址区遭到了比较严重的破坏，目前遗址整体保存状况较差，未见明显的夯土遗存。遗址区内散布有外绳纹内布纹筒瓦、板瓦残片，其中遗址西侧、冶峪河东岸呈南北走向的断崖中发现有瓦砾堆积，长约 0.9、厚约 1 米，可辨遗物包括外绳

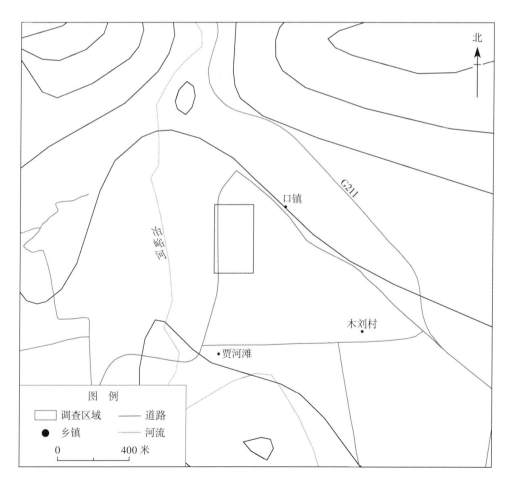

图二-29　口镇遗址调查范围示意图

纹内布纹筒瓦、板瓦以及柱础石等残存遗物，同时还发现有红烧土块，但未发现夯土痕迹（彩版四二，2；彩版四三，1）。沿该土垣东侧的生产路向南约20米，在农田东侧塄坎亦存有瓦片堆积，长约0.3、厚约0.5米。以文保碑为起点，向西北至冶峪河谷岸，发现瓦片极少。沿公路向北至灌溉渠便桥，桥下断面发现有瓦砾堆积，其坐标为北纬34°42′22″，东经108°41′45″，海拔580米（彩版四三，2）。向北调查至口镇旧址，地面未见瓦片等遗物，推测遗址北部被村镇叠压。在遗址北部发现窑址一处，散落部分绳纹板瓦、筒瓦及几何纹铺地砖等遗物。

（3）采集遗物

本次调查共采集遗物3件，主要为建筑材料。其中，筒瓦1件、板瓦2件。

筒瓦　1件（2017SJYKZ2采：1）。残，外饰粗绳纹，内饰布纹。残长15、残宽15.8、厚1厘米（图二-30）。

板瓦　2件，均残。

2017SJYKZ3采：1，外饰粗绳纹，内素面。残长18.6、残宽15、厚1.6厘米（图二-31）。

2017SJYKZ3采：2，内外皆饰粗绳纹。残长9、残宽6.5、厚1厘米（图二-32）。

（4）初步认识和性质判断

根据第三次文物普查资料显示，以口镇为中心，包括冶峪河东岸的贾河滩、东曹、官道等村庄在内的区域内存在多处具有夯土

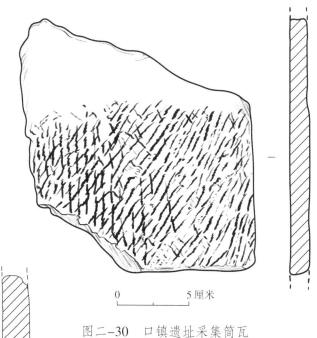

图二-30　口镇遗址采集筒瓦
（2017SJYKZ2采：1）

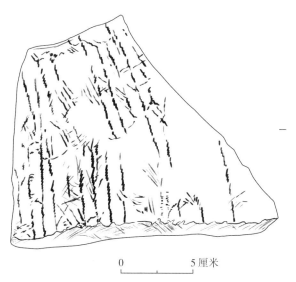

图二-31　口镇遗址采集板瓦
（2017SJYKZ3采：1）

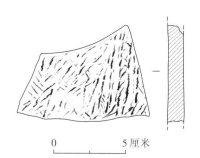

图二-32　口镇遗址采集板瓦
（2017SJYKZ3采：2）

遗迹的建筑遗址，应该属于一处规模较大的秦汉遗址群（彩版四二，1）。根据调查发现的外绳纹内布纹板瓦以及瓦砾堆积中包含的大型柱础石，可初步推测口镇附近应该存在秦汉时期建筑遗址。古有"北有甘泉、谷口之固"之说。口镇扼守前往淳化、彬州以及甘泉宫等地道路的重要关隘，所以此建筑遗址有着重要的军事战略意义，且等级相对较高。然而调查过程中虽然发现有较明显的瓦砾层堆积，但并未发现夯土迹象，地表也未见明显遗迹现象。在调查过程中发现瓦砾堆积多位于口镇西、南侧，口镇北部由于城镇扩张和道路的修建，遗迹现象已被现代建筑叠压或遭到破坏。

结合上文有关谷口县的文献记载，以及遗址所处黄土高原与平原交错带的特殊地理位置，本团队初步判断该遗址位于汉代谷口县的范围内。三普资料显示口镇周边村落有大量的秦汉建筑遗址，但由于土地平整、修建厂房等因素导致大多遗址被破坏，所以具体地理位置无法精准确定。因此，口镇宫殿遗址 90 万平方米的范围应该是以口镇为中心、冶峪河东岸贾河滩、东曹村、官道村为周边的秦汉遗址分布区，结合前人考古调查，本团队推测谷口宫、谷口县应该就在上述大致范围内。

2. 杨赵村遗址

（1）遗址概况

据第三次文物普查的资料显示，杨赵村遗址位于泾阳县白王乡杨赵村东北约 200 米的台地上，东距嵯峨山约 10 公里，部分学者认为这里是先秦时期的"與车宫"遗址。遗址东为冶峪河，与口镇遗址隔河相望（图二-33；彩版四四，1）。整体地势为东北高西南低，东西约 800 米，南北约 1000 米，面积约 80 万平方米。坐标为北纬 34°41′34.6″，东经 108°41′18.8″，海拔 575 米。县 208 公路从遗址北部呈东西向穿过。

（2）遗址现状

该区域目前已被大面积开发，遗址整体保存状况较差，现地表大多被民房、砖厂覆盖，地表遗物较少。本次调查从杨赵村村北开始，杨赵村周围环境以村舍、耕田、果园为主，整体地势南高北低。在杨赵村中进行考古踏查，在村东、南区域均未发现遗迹、遗物，在村子的北、南区域，也没有发现遗迹或遗物，东、北方向为村舍，无任何遗迹或遗物发现。沿杨赵村北侧东西向公路至杨赵骨科医院，在公路南侧桃林中发现有瓦片散落，桃林南侧暴露一段东西向夯土墙，夯层明显，每层厚约 8 厘米，夯层发现起始点坐标为北纬 34°42′07″，东经 108°41′23″，止点位于起点向西约 81 米处，坐标为北纬 34°41′32″，东经 108°41′13″（彩版四五，1）。夯土层止点处有一条南北向生产路，路西有一土垣高台，高台中发现有瓦砾堆积，在此处采集外绳纹内麻点纹板瓦（彩版四五，2）。并在此处对高台遗迹进行整体测量，其东西长约 85、南北宽约 81 米，整体形状近似方形。台地西侧为砖厂取土场所，2017 年调查时遗址地面及台地断面上仍可见多处瓦砾层，距地表约 1.5 米，发现一处夯筑痕迹，夯层厚 0.07、长约 6 米。2022 年复查时遗址区已被砖厂取土破坏，地表遍布现代建筑垃圾，无任何遗迹现象和遗物发现。

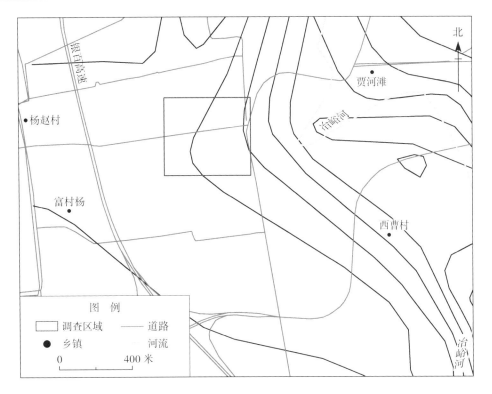

图二-33　杨赵村遗址调查范围示意图

（3）采集遗物

本次调查共采集遗物4件，主要为建筑材料。其中，筒瓦3件、板瓦1件。

筒瓦　3件。均残。2017SJYYZ2采：1，外饰细绳纹，内饰麻点纹。残长10、残宽7.5、厚0.9厘米（图二-34）。

板瓦　1件（2017SJYYZ3采：1）。残。外饰粗绳纹，内为素面。残长13.6、残宽13.5、厚1.5厘米（图二-35）。

（4）初步认识和性质判断

杨赵村遗址地处冶峪河西岸，和东岸的口镇遗址一左一右镇守由冶峪河谷口通往北方的道路，二者隔河相望，应当与周边的东曹、官道、药树等遗址同属于一个建筑遗址群（彩版四四，2）。2017年对杨赵村遗址的调查中发现有夯

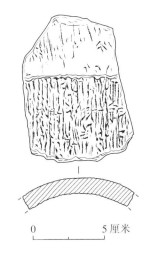

图二-34　杨赵村遗址采集筒瓦
（2017SJYYZ2采：1）

土墙垣和高台，同时采集了一定数量的外绳纹内麻点纹板瓦，表明该遗址应当存在夯土高台建筑，且建筑的始建年代上限可至战国秦时期。而采集于杨赵村遗址的外饰粗绳纹、内为素面的板瓦也见于平陵邑遗址[1]，故此处遗址可能沿用至西汉中期。

————————————
［1］咸阳市文物考古研究所：《西汉帝陵钻探调查报告》，文物出版社，2010年，第90页。

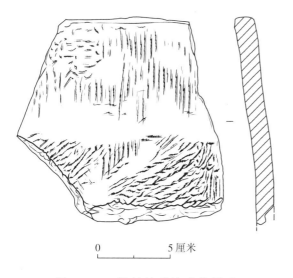

图二-35　杨赵村遗址采集板瓦

（2017SJYYZ3 采：1）

文献记载舍车宫宫殿遗址所在之地也称"舆车塬""覆车塬""西北塬"。由关中平原北上至此，道路逐渐险峻，地貌环境不利于乘舆，如果要前往西北方向的甘泉宫，就必须在此处放弃乘舆，改为骑马，因此将该行宫命名为"舍车宫"。据文献明确记载，舍车宫是汉代统治者自长安前往西北方向的一处行宫，汉武帝在去甘泉宫的时候曾经取道于此。此外，《水经注·沮水》记载"郑国渠渎东迳宜秋城北，又东迳中山南……又东迳舍车宫南绝冶峪水"[1]。杨赵—口镇遗址群以北的山岭即名为"仲山"，且二者均位于冶峪河畔。虽然本次调查并未发现相关有文字性质的遗物以及具有汉代特征的标准器，但根据文献记载和遗址内采集的遗物、遗址位置等多方面的信息可以推测，杨赵—口镇遗址群可能为一处始建年代为战国秦的建筑遗址，汉代加以沿用并更名为"舍车宫"，作为前往甘泉宫道路上的一处行宫而存在。

3. 东曹村遗址

（1）遗址概况

根据第三次全国文物普查资料显示，东曹遗址位于泾阳县口镇东曹村东南 10 米土壕内，地表现为平整的麦地。地处清峪河支流冶峪河 2 级台地，地势为北高南低，南距埝渠村约 500 米，东北距县水泥厂 500 米，东距东官道村 400 米。遗址南北长 130、东西宽 100 米，面积 13000 平方米。遗址区域内散落少量陶片，应为秦汉建筑遗址，为研究清峪河流域冶峪河支流秦汉建筑提供重要资料。

（2）遗迹遗物

本次调查在该村落及周边地区均未发现相关遗迹或遗物。据当地村民介绍，由于平整土地和开发建厂等诸多因素，地处东曹老村南面农耕地的城墙完全被破坏，该城墙的形制为外有圆形壕沟内为二道城门的方形城墙，年代较晚，应为明清时期的城址。

（3）初步推断

东曹遗址在《中国文物地图集·陕西分册》中载为"东曹宫殿遗址"，但是由于东曹村由旧村迁往新村、平整土地、种植农作物等人为破坏因素，加上原本遗迹破坏比较严重和缺乏充分的保护，该地区的遗迹现象遭到非常严重的破坏，目前地表已不见任何建筑遗迹，因此，本

[1]（北魏）郦道元：《水经注校证》，中华书局，2007 年，第 406 页。

次调查未发现任何宫殿建筑遗迹，也未发现遗迹现象或遗物。

第三节　嵯峨山

嵯峨山因其独特的山形地貌，自古便是关中名山，站在山腰南眺，即可俯视整个关中平原，清晰可见汉长安城遗址与秦岭。相传鬼谷子曾在此讲学，日本嵯峨天皇之所以被命名为嵯峨天皇是因为天皇的遣唐使曾参与唐崇陵的修建，所以回到日本后天皇被称为嵯峨天皇，东京附近的一座山也被命名为嵯峨山，可见嵯峨山在古人心目中的地位可能远远超出我们现有的认知。若需搞清楚对天井岸建筑遗址以及渭北秦汉建筑遗址的调查情况，则需要对嵯峨山有进一步的认识。

《汉书·地理志》"池阳"条下注"惠帝四年（前191年）置。巀嶭山在北"。颜师古在《汉书·司马相如列传》中注曰"巀嶭山即今所谓嵳峩山也，在三原县西也"，《新唐书·地理志》"云阳"条下注曰"崇陵在北十五里嵯峨山"[1]。今嵯峨山余脉上即为唐崇陵，位于三原县西北部、云阳镇以北。嵯峨山在池阳县之北，则池阳县县域的主要部分即应在嵯峨山以南范围内。《汉书·地理志》记载九嵕山以东为谷口县境，境内有"天齐公、五床山、仙人、五帝祠四所"。九嵕（嵏）山，《旧唐书·地理志》中载："（太宗）贞观十年，置昭陵于九嵕山，因析云阳、咸阳二县置醴泉县"[2]。唐昭陵在今礼泉县东北，其所在的山岭今仍名为九嵕山。《史记·汉兴以来将相名臣年表》记载文帝后元三年（前161年）置谷口邑[3]。

在2017年的调查过程中，据当地村民介绍，嵯峨山在民间又称之为荆山，由五座山体组成，分别为一台、二台、三台、四台、五台，因此又称嵯峨山为"五台山"。清代《三原县志》记载上述五座山峰都存有建筑遗存，如仰天池、灵云绛、石窟、钵盂台等（图二-36）。

嵯峨山顶峰二台上现存明代振锡寺遗址，坐标为北纬34°43′41.0″，东经108°47′37.7″，海拔1379米。该寺院始建于唐代，明嘉靖年重修，遗址南北长约90、东西宽约32米。有石块垒砌寺院一处。院内有残石佛像一尊，悟空禅寺塔残留石刻1件，遗址内现有古水井3口，其中两处为水窖，一处为放生池。该寺院遗址保存较好，寺院大堂、悟空塔均于近年来重新修建，部分房屋为嵯峨山林厂修建的护林看管用房，嵯峨山佛教协会设该处，定期举办佛事活动。此外，在二台、三台、四台之间还有清代寺庙遗址，可能与振锡寺之间存在一定的关系。

在嵯峨山顶遗址区内，发现有大面积的瓦片堆积，尤以通往振锡寺的道路一侧最为明显。这些瓦片多为外素面内布纹的筒瓦，时代较晚，但是依然发现有少量秦汉时期的外绳纹内素面、

---

[1]（宋）欧阳修、（宋）宋祁：《新唐书》，中华书局，1975年，第962页。

[2]（后晋）刘昫：《旧唐书》，中华书局，1975年，第1397页。

[3]（汉）司马迁：《史记》，中华书局，2013年，第1332页。

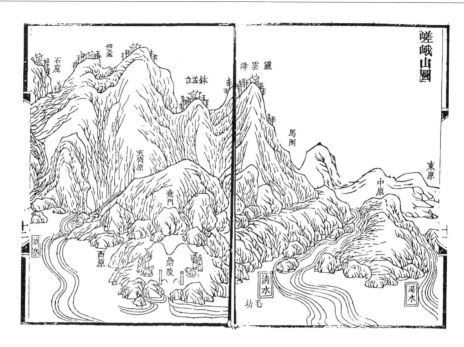

图二-36　清《三原县新志》中描绘的嵯峨山图

[（清）焦云龙、贺瑞麟：《三原县新志》，中国国家图书馆中华古籍资源库·数字方志，清光绪六年，第 11、12 页]

外绳纹内麻点纹的瓦砾残片，同时在振锡寺厢房旁的建筑废料堆中发现一块几何纹方砖残块。

　　根据上述调查及采集遗物情况来看，嵯峨山顶可能存在秦汉时期的建筑遗存，但是否即为文献中记载的"五床山祠"，仍无法确定。原因有以下几个方面。

　　第一，从位置角度出发，《史记·封禅书》中记载，"盖天好阴，祠之必于高山之下，小山之上，命曰'畤'"[1]，表明秦代的祭天场所位于高山之下小山之上的半山地带。近年来有多处秦汉时期的祭天遗址被发现，如血池秦汉祭祀遗址位于凤翔县城西北的山梁与山前台地上[2]，鸾亭山遗址位于礼县县城西北鸾亭山的山顶[3]。其中血池遗址作为"郊祀"的典型代表，其地理位置完全符合"高山之下，小山之上"的特征，同时又具备"坛三垓"的形制[4]。而鸾亭山遗址作为山川祭祀的典型代表，其主要使用年代为汉代，但其附近的山腰上也发现有可能年代属于周的夯土台基，不排除为秦人"西畤"的可能性[5]。而文献记载的五床山祠、仙人祠作为重要的祭祀场地，其地理位置应该也在"高山之下，小山之上"，而采集到的秦汉时期瓦片，均位

[1]（汉）司马迁：《史记》，中华书局，2013 年，第 1637 页。

[2] 陕西省考古研究院等：《陕西凤翔雍山血池秦汉祭祀遗址考古调查与发掘简报》，《考古与文物》2020 年第 6 期，第 3~24 页。

[3] 早期秦文化联合考古队：《2004 年甘肃礼县鸾亭山遗址发掘主要收获》，《中国历史文物》2005 年第 5 期，第 4~14 页。

[4] 田亚岐、陈爱东：《凤翔雍山血池遗址初步研究》，《考古与文物》2020 年第 6 期，第 68~75 页。

[5] 梁云：《对鸾亭山祭祀遗址的初步认识》，《中国历史文物》2005 年第 5 期，第 15~31 页。

于嵯峨山山顶。若其确实为秦汉时期的祭祀遗址，则地理位置更接近类似鸾亭山的山川祭祀，而非"郊祀"。

第二，从遗址所处的地理环境来看，"除地为场"，也就是说祭祀遗址应该满足地势较高的同时，也应该是较为开阔、平坦的地形。血池祭祀遗址拥有完整的"坛三垓"结构，在夯土台基的外围有开阔的广场和三层"垓"；鸾亭山遗址虽然未有开阔场地，但也在山顶修筑有夯土围墙，同时这两处遗址还有数量较多的祭祀坑用以瘗埋祭器或祭牲。而嵯峨山顶的四座山峰（其中一座因无道路可通往，无法调查）几乎都位于山脊上，高度在 1000~1400 米，山势挺拔高峻，地形狭窄，土层浅薄，地面布满砾石，既无法满足修建大型夯土台基的空间需求，同时也无法满足挖掘祭祀坑的条件。

第三，从采集的遗物来看，虽然发现有秦汉时期的外绳纹、内麻点纹板瓦等遗物，但数量极少，并未发现大规模瓦片堆积，也未见瓦当等能够表明建筑等级性质的建筑材料，难以判断山顶确实存在用于祭祀的建筑遗迹。

第四，嵯峨山以东为一处较为开阔的山前台塬，这一地区从地形角度来看，位于小山之上，高山之下，距天井岸遗址的直线距离约 10 公里。相较于险峻的山顶，此处地形较为平坦开阔，土层深厚，更适宜修建大规模的建筑。按照秦汉祭祀遗址的选址特点，这里有可能存在一定规模的祭祀建筑遗址，也是今后考古调查中值得关注的地方（彩版四六，1）。

第四节　结语

本次对渭北秦汉建筑遗址的考古调查主要是基于对天井岸建筑遗址调查的基础上进行的，一方面是为了搞清楚天井岸建筑遗址周边秦汉建筑遗址的分布情况与分布特点，另一方面试图通过对渭北秦汉建筑遗址的调查厘清渭北地区大型秦汉宫殿遗址的建筑特点，从而与天井岸建筑遗址进行对比，讨论天井岸建筑遗址是否具有宫殿遗址的基本要素。通过对渭北泾阳、三原、淳化、耀县等地秦汉建筑遗址的调查与研究，可归纳出 2017、2022 年所调查的建筑遗址基本上具备以下特点。

第一，遗址均位于通往甘泉宫的交通要道上，且每个遗址之间的距离基本相同，均为 7~9公里；第二，存有一定规模、连续性的夯土建筑，例如惠家遗址、独家村遗址、杨赵遗址等；第三，大多数遗址规模适中，采集物多为建筑构件，个别面积较小的遗址，如张家窑遗址，或为交通要道旁的专属建筑；第四，多数建筑遗址存在沿用的情况，其中独家村遗址的沿用时间较长。

本团队对天井岸遗址周边清峪河、冶峪河流域的秦汉遗址进行了详细、实时的考古调查，使本团队对这一地区秦汉行宫遗址的特点有了深刻的认识，对东西两条通往甘泉宫和西北地区的道路大致走向和沿途行宫类设施的分布情况有了基本了解，为天井岸建筑遗址及周边地区各遗址的性质研究提供了参考。

　　天井岸建筑遗址位于嵯峨山东南，若按照史书上对谷口、池阳二县县域的描述，汉谷口县县域在池阳县以西，谷口县以北为九嵕山，池阳县位于嵯峨山以南，两县紧邻。而天井岸建筑遗址位于嵯峨山东南麓的天齐塬上，嵯峨山紧邻九嵕山，天井岸建筑遗址在汉代当时具体属于哪一县治，并无法通过直接证据证明。如果三原天井岸建筑遗址位于池阳县境内，如此规模的遗址应该在史书中有所记载，但是在《汉书》等文献中并没有记载，直到隋唐时期，史书中有大量"天齐祠"的记载。但是这一时期池阳县已改名为三原县，县域也发生了较大的改变，很难由此判断池阳县当时的县域是否包括天井岸建筑遗址。而相邻的谷口县则记载有"天齐公""仙人""五床山""五帝祠"等四所，说明在谷口县存在有这几所祭祀场所。隋唐之后的历史文献均记载在三原县西北二十五公里的天齐塬上，分布有"天齐祠"，那么隋唐文献中的"天齐祠"与《汉书》中记载的"天齐祠"应该属于同一事物。这就证明了《汉书》中记载的谷口县境内的"天齐祠"其实就分布在天齐塬上，说明秦汉之际天齐塬应该是分布在谷口县的县域之内。而从天齐塬地望及五处夯土台的分布可以推测，天井坑很有可能就是"天齐祠"的一部分，五座夯土台可能就是"五帝祠"遗址。文献中记载的"仙人"意义不明难以界定，而"五床山"仍未有明确的讨论。同时，五床山在《汉书》中有另一地名，位于今鄠邑区[1]，地缘上的南辕北辙使得"五床山"的名位也就无法确定。

　　池阳宫理所应当位于池阳县内，如果天井岸建筑遗址位于谷口县境内，则说明了天井岸建筑遗址并不是池阳宫遗址。在天井岸建筑遗址内进行的考古勘探也并未发现大型宫殿类夯土建筑基址，从文献记载以及现场调查与勘探可知天井岸建筑遗址并不是一处大型宫殿遗址，因此可以判断天井岸建筑遗址与池阳宫并无直接关系。

　　根据文献材料，结合本次调查，本团队推测池阳宫选址应具备如下几个特点。第一，行宫性质，应靠近通往甘泉宫的道路上，从地面遗迹来看，应该存在大面积连续夯土遗存。第二，从时代上看，池阳宫应依托于池阳县而定名，故最初建成使用时间不早于汉惠帝且不晚于汉宣帝，时代应为西汉中期。第三，从文献记载池阳宫的位置可知，池阳宫应该位于嵯峨山以南。至于具体位置，还需要继续探索。

---

[1]《汉书·郊祀志》记载，京师近县鄠，则有劳谷、五床山、日月、五帝、仙人、玉女祠。孔祥军在《汉唐地理志考校》中认为该文献记载有误，见孔祥军：《汉唐地理志考校》，新世界出版社，2012 年。

第三章　天井岸建筑遗址考古勘探

第一节　天井坑

一　基本情况

天井坑东侧约 100 米处分布有一条宽约 50 米的黄土沟壑，呈南北走向；南侧为缓坡和梯田，连接关中平原；西侧约 50 米处分布有一条宽约 210 米的黄土沟壑，呈东北—西南走向；北侧地形较为平坦，多为耕地。

天井坑地表开口处因村民修建窑洞已被严重破坏，现存开口整体呈不规则圆形。但据当地村民回忆，天井坑在被人为破坏之前，地表开口整体呈圆形[1]。根据现场调查与测量可知，天井坑现存南北开口长约 220、东西长约 217 米。天井坑现存坑底为耕地，表面平整，坑底南北长约 178、东西长约 168 米。现存坑底东侧距地平面 24.5 米，南侧距地平面 26.5 米，西侧距地平面 33 米，北侧距地平面 29 米。

二　地层勘探

本团队依据天井坑坑底基本遗存特点制定了详细的勘探方案，勘探位置主要以东西向、南北向两条中心线为主。依据地层堆积情况，每隔 1~10 米进行布孔钻探。本次共规划 11 条剖线，勘探布孔共计 217 处，总深度 2017 米。

2015~2016 年，本团队对天井坑的勘探主要沿现坑底东西向和南北向两条中心剖线进行，南北向中心剖线延伸至北坡道，整体呈"十"字形结构。在东西向 1 号剖线钻孔过程中，根据地层堆积的特点，每隔 1~4 米布一个探孔，总共布孔 35 处。南北向 2 号剖线也是根据钻探过程

---

[1] 2016、2018 年，本团队在进行考古调查和发掘期间对天井岸村村民梁作礼、梁根善进行了走访。据两位村民回忆，其家族于 20 世纪 30~40 年代迁入此地，并在天井坑北侧坡道处修筑窑洞居住，为当时搬迁至此较早的居民之一。彼时天井坑保存尚较为完整，地表开口整体呈规则圆形，北侧坡道还作为进入坑底的生产路。天井坑周边散落绳纹陶片，以东北部数量最多。

中土质土色的变化间隔 1~10 米进行布孔，总共布孔 36 处。

　　2016 年初至 2017 年，本团队在东西向 1 号剖线和南北向 2 号剖线的基础上，又在天井坑现底部西北至东南和东北至西南设置 3、4 号剖线进行布孔钻探。因为天井坑中心区域地层堆积比较简单，因此，西北至东南剖线主要在剖线两端每隔 1~4 米布孔 1 处，共布孔 26 处；东北至西南剖线也主要在剖线两端每隔 1~4 米布孔 1 处，共布孔 19 处。为了更加准确地钻探清楚天井坑坑底周边的基本结构，本团队又在天井坑现坑底增加南北向四条短剖线，分别为 5、6、7、8 号剖线；东西向增加三条短剖线，分别为 9、10、11 号剖线。其中，5 号剖线位于 2 号剖线右侧，从现坑底南侧向北每隔 4 米布孔 1 处，共布孔 8 处。6 号剖线位于 2 号剖线左侧，从现坑底南侧向北侧每隔 3~5 米布孔 1 处，共布孔 14 处。7 号剖线位于 2 号剖线左侧，从现坑底北侧向南每隔 3~5 米布孔 1 处，共布孔 14 处。7 号剖线左侧为 8 号剖线，从现坑底北侧向南每隔 3~10 米布孔 1 处，共布孔 10 处。9 号剖线南北向分布于现坑底北侧斜坡附近，从西向东每隔 3~5 米布孔 1 处，共布孔 8 处。10 号剖线位于 9 号剖线南侧，从西向东每隔 3~10 米布孔 1 处，共布孔 11 处。11 号剖线位于 1 号剖线北侧，从现坑底西侧向东每隔 3~5 米布孔 1 处，共布孔 9 处。除此之外，本团队在各剖线附近共钻孔 27 处，以佐证各剖线地层勘探的准确性（图三-1）。

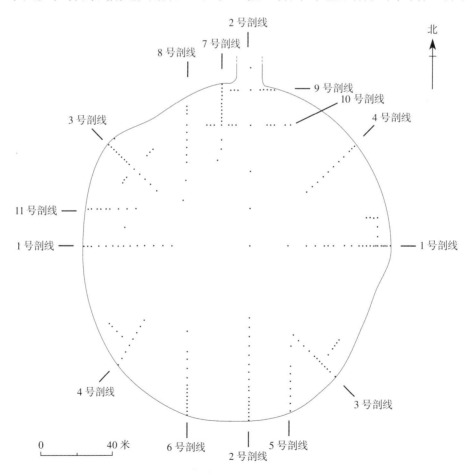

图三-1　天井坑钻探布孔示意图

从钻探情况判断，1、2、3、4号剖线勘探的地层最能代表天井坑底部的堆积特点。因此，本节将以1、2、3、4号剖线地层勘探为例，对天井坑地层堆积进行介绍。

（一）1号东—西向剖线（图三-2）

第①层：黄褐色淤积土层，厚1.2~7.5米，黄褐色土，土质疏松，包含大量植物根茎。

第②层：黄、褐相间淤土层，厚3.1~9.8米，黄、褐色淤土交替出现，淤层明显，土质松散。

第③层：黄色淤积花土层，厚0.1~12米，黄色淤积土，土质较为致密，土壤纯净，无包含物，下为黄色生土层。

第④层：黑褐色淤积土层，厚1~1.5米，黑褐色淤积土，土质致密，土壤纯净，无包含物。

第⑤层：灰褐色淤积土层，厚0~3.6米，灰褐色淤积土，土质疏松，土壤纯净，无包含物。

第⑥层：黑褐色淤积土层，厚0~5米，黑褐色淤积土层，土质疏松，土壤纯净，无包含物，下为黄色生土层。

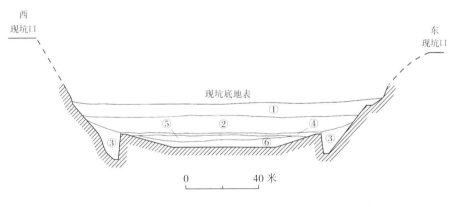

图三-2　天井坑东—西向剖面示意图

1.黄褐色淤积土　2.黄、褐色相间淤土　3.黄色淤积花土　4.黑褐色淤积土　5.灰褐色淤积土　6.黑褐色淤积土

（二）2号南—北向剖线（图三-3）

第①层：黄褐色淤积土层，厚3.8~7.5米，黄褐色土，土质疏松，包含大量植物根茎。

第②层：黄、褐相间淤土层，厚0.5~13.5米，黄、褐色淤土交替出现，淤层明显，土质松散。

第③层：此剖线为坑底南北向中心线，天井坑黄色淤积花土层主要位于坑底东西两侧中部壕沟内，因此在南北剖线上无法钻探到3号地层。

第④层：黑褐色淤积土层，厚0~1.5米，黑褐色淤积土，土质致密，土壤纯净，无包含物。

第⑤层：灰褐色淤积土层，厚0.1~2.1米，灰褐色淤积土，土质疏松，土壤纯净，无包含物。

第⑥层：黑褐色淤积土层，厚0.1~5米，黑褐色淤积土层，土质疏松，土壤纯净，无包含物，下为黄色生土层。

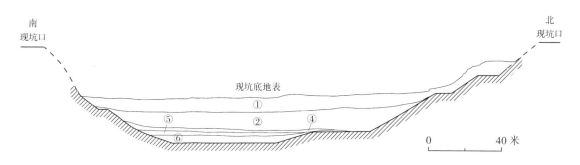

图三-3   天井坑南—北向剖面示意图

1. 黄褐色淤积土   2. 黄、褐色相间淤积土   3. 黄色淤积花土   4. 黑褐色淤积土   5. 灰褐色淤积土   6. 黑褐色淤积土

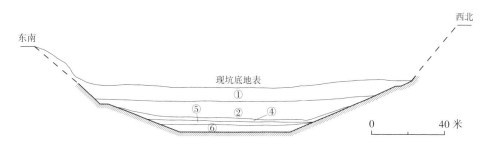

图三-4   天井坑东南—西北向剖面示意图

1. 黄褐色淤积土   2. 黄、褐色相间淤积土   3. 黄色淤积花土   4. 黑褐色淤积土   5. 灰褐色淤积土   6. 黑褐色淤积土

（三）3号西北—东南向剖线（图三-4）

第①层：黄褐色淤积土层，厚0~9.8米，黄褐色土，土质疏松，包含大量植物根茎。

第②层：黄、褐相间淤土层，厚0~13.5米，黄、褐色淤土交替出现，淤层明显，土质松散。

第③层：黄色淤积花土层主要位于坑底东西两侧的中部区域，因此在西北—东南向剖线上无法钻探到黄色淤积花土层。

第④层：黑褐色淤积土层，厚0.1~2.1米，黑褐色淤积土，土质致密，土壤纯净，无包含物。

第⑤层：灰褐色淤积土层，厚0~4米，灰褐色淤积土，土质疏松，土壤纯净，无包含物。

第⑥层：黑褐色淤积土层，厚0.1~5米，黑褐色淤积土层，土质疏松，土壤纯净，无包含物，下为黄色生土层。

（四）4号东北—西南向剖线（图三-5）

第①层：黄褐色淤积土层，厚0~9.2米，黄褐色土，土质疏松，包含大量植物根茎。

第②层：黄、褐相间淤土层，厚0.1~7.3米，黄、褐色淤土交替出现，淤层明显，土质松散。

第③层：黄色淤积花土层主要位于坑底东西两侧的中部区域，因此在东北~西南向剖线上无法钻探到黄色淤积花土层。

第④层：黑褐色淤积土层，厚0~4.1米，黑褐色淤积土，土质致密，土壤纯净，无包含物。

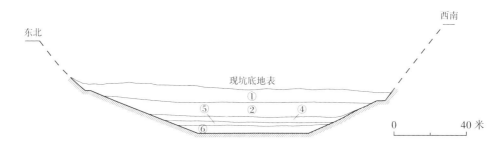

图三-5　天井坑东北—西南向剖面示意图

1.黄褐色淤积土　2.黄、褐色相间淤积土　3.黄色淤积花土　4.黑褐色淤积土　5.灰褐色淤积土　6.黑褐色淤积土

第⑤层：灰褐色淤积土层，厚 0.1~3.6 米，灰褐色淤积土，土质疏松，土壤纯净，无包含物。

第⑥层：黑褐色淤积土层，厚 0.1~4.9 米，黑褐色淤积土层，土质疏松，土壤纯净，无包含物，下为黄色生土。

通过以上四条剖线举例以及结合其余 7 条剖线的地层勘探结果，可将天井坑的地层总体划分为 6 层（图三-6），如下所示。

第①层：黄褐色淤积土层（该层包括现代耕土层），厚 0~9.8 米，土质松散，分布于整个坑内。

第②层：黄褐相间淤土层，厚 0~13.5 米，黄、褐色淤土交替出现，淤层明显，土质松散，分布于整个坑内。

第③层：黄色淤积土层（花土），厚 0.1~12 米，黄色土夹杂红褐色土点，土质松散，分布于东西两侧壕沟内。

第④层：黑褐色淤积土层，厚 0~4.1 米，土质松散，分布于生土墙上及其以内区域。

第⑤层：灰褐色淤积土层（根据土色深浅变化有时称黄褐色或青灰色，但同为一层），厚 0~4 米，分布于生土墙以内区域。

第⑥层：黑褐色淤积土层，厚 0~5 米，土质松散，分布于天井坑中心区域。

三　形制分析

经过勘探可知，天井坑大概分为四部分（图三-7）。第一部分为北侧的斜坡道，依据坡度推算斜坡道全长约 145 米。通过对北侧斜坡道布孔钻探发现，斜坡道由上至下有三处台阶，自坡道北侧向南平面距离 22 米处出现第一台阶，现存台阶宽 12 米，台阶面向上距现地表 18 米。坡道北侧向南水平距离 49 米处出现第二台阶，宽 8 米，第二台阶台面距第一台阶台面水平距离 9.4 米。坡道北侧向南水平距离 93 米处出现第三台阶，宽 32 米，第三台阶台面距第二台阶台面水平距离 20.6 米。第三台阶向南 20 米处为勘探坑底中心区域的北侧，中心区域向上水平距离第三台阶台面 5.8 米。现坑内坡道长 71.6 米，上口宽 16~32、底宽 12~28、深 12.6~23.8 米，坑外坡道底宽 8 米，斜坡道东西两侧各有宽 10 米的生土墙呈斜坡状与坑内的生土墙相连。

第二部分为天井坑坑底东西两侧的台阶、壕沟、生土墙。天井坑现坑内地表东侧由坑边斜

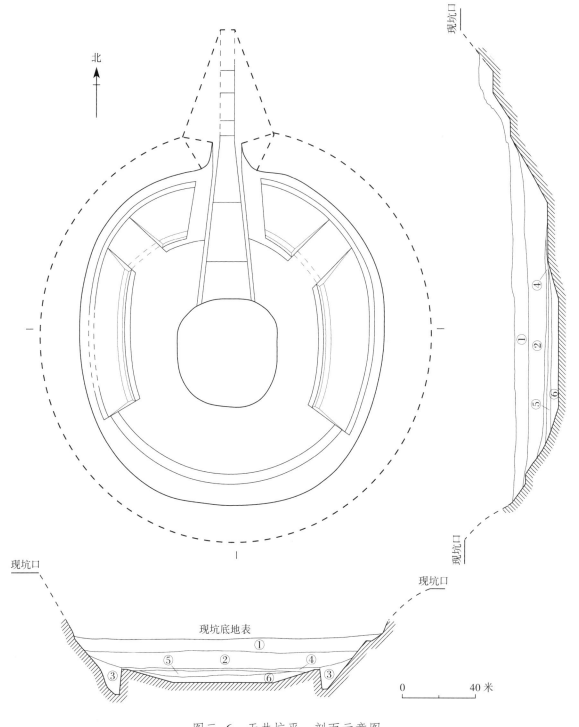

图三–6　天井坑平、剖面示意图

1. 黄褐色淤积土　2. 黄、褐色相间淤积土　3. 黄色淤积花土　4. 黑褐色淤积土　5. 灰褐色淤积土　6. 黑褐色淤积土

坡向下平面距离 5 米处出现台阶，台阶宽 3 米，台面距现坑内地表约 3 米。斜坡再向下平面距离 21 米处到达壕沟的底部，壕沟底部宽 3 米，底部距坑内地表约 27.4 米。壕沟西侧 1.4 米处为生土墙，生土墙宽 3 米，墙顶距坑内地表约 17 米。生土墙再向西呈斜坡状延伸至坑底中心区域。

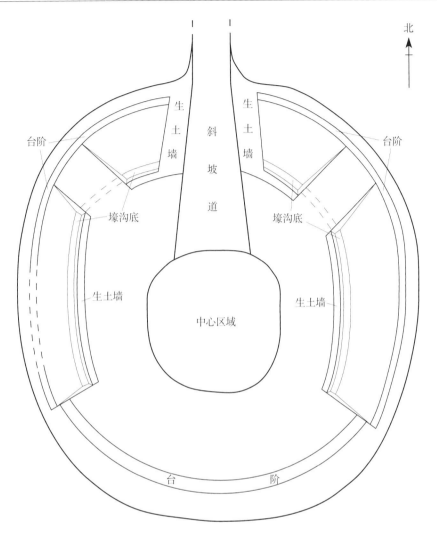

图三-7　天井坑内部结构示意图

天井坑东北角有宽 20 米的区域从台阶开始呈斜坡状延伸至坑底，可能是该处壕沟被改为暗渠。

天井坑现坑内地表西侧斜坡向下平面距离约 5 米处出现台阶，因为雨水冲刷只在部分区域残留有台阶，台阶宽 3 米，台面距现坑内地表 3 米。斜坡再向下平面距离约 13 米处到达壕沟底部，壕沟底部宽 3 米，距现坑内地表约 29.5 米。壕沟西侧 1.2 米处为生土墙，生土墙宽 3 米，墙顶距坑内地表约 16.8 米，墙体再向东呈斜坡状到达坑底中心区域。天井坑东北角有宽 20 米的区域从台阶开始呈斜坡状到达坑底，该处壕沟应该也被改为暗渠。

第三部分为天井坑坑底南侧的扇形区域。该区域东西长 121.6 米，由天井坑现坑内地表南侧斜坡向下平面距离约 11 米处出现台阶，台阶宽 5 米，台面距现坑内地表 6.5 米，再向北呈斜坡状到达坑底中心区域。通过对扇形区域个别探孔土质土色的观察，发现该处壕沟可能被改为暗渠，但走向不明。

第四部分为坑底中心区域。天井坑勘探底部中心区域的形制为南北长约 58、东西宽约 56

米的近圆形，坑底距坑内现地表约 23.8 米。

四　小结

　　经过钻探，天井坑最底部的直径长约 110 米，现存坑内耕土层表面向下 5 米处有一宽 2 米的环形平台，环形平台的直径长约 154 米，地平面开口直径约 220 米，三圆直径比值约为 5：7：10（图三-8）。这与北大秦简《鲁九次问数于陈起》中陈起构建的"三方三圆"宇宙模型基本相似[1]。曲安京团队推测天井坑三个圆分别内接三个正方形，外切两个正方形，形成一个"三方三圆"的镶嵌结构（图三-9）。这种模型是遵循"天圆地方"理念设计的相互嵌套的宇宙模型。因此，从上述分析可知天井坑在修建时可能遵循了"三方三圆"宇宙模型理念。

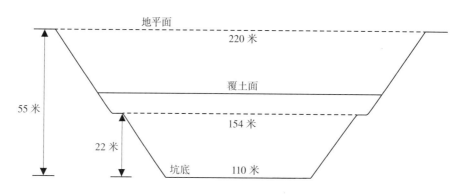

图三-8　天井坑剖视示意图

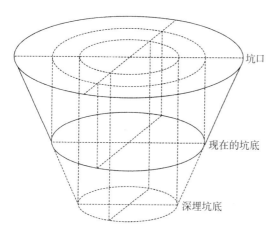

图三-9　天井坑立体透视示意图

　　除此之外，曲安京团队根据天井坑物理结构判断其应该还具有观天功能。西安地区夏至日与冬至日太阳出入时刻的方位角为 28.8°，天井坑所监测四条射线方位角约为 30°。从两者方位角对比可知，天井坑可能是当时长安地区用于观象授时的地平式日晷[2]。

　　综上所述，天井坑可能是一处西汉末年专门用于皇家祭天的祭祀场所。除了祭祀功能之外，天井坑可能还是西汉长安地区一座观象授时的地平式日晷。天井坑内部结构的勘探证明了秦汉时

---

［1］陈起的三方三圆宇宙模型是一种圆方相互嵌套的盖天说宇宙模型，这一模型将太阳在夏至日、春秋分日、冬至日的运行轨道视为小圆、中圆、大圆，将小、中、大三组方圆联系起来，其半径之比为 5：7：10。这一模型遵循天圆地方基本理念，通过小圆外切中方、中圆外切大方的嵌套结构。该观点见陈镱文、曲安京发表在《文物》2017 年第 3 期的《北大秦简〈鲁久次问数于陈起〉中的宇宙模型》。

［2］具体内容详见附录三。

期"三方三圆"宇宙模型的真实存在，并反映了天圆地方是当时社会尊崇的宇宙观。天井坑基本结构的勘探不仅对研究秦汉文明中的祭天思想与宇宙观具有重要意义，对探索中国古代天文史的发展也起到非常重要的作用。

第二节　夯土台

夯土台遗址共5处，呈梅花桩式分布于天齐塬中部，中夯土台距东、西、南、北四座夯土台的距离均约为500米。天井坑位于其西侧。北夯土台地面以上部分被全部夷平，地基部分压于房屋下，其余四座夯土台也因平整土地遭到破坏，地面建筑无存，残留部分砖瓦。从考古勘探可知，除中夯土台外，东、西、南、北四处夯土台外侧均环绕有圜形或方形壕沟。此外，在夯土台周边区域发现多处疑似祭祀坑、踩踏面、散水等遗迹，但并未发现墙垣等遗迹。

2016年，对东、西、南、中四处夯土台进行了钻探，并以中夯土台为中心，在遗址区内选取三条横向剖线和三条纵向剖线进行钻探（图三-10）。此外，为了更好地了解遗址边缘地区的遗迹分布情况，又对部分地表有瓦片暴露或地理位置较特殊的地点进行了小规模钻探。2017年，

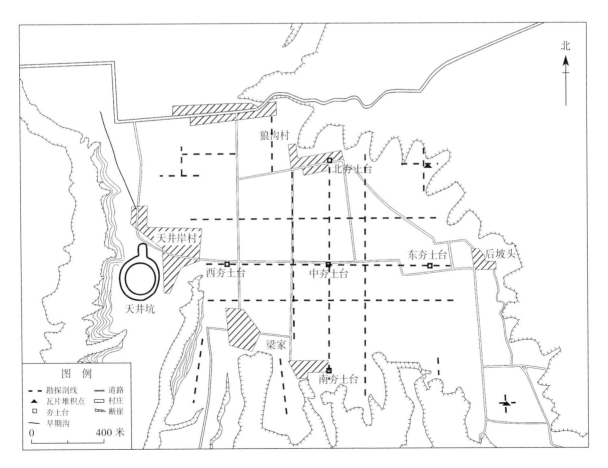

图三-10　2016年勘探范围示意图

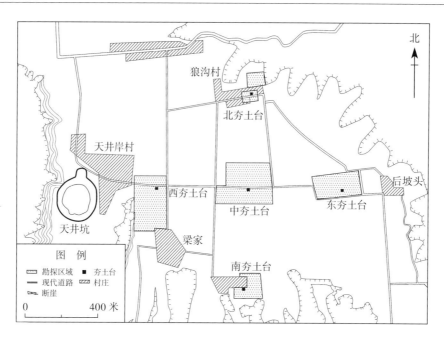

图三-11　2017 年勘探范围示意图

对五处夯土台的周边区域进行了较为详细的钻探，勘探区域共计 210641.8 平方米（图三-11）。

通过钻探，对夯土台体及周边的壕沟、土坑、窑址、墓葬等遗迹的分布位置、形制与结构有了大致了解。遗址内地层堆积较为简单，勘探地层堆积可分为 3 层：

第①层：耕土层，厚 0.3~0.5 米，土色为浅黄褐色，土质疏松，包含有大量植物根茎和较多砖瓦残块；

第②层：经过后代扰动的扰土层，厚 0~1.2 米，土色为深黄褐色，土质较疏松，包含有少量植物根茎和砖瓦残块；

第③层：仅在个别探孔中发现，厚 0~0.3 米，土色为深褐色，土质较致密，无包含物。

勘探大部分探孔中第②层下为黄色生土层，少数探孔中第①层耕土层下即为生土层，极少数探孔中黄色生土层位于第③层下。现将调查勘探发现的遗迹情况介绍如下。

一　夯土台及周边壕沟

（一）东夯土台

东夯土台现存地上部分呈圜丘状，坍塌侵蚀严重，现存台体南北长 19、东西宽 18、高 5.5 米，台体以纯净黄土夯筑而成，夯层致密坚硬，厚 0.05~0.07 米。台体顶部约 16 平方米范围较平整，其余四面呈坡状，全部被植物覆盖。经勘探，原夯土台地基部分为边长 24.9 米的正方形，地基深 2.2 米，从原始地表到现夯土台顶端高 7.7 米（图三-12）。

在东夯土台四周进行的勘探表明，夯台四周有两重环形壕沟，环形壕沟外东、西、南三

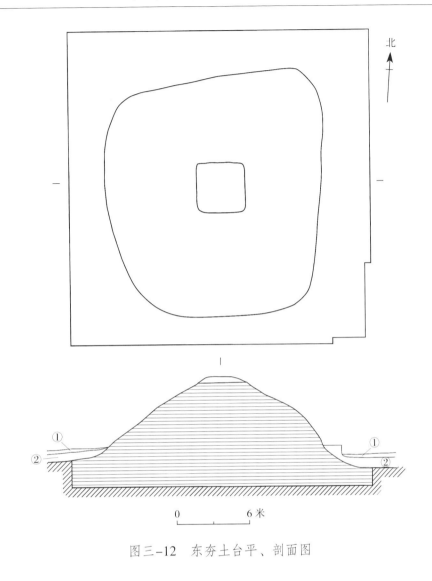

图三-12 东夯土台平、剖面图

面又有长方形壕沟，由内向外依次修建两道环形壕沟及一道方形壕沟，壕沟均开口于第②层下
（图三-13）。现将壕沟由内及外分述如下。

1. 内环壕 2

内环壕 2 呈环形围于夯土台四周，东西直径约 50.9 米，南北直径约 54.1 米。内环壕 2 在夯
土台正东、西、南、北四面断开，其中东南段宽 2.5~3.2、深 2.5 米，东北段宽 1.8~3、深 2.5~2.8 米，
西北段现存部分长约 10、宽 2、深 2.2~2.4 米，西南段宽 2.2~2.6、深 2 米。壕沟内填土为黄褐色，
夹杂黑褐色土块，土质较疏松，无包含物。

2. 内环壕 1

内环壕 1 呈环形围于夯土台四周，东西直径约 69.2、南北直径约 69.5 米，位于内环壕 2 外
侧 5~8 米，同样在夯土台正东、西、南、北四面断开，与内环壕 2 的四个缺口相对应。内环壕
1 平行于内环壕 2，东南段宽 2、深 2 米；东北段南部长约 20 米，北部长约 10、宽 2、深 1.8~2 米；

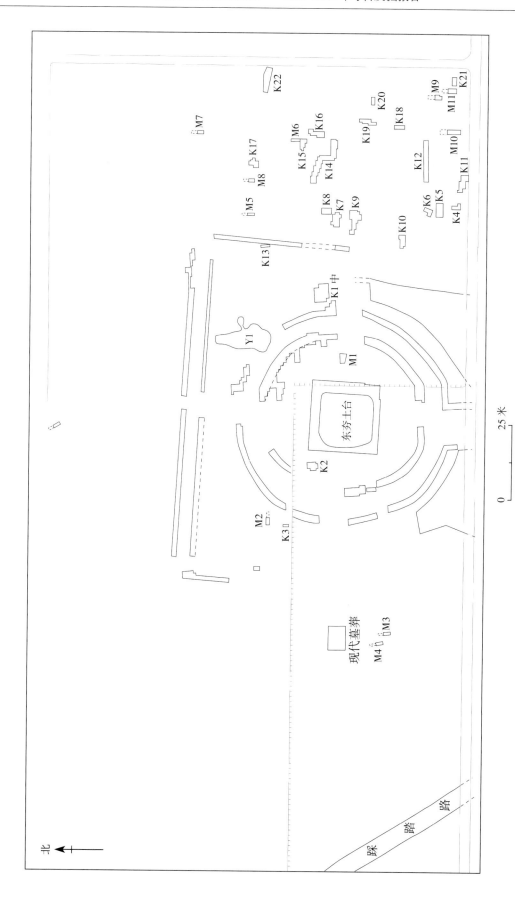

图三-13　东夯土台遗迹分布图

西南段北部长约10、宽1.8~2、深2米；西北段南部长约9、宽2~2.6、深2~2.1米，北部已被破坏，仅存底部约0.1米淤土层。壕沟内填土为黄褐色，夹杂黑褐色土块，土质较疏松，无包含物。

在内环壕1东南和西南段外侧各探明一座内边呈弧形、平行于内环壕1的平面呈不规则形的坑类遗迹，东南侧坑东西宽7.4~28.4、南北长31、深3.8~4米，内弧距内环壕1外边4~4.5米；西南侧坑东西宽7.4~28.4、南北长17、深5.4米，内弧距内环壕1外边4米。坑内填土为黄褐色，夹杂黑褐色土块，土质较疏松，无包含物。

3. 方形壕沟

在夯土台的北、东北、西北三个方向分布有方形壕沟，其中东西壕沟之间距离为114.7米；南壕沟缺失，无法确定南北距离。北壕沟由东西向平行两条壕沟组成，壕沟之间间距5米，两条壕沟中部断开。北壕沟内沟东段长44.4、宽1、深1.5~1.8米；西段长46、宽约2、深1.8~2米，西段南侧已基本被破坏，北侧沟壁较完整；外沟东段长49.4、宽1.5~2、深1.6~2.8米；西段长49、宽1.8、深1.8~2米。东壕沟残长46.4、沟宽约1.5、深1.3~1.8米，中部较浅。西壕沟残长16、沟宽约1.4、深2米。壕沟内填土为黄褐色，夹杂黑褐色土块，土质较疏松，无包含物。

（二）西夯土台

现存台体东西长18.5、南北宽17、高9米，台体以纯净黄土夯筑而成，夯层致密坚硬，厚0.05~0.09米。台体顶部约12平方米范围较平整，其余四面呈坡状，表面被植物覆盖，台体西侧有小路直通顶部。在台体的西面靠北处有一横向柱洞伸入台体夯土，圆形，直径0.2米，内见朽木，高度距现地表2.7米。台体南面由东向西可见3个横向柱洞伸入台体夯土，间距3.6米，从分布的规律判断应该为纤木洞，柱洞为圆形，直径0.2米，高度距现地表2.2米。台体东面中间位置有一盗洞，从夯土地基向下延伸至台体内部。

经勘探，原夯土台地基部分是边长25.3米的正方形，地基深1.5米。在原始地面上围绕夯土台西侧和南侧有回廊建筑基础，东侧及北侧由于平整土地破坏严重，基础已不存在。西南两侧的回廊基础共有两层，其中外侧回廊宽1米，高出原始地面0.4米，疑为石散水的位置；内侧回廊宽1.4米，高出内侧回廊0.6米。从原始地面到现夯土台顶端高11.2米（图三-14）。在历年的生产活动中当地村民曾于西夯土台周边区域挖出大量砖瓦残块。

在西夯土台四周进行的钻探结果表明，夯土台的东、西、南、北四面均有方形壕沟围绕，均开口于第②层下，未发现环形壕沟（图三-15）。现将壕沟钻探情况介绍如下。

1. 方形壕沟

壕沟整体呈方形，在夯土台东西南北四个方向均有分布，壕沟四角互不相连，留有约6×6米的空白区域。每侧壕沟在正对夯土台四个方向正中的位置断开。壕沟内侧东西长118.7、南北宽116.9米。东壕沟南段长50.2、宽2、现存深度2米；北段长50.2、宽2、现存深度2.6米；中间断开处宽9.5米。西壕沟南段长50.4、宽1.8、现存深度2.8米；北段长53、宽1.8、现存

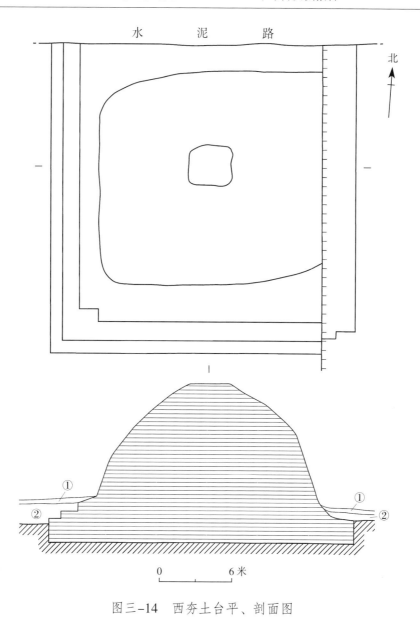

图三-14　西夯土台平、剖面图

深度 3.1 米；中间断开处宽 9.5 米。南壕沟东西两段均宽 1.8、长度均为 52 米，东段深 2.2、西段深 1.9 米；中间断开处宽 7 米。北壕沟已被破坏，现东段残长 20.5、宽 2.8、深 3.3 米；西段残长 10.2、宽 2、深 2.5 米；剖面呈长方形。壕沟内填土为黄褐色，土质较疏松，无包含物（图三-16）。

（三）南夯土台

南夯土台现存地上部分呈丘状，保存状况较差，由于距离村庄较近，历年的生产建设活动对台体及周边区域造成了较大破坏，现存台体底部东西长 13.8、南北长 13 米，现高 5 米，台体以纯净黄土夯筑而成，夯层致密坚硬，夯层厚 0.06~0.08 米。台体顶部覆盖厚 0.5 米的后期堆积，

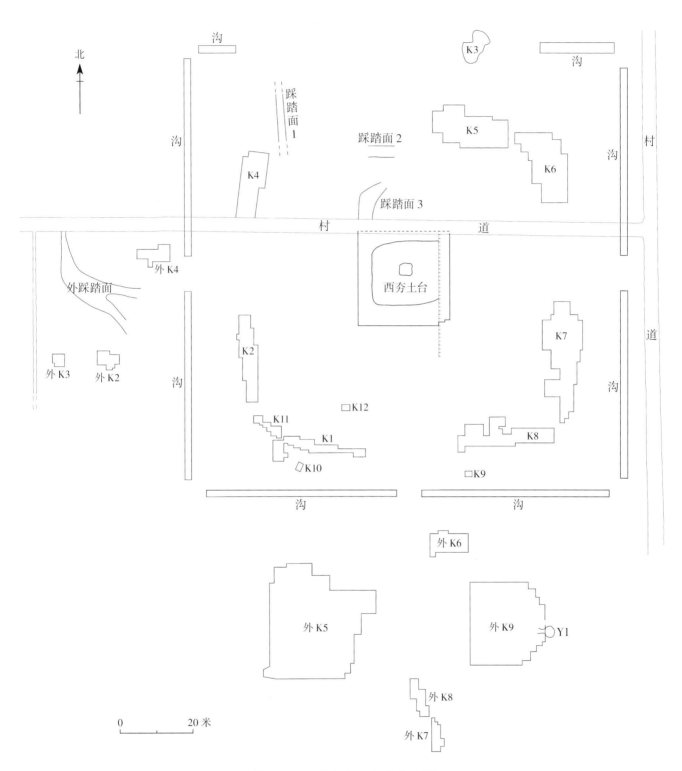

北

沟

沟

踩踏
面
1

踩踏面 2

踩踏面 3

K3

沟

村

K5

K6

沟

村

K4

村　　　　　　　　　道

外 K4

西夯土台

道

外踩踏面

外 K3

外 K2

K2

K7

沟

K12

K11

K1

K8

K10

K9

沟

沟

外 K6

外 K5

外 K9

Y1

0　　　　20 米

外 K8

外 K7

图三-15　西夯土台遗迹分布图

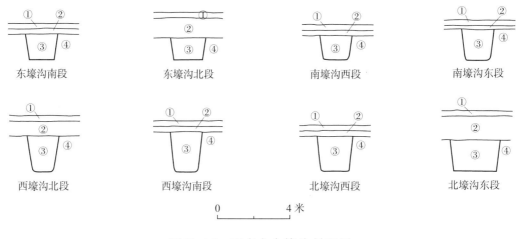

图三-16 西夯土台壕沟剖面图
①耕土层 ②扰土层 ③淤积花土 ④生土

堆积土层内包含瓦片、瓷片,堆积层下是较为平整的夯土表面,面积约40.2平方米,其余部分四面呈坡状,全部被植物覆盖。在台体西侧水泥路的路基下及夯土台的西北角有石散水暴露于地表。

经勘探,原夯土台地基部分为边长26米的正方形,地基深2.5米。在原始地面上围绕夯土台有宽约2米的回廊建筑,南侧由于平整土地破坏严重,回廊建筑基础已不存在。回廊外侧为宽0.8米的石散水,现仅存于北侧及西侧。从原始地面到现夯土台顶端高6米,原始地面以上为边长22米的正方形台体(图三-17)。据当地村民介绍,在历年耕作和若干次平整土地过程中曾于夯土台周围挖出大量的砖瓦、瓦当等建筑材料,其中瓦当当面以"千秋万岁"为多。

在南夯土台四周区域进行的勘探表明,夯土台四周有一重环形壕沟,在内环壕外东、北两面又有方形壕沟,均开口于第②层下(图三-18)。现将壕沟由内及外分述如下。

(1)内环壕

内环壕呈半环形围于夯土台北、东、南三面,东北段宽2.2~3.4、深2~2.5米;东南段宽1.2~1.5、深1.5米,北端压于道路下。壕沟内填土为黄褐色,土质较疏松,无包含物。

(2)方形环壕

在南夯土台的北、东北方向分布有方形壕沟。东壕沟北段长46.2、宽2.2~3.4、深1.8~2.3米;北壕沟可分为东西两部分,西段残长56.6、宽2、深1.8米;东段残长11.4、宽2.2、深1.8米。壕沟内填土为黄褐色,土质较疏松,无包含物。

(四)北夯土台

北夯土台位于遗址区最北端,由于人为破坏,地表部分现已被完全夷平,台基及周边区域大部分被村庄叠压,只有部分区域可以勘探。从现有勘探结果可知地下基础为边长25.8米的方

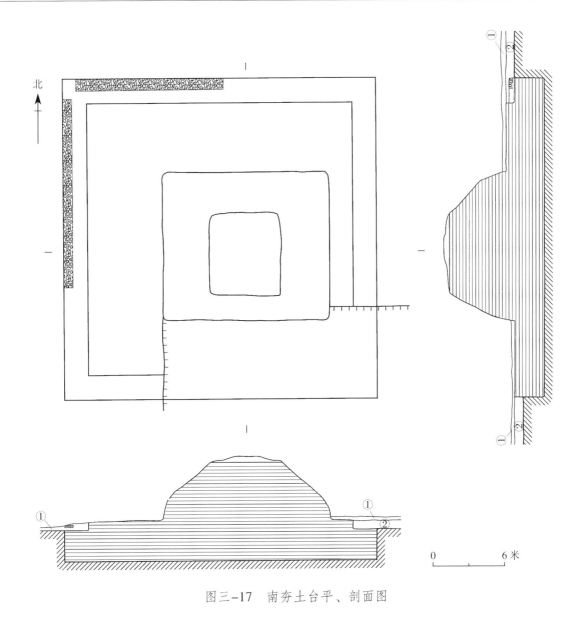

图三-17 南夯土台平、剖面图

形台体，夯土台四周有一重环形壕沟，其外又有一重方形壕沟（图三-19）。现将壕沟由内及外分述如下。

1. 内环壕

内环壕呈环形围于夯土台东、南、北三面，东北段残长 18.4、宽 2、深 1.7 米；东南段残长 26.6、宽 2、深 2 米；东南段与西南段之间相距 8.2 米，西南段残长 8.4、宽 2、深 1.7 米，大部分被压于房屋下。壕沟内填土为黄褐色，夹杂黑褐色土块，土质较疏松，无包含物。

2. 方形壕沟

在北夯土台基的东西南北四个方向均探出方形壕沟。北壕沟残长 34、宽 1.5、深 1.7 米，西端压于房屋下。东壕沟北段残长 12.2、宽 0.8~1.6、深 1.7~2.3 米，南段残长 40.8、宽 1.6、深 1.8

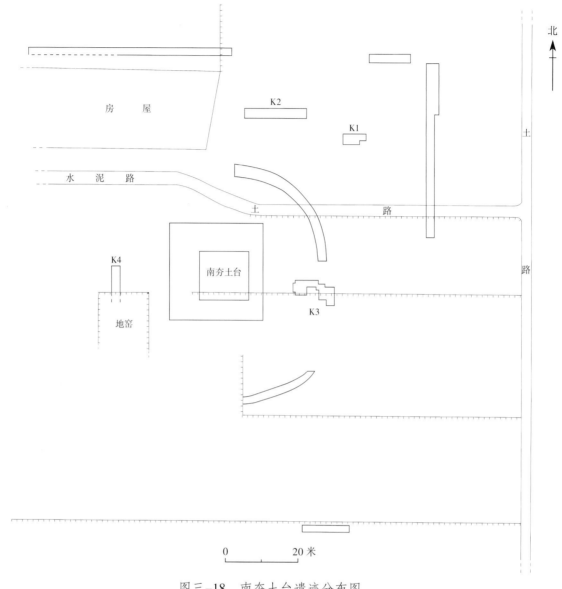

图三-18　南夯土台遗迹分布图

米。南壕沟东段长 43、宽 1.6~4.2、深 1.8 米；西段夹于两座房屋之间，残长 21.4、宽 1.6、深 1.4~1.6 米。西壕沟残长 25.2、宽 1.6、深 1.5~2 米，南部压于现代道路下。壕沟内填土为黄褐色，夹杂黑褐色土块，土质较疏松，无包含物（图三-20）。

（五）中夯土台

中夯土台位于遗址区中心，一条生产路从台体北坡脚下经过，道路北侧为蔬菜大棚，台体东、南、西三侧为耕地。中夯土台现存地上部分呈丘状，坍塌较为严重，现存台体底部呈圆角方形，东西长 18、南北宽 16、现高 6.5 米。台体以纯净黄土夯筑而成，夯层致密坚硬，厚 0.05~0.08 米。台体顶部约 12 平方米范围较平整，其余四面呈坡状，全部被植物覆盖，西南角为晚期瓦砾及杂

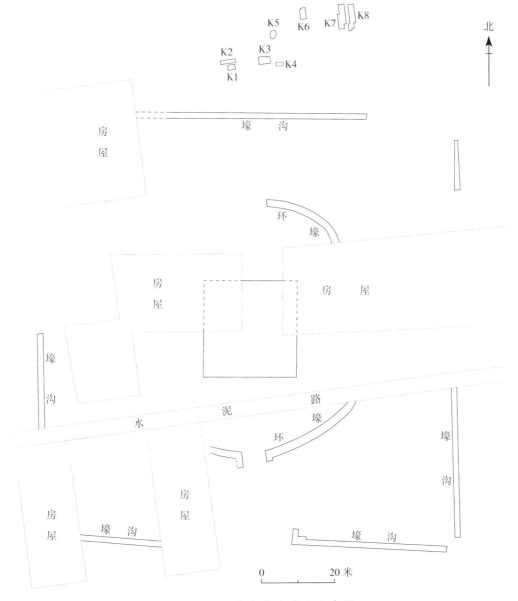

图三-19　北夯土台遗迹分布图

土堆积，有一条小路直通顶部。

经勘探，原夯土台地基部分为边长 22.5 米的正方形，地基深 1.3 米，在四角处内收，具体情况不明，从原始地面到现夯土台顶端高 7.2 米。在台基西北角与东北角的夯土范围之外，现地表下 0.8 米处发现有铺地砖。由于平整土地和生产活动对遗迹的破坏，仅在西侧发现有宽 0.6 米的回廊建筑基址（图三-21）。

在中夯土台四周进行的勘探未发现有壕沟，但夯土台的西南、东南、东北、西北四个方向均各有一个较大的坑类遗迹（K2、K6、K13、K15），推测与台体关系较为密切。此外还在中夯土台周边发现坑类遗迹 11 座，窑址 1 座，墓葬 25 座（图三-22）。

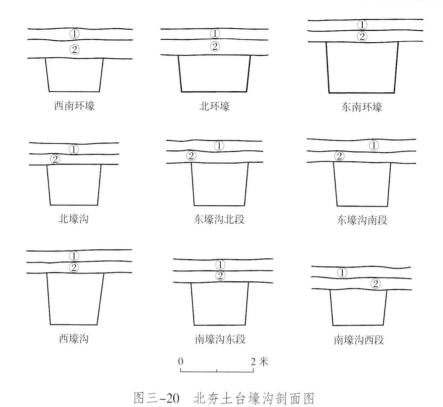

图三-20　北夯土台壕沟剖面图
①耕土层　②扰土层

二　其他遗迹

　　此次勘探还在五个夯土台周边区域发现了数量不等的土坑、窑址、墓葬、踩踏面遗迹，均开口于第②层下。坑类遗迹以东夯土台周边数量最多，西、中、北三座夯土台次之，南夯土台数量最少。除了中夯土台四角的 K2、K6、K13、K15 之外，坑的分布未呈现出一定的规律；勘探中发现的 3 处窑址分别位于东、西、中夯土台周边；此次勘探的墓葬集中分布于东夯土台和中夯土台周边；发现的 4 处踩踏面位于西夯土台壕沟内外。现以各夯土台及周边区域为单位将各类遗迹分述如下。

（一）东夯土台

1. 坑类遗迹

　　经过勘探，东夯土台周边共发现土坑 22 处。其中，1 处位于内环壕①内，3 处位于内环壕②与壕沟之间，18 处位于夯土台东侧，东壕沟之外。现将各土坑勘探情况介绍如下。

　　K1

　　位于东夯土台东侧，东侧距东壕沟 11 米，西侧距夯土台 25.6 米，距内环壕②东北段 3 米，开口于第②层下。平面呈不规则长方形，东西长 4.8~6、南北宽 3.4~5、距地表深 2 米。坑内填

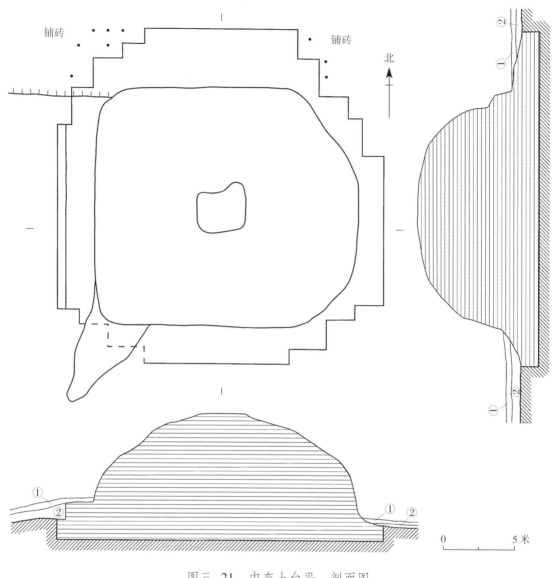

图三-21　中夯土台平、剖面图

土为黄褐色，土质较疏松，无包含物（图三-23）。

　　K2

　　位于东夯土台西北角，东侧距夯土台 3.2 米，西侧距内环壕②西北段 15 米，北侧距内环壕①西北段 5.6 米，开口于第②层下。平面呈不规则长方形，南北长 2~3.6、东西宽 1.6~2.8、距地表深 2.5~3 米。坑内填土为黄褐色，土质较疏松，无包含物（图三-24）。

　　K3

　　位于东夯土台西侧偏北，东侧距内环壕②西北段 5.4 米，南侧距土塄坎 1.2 米，北侧 4.8 米为 M2，开口于第②层下。平面呈长方形，南北长 2.2、东西宽 0.8、距地表深 2.1 米。坑内填土为黄褐色，土质较疏松，无包含物（图三-25）。

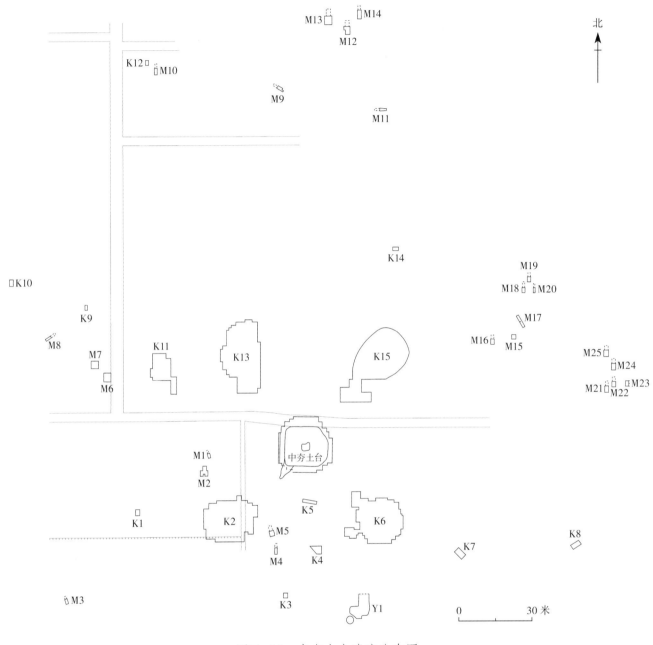

图三-22　中夯土台遗迹分布图

K4

位于东夯土台东南，东侧 3.8 米为 K11，南侧距村道 2.6 米，北侧 3 米为 K5，开口于第②层下。平面呈曲尺形，南北长 3、东西宽 1.2~2、距地表深 2~2.3 米。坑内填土为黄褐色，土质较疏松，包含大量砖瓦残片，为近代扰坑（图三-26）。

K5

位于东夯土台东南，南侧 3 米为 K4，北侧 1 米为 K6，开口于第②层下。平面呈长方形，东西长 4.4、南北宽 2.2、距地表深 2.5 米。坑内填土为黄褐色，土质较疏松，包含大量砖瓦残片，

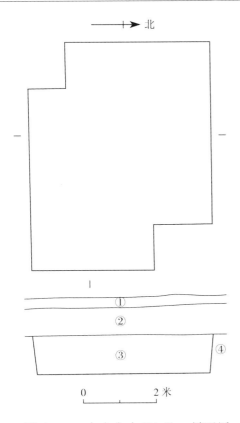

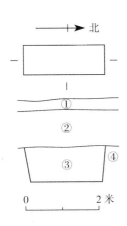

图三-23　东夯土台 K1 平、剖面图
①耕土层　②扰土层　③黄褐色五花土层
④生土

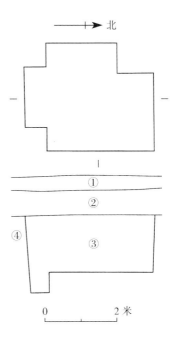

图三-24　东夯土台 K2 平、剖面图
①耕土层　②扰土层　③黄褐色五花土层
④生土

图三-25　东夯土台 K3 平、剖面图
①耕土层　②扰土层　③黄褐色五花土层
④生土

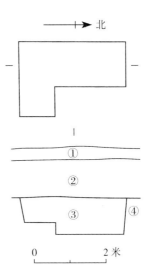

图三-26　东夯土台 K4 平、剖面图
①耕土层　②扰土层　③黄褐色五花土层
④生土

为近代扰坑（图三–27）。

K6

位于东夯土台东南，东侧 8.6 米为 K12，南侧 1 米为 K5，开口于第②层下。平面呈曲尺形，西北—东南向，长 3、宽 1.4~2.4、距地表深 2.1 米，南侧砖瓦层较厚，未探出深度。坑内填土为黄褐色，土质较疏松，出土大量砖瓦残片，为近代扰坑（图三–28）。

K7

位于东夯土台东侧，南侧 3 米为 K9，西侧距东壕沟 6.4 米，北侧基本与 K8 相连，开口于第②层下。呈不规则长方形，东西长 4.2~4.8、南北宽 1.6~3、距地表深 2 米。坑内填土为黄褐色，土质较疏松，无包含物（图三–29）。

K8

位于东夯土台东侧，东侧 16 米为 K14，南侧基本与 K7 相连，西侧距东壕沟 10.4 米，北侧 23.2 米为 M5，开口于第②层下。平面呈长方形，南北长 3.4、东西宽 2、距地表深 3 米。坑内填土为黄褐色，土质较疏松，无包含物（图三–30）。

K9

位于东夯土台东侧，南侧 15.4 米为 K10，西侧距东壕沟北段 5.3 米，北侧 3 米为 K7，开口于第②层下。平面呈不规则长方形，东西长 8、南北宽 0.8~4、距地表深 2.8~3.8 米。坑内填土为黄褐色，土质较疏松，无包含物（图三–31）。

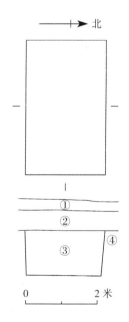

图三–27　东夯土台 K5 平、剖面图
①耕土层　②扰土层　③黄褐色五花土层
④生土

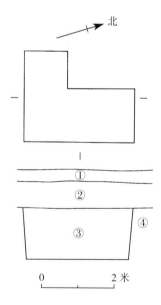

图三–28　东夯土台 K6 平、剖面图
①耕土层　②扰土层　③黄褐色五花土层
④生土

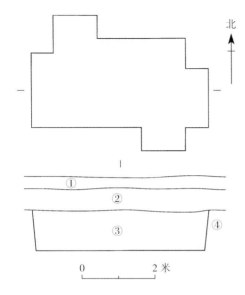

图三-29 东夯土台 K7 平、剖面图
①耕土层 ②扰土层 ③黄褐色五花土层 ④生土

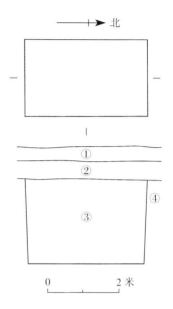

图三-30 东夯土台 K8 平、剖面图
①耕土层 ②扰土层 ③黄褐色五花土层
④生土

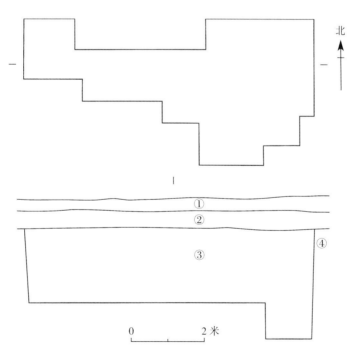

图三-31 东夯土台 K9 平、剖面图
①耕土层 ②扰土层 ③黄褐色五花土层 ④生土

K10

位于东夯土台东侧偏南，东南 10 米为 K6，西侧距内环壕②东南段外侧土坑外缘 13.4 米，北侧 15.4 米为 K9，开口于第②层下。平面呈不规则长方形，东西长 5、南北宽 1.2~2.2、距地表深 2~2.8 米，底部呈东高西低阶梯状。坑内填土为黄褐色，土质较疏松，无包含物（图三-32）。

K11

位于东夯土台东南，东侧 13.6 米为 M10，南侧为村道北缘，西侧 3.8 米为 K4，北侧 10.4 米为 K12，开口于第②层下。平面呈不规则长方形，东西长 5.8、南北宽 1.8~2.6、距地表深 3.1~3.3 米。坑内填土为黄褐色，夹杂黑褐色土块，土质较疏松，无包含物（图三-33）。

K12

位于东夯土台东南，东南约 6.5 米为 M10，西侧 8.6 米为 K6，南侧 10.4 米为 K11，开口于第②层下。平面呈长方形，东西长 14、南北宽 1.6、距地表深 2.2 米。坑内填土为黄褐色，夹杂深褐色土块，土质较疏松，无包含物（图三-34）。

K13

位于东夯土台东侧偏北，东壕沟内壁旁，东侧距东壕沟 0.2~0.6 米，开口于第②层下。平面呈长方形，南北长 3.2、东西宽 0.8、距地表深 2.5 米。坑内填土为黄褐色，土质较疏松，夹有少量砖瓦片。

K14

位于东夯土台东侧，东侧 6 米为 K16，西侧距东壕沟约 20 米，西侧 16 米为 K8，北侧 4 米

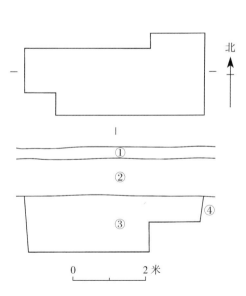

图三-32　东夯土台 K10 平、剖面图
①耕土层　②扰土层　③黄褐色五花土层
④生土

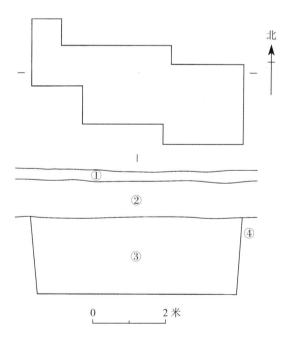

图三-33　东夯土台 K11 平、剖面图
①耕土层　②扰土层　③黄褐色五花土层　④生土

为 K15，开口于第②层下。平面呈不规则长条形，东西长 15、南北宽 2~6.5、距地表深 2.7 米。
坑内填土为黄褐色，土质较疏松，无包含物。

K15

位于东夯土台东侧，东南 2 米为 K16，西侧距东壕沟 26 米，西南 4 米为 K14，开口于第②
层下，北壁东部被 M6 打破。平面呈不规则长方形，东西长 1.4~4、南北宽 0.7~2.3、距地表深 2.7
米。坑内填土为黄褐色，土质较疏松，无包含物（图三-35）。

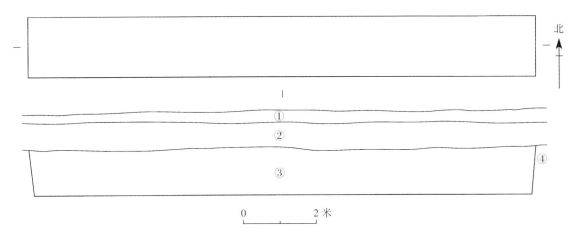

图三-34　东夯土台 K12 平、剖面图
①耕土层　②扰土层　③黄褐色五花土层　④生土

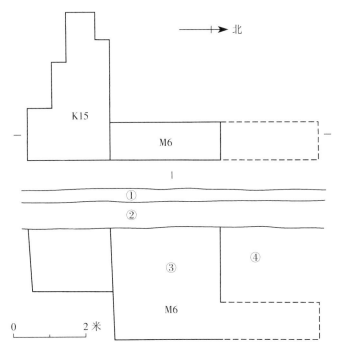

图三-35　东夯土台 K15、M6 平、剖面图
①耕土层　②扰土层　③黄褐色五花土层　④生土

K16

位于东夯土台东侧，K14 与 K15 东侧中部，东侧距村道 21 米，西北 2 米为 K15，西南 2.5 米为 K14，开口于第②层下。平面呈不规则长方形，南北长 5.4、东西宽 1.3~2、距地表深 2.3~2.5 米。坑内填土为黄褐色，夹杂黑褐色土块，土质较疏松，无包含物（图三-36）。

K17

位于东夯土台东北，东侧 3.8 米为 M8，23.4 米为 K22，南侧 18 米为 K14，开口于第②层下。平面呈不规则方形，南北长 3.4、东西宽 2.2~3.2、距地表深 2.8 米。坑内填土为黄褐色，土质较疏松，包含有少量瓦片（图三-37）。

K18

位于东夯土台东侧，东侧距村道 19.6 米，南侧 14.6 米为 M10，北侧 6.2 米为 K19，开口于第②层下。平面呈长方形，南北长 3.6、东西宽 1.2、距地表深 3 米。坑内填土为黄褐色，土质较疏松，无包含物（图三-38）。

K19

位于东夯土台东侧，东侧 4.8 米为 K20，南侧 6.2 米为 K18，西侧 29.2 米为 K9，开口于第②层下。平面呈不规则长方形，南北长 2.8~5.8、东西宽 1~2、距地表深 2.7 米。坑内填土为黄褐色，土质较疏松，无包含物（图三-39）。

K20

位于东夯土台东侧，东侧距村道 10 米，南侧 20.6 米为 M9，西侧 4.8 米为 K19，开口于第

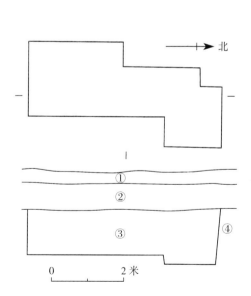

图三-36　东夯土台 K16 平、剖面图
①耕土层　②扰土层　③黄褐色五花土层
④生土

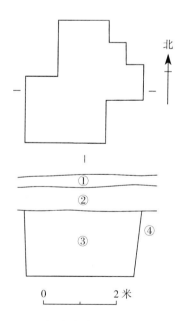

图三-37　东夯土台 K17 平、剖面图
①耕土层　②扰土层　③黄褐色五花土层
④生土

②层下。平面呈长方形，东西长 2.6、南北宽 1.2、距地表深 2.7 米。坑内填土为深褐色，土质较疏松，无包含物（图三-40）。

K21

位于东夯土台东侧偏南，东侧距村道 3.2 米，南侧距沙石路 4.6 米，西侧 1 米为 M11，开口于第②层下。平面呈长方形，东西长 2.8、南北宽 1.6、距地表深 2.8 米。坑内填土为黄褐色，土质较疏松，无包含物（图三-41）。

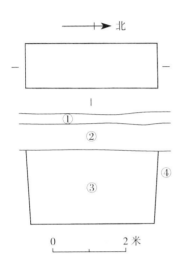

图三-38 东夯土台 K18 平、剖面图
①耕土层 ②扰土层 ③黄褐色五花土层
④生土

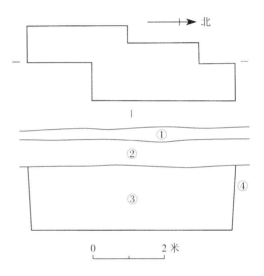

图三-39 东夯土台 K19 平、剖面图
①耕土层 ②扰土层 ③黄褐色五花土层
④生土

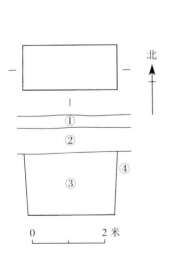

图三-40 东夯土台 K20 平、剖面图
①耕土层 ②扰土层 ③黄褐色五花土层
④生土

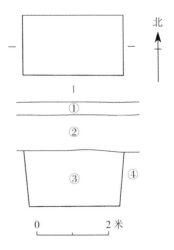

图三-41 东夯土台 K21 平、剖面图
①耕土层 ②扰土层 ③黄褐色五花土层
④生土

K22

位于东夯土台东侧偏北，东侧距村道 0.4 米，南侧约 34.2 米为 K20，西侧 23.4 米为 K17，开口于第②层下。平面呈不规则四边形，西北—东南向，长 9、宽 1.4~2.6 米，底部中间深，两端浅，距地表深 2~3 米。坑内填土为黄褐色，土质较疏松，无包含物，应为后期扰坑（图三–42）。

2. 窑址

经过勘探，东夯土台周边发现窑址 1 处。现将勘探情况介绍如下。

Y1

位于东夯土台东北角，内环壕②与北壕沟之间，南距内环壕②东北段 13 米，北距北壕沟内沟东段 12 米。窑址为圆形，窑口朝西，上层已被破坏，现存直径约 2 米；窑床位于东侧，距地表深 2.1 米；窑床西侧为火膛，火膛底部距地表深 2.8 米；火膛西侧为操作间及窑场，操作间东西长 1.5、南北宽 0.8、距地表深 1.2~2.8 米；窑场南北长 19、东西宽 2~8、距地表深 1.8~2.8 米（图三–43）。

3. 墓葬

经过勘探，东夯土台周边共发现墓葬 12 座。除 M3、M4、M12 为现代墓葬，位于夯土台西侧和北壕沟外侧，M2 位于夯土台西北部，内环壕②与壕沟之间外，其余墓葬均分布在夯土台东侧，东壕沟之外。现将墓葬勘探情况介绍如下。

M1

位于东夯土台正东 4.6 米处，开口于第②层下。东西向竖穴土坑墓，平面呈东宽西窄的梯形，长 3.2、宽 1.6~2.4、距地表深 2.2 米。填土为深褐色，土质较疏松，墓室底部中间有草木灰及骨骼（图三–44）。

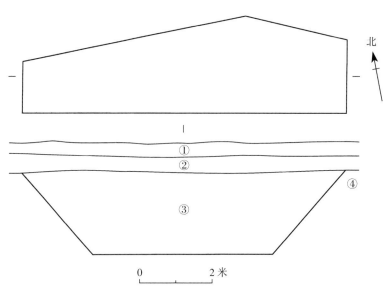

图三–42　东夯土台 K22 平、剖面图
①耕土层　②扰土层　③黄褐色五花土层　④生土

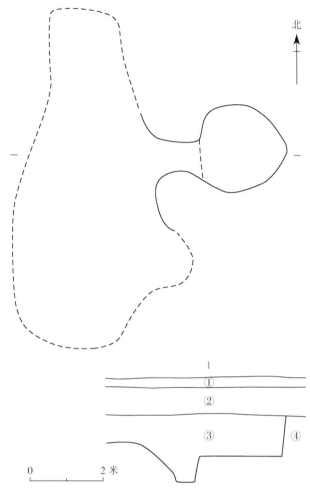

北

0   2 米

图三-43 东夯土台 Y1 平、剖面图
①耕土层 ②扰土层 ③黄褐色五花土层 ④生土

M2

位于夯土台西北，南侧4.8米为K3，东侧距内环壕②西北段6米，开口于第②层下。东西向竖穴土洞墓，平面呈长方形，长2.4、宽1.2、距地表深2.5米，墓室居东，顶部距地表1.5米。填土为黄褐色，土质较疏松，无包含物（图三-45）。

M5

位于夯土台东北，西距东壕沟5米，东侧10.4米为M8，开口于第②层下。南北向竖穴土洞墓，平面呈长方形，长2.4、宽0.8、距地表深3米，墓室居北，顶部距地表1.8米。填土为黄褐色，土质较疏松，无包含物（图三-46）。

M6

位于夯土台东侧，开口于第②层下，打破K15。南北向竖穴土洞墓，平面呈长方形，残长3、宽0.8~1、距地表深4米，墓室居北，损毁严重，顶部距地表2.5米。填土为黄褐色，土质较疏松，无包含物（图三-47）。

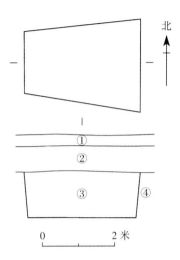

图三-44　东夯土台 M1 平、剖面图
①耕土层　②扰土层　③黄褐色五花土层
④生土

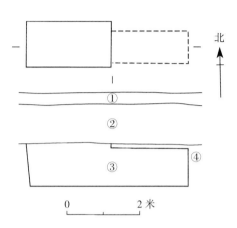

图三-45　东夯土台 M2 平、剖面图
①耕土层　②扰土层　③黄褐色五花土层
④生土

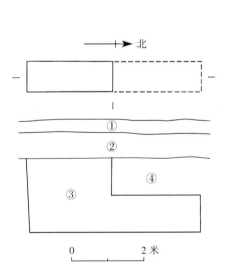

图三-46　东夯土台 M5 平、剖面图
①耕土层　②扰土层　③黄褐色五花土层
④生土

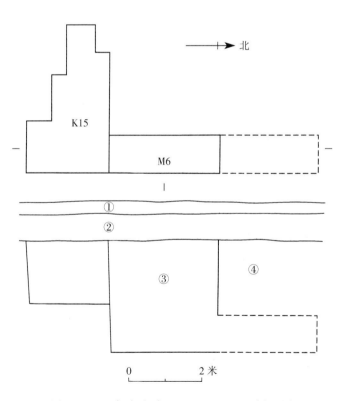

图三-47　东夯土台 K15、M6 平、剖面图
①耕土层　②扰土层　③黄褐色五花土层　④生土

M7

位于夯土台西北角，距夯土台约 100 米，东侧距村道 22.2 米，开口于第②层下。南北向竖穴土洞墓，平面呈长方形，长 2.2、宽 1.1、距地表深 4 米，墓室居北。填土为黄褐色，土质较疏松，无包含物（图三-48）。

M8

位于夯土台东侧偏北，东侧 3.8 米为 K17，南侧 19.4 米为 K14，西侧 10.4 米为 M5，开口于第②层下。南北向竖穴土洞墓，平面呈长方形，长 2.1、宽 1.1、距地表深 4.5 米，墓室居北。填土为黄褐色，土质较疏松，无包含物（图三-49）。

M9

位于夯土台东侧偏南，东侧距村道 9.2 米，东南约 3 米为 M11，开口于第②层下。南北向竖穴土洞墓，平面呈刀把形，长 2.4、宽 1.2~1.6、距地表深 6.2 米，墓室居北，顶部距地表 2.5 米。填土为黄褐色，土质较疏松，无包含物（图三-50）。

M10

位于夯土台东侧偏南，东侧 12.2 米为 M11，南侧距沙石路 3 米，开口于第②层下。南北向竖穴土洞墓，平面呈长方形，长 4.6、宽 1.6、距地表深 5.8 米，墓室居北，已坍塌。填土为黄褐色，土质较疏松，无包含物（图三-51）。

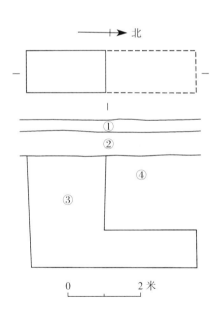

图三-48　东夯土台 M7 平、剖面图
①耕土层　②扰土层　③黄褐色五花土层
④生土

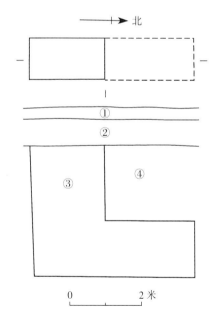

图三-49　东夯土台 M8 平、剖面图
①耕土层　②扰土层　③黄褐色五花土层
④生土

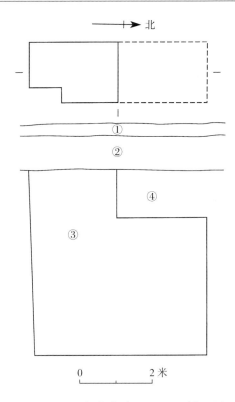

图三-50　东夯土台 M9 平、剖面图
①耕土层　②扰土层　③黄褐色五花土层　④生土

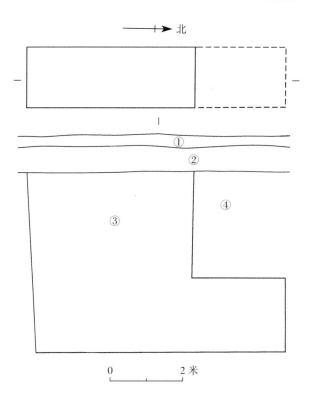

图三-51　东夯土台 M10 平、剖面图
①耕土层　②扰土层　③黄褐色五花土层　④生土

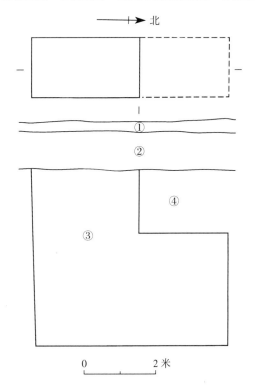

图三-52　东夯土台 M11 平、剖面图
①耕土层　②扰土层　③黄褐色五花土层　④生土

M11

位于夯土台东侧偏南，东侧 1 米为 K21，南侧距沙石路 4.6 米，西侧 12.2 米为 M10，西北 3 米为 M9，开口于第②层下。南北向竖穴土洞墓，墓道平面呈长方形，长 3、宽 1.6、距地表深 6 米，墓室居北，顶部距地表 3 米。填土为黄褐色，土质较疏松，无包含物（图三-52）。

（二）西夯土台

1. 坑类遗迹

经过勘探，西夯土台周边共发现土坑 21 处。其中，12 处位于方形壕沟内，9 处位于方形壕沟外，分布在夯土台西侧与南侧。现将各土坑勘探情况介绍如下。

K1

位于西夯土台南侧西部，南侧 3.8 米为 K10，距南壕沟西段 9.2 米，西侧距西壕沟南段 22 米，西北 0.6 米为 K11，开口于第②层下。平面呈不规则曲尺长条形，东西长 25.5、南北宽 5.6~1、距地表深 1.5~3.5 米。坑内填土为黄褐色，土质较疏松，无包含物（图三-53）。

K2

位于西夯台西侧南部，南侧距南壕沟西段 25 米，东南侧 3.6 米为 K11，西侧距西壕沟南段 12.4 米，开口于第②层下。平面呈不规则长方形，南北长 23、东西宽 3.7~5.5、距地表深 1.5~4 米。坑内填土为黄褐色，土质较疏松，包含少量砖瓦碎片（图三-54）。

K3

位于西夯土台北侧东部，东侧距北壕沟东段 14 米，南侧约 9 米为 K5，开口于第②层下。平面呈不规则圆形，南北长 8.5、东西宽 7.2、距地表深 2.2 米，因平整土地仅残存底部 0.5 米，底部较平整。扰动回填层夹有砖瓦残片、草木灰等，坑内填土为黄褐色，土质较疏松，无包含物（图三-55）。

K4

位于西夯土台西北，西侧距西壕沟北段 6 米，坑南部压于村道下，开口于第②层下。探明部分平面呈不规则长方形，南北长 17.5、东西宽 5.2~6.5、距地表深 4.8 米。坑内填土为黄色及黄褐色，土质较疏松，无包含物（图三-56）。

K5

位于西夯土台北侧偏东，东侧 2 米为 K6，南侧距村道约 19 米，北侧约 9 米为 K3，开口于

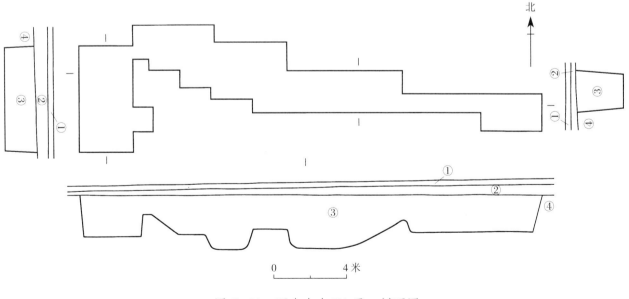

图三-53　西夯土台 K1 平、剖面图
①耕土层　②扰土层　③淤积花土层　④生土

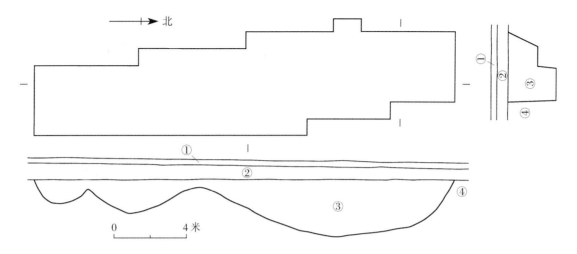

图三-54　西夯土台 K2 平、剖面图
①耕土层　②扰土层　③淤积花土层　④生土

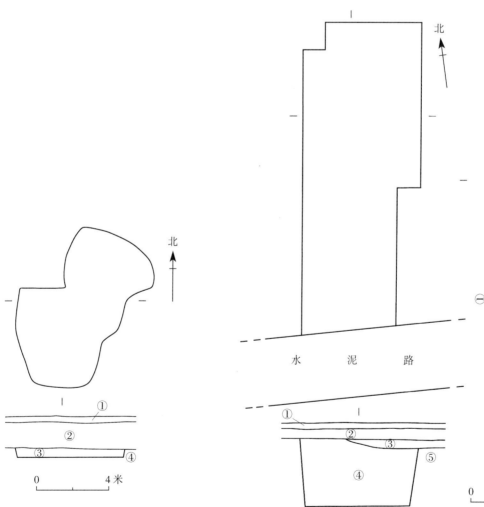

图三-55　西夯土台 K3 平、剖面图
①耕土层　②扰土层　③淤积花土层
④生土

图三-56　西夯土台 K4 平、剖面图
①耕土层　②扰土层　③淤积花土层　④生土

第②层下。平面呈不规则长方形，东西长 21.2、南北宽 5.5~9.8、距地表深 2.3~5.5 米。坑内填土为黄色及黄褐色，土质较疏松，无包含物（图三–57）。

K6

位于西夯土台东北，东侧距东壕沟北段 14.6 米，西侧 2 米为 K5，北侧距北壕沟东段 18.8 米，开口于③层下。平面呈不规则曲尺形，南北长 17.3、东西宽 6.3~10.6、距地表深 5 米。坑内填土为黄褐色，土质较致密，无包含物（图三–58）。

K7

位于西夯土台东侧南部，东侧距东壕沟南段 10.5 米，南侧距南壕沟东段 19.5 米，西南 2 米为 K8，开口于第②层下。平面呈不规则长方形，南北长 32.5、东西宽 2~11.2、距地表深 2~2.5 米。坑内填土为黄色及黄褐色，土质较疏松，无包含物（图三–59）。

K8

位于西夯土台东南，东侧距东壕沟南段 18.4 米，东北 2 米为 K7，南侧距南壕沟东段 12 米，西南约 6.4 米为 K9，开口于第②层下。平面呈不规则长方形，东西长 26.5、南北宽 2.5~7.7、距地表深 1.4~3.6 米。坑内填土为黄色及黄褐色，土质较疏松，无包含物（图三–60）。

K9

位于西夯土台南侧东部，南侧距南壕沟东段 5.2 米，北侧 6.4 米为 K8，开口于第②层下。

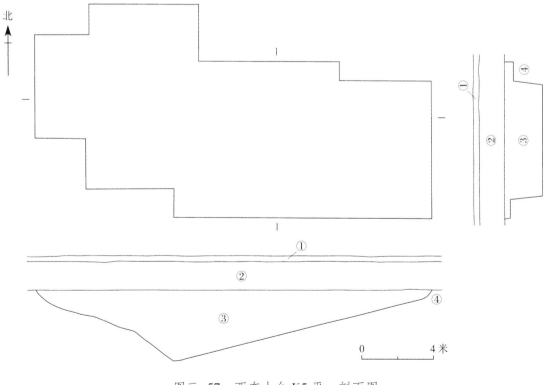

图三–57 西夯土台 K5 平、剖面图
①耕土层 ②扰土层 ③淤积花土层 ④生土

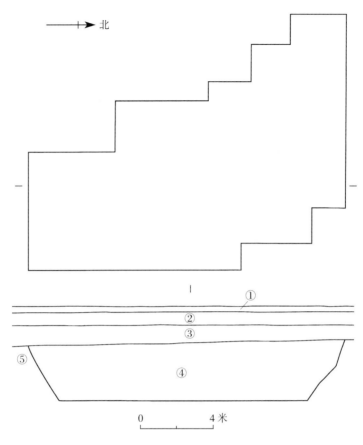

图三-58　西夯土台 K6 平、剖面图
①耕土层　②扰土层　③淤积土层　④淤积花土层　⑤生土

平面呈长方形，东西长 2、南北宽 1.5、距地表深 2 米。坑内填土为黄褐色，土质较致密，无包含物（图三-61）。

K10

位于西夯土台南侧西部，南侧距南壕沟西段 6.4 米，西侧距西壕沟南段 28.4 米，北侧 3.8 米为 K1，开口于第②层下。平面呈长方形，南北长 2、东西宽 1.5、距地表深 2.2 米。坑内填土为黄褐色，土质较致密，无包含物（图三-62）。

K11

位于西夯土台南侧，西侧距西壕沟南段 17 米，南侧 0.6 米为 K1，北侧 3.6 米为 K2，开口于第②层下。平面呈阶梯形，东西长 7.6、南北宽 0.7~3.1、距地表深 1.7~3 米。坑内填土为黄色及黄褐色，土质较疏松，无包含物（图三-63）。

K12

位于西夯土台西南侧，南侧 10.2 米为 K1，西侧 22.8 米为 K2，开口于第②层下。平面呈长方形，东西长 2.2、南北宽 1.6、距地表深 1.3 米。坑内填土为黄褐色，土质较致密，无包含物（图三-64）。

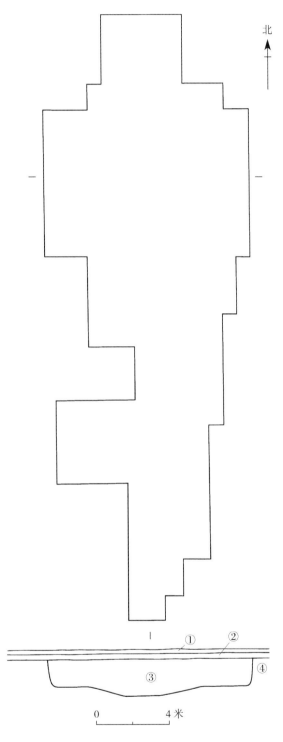

图三-59　西夯土台 K7 平、剖面图

①耕土层　②扰土层　③淤积花土层　④生土

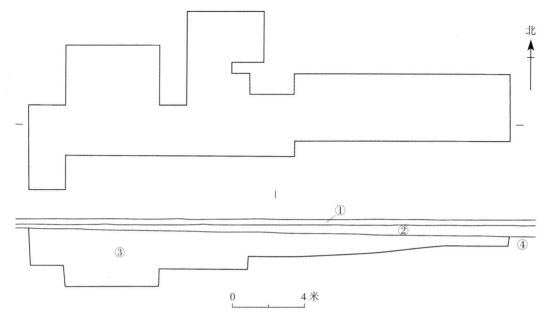

图三-60　西夯土台 K8 平、剖面图
①耕土层　②扰土层　③淤积花土层　④生土

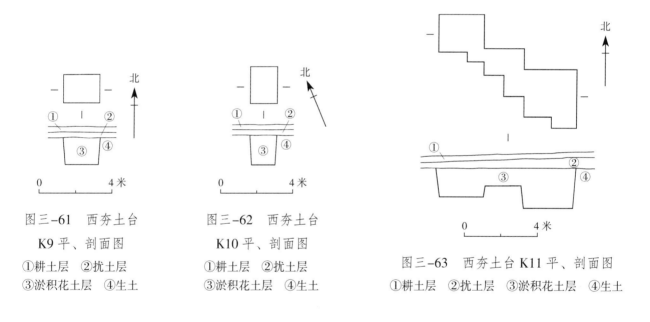

图三-61　西夯土台
K9 平、剖面图
①耕土层　②扰土层
③淤积花土层　④生土

图三-62　西夯土台
K10 平、剖面图
①耕土层　②扰土层
③淤积花土层　④生土

图三-63　西夯土台 K11 平、剖面图
①耕土层　②扰土层　③淤积花土层　④生土

外 K1

位于西夯土台西南，开口于第②层下。平面呈长方形，长 2、宽 1、距地表深 1.2 米。坑内填土为黄褐色，土质疏松，无包含物，为近代扰坑。

外 K2

位于西夯土台西侧偏南，东侧距西壕沟南段 17.5 米，西侧约 9 米为外 K3，16.7 米为田间小路，北侧距水泥路 32 米，开口于第②层下。平面呈不规则长方形，底部西高东低呈台阶状，东西长

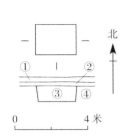

图三-64　西夯土台
K12平、剖面图
①耕土层　②扰土层
③淤积花土层　④生土

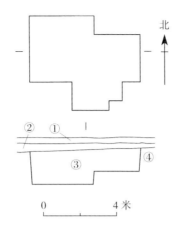

图三-65　西夯土台外K2
平、剖面图
①耕土层　②扰土层　③淤积花
土层　④生土

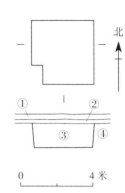

图三-66　西夯土台外
K3平、剖面图
①耕土层　②扰土层　③淤
积花土层　④生土

6、南北宽2.2~5、距地表深1.8~2.5米。坑内填土为黄褐色，夹杂黑褐色土块，土质较疏松，无包含物（图三-65）。

外K3

位于西夯土台西侧偏南，东侧9米为外K2，西侧距田间小路4.4米，北侧距水泥路32.7米，开口于第②层下。平面总体呈曲尺形，边长3.4米，西南角有一处0.6×1米的凹陷，距地表深1.8米。坑内填土为黄褐色，夹杂黑褐色土块，土质较疏松，无包含物（图三-66）。

外K4

位于西夯土台西侧偏北，东侧距西壕沟北段14米，西侧距田间小路28米，北侧距水泥路3.6米，开口于第②层下。平面呈不规则长方形，底部东高西低呈台阶状，东西长9、南北宽2.4~4.5、距地表深2.5~3米。坑内填土为黄褐色，土质较疏松，无包含物。坑南侧凸出部分深2.5米，填土为黄褐色，土质较疏松，夹有草木灰及骨屑，应为一后期墓葬（图三-67）。

外K5

位于西夯土台南侧偏西，东侧25.8米为外K9，北距南壕沟西段17.8米，开口于第②层下。平面呈不规则方形，四壁坡度较缓，底部平整，东西长15~29、南北宽23.5~30.7、距地表深4.8米。坑内填土上层为黄褐色，下层为黑褐色，

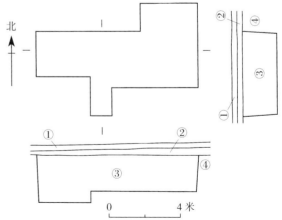

图三-67　西夯土台外K4平、剖面图
①耕土层　②扰土层　③淤积花土层　④生土

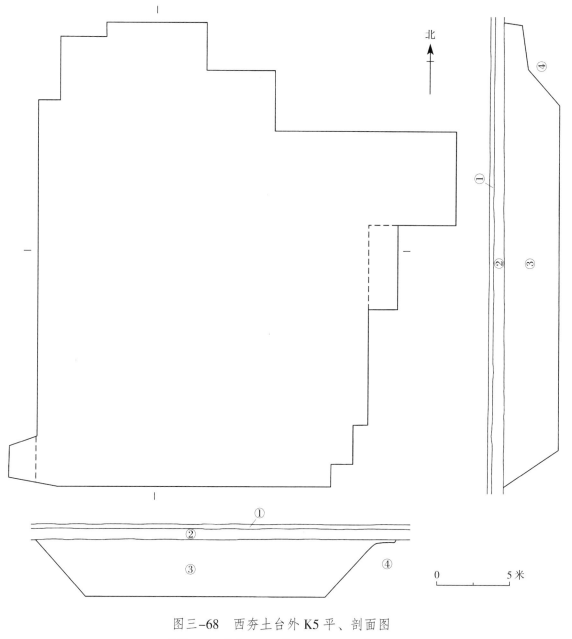

图三-68　西夯土台外 K5 平、剖面图
①耕土层　②扰土层　③淤积花土层　④生土

土质较疏松，无包含物（图三-68）。

外 K6

位于西夯土台南侧偏东，南侧 8 米为外 K9，北侧距南壕沟东段 8.8 米，开口于第②层下。平面呈不规则长方形，底部西高东低呈台阶状，东西长 10.6、南北宽 5~6.2、距地表深 2.2~3.5 米。坑内填土为黄褐色，土质较疏松，夹有大量砖瓦残片（图三-69）。

外 K7

位于西夯土台南侧偏东，南侧 32 米为沙石路，北侧距南壕沟东段约 60 米，与外 K8 相距 0.6 米，开口于第②层下。平面呈不规则长方形，南北长 9、东西宽 0.9~3.5、距地表深 1.5 米。坑内填土为黄褐色，土质较疏松，无包含物（图三–70）。据勘探，坑北侧及东侧有踩踏层，距地表深 0.8、厚 0.05 米。

外 K8

位于西夯土台南侧偏东，东北约 14.5 米为外 K9，南侧 0.6 米为外 K7，西侧 17.8 米为外 K5，北侧距南壕沟东段 48.4 米，开口于第②层下。平面呈不规则长条形，底部南高北低呈台阶状，南北长 10.2、东西宽 2.4~4.4、距地表深 2~2.3 米。坑内填土为黄色及黄褐色，土质较疏松，无包含物（图三–71）。据勘探，坑内外均有踩踏层，距地表深 0.8~0.9、厚 0.05 米。

外 K9

位于西夯土台东南，西侧 25.8 米为外 K5，北距南壕沟东段 22.6 米，与外 K6 相距 8 米，开口于第②层下，东侧中部被 Y1 打破。平面呈不规则方形，四壁坡度较缓，底部平整，南北长 22.2、东西宽 14.5~20.7、距地表深 5.2 米。坑内填土为黄色及黄褐色，土质较疏松，东部包含瓦片、青石块及少量草木灰（图三–72）。

2. 窑址

经过勘探，西夯土台周边发现窑址 1 处。现将勘探情况介绍如下。

Y1

位于西夯土台东南，打破外 K9。为圆形石灰窑，直径 3 米，上层已被破坏，窑壁残高约 1

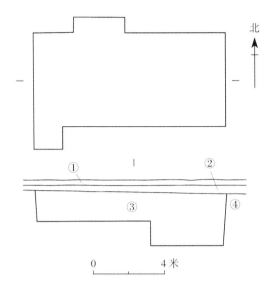

图三–69　西夯土台外 K6 平、剖面图
①耕土层　②扰土层　③淤积花土层　④生土

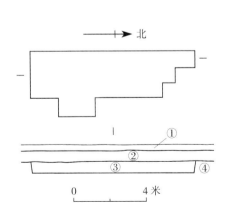

图三–70　西夯土台外 K7 平、剖面图
①耕土层　②扰土层　③淤积花土层　④生土

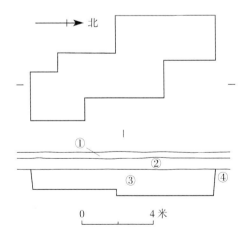

图三–71　西夯土台外 K8 平、剖面图
①耕土层　②扰土层　③淤积花土层　④生土

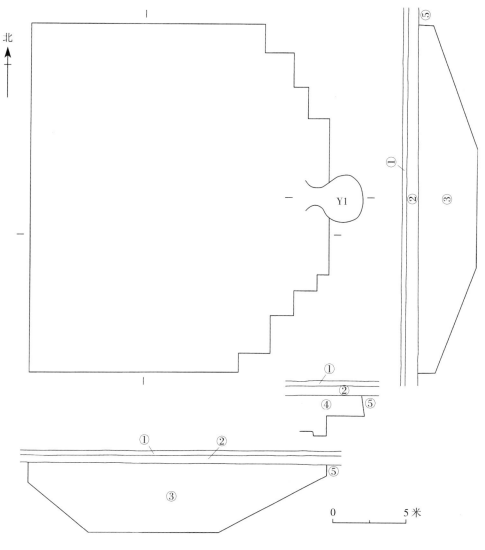

图三-72　西夯土台外 K9 平、剖面图
①耕土层　②扰土层　③淤积花土层　④生土

米。窑口朝西，开口于第②层下，宽 1.2、距地表深 3.2 米，底部铺石；窑床位于东侧，距地表深 2.2、宽约 2 米；火膛位于窑床西侧，距地表深 3.5 米。填土中夹有大量青石块、白色灰点及烧结土块等（图三-73）。

3. 踩踏面

经过勘探，西夯土台周边共发现踩踏面 4 处。3 处位于方形壕沟内，1 处位于方形壕沟外。现将勘探情况介绍如下。

踩踏面 1

位于西夯土台西北，K4 东北部，西距西壕沟北段 23.2 米，叠压于耕扰层下。呈南北走向，残长 12.5、宽 2 米，踩踏层厚 0.05、距地表深 1.2 米。

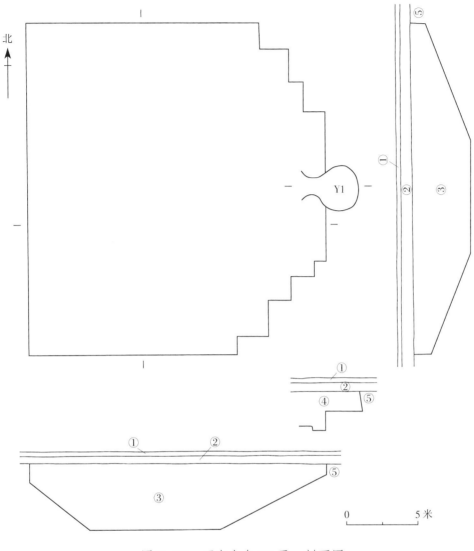

图三-73　西夯土台 Y1 平、剖面图
①耕土层　②扰土层　③淤积花土层　④生土

踩踏面 2

位于西夯土台北部，东侧 10.6 米为 K5，南侧距水泥路 16.2 米，叠压于耕扰层下。呈东西走向，残长 6.5、宽 3 米，踩踏层厚 0.05、距地表深 1.7 米。

踩踏面 3

位于西夯土台西北，西侧 28.5 米为 K4，南部压于水泥路下，叠压于耕扰层下。呈西南—东北走向，残长 9.4、宽 3.8~4.5 米，踩踏层厚 0.05、距地表深 1.8 米。

外踩踏面

位于西夯土台正西，外 K2 北侧，外 K4 西侧，向北延伸至水泥路下，叠压于耕扰层下。呈东南—西北走向，东西走向残长 24.7、宽 2.3~8 米，南北走向残长 12、宽 1.3~5.4 米，踩踏层厚

0.06、距地表深 0.5 米。

（三）南夯土台

1. 坑类遗迹

经过勘探，南夯土台周边共发现土坑 4 处。其中，1 处位于内环壕内，其余 3 处均位于方形壕沟内。现将各土坑勘探情况介绍如下。

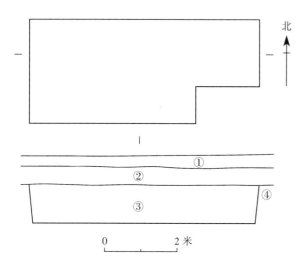

图三–74　南夯土台 K1 平、剖面图
①耕土层　②扰土层　③黄褐色五花土层　④生土

K1

位于南夯土台东北，东侧距东壕沟北段 17.8 米，西侧 10 米为 K2，开口于第②层下。平面呈曲尺形，东西长 6.4、南北宽 2.8、距地表深 1.8 米。坑内填土为黄褐色，土质较疏松，无包含物（图三–74）。

K2

位于南夯土台北侧偏东，南侧距内环壕东北段 11.8 米，东侧 10 米为 K1，开口于第②层下。平面呈长方形，东西长 17.2、南北宽 2.6、距地表深 1.6 米。坑内填土为黄褐色，土质较疏松，无包含物（图三–75）。

K3

位于南夯土台东侧偏南，北侧距内环壕东北段 5 米，开口于第②层下。平面呈不规则长方形，东西长 11.4、南北宽 1.8~5、距地表深 1.1~2.1 米。坑内填土为黄褐色，土质较疏松，无包含物（图三–76）。

K4

位于南夯土台西侧，开口于第②层下，南部被村民的地窖破坏。平面呈长方形，南北残长 7、东西宽 2.6、距地表深 1.7 米。坑内填土为黄褐色，土质较疏松，无包含物。

（四）北夯土台

1. 坑类遗迹

经过勘探，北夯土台周边共发现土坑 8 处，均位于北壕沟北侧。现将各土坑勘探情况介绍如下。

K1

位于北夯土台北侧，东侧 6.6 米为 K3，南侧距北壕沟 11.8 米，北侧 0.4 米为 K2，开口于第②层下。平面呈长方形，东西长 2、南北宽 1.4、距地表深 1.5 米。坑内填土为黄褐色，土质

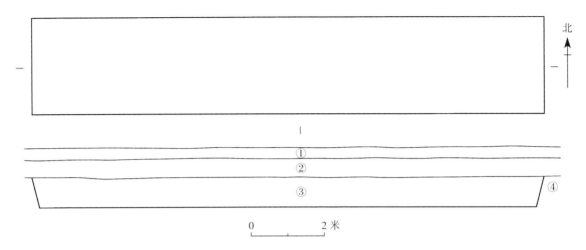

图三-75　南夯土台 K2 平、剖面图
①耕土层　②扰土层　③黄褐色五花土层　④生土

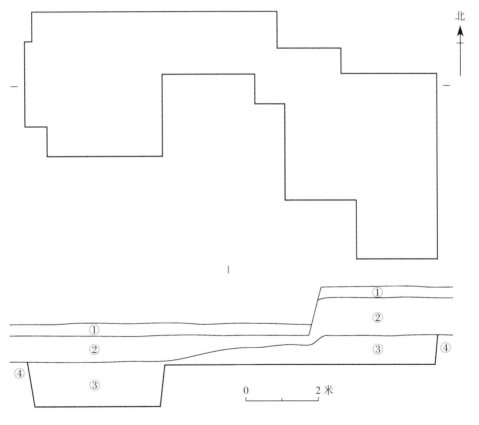

图三-76　南夯土台 K3 平、剖面图
①耕土层　②扰土层　③黄褐色五花土层　④生土

较疏松，无包含物（图三-77）。

K2

位于北夯土台北侧，东侧 6.2 米为 K3，南侧 0.4 米为 K1，开口于第②层下。平面呈长方形，东西长 4、南北宽 1、距地表深 1.5 米。坑内填土为黄褐色，土质较疏松，无包含物（图三-78）。

K3

位于北夯土台北侧，东侧 1.4 米为 K4，西侧 6.6 米为 K1，北侧 4.2 米为 K5，开口于第②层下。平面呈曲尺形，东西长 3、南北宽 2、距地表深 1.8 米。坑内填土为黄褐色，土质较疏松，无包含物（图三-79）。

K4

位于北夯土台北侧，西侧 1.4 米为 K3，北侧 6.2 米为 K5，开口于第②层下。平面呈长方形，东西长 2、南北宽 1、距地表深 1.5 米。坑内填土为黄褐色，土质较疏松，无包含物（图三-80）。

K5

位于北夯土台北侧，南侧 4.2 米为 K3，6.2 米为 K4，东北约 8.5 米为 K6，开口于第②层下。平面呈圆形，直径 1.8、距地表深 2 米。坑内填土为黄褐色，土质较疏松，无包含物。

K6

位于北夯土台北侧偏东，东侧 8.6 米为 K7，开口于第②层下。平面呈曲尺形，南北长 3、东西宽 1.6、距地表深 2 米。坑内填土为黄褐色，土质较疏松，无包含物（图三-81）。

K7

位于北夯土台北侧偏东，东侧 0.8 米为 K8，西侧 8.6 米为 K6，开口于第②层下。平面呈不规则长方形，南北长 6.6、东西宽 1.6~2.2、距地表深 2.4 米。坑内填土为黄褐色，土质较疏松，无包含物（图三-82）。

K8

位于夯土台北侧偏东，西侧 0.8 米为 K7，开口于第②层下。平面呈不规则长方形，南北长 7、

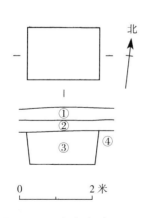

图三-77　北夯土台 K1
平、剖面图
①耕土层　②扰土层　③黄褐色五花土层　④生土

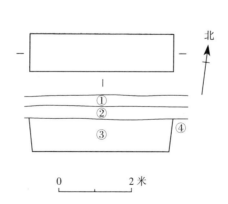

图三-78　北夯土台 K2 平、剖面图
①耕土层　②扰土层　③黄褐色五花土层
④生土

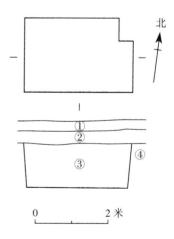

图三-79　北夯土台 K3
平、剖面图
①耕土层　②扰土层　③黄褐色五花土层　④生土

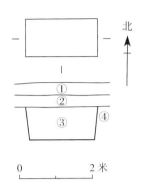

图三-80　北夯土台
K4 平、剖面图

①耕土层　②扰土层
③黄褐色五花土层
④生土

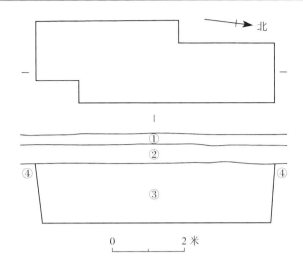

图三-82　北夯土台 K7 平、剖面图
①耕土层　②扰土层　③黄褐色五花土层　④生土

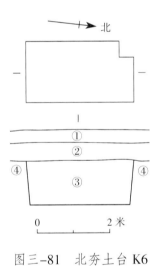

图三-81　北夯土台 K6
平、剖面图

①耕土层　②扰土层　③黄
褐色五花土层　④生土

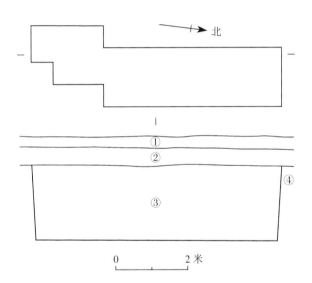

图三-83　北夯土台 K8 平、剖面图
①耕土层　②扰土层　③黄褐色五花土层　④生土

东西宽 1~1.6、距地表深 2.8 米。坑内填土为黄褐色，土质较疏松，无包含物（图三-83）。

（五）中夯土台

1. 坑类遗迹

经勘探，中夯土台西南、东南、东北、西北四个方向各发现一处较大的坑类遗迹（K2、K6、K13、K15），推测与台体关系较为密切。此外，还在中夯土台周边发现较小的土坑 11 处。现将各土坑勘探情况介绍如下。

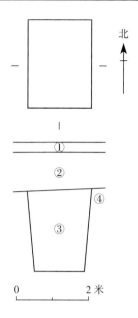

图三-84　中夯土台 K1 平、剖面图
①耕土层　②扰土层　③淤积花土层
④生土

K1

位于中夯土台西侧偏南，东侧 26.6 米为 K2，南侧 9 米为土塄坎，开口于第②层下。平面呈长方形，南北长 2.4、东西宽 1.8、距地表深 3.5 米。坑内填土为黄褐色，土质较疏松，无包含物（图三-84）。

K2

位于中夯土台西南，东侧约 6.6 米为 M5，西侧 26.6 米为 K1，西北 11 米为 M2，开口于第②层下。平面呈不规则长方形，底部西侧深东侧浅，中间由一斜坡相连，东西长 16.2~22.8、南北宽 8.2~16.6、距地表深 2~4.8 米。坑内填土为黄褐色，土质较疏松，无包含物（图三-85）。

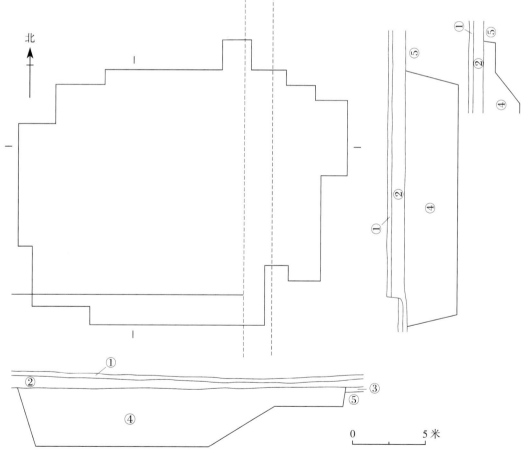

图三-85　中夯土台 K2 平、剖面图
①耕土层　②扰土层　③黑褐色冲积土层　④五花土层　⑤生土

K3

位于中夯土台南侧偏西，东侧 29.6 米为 Y1，北侧 15.8 米处为
M4，开口于第②层下。平面呈长方形，南北长 2、东西宽 1.8、距地
表深 2.4 米。坑内填土为黄褐色，夹杂黑褐色土块，土质较疏松，
无包含物（图三-86）。

K4

位于中夯土台南侧偏东，西侧 13.6 米为 M4，北侧 16.8 米为
K5，东北 9.5 米为 K6，开口于第②层下。平面呈梯形，剖面呈斜坡
平底，北边长 5、南边长 2.2、宽 3.2 米，底长 2.2、距地表深 2 米。
坑内填土为黄褐色，土质较疏松，无包含物（图三-87）。

K5

位于中夯土台南侧，东侧 14.4 米为 K6，南侧 16.8 米为 K4，北
侧距夯土台约 14.4 米，开口于第②层下。平面呈长方形，剖面呈斜
坡平底，东西长 6.2、南北宽 1.2、距地表深 1.5~2.2 米。坑内填土为黄褐色，土质较疏松，无包
含物（图三-88）。

K6

位于中夯土台东南侧，东南约 22 米为 K7，南侧 20 米为 Y1，西侧 14.4 米为 K5，开口于第
②层下。平面呈不规则方形，东西长 10~24、南北宽 16~20 米，西南侧小坑距地表深 2.8 米，东
侧大坑距地表深 4 米。坑内填土为黄褐色，土质较疏松，无包含物（图三-89）。

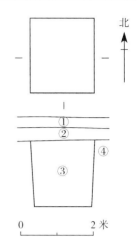

图三-86　中夯土台 K3
平、剖面图
①耕土层　②扰土层　③淤
积花土层　④生土

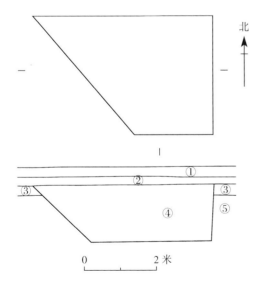

图三-87　中夯土台 K4 平、剖面图
①耕土层　②扰土层　③黑褐色冲积土层
④五花土层　⑤生土

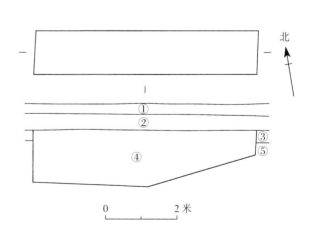

图三-88　中夯土台 K5 平、剖面图
①耕土层　②扰土层　③棕红色冲积土层　④五花土层
⑤生土

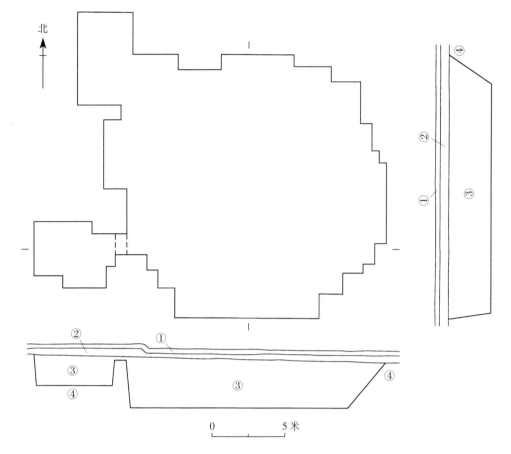

图三-89 中夯土台K6平、剖面图
①耕土层 ②扰土层 ③淤积花土层 ④生土

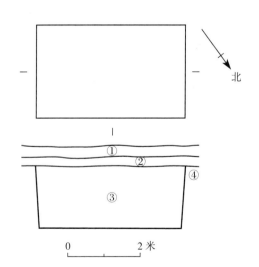

图三-90 中夯土台K7平、剖面图
①耕土层 ②扰土层 ③淤积花土层 ④生土

K7

位于中夯土台东南侧，东侧43米为K8，西侧21米为K6，开口于第②层下。平面呈长方形，东南—西北走向，长4.2、宽2.5、距地表深2.2米。坑内填土为黄褐色，土质较疏松，无包含物（图三-90）。

K8

位于中夯土台东侧偏南，西侧43米为K7，开口于第②层下。平面呈长方形，东北—西南走向，长3.8、宽2、距地表深2.5米。坑内填土为黄褐色，土质较疏松，无包含物（图三-91）。

K9

位于中夯土台西北，东侧距沙石路9.6米，南侧20米为M7，开口于第②层下。平面呈长方形，南北长 2、东西宽 1、距地表深 1.5 米。坑内填土为黄褐色，土质较疏松，无包含物（图三-92）。

K10

位于中夯土台西北，东侧距沙石路 40.4 米，南侧距村道 50.8 米，开口于第②层下。平面呈长方形，南北长 2.6、东西宽 1.5、距地表深 3 米。坑内填土为黄褐色，土质较疏松，无包含物（图三-93）。

K11

位于中夯土台西北，东侧 16.2 米为 M6，距沙石路 11 米，南侧距村道 7.2 米，开口于第②层下。平面呈不规则长方形，南北长 7~16.4、东西宽 2.4~11、距地表深 1.9~3 米。坑内填土为黄褐色，夹杂黑褐色土块，土质较疏松，无包含物（图三-94）。

K12

位于中夯土台北侧偏西，东南 3 米为 M10，西侧距沙石路 9.3 米，北侧距水塘边道路 4 米，开口于第②层下。平面呈长方形，南北长 2、东西宽 1.2、距地表深 2 米。坑内填土为黄褐色，夹杂黑褐色土块，土质较疏松，无包含物（图三-95）。

K13

位于中夯土台西北，东侧 33 米为 K15，西侧 18.4 米为 K11，开口于第②层下。平面呈不规则长方形，南北长 29.6、东西宽 8.4~16.8 米。底部西深东浅，西部为原始坑底，距地表深 4.78 米，东部因后期扰动，距地表深 3.93 米。坑内填土为黄褐色，土质较疏松，无包含物，东部填土中包含晚期瓦片（图三-96）。

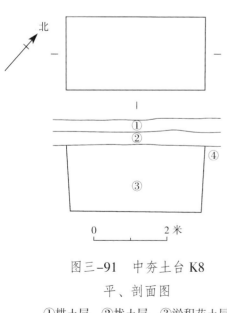

图三-91 中夯土台 K8
平、剖面图
①耕土层 ②扰土层 ③淤积花土层
④生土

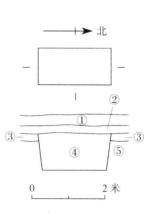

图三-92 中夯土台 K9
平、剖面图
①耕土层 ②扰土层 ③浅褐色冲积土层 ④五花土层
⑤生土

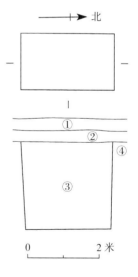

图三-93 中夯土台 K10
平、剖面图
①耕土层 ②扰土层 ③淤积花土层 ④生土

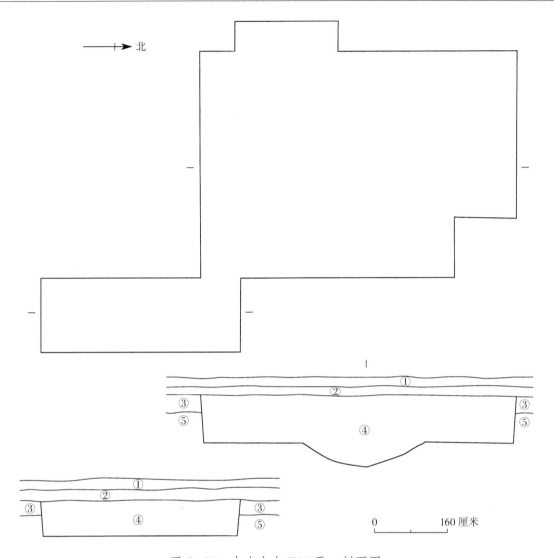

图三-94　中夯土台 K11 平、剖面图
①耕土层　②扰土层　③浅褐色冲积土层　④五花土　⑤生土

K14

位于中夯土台东北，南侧 31 米为 K15，开口于第②层下。平面呈长方形，东西长 2.4、南北宽 1.4、距地表深 1.5 米。坑内填土为黄褐色，土质较疏松，无包含物（图三-97）。

K15

位于中夯土台东北，西侧 33 米为 K13，北侧 31 米为 K14，开口于第②层下。平面呈不规则形状，北部呈近圆形，直径约 21、距地表深 2.3~4.2 米，南部为不规则方形，东西长 3.6~12.6、南北宽 9.2、距地表深 2.2 米。坑内填土为黄褐色，土质较疏松，无包含物（图三-98）。

2. 窑址

Y1

位于中夯土台东南，北侧 20 米为 K6，西侧 26 米为 K3。为圆形石灰窑，直径约 2 米，上半

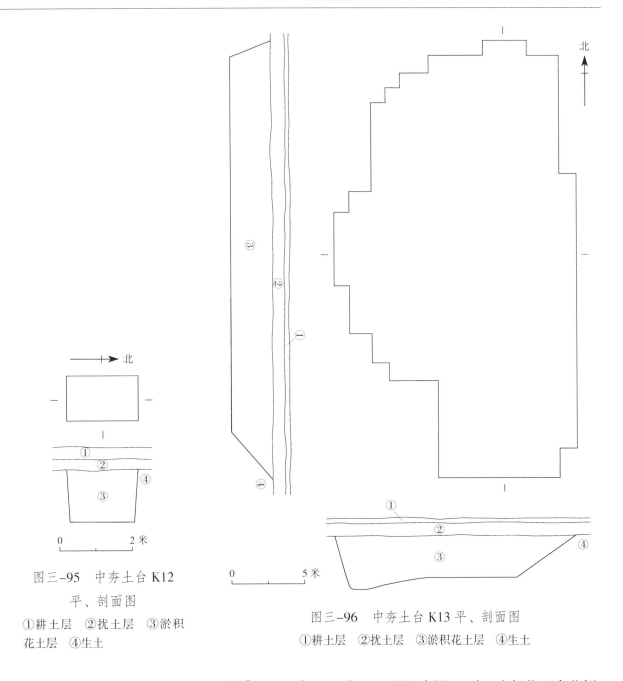

图三-95　中夯土台 K12
平、剖面图
①耕土层　②扰土层　③淤积
花土层　④生土

图三-96　中夯土台 K13 平、剖面图
①耕土层　②扰土层　③淤积花土层　④生土

部分已被破坏。窑口朝东北，开口于第②层下，高 0.8、宽 0.8、距地表深 1.7 米；窑场位于东北侧，平面呈不规则形，北高南低，距地表深 0~3.5 米；窑床位于西南侧，距地表深 1.5 米（图三-99）。

3. 墓葬

经过勘探，中夯土台周边共发现墓葬 25 座。其中，M1~M5 为近现代墓葬，其余 20 座墓葬分布夯土台的东北、西北及北部。现将墓葬勘探情况介绍如下。

M6

位于中夯土台西侧偏北，东侧 16.2 米为 K11，南侧距村道 12.2 米，西北 2.5 米为 M7，开口于第②层下。南北向竖穴土圹墓，东壁与沙石路西边平齐，平面呈长方形，长 3.6、宽 3 米，

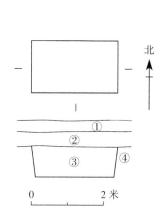

图三-97　中夯土台 K14 平、
　　　剖面图
①耕土层　②扰土层　③淤积花
土层　④生土

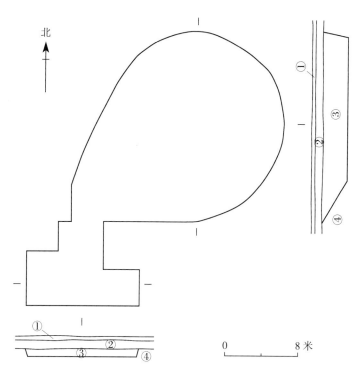

图三-98　中夯土台 K15 平、剖面图
①耕土层　②扰土层　③淤积花土层　④生土

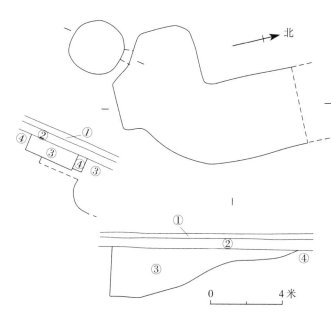

图三-99　中夯土台 Y1 平、剖面图
①耕土层　②扰土层　③淤积花土层　④生土

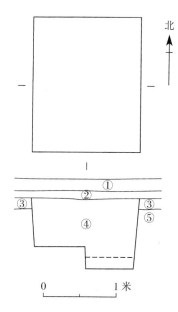

图三-100　中夯土台 M6 平、剖面图
①耕土层　②扰土层　③浅褐色冲积土层
④生土

底部呈西高东低台阶状，距地表深 1.8~2.4 米。填土为黄色，夹杂褐色土块，土质较疏松，墓室东侧底部发现大量草木灰及器物残片（图三–100）。

M7

位于中夯土台西侧偏北，东侧 22.4 米为 K11，距沙石路 5.2 米，东南 2.5 米为 M6，南侧距村道 17.6 米，开口于第②层下。南北向竖穴土圹墓，平面呈正方形，边长 3、距地表深 2 米，底部东西宽 3.5、南北长 3 米。填土为黄色，夹杂褐色土块，土质较疏松，墓室东侧底部发现大量草木灰（图三–101）。

M8

位于中夯土台西北，东侧距沙石路 24.6 米，东南 19 米为 M7，东北约 18 米为 K9，南侧距村道 28.2 米，开口于第②层下。东北—西南向竖穴土洞墓，墓道平面呈长方形，长 2.4、宽 0.8、距地表深 2.4 米，墓室居东北，顶部距地表 1.2 米。填土为黄色，夹杂褐色土块，土质较疏松，无包含物（图三–102）。

M9

位于中夯土台北侧偏西，南侧距苗圃路 18 米，西侧距沙石路 64 米，开口于第②层下。西北—东南向竖穴土洞墓，墓道平面呈刀把形，长 2.8、宽 0.65~1.3、距地表深 3 米，墓室居西北，顶部距地表 2 米。填土为黄色，夹杂褐色土块，土质较疏松，无包含物（图三–103）。

M10

位于中夯土台北侧偏西，西侧距沙石路 12.8 米，西北 3 米为 K12，北侧距水塘路 7.2 米，开口于第②层下。南北向竖穴土洞墓，墓道平面呈长方形，长 2.6、宽 1.2、距地表深

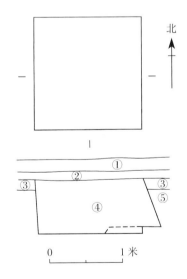

图三–101　中夯土台 M7 平、剖面图
①耕土层　②扰土层　③浅褐色冲积土层
④五花土层　⑤生土

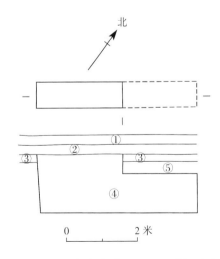

图三–102　中夯土台 M8 平、剖面图
①耕土层　②扰土层　③浅褐色冲积土层
④五花土层　⑤生土

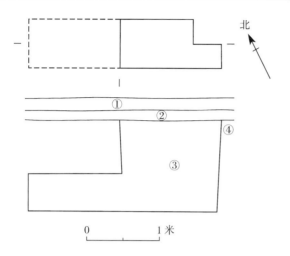

图三-103　中夯土台 M9 平、剖面图
①耕土层　②扰土层　③五花土层　④生土

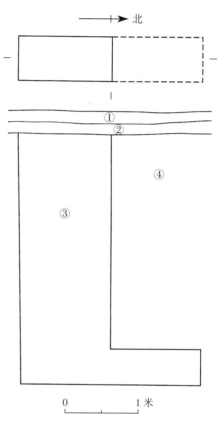

图三-104　中夯土台 M10 平、剖面图
①耕土层　②扰土层　③五花土层　④生土

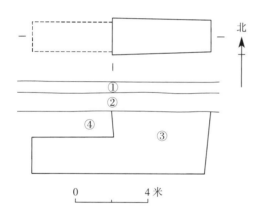

图三-105　中夯土台 M11 平、剖面图
①耕土层　②扰土层　③五花土层　④生土

7.4 米，墓室居北，顶部距地表 6.4 米。填土为黄色，夹杂褐色土块，土质较疏松，无包含物（图三-104）。

M11

位于中夯土台北侧，西北 40 米为 M9，北侧 30 米为 M12，开口于第②层下。东西向竖穴土洞墓，墓道平面呈梯形，长 2.8、宽 0.8~1、距地表深 2.5 米，墓室居西，顶部距地表 1.5 米。填土为黄色，夹杂褐色土块，土质较疏松，无包含物（图三-105）。

M12

位于中夯土台北侧，东北约 7.2 米为 M14，南侧 30 米为 M11，西侧 4.8 米为 M13，开口于第②层下。南北向竖穴土洞墓，墓道平面呈刀把形，长 3.2、宽 1.8~2.4、距地表深 5.4 米，墓室居北，顶部距地表 4.5 米。填土为黄色，夹杂褐色土块，土质较疏松，墓室见朽木（图三-106）。

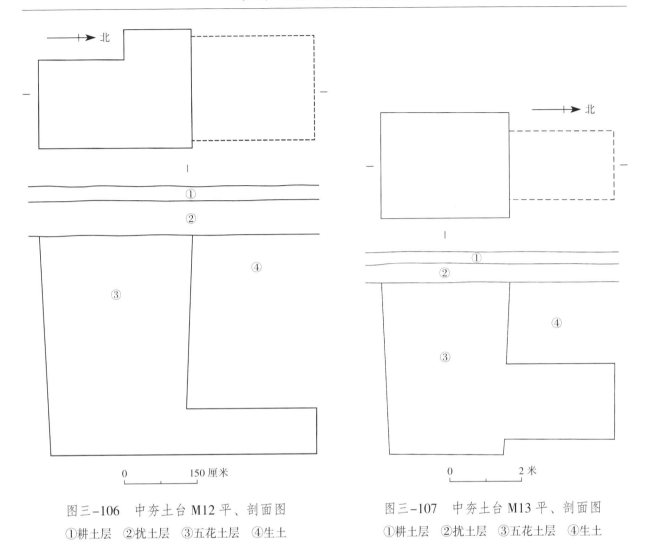

图三-106　中夯土台 M12 平、剖面图
①耕土层　②扰土层　③五花土层　④生土

图三-107　中夯土台 M13 平、剖面图
①耕土层　②扰土层　③五花土层　④生土

M13

位于中夯土台北侧，东侧 4.8 米为 M12，开口于第②层下。南北向竖穴土洞墓，墓道平面呈长方形，长 3.6、宽 2.8、距地表深 5.4 米，墓室居北，顶部距地表 3 米。填土为黄色，夹杂褐色土块，土质较疏松，墓室见骨骼（图三-107）。

M14

位于中夯土台北侧，西南约 7.2 米为 M12，开口于第②层下。南北向竖穴土洞墓，墓道平面呈长方形，长 3.6、宽 1.6、距地表深 4.2 米，墓室居北，顶部距地表 3 米。填土为黄色，夹杂褐色土块，土质较疏松，无包含物（图三-108）。

M15

位于中夯土台东北，东北约 4 米为 M17，西侧 7.2 米为 M16，开口于第②层下。南北向竖穴土圹墓，墓室平面为正方形，边长 1.8、距地表深 2 米。填土为黄色，夹杂褐色土块，土质较疏松，墓底见草木灰（图三-109）。

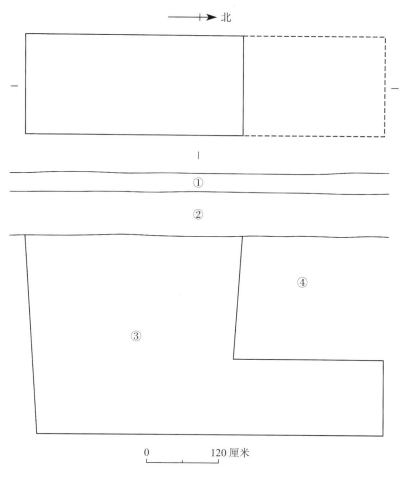

图三-108　中夯土台 M14 平、剖面图
①耕土层　②扰土层　③五花土层　④生土

M16

位于中夯土台东北，东侧7.2米为M15，开口于第②层下。南北向竖穴土洞墓，墓道平面呈长方形，长2.2、宽1.4、距地表深4米，墓室居北，顶部距地表2.6米。填土为黄色，夹杂褐色土块，土质较疏松，无包含物（图三-110）。

M17

位于中夯土台东北，西南约4米为M15，北侧8.8米为M18，开口于第②层下。东南—西北向竖穴土洞墓，墓道平面呈长方形，长2.5、宽0.8~1、距地表深2米。填土为黄色，夹杂褐色土块，土质较疏松，无包含物（图三-111）。

M18

位于中夯土台东北，东侧3.4米为M20，东北2.4米为M19，南侧8.8米为M17，开口于第②层下。南北向竖穴土洞墓，墓道平面呈长方形，长2、宽1.4、距地表深3.5米。墓室居北，顶部距地表3米。填土为黄色，夹杂褐色土块，土质较疏松，无包含物（图三-112）。

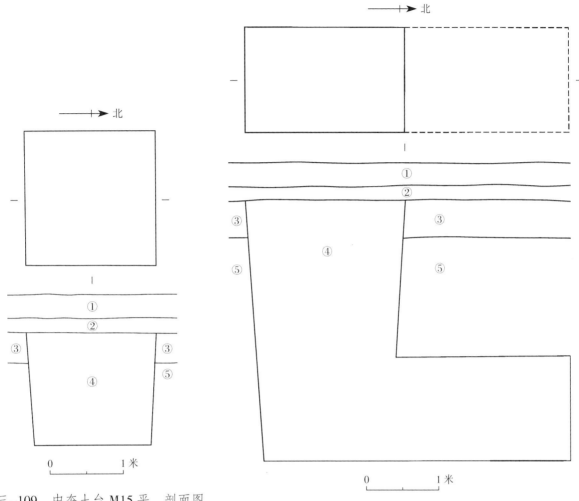

图三-109　中夯土台 M15 平、剖面图
①耕土层　②扰土层　③黑褐色冲积土层
④五花土层　⑤生土

图三-110　中夯土台 M16 平、剖面图
①耕土层　②扰土层　③黑褐色冲积土层　④五花土层　⑤生土

M19

位于中夯土台东北，西南 2.4 米为 M18，开口于第②层下。南北向竖穴土洞墓，墓道平面呈长方形，长 2、宽 1.4、距地表深 3.5 米，墓室居北，顶部距地表 3 米。填土为黄色，夹杂褐色土块，土质较疏松，无包含物（图三-113）。

M20

位于中夯土台东北，西侧 3.4 米为 M18，西北 2.4 米为 M19，开口于第②层下。南北向竖穴土洞墓，墓道平面呈长方形，长 2 米、宽 0.8、距地表深 4 米，墓室居北，顶部距地表 3 米。填土为黄色，夹杂褐色土块，土质较疏松，无包含物（图三-114）。

M21

位于中夯土台东北，东侧 1.4 米为 M22，北侧 11.8 米为 M25，开口于第②层下。为南北向竖穴土洞墓，墓道平面呈长方形，长 2.6、宽 1.6、距地表深 4.2 米，墓室居北，顶部距地表 3 米。

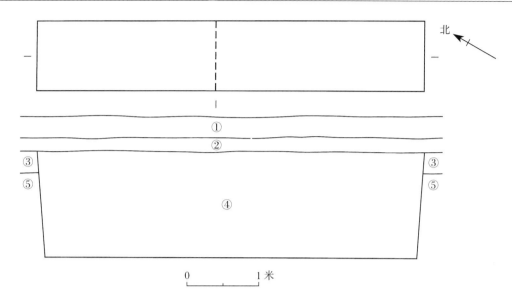

图三-111　中夯土台 M17 平、剖面图

①耕土层　②扰土层　③黑褐色冲积土层　④五花土层　⑤生土

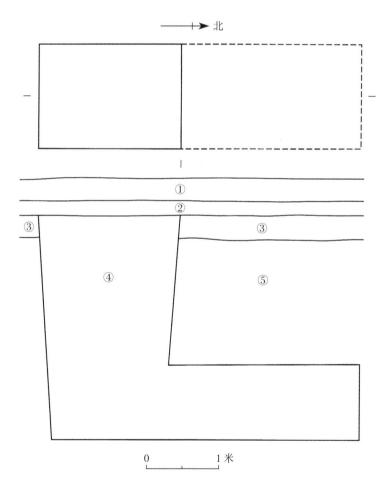

图三-112　中夯土台 M18 平、剖面图

①耕土层　②扰土层　③黑褐色冲积土层　④五花土层　⑤生土

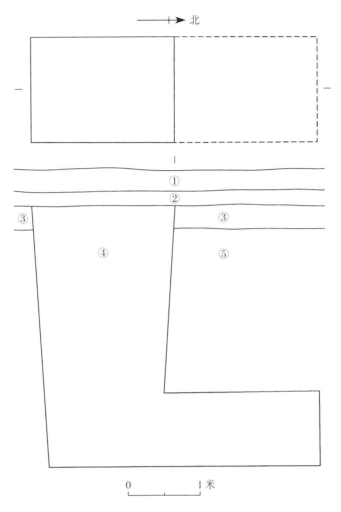

图三–113　中夯土台 M19 平、剖面图
①耕土层　②扰土层　③黑褐色冲积土层　④五花土层　⑤生土

填土为黄色，夹杂褐色土块，土质较疏松，无包含物（图三–115）。

M22

位于中夯土台东北，东侧 4 米为 M23，西侧 1.4 米为 M21，北侧 4.6 米为 M24，开口于第②层下。南北向竖穴土洞墓，墓道平面呈长方形，长 2.2、宽 1.6、距地表深 4.2 米，墓室居北，顶部距地表 2.6 米。填土为黄色，夹杂褐色土块，土质较疏松，无包含物（图三–116）。

M23

位于中夯土台东北，西侧 4 米为 M22，开口于第②层下。南北向竖穴土圹偏洞室墓，平面呈长方形，长 2.2、宽 1.2、距地表深 2.3 米，墓室居东，顶部距地表 1.8 米。填土为黄色，夹杂褐色土块，土质较疏松，无包含物（图三–117）。

M24

位于中夯土台东北，南侧 4.6 米为 M22，西北 2.8 米为 M25，开口于第②层下。南北向竖穴

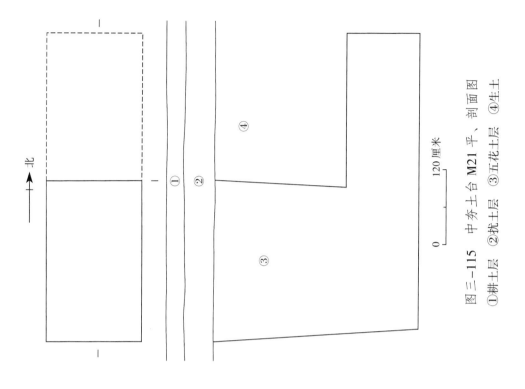

图三-115　中苏土台M21平、剖面图
①耕土层　②扰土层　③五花土层　④生土

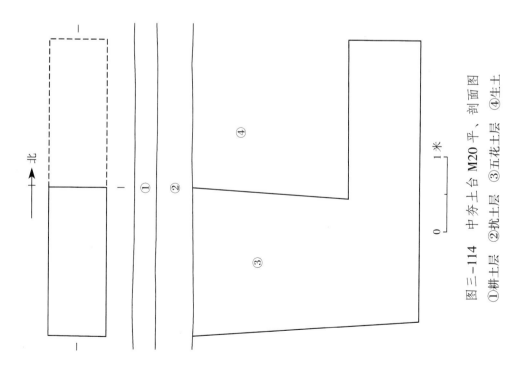

图三-114　中苏土台M20平、剖面图
①耕土层　②扰土层　③五花土层　④生土

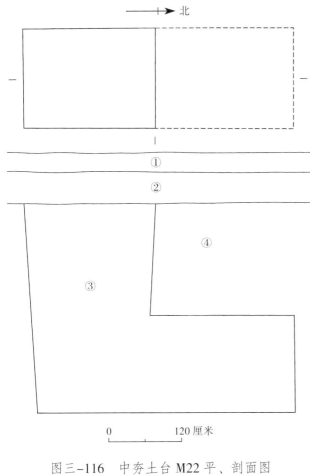

图三-116　中夯土台 M22 平、剖面图
①耕土层　②扰土层　③五花土层　④生土

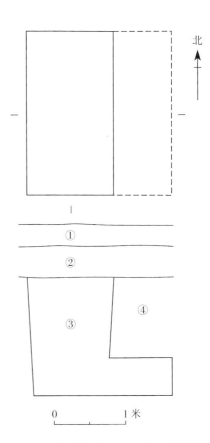

图三-117　中夯土台 M23 平、剖面图
①耕土层　②扰土层　③五花土层　④生土

土洞墓，墓道平面呈长方形，长 2.6、宽 1.8、距地表深 2.8 米，墓室居北，顶部距地表 1.8 米。填土为黄色，夹杂褐色土块，土质较疏松，无包含物（图三-118）。

　　M25

　　位于中夯土台东北，东南 2.8 米为 M24，南侧 11.8 米为 M21，开口于第②层下。南北向竖穴土洞墓，墓道平面呈长方形，长 2.6、宽 2、距地表深 4.8 米，墓室居北，顶部距地表 3 米。填土为黄色，夹杂褐色土块，土质较疏松，无包含物（图三-119）。

第三节　结语

　　通过连续两年的大范围勘探调查，本团队对天井岸建筑遗址的地上和地下遗迹分布情况均有了大致的了解，大体上明晰了五处夯土台的台基面积、形状及深度，对夯土台及周边遗迹的形制有了基本掌握。夯土台周边的壕沟有方形和圆形两种形制，东、北、南三座夯土台的壕沟

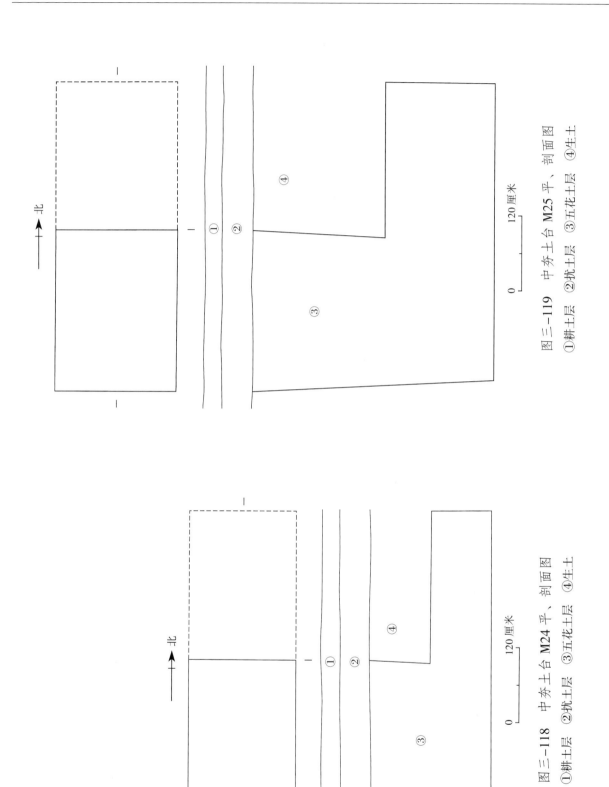

图三-119　中苏土台 M25 平、剖面图
①耕土层　②扰土层　③五花土层　④生土

图三-118　中苏土台 M24 平、剖面图
①耕土层　②扰土层　③五花土层　④生土

为外方内圆，西夯土台虽然仅探出方形壕沟，但是不排除壕沟内部几座大型坑类遗迹实际上也为圆形壕沟的可能性。具体来说，西夯土台四面壕沟围起的区域呈方形，四角壕沟均不相连，空缺的区域面积相似，疑似留有角楼的位置；每条壕沟正对夯土台的位置也不相连，宽度接近等宽，推测可能是门道位置所在。而东夯土台壕沟数量最多，内侧有两重近似圆形环壕，外侧还可见一重（北部为两重）方形壕沟，方形壕沟的转角均不相连，圆形壕沟正对夯土台四个方向的位置也不相连，宽度接近等宽，可能为门道所在。南北两座夯土台目前只对部分区域进行了勘探，也发现了内部圆形环壕和外部方形壕沟，且在北夯土台方形壕沟东南角同样发现空缺，圆形环壕南部正中疑似有门道。

在天井坑的勘探中，曾发现坑口、坑内平台、坑底三圆的直径比接近北大秦简《鲁九次问数于陈起》中记载的"三方三圆"宇宙模型，因而推测天井坑三个圆分别内接三个正方形，外切两个正方形，形成"三方三圆"的嵌套结构，是遵循"天圆地方"宇宙观理念来设计表现的[1]。而在天井坑东侧这五处夯土台周边发现的外围壕沟与夯土台方圆相套，构成了"内方外圆"的嵌套结构，这种建筑结构与汉长安城南郊的大土门遗址较为相似[2]，是否与"三方三圆"理念或者"天圆地方"的宇宙观有一定关系，还有待进一步的发掘和研究证实。

此外，勘探还在各夯土台壕沟内外发现有大小不一，形状不同的坑类遗迹，坑内勘探大多未发现遗物，个别坑内填土中夹杂少量陶片或砖瓦残块。对于这些坑的性质目前还没有更多证据来讨论，除了后期扰动形成的灰坑外，参考凤翔雍山血池祭祀遗址发现的众多空祭祀坑被推测为"血祭"遗迹，则天井岸建筑遗址各夯土台周边的部分空坑可能也与祭祀活动有关，具体情况还需要进一步的分析来确定。而遗址区内发现的数座窑址应当是用于制作建筑修建的筒瓦、板瓦、瓦当或石灰等建筑材料的。在勘探过程中夯土台周边部分区域地下存在着瓦砾层，根据调查过程中在地表发现的众多砖瓦残块，以及当地村民在历年耕作活动中挖出的大量砖瓦类遗物来看，天井岸建筑遗址应当有大规模的砖瓦建筑。

由于遗址区内经历过大规模的平整土地活动，地面上已无任何墙体遗迹，这就为我们了解遗址的内部结构、使用等细节增加了难度。但值得注意的是，在本次勘探过程中部分踩踏面的发现有可能成为新的突破口。如果这些踩踏面遗迹最终经过发掘证实为道路的话，则可以为我们研究遗址区内的建造及建成之后的祭祀活动提供参考。

文献中记载，秦人分别祭祀白帝、青帝、黄帝、赤帝，刘邦进入关中后立黑帝作为北帝，设北畤，至此西汉"五帝"的祭祀体系基本形成，此时祭祀五帝的畤仍然分散于各地。文帝时期将五帝集中于渭阳五帝庙一座建筑进行祭祀，"同宇，帝一殿，面五门，各如其帝色"[3]。

---

［1］陈镱文、曲安京：《北大秦简＜鲁久次问数于陈起＞中的宇宙模型》，《文物》2017年第3期，第4页。

［2］中国社会科学院考古研究所：《西汉礼制建筑遗址》，文物出版社，2003年，第198页。

［3］（汉）班固：《汉书》，中华书局，1962年，第1213、1214页。

至武帝元光二年（前133年），在原有的五帝体系之上加入了至上神"泰一"，元鼎五年（前112年）营建甘泉泰畤，泰一位居最高位，五帝环居其下，其中原本位于中央的黄帝由于其位被泰一坛所占据，只能屈居西南，形成了"5+1"的祭祀格局。王莽在平帝元始年间提出徙甘泉泰畤、汾阴后土于长安南北郊，后又整合诸神祭祀，在汉长安城及东西南北四郊立"兆"祭五方，这种五方位帝分居五处的设置似乎又与之前五帝环绕于甘泉泰畤上的格局有所不同。将天井岸遗址的形制与文献中记载的西汉诸祭祀制度相比较，由于五处夯土台同处一地但又非同一建筑单体，且没有发现中台等级或形制高于其他四台的情况，则本遗址应当更接近于王莽时期在汉长安城所设置的"五兆"格局。结合《汉书·地理志》中"谷口，九嵏山在西。有天齐公、五床山、仙人、五帝祠四所"的记载[1]，汉谷口县及其相邻的池阳县即为今泾阳、三原、礼泉一带，我们推测天井岸遗址的五处夯土台可能即为汉"五帝祠"遗址。

由于考古勘探自身的局限性，本次勘探工作仍存在着一些不足及需要解决的问题。如勘探的区域相对于整个遗址区来说范围还是很小，对遗迹的认识仍然不够深入等，对各遗迹的细节也有待进一步考古发掘的证实和补充。本次工作中一系列的新发现和产生的新问题，还有待于进一步的考古发掘对遗址的建造、使用、废弃过程，以及遗址的性质等作出更精确的判断。

三原天井岸遗址作为西汉长安地区一处等级较高的礼制建筑遗址，其规模宏大、分布集中，建筑形制较为特殊，地下遗存十分丰富。除了地表可见的天井坑及五座夯土台之外，根据勘探结果，我们还可知在夯土台周边区域有数量不等的圆形和方形壕沟，壕沟正对台体四个方向正中断开形成门道，方形壕沟的四角可能存在角楼一类的遗迹。对天井岸遗址开展的勘探工作不仅为我们了解西汉时期高等级建筑的建造结构和平面布局提供了重要材料，而且对研究汉代祭祀礼制、探索汉代礼仪制度具有重要意义。

---

[1]（汉）班固：《汉书》，中华书局，1962年，第1545页。

第四章　东、西夯土台考古发掘

经国家文物局审批，2018~2019 年，西北大学文化遗产学院联合陕西省考古研究院、咸阳市文物考古研究所、三原县文化和旅游局对天井岸建筑遗址中的东夯土台和西夯土台及周围建筑遗迹进行了重点考古发掘，发掘面积 927 平方米。此次发掘共出土 789 件遗物，包括瓦当、筒瓦、板瓦、铺地砖、陶罐、双耳杯等；清理遗迹 135 处，包括柱洞、散水、踩踏面、壕沟等。

从考古勘探可知东、南、西、北四座夯土台外侧环绕有不同组合的圆形与方形壕沟，为了在有限的发掘面积内尽可能地探明东、西夯土台的基本结构并验证前期考古勘探的准确性，本次对天井岸建筑遗址的考古发掘主要采用小面积重点试掘与大面积揭露相结合的方式进行。

东夯土台在布方时主要以夯土台体为中心，布方于整个遗址区的东、南方向，除夯土台体东、南两侧外，东南侧两条壕沟的南北两端也是此次发掘的主要区域。西夯土台在布方时也是主要以夯土台体为中心，向台体西、南方向布方，主要围绕在台基的西、南两侧，并在台体东、西侧壕沟开设探沟。

天井岸建筑遗址面积较大，东夯土台和西夯土台之间相距约一千米，两座夯土台同处于一条东西向直线上，但两者之间并无直接的地层连接关系，且存在层位缺失现象，因此将发掘区域分为Ⅰ、Ⅱ区。Ⅰ区位于东夯土台的东侧和南侧，共布设 5×5 米探方 22 个，并在夯土台基东北方和东南角布设 2 条探沟。Ⅱ区位于西夯土台东、南、西三面，共布设 5×5 米探方 12 个，并在台体东侧、西侧、南侧布设探沟 3 条。此外为验证勘探结果，在西夯土台东、南、西三面壕沟正对台体处分别布设探沟进行了小范围试掘清理（图四-1；图四-2；彩版四七，1、2）。发掘面积为 927 平方米。

第一节　地层堆积

现将Ⅰ、Ⅱ发掘区的地层堆积情况介绍如下。首先，Ⅰ发掘区以 T0106~T0806 南壁剖面为例说明地层堆积情况（图四-3）。

第①层：耕土层。黄褐色土，土质疏松，包含大量植物根茎，厚 0.08~0.32 米。出土部分外

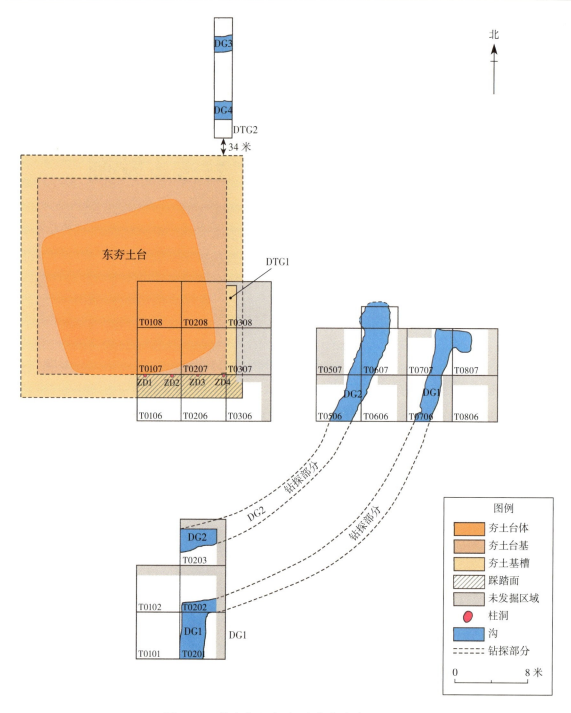

图四-1　Ⅰ发掘区探方及遗迹分布平面图

绳纹内布纹、外绳纹内素面的筒瓦、板瓦以及素面铺地砖、"回"纹空心砖、卵石等，均为汉代遗物。

　　第②层：近现代扰土层。浅黄褐色土，土质紧密，该层被严重扰动，包含少量的植物根系、碳化物以及白灰颗粒，厚0.06~0.44米。出土大量外绳纹内布纹、外绳纹内素面筒瓦以及部分瓦

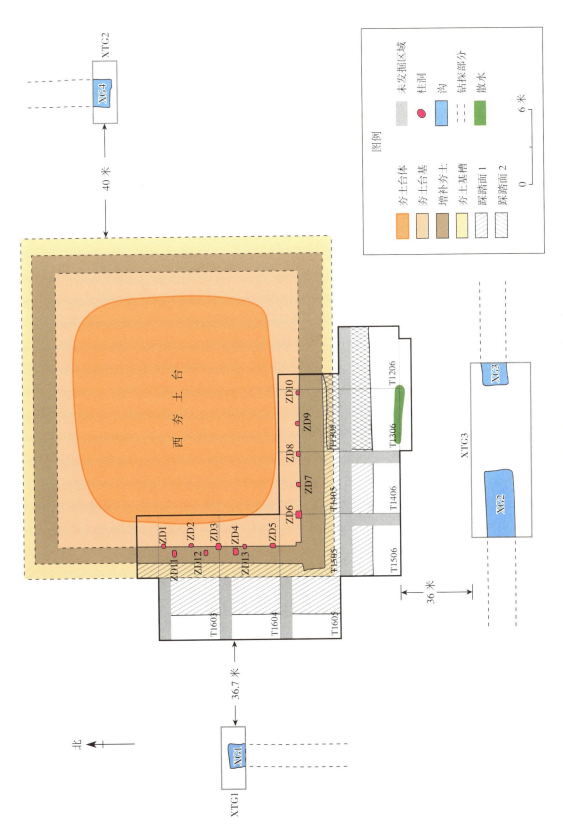

图四-2　Ⅱ发掘区探方及遗迹分布示意图

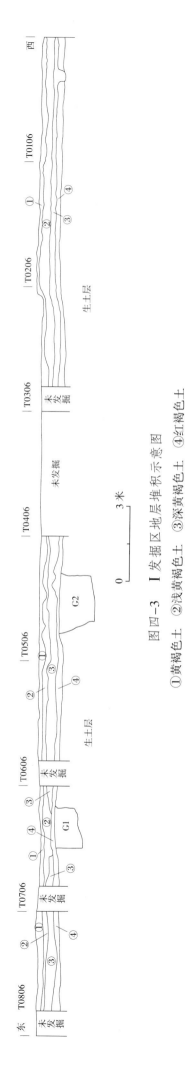

图四—3　I 发掘区地层堆积示意图

①黄褐色土　②浅黄褐色土　③深黄褐色土　④红褐色土

当、铺地砖、卵石等，均为汉代遗物。

第③层：深黄褐色土层。土质紧密，包含少量碳化物，厚0~0.24米。出土部分外绳纹内布纹、外绳纹内素面板瓦、筒瓦以及部分瓦当、铺地砖、卵石等，均为汉代遗物。

第④层：汉代文化层。红褐色土，土质疏松，厚0~0.35米。出土大量外绳纹内布纹板瓦、筒瓦及部分瓦当、铺地砖等汉代遗物。

第④层下见西汉建筑遗迹或生土，建筑遗迹下见生土。

Ⅱ发掘区以T1603~T1605东壁剖面为例说明地层堆积情况（图四-4）。

第①层：耕土层。黄褐色土，土质疏松，夹杂部分小麦秸秆和植物根茎，厚0.23~0.42米。出土少量外绳纹内布纹、外绳纹内菱格纹板瓦及外绳纹内布纹筒瓦、文字瓦当等，均为汉代遗物。

第②层：近现代扰土层。深褐色土，土质紧密，包含少量白色植物腐烂根系，厚0.39~0.81米。出土部分外绳纹内布纹板瓦、筒瓦以及残"回"纹砖、素面砖、卵石、瓦当等，均为汉代遗物。

第③层：汉代文化层。灰褐色土，土质纯净，厚0.32~1.14米。该层表面有一层瓦砾堆积，主要包含板瓦、筒瓦以及"千秋万岁"文字瓦当等。瓦砾层下发现一层踩踏面，厚0.02~0.03米。

第④层：汉代文化层。红褐色土，土质致密，厚0.15~0.69米，该层表面有一层瓦砾堆积，主要包含板瓦、筒瓦、卷云纹瓦当等。瓦砾层下发现一层踩踏面，厚0.03~0.05米。

第④层下见西汉建筑遗迹，建筑遗迹下见生土。

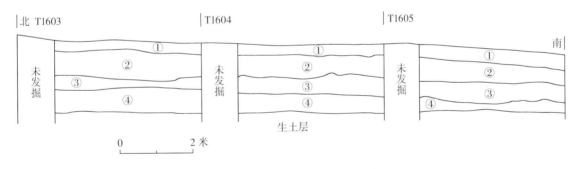

图四-4　Ⅱ发掘区地层堆积示意图
①黄褐色土　②深褐色土　③灰褐色土　④红褐色土

第二节　主要遗迹

一　东夯土台

根据勘探可知，东夯土台外侧围绕着两重圆形壕沟，圆形壕沟外侧应该还分布有一条方形壕沟，方形壕沟仅保留台体北侧部分，壕沟整体平面形制近似外方内圆。内侧两重圆形壕沟在正对台体的东、西、南、北正中处断开，可能是进出的门道，宽约 6 米。本团队对台体东、南两侧壕沟进行了解剖式发掘，并对台体南侧台基底部进行了二分之一发掘，以及对夯土台台体表面东南部分进行了清理，清理面积约占现存台体的四分之一，以探索东夯土台的基本形制（图四-5）。

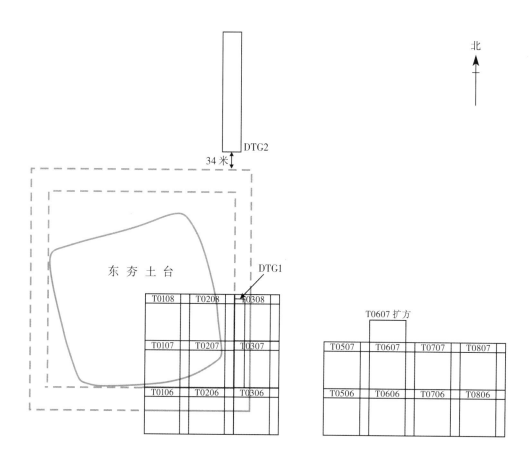

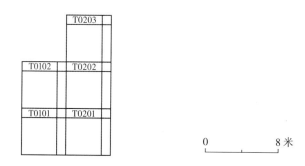

图四-5 东夯土台发掘区探方分布图

（一）夯土台

夯土台基槽平面近似正方形，边长 24.5~26、深 2.2 米，开口于汉代文化层，打破生土。修建流程为人工向下挖掘深 2.2、边宽约 25 米的基坑，然后从坑底逐层向上夯打，基槽面与汉代地面平齐。夯筑方式为粗夯，夯层不均匀且不明显（彩版四八，1）。

夯土台体建于基槽之上，被覆土掩埋的台体部分保存较为完整，呈正方形，边长约 20 米，裸露于地表之上的夯土台体因人为与自然原因破坏严重，整体呈覆斗状，台体夯层厚 0.08~0.12 米，夯窝直径 0.08~0.1 米，夯层致密坚硬，剥离感强（彩版四八，2）。

（二）柱洞

台基南侧已发掘部分清理柱洞 4 处，相邻柱洞间隔 2.86~3.03 米，柱洞内保存有柱础石，柱础石均为椭圆形卵石，柱础石长 0.24~0.26、宽 0.15~0.21 米。台体东侧探沟内未发现柱洞遗迹，推测柱洞主要集中在夯土台南侧。

柱洞 1　位于东夯土台体的东南角，柱础石已不见，柱洞平面呈圆形，剖面呈圜状，柱础平面直径约 0.22、深 0.15 米（彩版四九，2）。

柱洞 2　位于柱洞 1 西侧 3.03 米处，柱础石保存完整，近似圆形，柱洞平面呈圆形，剖面呈圜状，柱洞平面直径约 0.25、深 0.25 米（彩版五〇，1）。

柱洞 3　位于柱洞 2 西侧 2.93 米处，柱础石保存完整，近似椭圆形，柱洞平面呈方形，剖面呈长方形，柱洞平面长 0.38、宽 0.31、深 0.28 米（彩版五〇，2）。

柱洞 4　位于柱洞 3 西侧 2.86 米处，柱础石保存完整，呈不规则形，柱洞平面呈方形，剖面呈长方形，柱洞平面长 0.31、宽 0.26、深 0.16 米（彩版五一，1）。

（三）踩踏面

东夯土台南侧台基平面上发现厚 0.03~0.05 米的踩踏面，踩踏面南北长约 2.5 米，东西因未完全发掘，具体范围目前还无法确定，但已发掘区域内踩踏面东西长约 15.4 米。踩踏面主要集中夯土台基表层以及台基外侧一米范围之内，推测是夯土台修建或进行祭祀活动时形成（彩版五一，2）。

（四）壕沟

DG1 位于东夯土台向东 46 米处，整体呈东北—西南走向，平面为曲线状，剖面呈"U"形（图四-6；彩版五二）。通过对 DG1 南北两端进行发掘，意在搞清 DG1 的基本形制与特点。经发掘可知 DG1 两端平面均呈曲尺状，沟宽 1.3~2.6、深 1.2~2 米。DG1 开口于第④层下，沟底部整体呈南高北低，沟壁较为平直，沟壁存在铲削、修整的工具痕迹。沟内土壤堆积可分 4 层：

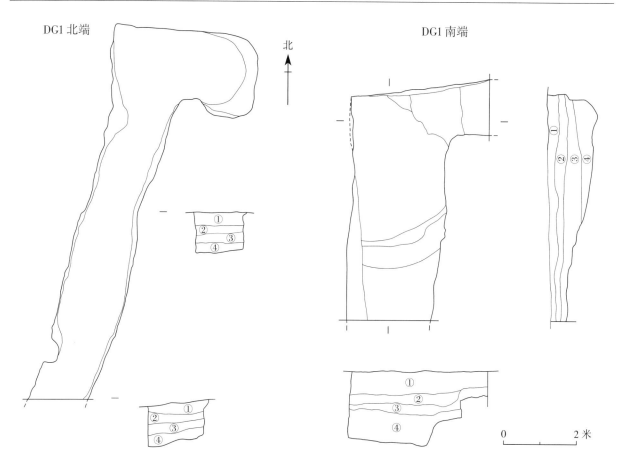

图四-6 东夯土台 DG1 南、北端平、剖面图
①深褐色土 ②棕色土 ③浅黄色淤土 ④黄色淤土

第①层，深褐色土，土质疏松，包含少量植物根茎，厚 0.12~0.66 米，出土部分外绳纹内布纹瓦片及瓦当残片；第②层，棕色土，土质较硬，包含少量料礓石，厚 0~0.37 米，出土零星外绳纹内布纹残瓦片；第③层，浅黄色淤土，土质纯净，厚 0.11~0.5 米，应该为早期雨水冲刷淤泥堆积所致；第④层，黄色淤土，土质纯净，厚 0~0.83 米，应为淤泥沉淀形成的沙土，质地较软。

DG2 位于东夯土台东南 30 米处，距 DG1 约 7 米，整体呈东北—西南走向，平面呈圜形，沟宽 1.7~3.3、深 1.1~1.3 米，剖面整体呈 U 形（图四-7；彩版五二）。DG2 开口于第④层下，沟壁受雨水冲刷严重，形制不规整，未发现工具痕迹。沟内堆积分 4 层：第①层，深褐色土，质地疏松，厚 0~0.4 米，出土少量瓦片；第②层，棕色土，土质较硬，厚 0~0.63 米，出土零星瓦片；第③层，浅黄色淤土，土质纯净，厚 0~0.74 米，多为雨水冲击沉淀的淤泥土，质地稍硬，发现少量瓦当，应为顺雨水冲进沟内；第④层，黄色淤土，土质纯净，质地松软，厚 0~0.94 米。DG2 南端由于深度较浅，大部缺失第④层。

DG3 东台北部外侧方形壕沟，距东台 43 米，开口于第④层下，整体呈东—西走向，剖面呈 U 形（图四-8；彩版五三，1），沟壁受雨水冲刷严重，沟宽 1.55~1.6、深 1.4~1.6 米。沟

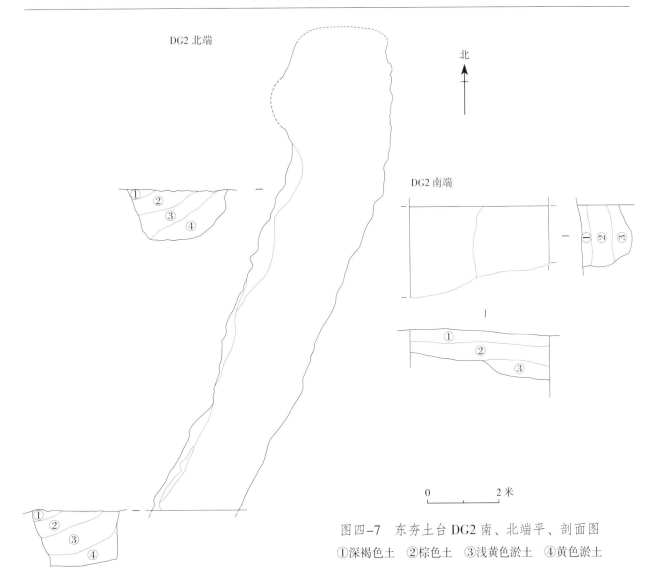

图四-7　东夯土台 DG2 南、北端平、剖面图
①深褐色土　②棕色土　③浅黄色淤土　④黄色淤土

内堆积分 3 层：第①层，深褐色土，土质致密，厚 0.34~0.55 米，包含少量瓦片；第②层，浅褐色土，质地坚硬，厚 0.26~0.55 米，包含零星瓦片；第③层，浅黄色淤土，土壤纯净，质地松软，厚 0.26~0.67 米。

　　DG4　东台北部内侧方形壕沟，距东台 36 米，开口于第④层下，整体呈东—西走向，剖面呈 U 形（图四-8；彩版五三，1），沟壁平直，沟宽 1.8~1.88、深 0.3~0.45 米。沟内堆积分 2 层：第①层，褐色土，土质坚硬，厚 0.27~0.33 米，包含大量深褐色硬土块，发现零星瓦片；第②层，黄色淤土，土质纯净，质地松软，厚 0.27~0.39 米。

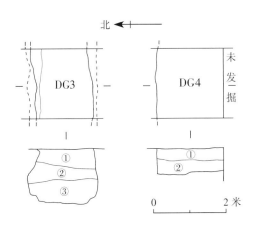

图四-8　东夯土台 DG3、DG4 平、剖面图
DG3：①深褐色土　②浅褐色土　③浅黄色淤土
DG4：①褐色土　②黄色淤土

二　西夯土台

根据勘探可知，西夯土台外侧环绕一周方形壕沟，壕沟在正对台体东、南、西、北正方向断开，断开处宽约 6 米，疑似为门道。本团队对西夯土台的发掘主要集中在台体东、西、南三侧壕沟及西、南侧台基，并且对壕沟与门道连接处也进行了解剖式发掘（彩版五三，2）。具体遗迹如下。

（一）夯土台

基槽平面呈正方形，边长 25.5~27.3、深 2.2 米，开口于汉代文化层下，打破生土（图四-9；彩版五四，1）。修建流程为人工向下挖掘深 2.2、边宽约 25 米的基坑，然后从坑底逐层向上夯打，基槽顶部与汉代地面平齐，夯筑方式为粗夯，夯层不均匀且不明显。

夯土台体呈正方形，边长 20~22 米，裸露于覆土之上的台体因受人为破坏与自然侵蚀，略呈覆斗状。台体夯层厚 0.08~0.12 米，夯层致密坚硬，夯窝直径 0.08~0.1 米。台基经过两次夯筑，第一次夯筑结构与东台夯筑结构基本一致。二次修建时，在第一次夯筑台基四周增筑了夯土台，四侧夯土台宽 1.28~2.18、长 24~25.2 米。台基两次夯筑之间存在明显的合并缝隙（彩版五四，2）。

（二）柱洞

13 处，发现于台基西侧与南侧。台基西侧与南侧发现 10 处，平面呈长方形或方形，长 0.34~0.58、宽 0.24~0.43、深 0.2~0.28 米，相邻柱洞间距 2.18~2.45 米。二次增筑台面发现 3 处，平面呈方形或长方形，长 0.43~0.52、宽 0.32~0.39、深 0.2~0.28 米，相邻柱洞间距 2.56~2.59 米。部分柱洞内保留有柱础石，柱础石均为卵石，体形较大，呈不规则椭圆形，长 0.34~0.58、宽 0.26~0.45 米。

柱洞 1　柱洞平面呈长方形，长 0.36、宽 0.34、深 0.21 米。柱础石保存完整，为椭圆形，长约 0.28、宽约 0.3 米（彩版五五，1）。

柱洞 2　北距柱洞 1 约 2.24 米，平面近似长方形，长约 0.38、宽约 0.28、深约 0.2 米。柱础石已被盗（彩版五五，2）。

柱洞 3　北距柱洞 2 约 2.22 米，平面呈长方形，长约 0.5、宽约 0.43、深约 0.28 米。柱础石被搬离原位，在台基外侧平面发现，柱础石为不规则形（彩版五六，1）。

柱洞 4　北距柱洞 3 约 2.18 米，平面略呈方形，长约 0.34、宽约 0.3、深约 0.24 米。柱础石保存完整，长约 0.32、宽约 0.3、厚约 0.07 米（彩版五六，2）。

柱洞 5　柱洞遗迹被破坏，目前可知柱洞为长方形，长约 0.42、宽约 0.36 米。柱础石已被盗掘（彩版五七，1）。

柱洞 6　柱洞平面呈长方形，长约 0.58、宽约 0.43、深约 0.24 米。柱础石已被盗掘（彩版五七，2）。

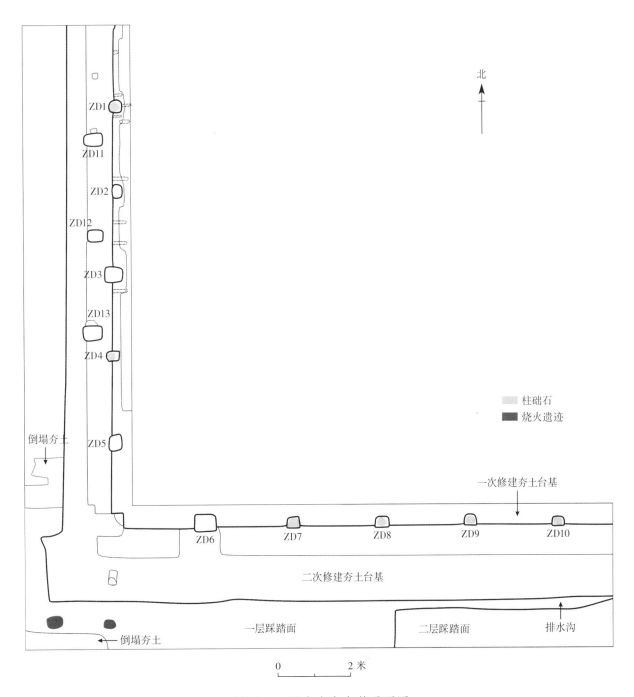

图四-9　西夯土台台基平面图

柱洞 7　距柱洞 6 约 2.39 米，平面呈长方形，长 0.39、宽 0.3、深 0.24 米。柱础石保存较好，长 0.32、宽 0.24、厚 0.16 米（彩版五八，1）。

柱洞 8　距柱洞 7 约 2.42 米，平面呈长方形，长 0.39、宽 0.3、深 0.24 米。柱础石保存较好，长 0.29、宽 0.2、厚 0.14 米（彩版五八，2）。

柱洞 9　距柱洞 8 约 2.45 米，平面呈长方形，长 0.34、宽 0.3 米。柱础石保存完整，柱础石呈椭圆形，长 0.26、宽 0.21、厚 0.11 米（彩版五九，1）。

柱洞 10　距 9 号柱洞约 2.45 米，平面呈长方形，长 0.34、宽 0.24、深约 0.24 米。柱础石保存完整，呈椭圆形，长 0.25、宽 0.22、厚 0.12 米（彩版五九，2）。

柱洞 11　平面呈长方形，长 0.51、宽 0.34、深 0.2 米，柱洞北侧存在一宽 0.11、长 0.16、深 0.12 米的侧坑，柱洞南侧侧坑已被完全破坏（彩版六〇，1）。

柱洞 12　北距柱洞 11 约 2.56 米，平面呈长方形。长 0.43、宽 0.32、深 0.2 米，柱洞石已被盗（彩版六〇，2）。

柱洞 13　北距柱洞 12 约 2.59 米，平面呈长方形，已被破坏。残长 0.52、宽 0.39、深 0.2 米（彩版六一，1）。

（三）纤木洞

台体西侧侧面发现 13 处纤木洞遗迹，分为上下两层，主要集中在各柱洞周围。纤木洞剖面均为椭圆形，长 0.06~0.16、宽 0.05~0.08、深 0.1~0.32 米（彩版六一，2）。

1 号纤木洞　位于柱洞 1 北侧 1.32 米处，高于二次增筑台面 0.26 米，纤木洞剖面呈椭圆形，长 0.14、宽 0.08、深 0.32 米。

2 号纤木洞　位于柱洞 1 的东北方向，距二次增筑台面 0.26 米，纤木洞剖面呈椭圆形，长 0.16、宽 0.06、深 0.2 米。

3 号纤木洞　位于柱洞 1 上侧 0.42 米处，纤木洞剖面呈椭圆形，长 0.1、宽 0.06、深 0.28 米。

4 号纤木洞　位于柱洞 1 的东南方向，距二次增筑台面 0.2 米，纤木洞剖面呈椭圆形，长 0.08、宽 0.06、深 0.22 米。

5 号纤木洞　位于柱洞 1 东南方向，距二次增筑台面 0.58 米，纤木洞剖面呈椭圆形，长 0.14、宽 0.08、深 0.26 米。

6 号纤木洞　位于柱洞 3 北侧，距二次增筑台面 0.22 米，纤木洞剖面略呈椭圆形，边长约 0.08 米，柱洞深 0.16 米。

7 号纤木洞　位于 6 号纤木洞上侧，纤木洞剖面呈椭圆形，长 0.1、宽 0.07、深 0.26 米。

8 号纤木洞　位于 7 号纤木洞南侧 1.16 米处，纤木洞剖面呈椭圆形，长 0.1、宽 0.05、深 0.16 米。

9 号纤木洞　位于 8 号纤木洞的右上方，纤木洞剖面呈椭圆形，长 0.08、宽 0.06、深 0.2 米。

10 号纤木洞　位于 3 号柱洞以北 0.4 米处，距二次增筑台面 0.24 米，纤木洞剖面呈椭圆形，长 0.11、宽 0.08、深约 0.08 米。

11 号纤木洞　位于 10 号纤木洞的右后方，剖面呈椭圆形，长 0.08、宽 0.06、深约 0.22 米。

12 号纤木洞　位于 3 号柱洞以南 0.3 米处，距二次增筑台面 0.27 米，纤木洞剖面呈椭圆形，长 0.12、宽 0.06、深约 0.12 米。

13 号纤木洞　位于 12 号纤木洞的上侧，纤木洞剖面呈椭圆形，长约 0.06、宽约 0.05、深 0.11 米。

（四）铺砖印迹

二次增筑台面呈斜坡状，斜坡与增筑部分平面夹角呈45°，斜坡宽0.6~0.65米，斜坡面保存有明显的铺砖印迹。从砖印痕迹可知铺地砖为长方形，长约0.3、宽0.22米（彩版六二，1）。台体南侧增筑台面无铺砖印迹，台面宽0.68~0.7米，台面南侧斜坡保存少量铺砖印迹，印迹长0.3、宽0.28米，斜坡宽0.26~0.32米，斜坡与第一台面呈45度夹角（彩版六二，2）。

（五）踩踏面

台基西侧踩踏面从斜坡底部一直向西延伸，目前发现的踩踏面间断性长3.5~6.8、宽0.7~0.75米（彩版六三，1）。台体南侧存在两层踩踏面，第一层踩踏面分布在第③层下，分布范围较大，主要分布在台体南侧，台体南侧已发掘区域均间断性发现第一层踩踏面，厚0.03~0.05米。第二层踩踏面分布在第②层下，位于第一层踩踏面上部，较第一层踩踏面高约0.32米，位于排水沟南侧，与排水沟沟沿平齐，台体西部、南部已发掘区域均有零星发现，厚0.02~0.03米（彩版六三，2）。两层踩踏面平面均分别位于两层瓦砾堆积下，由此可见，西夯土台可能涉及到两次大规模的人类活动（彩版六四，1）。

（六）彩绘

在夯土台南侧被耕土覆盖台体部分剥离出部分白色颜料，应为涂抹在台体立面的彩绘，破坏严重，保留部分呈不规则状，长0.18~0.32、宽0.1~0.2米（彩版六四，2）。彩绘主要发现于西夯土台主夯土台体上，在二次增筑台面并没有发现。

（七）排水沟

在台体西侧与南侧已发掘部分均发现一条剖面呈长方形的沟槽，破坏严重，深约0.32、宽0.24米（彩版六五，1）。在台体南侧沟槽内部发现一块竖立的素面方砖，长0.3、宽0.22米，由此可推测当时沟槽内应铺设有方砖，从沟槽结构特点可以判定这应该是台体底部的排水沟。从分布范围判断，目前在台体南侧与西侧均发现了排水沟，台体东侧因为修整土地比较严重以及北侧已经被水泥路覆盖，目前无法勘探与发掘，但是从目前排水沟的分布可以推测台体东、北两侧应该也分布有排水沟，四面排水沟应该是相互连接的。

（八）散水

由卵石铺设而成，位于台体南侧正中央8.2米处，散水破坏严重，平面呈东西向不规则条带状，现存南北长0.56~0.95、东西宽4.76米（彩版六五，2），主体部分由青褐色卵石构成，卵石均为椭圆形，高0.9~0.24、宽0.9~0.17米。

（九）南门道

位于南侧两条壕沟之间，正对西台体南侧，北距台体约 47 米，断开处宽 6.8 米，发现少量踩踏痕迹（彩版六六，1）。

（一〇）烧火遗迹

发现 3 处，位于台体西侧和南侧第一层踩踏面上。如 HY1，平面近圆形，直径 0.45、厚 0.018 米，疑似祭祀使用（彩版六六，2）。

（一一）壕沟

本次发掘主要对保存较好的南侧、东侧、西侧壕沟与门道交界处以探沟的形式进行了解剖发掘，以印证勘探结果的准确性。

XG1　距西台 47.5 米，开口于第③层下，平面近似长方形。XG1 解剖部分宽 2.14~2.2、长 1.4~1.68、深 2.44 米（图四-10；彩版六七，1）。XG1 沟壁从上向下微微向内倾斜，倾斜角度 3°，沟底部较为平坦。XG1 西壁、东壁、北壁均发现有脚窝遗迹。西壁有一处三角形脚窝，边长约 0.14、深 0.11 米。北壁有两处脚窝，一处剖面呈方形，边长约 0.18、深 0.1 米；一处剖面呈三角形，边长约 0.2、深 0.15 米。东壁有两处脚窝，平面均呈椭圆形（彩版六七，2），一处长约 0.21、宽 0.18、深约 0.12 米，另一处长约 0.14、宽约 0.2、深 0.11 米。壕沟内堆积可分 3 层，第①层为黑褐色土，土壤较纯净，质地坚硬，包含少量碎瓦片，厚 0.42~0.63 米；第②层为灰褐色土，土壤较纯净，质地坚硬，包含大量黑色土块，厚 0.58~0.7 米；第③层为黄褐色淤土，土壤纯净，质地疏松，厚 0.49~0.63 米。

XG2　距西台 47 米，开口于第③层下，解剖部分南北长 2.46、东西宽 2、深 2.36 米，沟壁从上自下向内倾斜，沟底圆弧（图四-11；彩版六八，1）。XG2 南壁存在一处脚窝遗迹，脚窝平面呈三角形，边长分别为 0.24、0.22、0.18 米，深 0.19 米。XG2 内堆积分 3 层：第①层为黑褐色土，土壤较纯净，质地坚硬，厚 0.5~0.73 米，包含少量瓦片；第②层为灰褐色土，土壤较纯净，质地坚硬，厚 0.55~0.86 米，包含大量黑色坚硬颗粒；第③层为黄褐色淤土，土壤纯净，质地疏松，无包含物，厚 0.3~0.6 米。

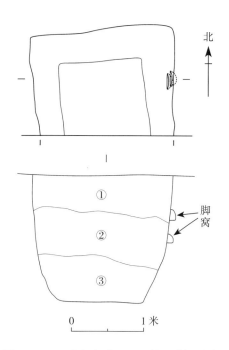

图四-10　西夯土台 XG1 平、剖面图
①黑褐色土　②灰褐色土　③黄褐色淤土

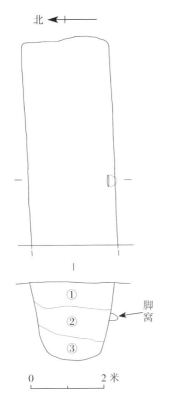

图四-11 西夯土台 XG2 平、剖面图
①黑褐色土 ②灰褐色土 ③黄褐色淤土

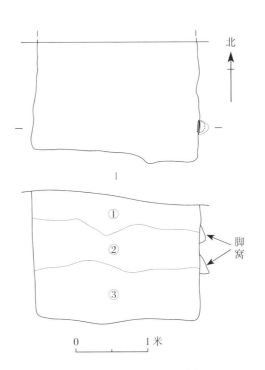

图四-12 西夯土台 XG4 平、剖面图
①黑褐色土 ②灰褐色土 ③黄褐色淤土

XG3 未进行发掘。

XG4 XG4 距西台 46.6 米，开口于第③层下，开口部分被人为破坏。XG4 解剖部分东西宽 2.2~2.3、南北长 1.68、深 1.44~1.62 米，沟壁较为平直（图四-12；彩版六八，2）。XG4 南壁、东壁均发现有脚窝遗迹。南壁有两处脚窝遗迹，第一处脚窝剖面近似梯形，宽 0.28、高 0.41、深 0.2 米；第二处脚窝遗迹位于第一处脚窝正下方 0.08 米处，剖面呈三角形，边长分别为 0.46、0.37、0.34 米，深 0.19 米。东壁也有两处脚窝，第一处脚窝剖面呈三角形，边长分别为 0.45、0.41、0.27 米，深 0.19 米；第二处脚窝位于第一处脚窝正下方 0.24 米处，该脚窝剖面呈不规则形，整体长 0.38、宽 0.32、深 0.22 米。XG4 内堆积可分 3 层：第①层为黑褐色土，土壤较纯净，质地坚硬，包含少量碎瓦片，厚 0.32~0.54 米；第②层为灰褐色土，土壤较纯净，质地坚硬，包含少量黑色土块，厚 0.37~0.7 米；第③层为黄褐色淤土，土壤纯净，质地坚硬，厚 0.63~0.82 米。

第三节 主要遗物

本次发掘出土遗物多为建筑材料，有瓦当、板瓦、筒瓦、砖、双耳杯、陶罐等，遗物年代多为西汉中晚期。因遭严重的盗扰破坏，出土遗物多半破损严重，形制完整者较少（附表一~三）。

一　瓦当

瓦当 204 件，标本 167 件。主要包括云纹瓦当和文字瓦当，云纹瓦当主要以卷云纹瓦当为主，文字瓦当主要以"千秋万岁""长生未央"等瓦当为主。

（一）云纹瓦当

标本共 34 件。当心圈内饰乳丁、联珠、曲尺或菱形网格纹，外引界格线四分当面，云纹分布在扇形区内或与界格线连接，云纹内外饰乳丁、三角纹、水滴纹或"T"形纹等，当面最外饰一周凸弦纹或菱格网纹。据当面界格线单双之别及其是否穿过当心，分三型。

A 型　2 件。当面单界格线不穿当心，东、西夯土台出土。当心饰一周凸弦纹，单界格线四分当面，末端连接单层卷云纹，云纹间饰一小乳丁和水滴状突起，最外饰一周凸弦纹。当背无绳切痕迹。T0201 ③：5，残约二分之一。当面残径 13.7、边轮宽 1.2、厚 1.8 厘米（图四-13，1）。

B 型　18 件。当面双界格线不穿当心。当背无绳切痕迹。据云纹布局差异，分二亚型。

Ba 型　4 件。云纹连接双界格线末端，当面最外饰一周凸弦纹。仅西夯土台出土。根据当心纹饰差异，分二式。

Ⅰ 式　1 件。当心饰大乳丁，外饰一周凸弦纹。T1603 ④：17，当心略残，边轮部分脱落。当面径 16、厚 1.4、边轮宽 1.2、厚 2.7 厘米（图四-13，2）。

Ⅱ 式　3 件。当心饰一大乳丁，外饰两周凸弦纹，间填以一圈联珠纹，云纹间饰一乳丁和三角突起。T1603 ④：20，残。当面残径 10.6、边轮宽 1、厚 2.2 厘米（图四-13，3）。T1603 ④：27，残。当背有一指窝痕。当面残径 10、厚 1.5、边轮宽 1、厚 1.9 厘米（图四-13，4）。

Bb 型　14 件。云纹分布在四区内，当面最外饰一周凸弦纹或菱形网格纹。东、西夯土台均有出土。据当心纹饰差异，分三式。

Ⅰ 式　10 件。当心饰乳丁，外饰两周凸弦纹，间填以一圈联珠纹。T0807 ④：2，残。当面残径 16.3、厚 1.8、边轮宽 1.4、厚 2.9 厘米（图四-13，5）。T1603 ③：19，保存完整。当面径 16.4、边轮宽 1.4、厚 3 厘米（图四-13，6）。

Ⅱ 式　3 件。当心饰乳丁，外饰一周菱格网纹，云纹两侧各饰一小乳丁。T1603 ③：26，残四分之一。当面残径 14.6、厚 1.9、边轮宽 1.1、厚 2.4 厘米（图四-13，7）。T1603 ④：2，残。当面径 15.6、厚 1.6、边轮宽 1.2、厚 2.2 厘米（图四-13，8）。

Ⅲ 式　1 件。当心饰一大乳丁，乳丁上有一菱形状网格纹，乳丁外饰一周"V"形纹，当面每区卷云纹内饰"T"形纹和小乳丁。T0807 ④：1，边轮略残。当面径 13.9、厚 1.8、边轮宽 1.6、厚 2.3 厘米（图四-13，9）。

C 型　14 件。当面双界格线穿过当心。东、西夯土台均有出土。当心圈内饰曲尺纹，当面

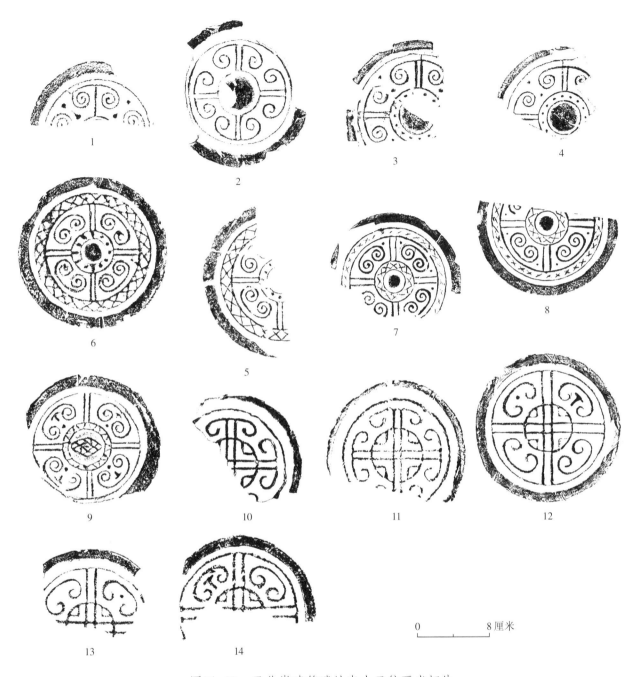

图四-13 天井岸建筑遗址出土云纹瓦当拓片

1. A 型（T0201③：5） 2. Ba 型 I 式（T1603④：17） 3、4. Ba 型 II 式（T1603④：20、T1603④：27） 5、6. Bb
型 I 式（T0807④：2、T1603③：19） 7、8. Bb 型 II 式（T1603③：26、T1603④：2） 9. Bb 型 III 式（T0807④：1）
10、11. Ca 型（T0206④：8、T1604④：10） 12~14. Cb 型（T1603④：6、T1603④：13、T1603④：25）

最外饰一周凸弦纹。据云纹布局差异，分二亚型。

Ca 型 5 件。云纹连接双界格线末端。当背见绳切痕迹。T0206④：8，残。当面残径 10、
厚 1.3、边轮宽 1、厚 2.3 厘米（图四-13，10）。T1604④：10，略残。当面径 15.3、厚 1.2、

边轮宽 1、厚 2.6 厘米（图四–13，11）。

Cb 型　9 件。云纹分布在四区内，两处云纹内分别饰乳丁和"T"形纹饰。当背无绳切痕迹。T1603④：6，保存完整。当面径 16.1、边轮宽 1.1、厚 2.4 厘米（图四–13，12）。T1603④：13，残。当面残径 8.8、厚 1.2、边轮宽 1.1、厚 2.4 厘米（图四–13，13）。T1603④：25，残。当面径 15、厚 1.1、边轮宽 1.1、厚 2.4 厘米（图四–13，14）。

（二）文字瓦当

标本共 133 件。以四字吉语为主。根据文字内容差异，分五类。

（1）"千秋万岁"瓦当

共 82 件。当面文字自右至左竖读为"千秋万岁"，由当心纹饰、当面文字和当面边缘图案构成。当心圈内饰乳丁、联珠纹或曲尺纹，外引界格线四分当面，边缘为一周凸弦纹或菱格网纹。据当面有无界格线、界格线单双之别及其是否穿过当心，分四型。

A 型　1 件。当面无界格线，仅东夯土台出土。"千秋万岁"文字外框以方形凸弦纹，凸弦纹外四边各饰一乳丁纹，最外饰一周凸弦纹。T0106③：22，残损严重，当面仅存一"岁"字。当面残径 8、厚 1.3、边轮宽 0.8、厚 1.6 厘米（图四–14，1）[1]。

B 型　36 件。当面单界格线不穿当心。东、西夯土台均有出土。当背无绳切痕迹。据当面构图差异，分三亚型。

Ba 型　28 件。当心饰凸弦纹或乳丁，外饰联珠纹、凸弦纹，界格线末端连接一菱形叶纹，菱形叶纹内有一乳丁，当面最外饰一周凸弦纹。T0207③：4，保存完整。当面径 15.5、边轮宽 1、厚 1.5 厘米（图四–14，2）。T0207③：8，残。当面残径 14.1、厚 2.6、边轮宽 1.2、厚 2.7 厘米（图四–14，3）。T0207②：5，保存完整，当背接一内布纹外素面筒瓦。当面径 15.6、厚 1.9、边轮宽 1.4、厚 2 厘米（图四–14，4）。T0306②：4，残。当面径 14.8、厚 2.1、边轮宽 1.1、厚 2.3 厘米（图四–14，5）。

Bb 型　4 件。当心凸弦纹内饰乳丁，界格线末端连接一小乳丁，当面最外饰一周凸弦纹。T0201③：2，边轮略残。当面径 15.8、厚 1.5、边轮宽 1.3、厚 1.6 厘米（图四–14，6）。T0101②：2，残损严重，当面仅余"千""万"二字。当心乳丁较大，约占当面二分之一。当面残径 10.5、厚 1.7 厘米（图四–14，7）。

Bc 型　4 件。当心饰乳丁，外饰两周凸弦纹，间饰一圈联珠纹，当面最外饰一周"V"形纹。T0607③：1，残损严重，当面仅余"千""秋""万"字，当面残径 8.6、厚 1.8、边轮宽 1.4、厚 2.8 厘米（图四–14，8）。

---

[1] 此类瓦当的完整形态见《中国历代瓦当考释·汉代文字卷（二）》424 号三原出土瓦当（经调查走访可知，此类瓦当均为天井岸村村民当年农作时发现，后被转卖收藏）。

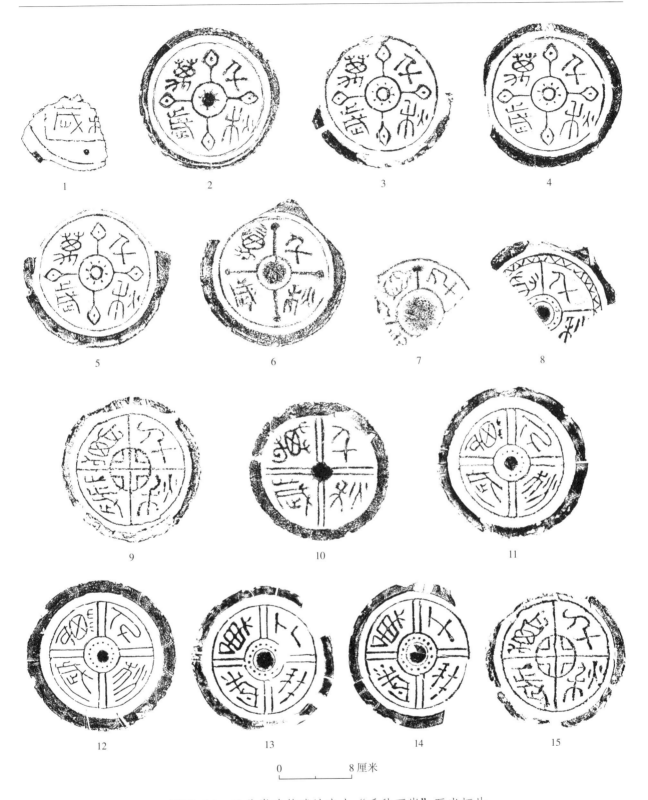

图四-14　天井岸建筑遗址出土"千秋万岁"瓦当拓片

1. A 型（T0106③：22）　2~5. Ba 型（T0207③：4、T0207③：8、T0207②：5、T0306②：4）　6、7. Bb 型（T0201③：2、
T0101②：2）　8. Bc 型（T0607③：1）　9、15. C 型（T0207③：1、T0206②：4）　10. Da 型（T0807③：2）
11、12. Db 型Ⅰ式（XTG2③：2、T1603③：12）　13、14. Db 型Ⅱ式（T1206②：8、T1306②：8）

C 型　12 件。当面单界格线穿过当心，东、西夯土台出土。当心凸弦纹内四角各饰一曲尺纹，当面最外饰一周凸弦纹。部分当背见绳切痕迹。T0206 ②：4，保存完整。当面径 15.4、厚 2.2、边轮宽 1.1、厚 2.7 厘米（图四-14，15）。T0207 ③：1，保存完整。当面径 15.2、厚 1.8、边轮宽 1.3、厚 2.3 厘米（图四-14，9）。

D 型　33 件。当面双界格线不穿当心。当背无绳切痕迹。据当面构图差异，分二亚型。

Da 型　1 件。当心饰乳丁，仅东夯土台出土。T0807 ③：2，保存完整。当面径 15、边轮宽 1.3、厚 2.3 厘米（图四-14，10）。

Db 型　32 件。当心乳丁外饰一周或两周凸弦纹，间填以一圈联珠纹，当面最外饰一周凸弦纹，仅西夯土台出土。据当心纹饰差异，分二式。

Ⅰ式　27 件。当心饰一周凸弦纹。XTG2 ③：2，保存完整。当面径 16.2、边轮宽 1.5、厚 1.9 厘米（图四-14，11）。T1603 ③：12，保存完整。当面径 16.2、边轮宽 1.6、厚 2 厘米（图四-14，12）。

Ⅱ式　5 件。当心饰两周凸弦纹。T1206 ②：8，略残。当面径 14.9、厚 2.1、边轮宽 1.3、厚 2.4 厘米（图四-14，13）。T1306 ②：8，略残。当面径 15.3、厚 2.2、边轮宽 1.1、厚 2.3 厘米（图四-14，14）。

（2）"长生未央"瓦当

标本共 48 件。当面文字自右至左竖读为"长生未央"，由当心纹饰、当面文字和当面边缘图案构成。当心圈内饰乳丁、联珠纹，外引界格线四分当面，边缘一周凸弦纹。少量瓦当当面施红色颜料，部分当背见绳切痕迹。据当面单双界格线之别及其是否穿过当心，分三型。

A 型　1 件。当面单界格线，不通过当心，仅西夯土台出土。当心圈内饰大乳丁，外引四条单界格线，末端连接菱形水滴纹，每区分布一字，最外饰一周凸弦纹。XTG1 ②：8，残损严重，当面仅余"长""未"二字。当面残径 12.4、厚 1.9、边轮残宽 0.7、厚 2.3 厘米（图四-15，1）[1]。

B 型　37 件。当面双界格线不穿当心。当背无绳切痕迹。据当心纹饰差别，分二亚型。

Ba 型　3 件。当心饰一大乳丁，外一周凸弦纹。东、西夯土台均有出土。当背无绳切痕迹。XTG1 ②：16，保存完整，当背有一三角形戳印。当面径 14.7、厚 2.1、边轮宽 1.1、厚 2.2 厘米（图四-15，2）。T1602 ④：2，保存完整。当面径 15.3、边轮宽 1.5、厚 2.3 厘米（图四-15，3）。

Bb 型　34 件。当心饰乳丁，外饰两周凸弦纹，间填以联珠纹。仅西夯土台出土。当背无绳切痕迹。XTG1 ②：21，边轮略残。字体锐利，较宽短。当面径 15.8、厚 1.4、边轮宽 1、厚 2.2

---

[1] 此瓦当的完整形态见《中国历代瓦当考释·汉代文字卷（三）》591 号三原出土瓦当（经调查走访可知，此类瓦当均为天井岸村村民当年农作时发现，后被转卖收藏）。

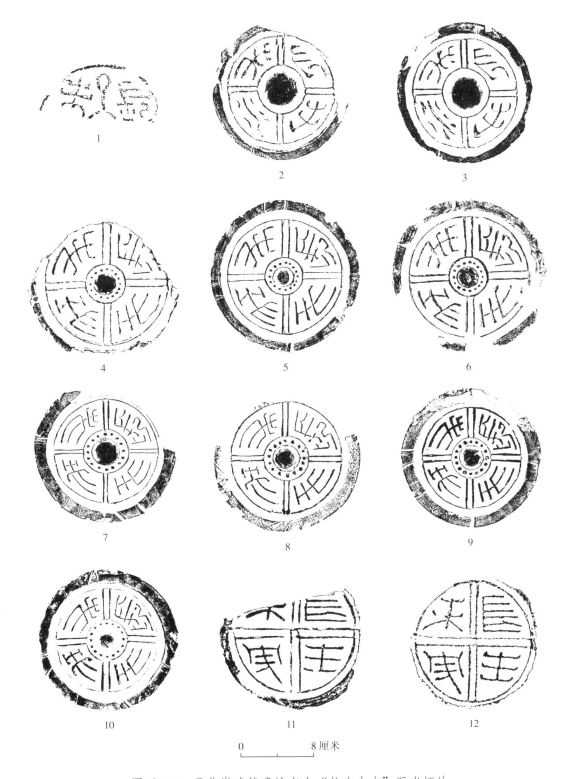

0　　　　　　8厘米

图四-15　天井岸建筑遗址出土"长生未央"瓦当拓片

1. A 型（XTG1②：8）　　2、3. Ba 型（XTG1②：16、T1602④：2）　　4~10. Bb 型（XTG1②：21、XTG1③：14、T1206③：1、XTG2③：18、T1306②：9、XTG1③：19、XTG2③：23）　　11、12. C 型（T0106③：16、T0106③：21）

厘米（图四-15，4）。XTG1③：14，保存完整。当背中心有一处凹陷。当面径15.9、边轮宽1.3、厚2.3厘米（图四-15，5）。T1206③：1，略残。当面径15.7、厚1.7、边轮宽1.1、厚2.2厘米（图四-15，6）。XTG2③：18，边轮略残。字体瘦长。当背饰细绳纹。当面径15、边轮宽1.5、厚2.1厘米（图四-15，7）。T1306②：9，边轮略残。当背饰细绳纹。当面径15.7、边轮宽1.3、厚2.1厘米（图四-15，8）。XTG1③：19，边轮略残。"央"较宽短。当面径14.8、厚1.1、边轮宽1.5、厚1.8厘米（图四-15，9）。XTG2③：23，保存较完整。当面径14.9、边轮宽1.6、厚1厘米（图四-15，10）。

C型　10件。当面双界格线垂直相交通过当心，东、西夯土台均有出土。当背见绳切痕迹。当面每区分布一字，最外饰一周凸弦纹。T0106③：16，残。当面残径14.8、厚2.1、边轮宽1.1、厚2.3厘米（图四-15，11）。T0106③：21，边轮脱落，当面残存红色颜料。当面径13.7、厚1.7、边轮残宽0.6、厚2.9厘米（图四-15，12）。

（3）"与天毋极"瓦当

1件。东夯土台出土。当心凸弦纹内饰一大乳丁，单界格线四分当面，当面阳文篆书"与天毋极"，最外饰一周凸弦纹。T0106③：10，残缺严重，当面仅见一"极"字。当背无绳切痕迹。当面残径13.6、厚1.7、边轮宽2.5、厚2.8厘米（图四-16，1）[1]。

（4）"□□□通"瓦当

1件。西夯土台出土。XTG1③：15，残缺严重。当心凸弦纹内饰一大乳丁，外以单界格线分隔当面，末端连接一乳丁，当面残存"通"字，最外缘饰一周凸弦纹，当背无绳切痕迹，饰细绳纹，中心见一指窝痕。当面残径10、厚1.1、边轮宽0.9、厚1.6厘米（图四-16，2）。

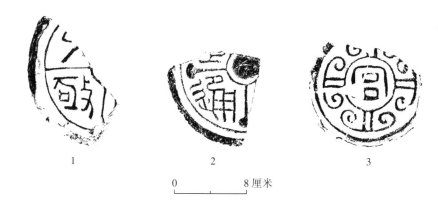

　　　　1　　　　　　　　　　2　　　　　　　　　　3

0　　　　　8厘米

图四-16　天井岸建筑遗址出土文字瓦当拓片

1. "与天毋极"（T0106③：10）　2. "□□□通"（标本XTG1③：15）　3. "宫"（T1603④：18）

[1] 此瓦当的完整形态见《中国历代瓦当考释·汉代文字卷（四）》876号三原出土瓦当（经调查走访可知，此类瓦当均为天井岸村村民当年农作时发现，后被转卖收藏）。

（5）"宫"瓦当

1件。西夯土台出土。T1603④：18，略残。当心为一"宫"字，外饰一周凸弦纹，凸弦纹外引双界格线，末端连接一卷云纹，最外饰一周凸弦纹。当面残径12.3、厚1.3厘米（图四-16，3）。

二　瓦

有筒瓦和板瓦两类，筒瓦352件，板瓦284件。

（一）筒瓦

标本59件，其中可辨型式者55件。表面饰绳纹或素面，内壁饰布纹。据表面纹饰差异，分三型。

A型　3件。表面素面，内壁饰布纹。据有无刻划痕迹与戳印，分二式。

Ⅰ式　1件。表面素面，有刻划痕迹与戳印，内壁饰布纹。T0206④：3，残。平肩，平唇，平口缘，表面右上侧戳文可能为"第七"。残长15、宽12.8、厚1.6厘米，母口式唇长4厘米（图四-17，1）。

Ⅱ式　2件。表面素面，内壁饰布纹。T1602④：1，残。敛唇，平肩，平缘，残长32、宽13.2~14.4、厚1.8厘米，唇长2.3厘米（图四-17，2）。

B型　40件，可辨亚型者39件。表面饰粗绳纹，瓦唇及瓦尾附近各有一段纹饰被抹光，内壁饰布纹。依据表面纹饰差异分两亚型。

Ba型　36件，可辨式者25件。表面饰粗绳纹，瓦唇及瓦尾附近各有一段纹饰被抹光，内壁饰布纹。据瓦唇长短，分三式。

Ⅰ式　1件。瓦唇短。XTG2④：6，残。敛唇，平肩，平缘，瓦唇附近有约3.1厘米的纹饰被抹去。残长10.3、残宽5.6、厚1.6厘米，唇长2.9厘米（图四-17，3）。

Ⅱ式　6件。瓦唇较长。XTG1③：34，残。敛唇，翘肩，平缘，瓦唇附近有1.9~5.7厘米的饰纹被抹去，前端施竖列粗绳纹，后端为素面。残长43、宽14.4~15.6、厚1.5厘米，唇长3.5厘米（图四-17，4）。

Ⅲ式　18件。瓦唇长。XTG2③：7，残。敛唇，翘肩，平缘，瓦唇附近有约3厘米的纹饰被抹去，前端施竖列粗绳纹，后端为素面。残长43.4、宽14.4~15.4、厚1.6厘米，唇长4.2厘米（图四-17，5）。

Bb型　3件。表面饰粗绳纹与菱格纹，瓦唇及瓦尾附近各有一段纹饰被抹光，内壁饰布纹。XTG2③：8，残。敛唇，翘肩，平口缘，瓦唇附近有约3厘米的纹饰被抹去，前端施竖列粗绳纹，在粗绳纹上有若干斜向"X"形刻划纹，后端为素面。残长31.2、宽14.8~15.4、厚1.6厘米，唇长3.6厘米（图四-17，6）。

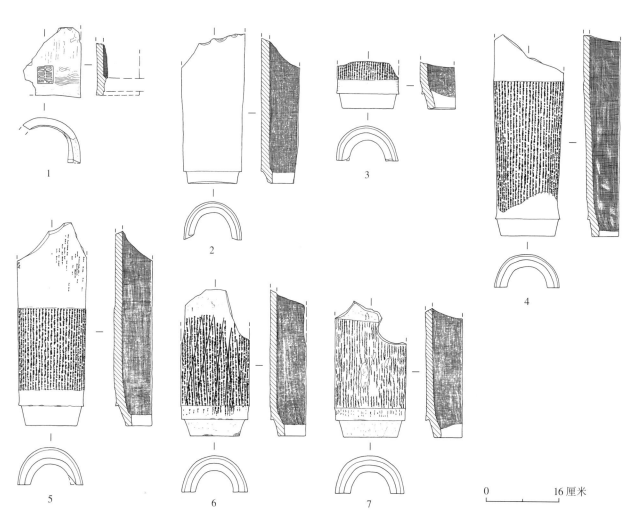

图四-17　天井岸建筑遗址出土筒瓦

1. A 型 Ⅰ 式（T0206④：3）　2. A 型 Ⅱ 式（T1602④：1）　3. Ba 型 Ⅰ 式（XTG2④：6）　4. Ba 型 Ⅱ 式（XTG1③：34）
5. Ba 型 Ⅲ 式（XTG2③：7）　6. Bb 型（XTG2③：8）　7. C 型（XTG2②：37）

　　C 型　12 件。表面饰细绳纹，瓦唇及瓦尾附近各有一段纹饰被抹光，内壁饰布纹。XTG2②：37，残。敛唇，翘肩，平口缘，瓦唇附近有 2.7~3 厘米的纹饰被抹去，瓦背施竖列细绳纹。残长 29.2、宽 15.2~15.6、厚 1.6 厘米，唇长 3.6 厘米（图四-17，7）。

　　（二）板瓦

　　板瓦　284 件，标本 50 件，其中可辨型式者 49 件。形体厚重，表面拍印绳纹，背面素面或饰布纹、菱格纹、绳纹或麻点纹。据表面绳纹粗细，分二型。

　　A 型　48 件。表面饰粗绳纹，背面素面或饰布纹、菱格纹、绳纹、麻点纹。据背面纹饰差异，分七式。

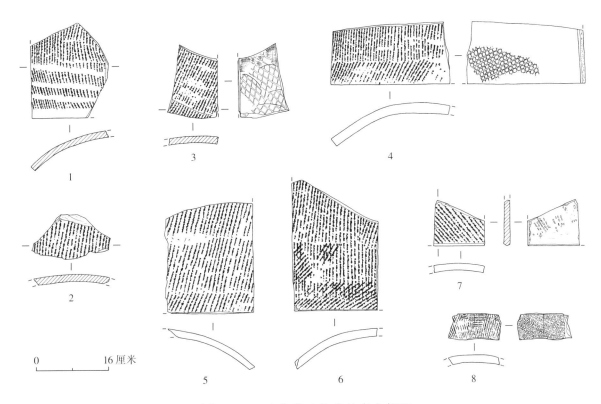

图四-18　天井岸建筑遗址出土板瓦

1. A 型 I 式（XTG2②：33）　2. A 型 II 式（XTG2③：11）　3. A 型 III 式（T0207②：12）　4. A 型 IV 式（XTG1③：20）
5. A 型 V 式（T0101②：3）　6. A 型 VI 式（XTG2③：33）　7. A 型 VII 式（T0106②：20）　8. B 型（T0206③：35）

　　I 式　2 件。背面饰布纹。XTG2②：33，残长 20.4、残宽 17.2、厚 1.4 厘米（图四-18，1）。

　　II 式　14 件。背面素面。XTG2③：11，残长 9.6、残宽 17.6、厚 1.5 厘米（图四-18，2）。

　　III 式　10 件。背面饰菱格纹。T0207②：12，残长 16、残宽 11.2、厚 1.4 厘米（图四-18，3）。

　　IV 式　1 件。背面饰凸圆点纹。XTG1③：20，残长 13.3、残宽 26.2、厚 2.1 厘米（图四-18，4）。

　　V 式　14 件。背面饰粗绳纹。T0101②：3，残长 23.6、残宽 19.6、厚 1.6 厘米（图四-18，5）。

　　VI 式　6 件。背面饰细绳纹。XTG2③：33，残长 28、残宽 19、厚 1.7 厘米（图四-18，6）。

　　VII 式　1 件。背面饰麻点纹。T0106②：20，残长 9.8、残宽 11.6、厚 1.2~1.5 厘米（图四-18，7）。

　　B 型　1 件。表面饰细绳纹，背面饰麻点纹。T0206③：35，残长 5.6、残宽 12、残厚 1.6 厘米（图四-18，8）。

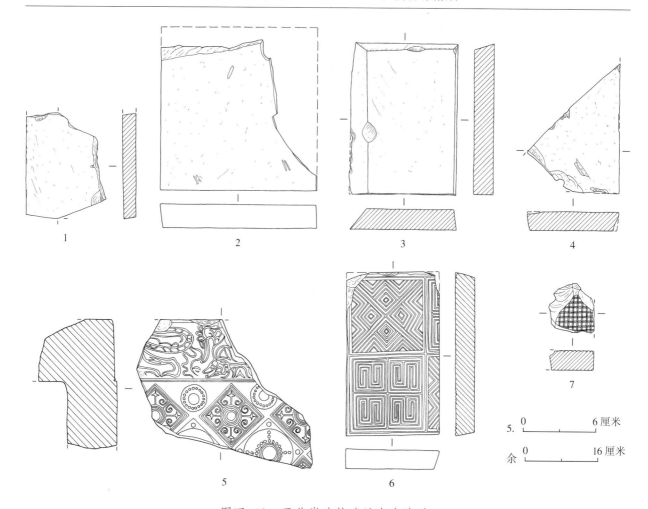

图四-19　天井岸建筑遗址出土陶砖

1. A 型素面砖（XTG1 ① : 29）　2. B 型素面砖（XTG2 ② : 49）　3. C 型斜面砖（XTG2 ① : 12）　4. D 型三角形砖
（T1604 ② : 20）　5. 翼虎纹空心砖（XTG1 ① : 30）　6. 几何纹砖（XTG2 ① : 11）　7. 方格纹砖（T1603 ① : 6）

三　砖

标本 265 件，其中可辨类型者 94 件。有素面砖、几何纹铺地砖、翼虎纹空心砖等。

素面砖　57 件。依据形制和厚度差异，分四型。

A 型　35 件。薄素面砖，长方形，厚 1.8~2.8 厘米。XTG1 ① : 29，青灰色，素面。残长 22.5、残宽 17.4、厚 2.7~3 厘米（图四-19，1）。

B 型　14 件。厚素面砖，长 31.9~33.8、厚 3.9~6 厘米，正方形。XTG2 ② : 49，青灰色，素面。长 34.6、残宽 32、厚 5 厘米（图四-19，2）。

C 型　6 件。斜面砖，斜面倾斜 45°，长方形。XTG2 ① : 12，略残。素面，青灰色，一侧面呈 45° 倾斜，长方形。长 32.3、宽 23.5、厚 4.3 厘米。此类砖贴合于夯土台基斜坡顶部，与斜坡顶部平面的斜面砖反向拼接呈 135°（图四-19，3）。

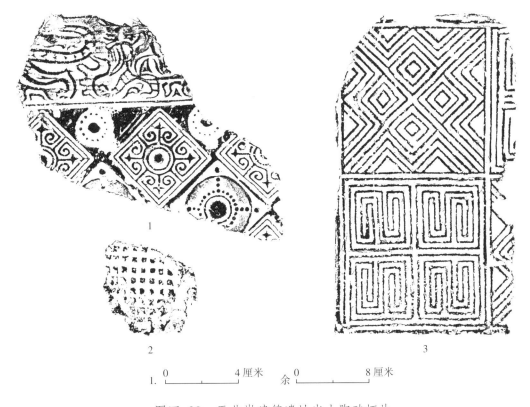

1. |————————| 4厘米　　　余 |————————| 8厘米

图四-20　天井岸建筑遗址出土陶砖拓片

1. 翼虎纹空心砖（XTG1 ①：30）　2. 方格纹砖（T1603 ①：6）　3. 几何纹砖（XTG2 ①：11）

D 型　2 件。三角形砖。T1604 ②：20，长 27.6、残宽 20、厚 4 厘米（图四-19，4）。

翼虎纹空心砖　1 件。花纹由翼虎纹、柿蒂纹和联珠纹等组成，砖背为素面。XTG1 ①：30，残长 14.5、残宽 11.8、残厚 6.4 厘米（图四-19，5；图四-20，1）。

几何纹砖　34 件。表面饰回纹、菱形纹、直角纹，纹路较粗、较深。XTG2 ①：11，残长 34.8、宽 20.4、厚 4.2 厘米（图四-19，6；图四-20，3）。

方格纹砖　2 件。砖面饰小方格。T1603 ①：6，残长 10.4、残宽 10、厚 4.2 厘米，方格边长 0.8 厘米（图四-19，7；图四-20，2）。

四　陶器

12 件。有双耳杯、罐、豆盘等，均破坏严重。

双耳杯　10 件。泥质灰陶，敞口，斜唇，弧腹，平底，素面，平面呈椭圆形。T2012 ③：7，残，口部两侧有新月形长耳，耳部上翘。耳长 9.6、宽 1.8、厚 1.2 厘米，杯长 16、连耳宽 13.8、高 4.7 厘米（图四-21，1）。

罐　1 件。泥质灰陶，圆肩，束腰，平底，素面。T1406 ②：9，残，内壁可见轮制痕迹。底径 19、最大腹径 28、残高 22.8、厚 0.9 厘米（图四-21，2）。

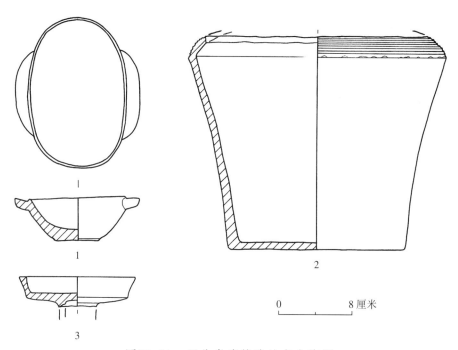

图四-21   天井岸建筑遗址出土陶器

1.双耳杯（T2012③：7）   2.罐（T1406②：9）   3.豆盘（T1406③：3）

豆盘   1件。泥质灰陶，方唇，直口，平底。轮制，豆盘内腹旋纹粗疏，外腹光洁。T1406③：3，残。口径11.2、口沿宽0.8、残高3.1厘米（图四-21，3）。

第四节   结语

本次发掘出土大量建筑构件，为本遗址年代性质的判断提供了充足的证据。本章将以瓦当、筒瓦以及板瓦这三种建筑遗物为主，对其制作特点、工艺等进行分析。首先，三原天井岸建筑遗址东、西夯土台出土的瓦当部分当背有绳切痕迹，当背不平整，无筒瓦内模具痕迹，边轮与当面拼接而成；部分瓦当当面与边轮一体范成，当背无绳切痕迹，筒瓦切割后与瓦当直接拼接；部分当背平整，无绳切痕迹，边轮规整，偶尔见窝痕；部分当背平整，制作规范，当面薄厚均匀。从瓦当的制作工艺以及当面文字布局与云纹分布特点可知，天井岸建筑遗址出土瓦当多为西汉中晚期。另外，通过对出土筒瓦特点的统计，多数筒瓦均为外绳纹内布纹，瓦唇长度多数在3厘米以上，但也有少量瓦唇在3厘米以下，表面滚压绳纹，上部和下部各有一段绳纹经刮抹，瓦坯的切割方式主要以自外向内切和内切为主，所有筒瓦均为模制形成，说明天井岸建筑遗址出土筒瓦主要以西汉中晚期为主。天井岸建筑遗址出土几何形纹方砖每小区饰一组菱形纹和两组直角纹，厚4~5厘米，多存在于西汉中晚期。小方格形纹方砖，杜陵二号遗址出土1件，正面为素面，背面饰小方格形纹，与天井岸建筑遗址出土小方格纹方砖形制一致，说明天井岸建筑遗址出土小方格纹方砖应为西汉中晚期。素面方砖厚度在 2~5 厘米之间，形制各异，无法准确识别年代[1]。

目前本团队虽然选择性地发掘了东、西夯土台，但是从调查时在整个遗址区内采集到的遗物特点以及对五座夯土台周围壕沟的勘探可知，五座夯土台的修建时间应该是在同一时期或相差时间范围较小。从整个遗址区的勘探可知，五座夯土台除中夯土台外外侧均有环壕围绕，环壕形制主要为方形或圆形。这样的布局应该蕴含有某种寓意，还需更加深入的研究。虽然在遗址区没有发现墙址或夯土遗迹，但是整个遗址区应该有一个整体的规划与布局。只是因为后期的严重破坏，目前还无法还原整个遗址区的布局结构。从出土瓦当以及筒瓦的制作特点以及当面纹饰可知，这些建筑构件的年代主要集中在西汉中期和晚期，所以这五座夯土遗址的大致年代应该在西汉中晚期。至于该遗址的具体性质，将在下一章节中进行讨论。

[1] 本文对三原天井岸建筑遗址瓦当、筒瓦、板瓦的年代判断依据和建造特点研究主要参考社科院考古研究所刘振东、张建锋于 2007 年发表在《考古学报》第 3 期的《西汉砖瓦初步研究》。

第五章　相关问题研究

　　天井岸建筑遗址因为位于耕地内，且临近村庄，加之多年处于无人监管的状态，遗址盗掘、破坏情况非常严重。村民进行的平整土地行为将遗址区内大部分遗迹破坏殆尽，这对天井岸建筑遗址的研究增添了很大的难度。天井坑遗址经过调查勘探可知，周边散落遗物较少，且遗址本身面积较大、埋藏较深，不适合进行系统的考古发掘。文献中有关天井岸建筑遗址的记载又相对较少，特别是秦汉时期的文献记载，这都为三原天井岸建筑遗址的研究带来不小的困难。

　　从本团队关注天井岸建筑遗址开始，就将天井坑与五座夯土台遗址共同归为天井岸建筑遗址，并将天井岸建筑遗址称为三原天井岸汉代礼制建筑遗址。从后续的研究中发现，较早将天井岸建筑遗址定名为天井岸汉代礼制建筑遗址稍有不妥。首先，从目前已经在天井岸建筑遗址进行的考古工作来讲，还无法准确的从考古实践中发现天井岸建筑遗址是礼制建筑的直接证据。我们可以根据五处夯土台的建造特点以及遗迹分布特点等因素对天井岸建筑遗址是否为当时的礼制建筑进行推敲，这样就会有一个研究判断以及讨论的过程，这个过程可能需要较长的考古发掘与研究周期，通过相对系统的考古证据与研究对其性质的判断可能稍显合理。另外，对五处夯土台与天井坑性质的讨论是基础性的，只有对两者各自性质进行系统的讨论，才能对整个遗址有更加清楚的认识。文献中有关天齐塬上祭祀遗址的记载有助于本团队对天井坑与五座夯土台的性质进行讨论，但是是否与文献记载一致，则需要对遗址本体进行深入的考古研究。最后，对天井岸建筑遗址的研究，还需要搞清楚天井坑与五座夯土台之间的关系，两者到底是组合关系还是各成体系，都需要进行系统讨论，只有这样才能更准确的认识天井岸建筑遗址。因此，本团队认为在对天井岸建筑遗址进行考古工作之初，就将天井岸建筑遗址命名为天井岸汉代礼制建筑可能稍有不妥，所以在对该遗址进行的后续研究中，本团队对天井岸遗址的命名为：三原天井岸建筑遗址，这样就显得更加合理且符合逻辑。

第一节　天井坑

　　天井坑因为结构规整，形制巨大，所处地理位置特殊，所以学者对其关注较多，进而围绕天井坑进行的讨论以及发表的观点也就相对丰富。比如，天井坑遗址是否与南向理念以及中轴对称布局理念有关；是否真正存在一条南北向超长基线；天井坑遗址是如何形成的；天井坑在汉代是如何被利用的等等。基于以上，本团队认为关于天井坑遗址所有学术问题的讨论必须搞清楚两点，第一点是天井坑到底是自然原因形成还是人为修建而成，如果是自然原因形成，那么形成的时间是什么时期，又是因为什么原因而形成；倘若是人工修建而成，那么修建时间是何时，为什么修建等。第二点是天井坑遗址如果被人为利用，那么它是否真正包含了学者们认为它所蕴含的众多文化因素呢。以上两点是本团队认为在有关天井坑遗址的讨论中必须着重注意的。其实追根溯源，还是首先要解决天井坑最基本的性质问题，这是讨论天井坑相关学术问题的基础所在。

一　形成原因

天井坑遗址因为形制巨大，地表距坑底深度较深，所以无法进行系统的考古发掘。但通过钻探，我们可知天井坑从现坑底到坑内生土层之间存在大量的淤土堆积，这种堆积较为纯净，包含杂质较少，并没有在堆积层中发现有人类活动遗留下来的遗物或遗迹。从考古堆积以及埋藏学上观察，天井坑内土壤堆积多为经过长时间雨水冲刷而形成的淤土层。另外，在对天井坑遗址进行调查时，在坑内及其临近周边地区均没有或极少发现瓦片等遗物。所以，这对讨论天井坑遗址的形成原因及使用时间就造成了困难。秦建明等认为天井坑遗址应该是汉代设立的祭祀场所"天齐公祠"的主体建筑，"天齐"是秦汉时期祭祀的八神之一，所以天井坑遗址应该是一处皇家祭天遗址[1]。段清波同意秦建明的观点，认为天井坑应该是史书上记载的"天齐公祠"，但认为天井坑遗址和五座夯土台遗址应该是一组礼制建筑，均修建于两汉之际[2]。从两位学者的推测中可知，天井坑遗址应该是人工挖掘的用以专门祭祀的礼制建筑。那么天井坑遗址是自然形成还是人工挖掘，从传统的考古地层学以及遗存学很难进行判断，这就需要借助科学检测手段进行分析。

本团队与中国科学院地球环境研究所古环境研究室孙有斌团队合作，在天井坑现坑底布设5个岩芯钻孔（SY1，SY2，SY3，SY4，SY5），分别位于天井坑坑内的北坡道、坑底中心部位以及坑底东侧边沿处（图五-1）。其中3号钻孔（SY3）和5号钻孔（SY5）因为需要测试沉积物的 ^{14}C 年代、光释光测年以及磁化率、粒度、色度等指标，在钻探取岩芯时采用了干压式打钻方法，保证沉积物的连续性并避免污染。

3号钻孔（SY3）位于整个坑底的正中心位置，岩芯长度30米。经过一年的时间，中国科

---

[1] 秦建明、张在明、杨政：《陕西发现以汉长安城为中心的西汉南北向超长建筑基线》，《文物》1995年第3期，第4页。

[2] 段清波：《汉长安城轴线变化与南向理念的确立——考古学上所见汉文化之一》，《中原文化研究》2017年第2期，第28~32页。

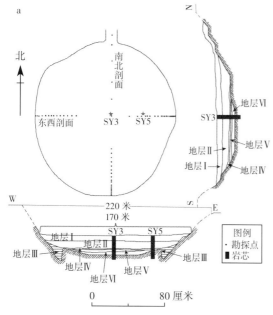

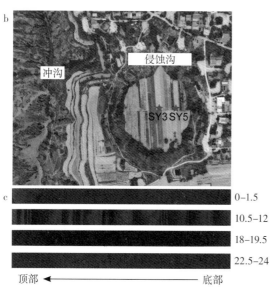

图五-1　天井坑测年钻孔分布图
（任军莉供图）

学院地球环境研究所任军莉博士对钻取岩芯进行了 ^{14}C 测年以及磁化率、粒度、亮度等指标的测量。通过对目前所得物化指标数据的分析，发现在坑底正中心位置，也就是 SY3 向下 22~23.8 米的位置，沉积物颜色呈深褐色且磁化率、粒度、亮度等指标波动较大，与下层的原生黄土堆积明显不同。结合 ^{14}C 年代数据发现，该层位的沉积物沉积速率较快，应是在短时间内形成的堆积，且在 23.8 米左右存在年代断层，说明在该位置可能受到自然因素或人为因素影响导致断层。而本团队通过传统的考古勘探，在坑底正中心向下 23.8 米处正好勘探到生土层。科学检测与传统考古勘探方法在坑底正中心位置勘探数据基本一致，说明在坑底部 23.8 米处应该是堆积土层与原始生土的分界处。那么从另一方面说明，天井坑原坑底深度距现坑底 23.8 米应该是可信的。

图五-2 为 SY3、SY5 两个岩芯的 ^{14}C 年龄。两种表土样品的阶梯燃烧 ^{14}C 年代测定结果表明，^{14}C 年龄随着燃烧温度的升高而变老。地表样品的低温 ^{14}C 年龄分别为距今 285 年（±17 年）和 190 年（±17 年），接近现代大气水平，表明低温法燃烧的有机质记录了现代 ^{14}C 信号。根据 239+240Pu 年代测定，SY3 和 SY5 孔分别在 52 厘米和 46 厘米的年龄，为公元 1963 年，但低温 ^{14}C 年龄分别为距今 1461 年（±13 年）和距今 1045 年（±15 年），说明低温年代（300℃）时的有机质组成中仍含有老碳[1]。

在 SY5 沉积物中，全样 ^{14}C 年龄在 0~8.5 米深度呈无序状态，而低温 ^{14}C 年龄随深度序列性良好（图五），SY3 和 SY5 的低温 ^{14}C 测年结果表现出相似的趋势（图五-2），全样 ^{14}C 年龄比低温 ^{14}C 年龄偏老。SY5 孔样品的全样 ^{14}C 年代和低温 ^{14}C 年代差最大为 6760 年，最小的为 1220 年，

［1］Junli Ren, Wei Gong, Cheng Xue, Peng Cheng et al. Formation and evolution of a loess sinkhole in the Southern Chinese loess plateau, *Catena* 233, 1–10.

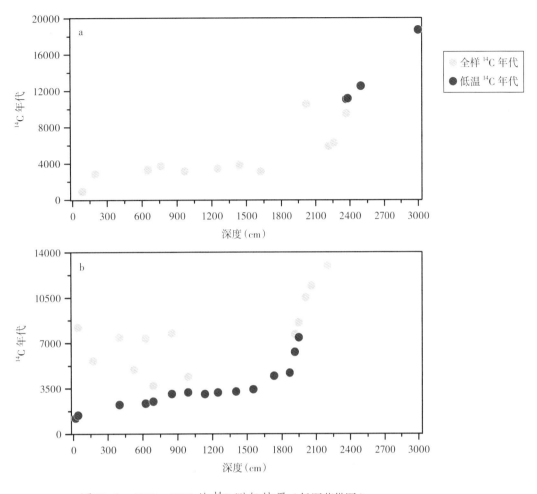

图五-2 SY3、SY5 的 ^{14}C 测年结果（任军莉供图）

平均为 4335 年，表明常规（全样）燃烧法的 ^{14}C 年代比低温法的 ^{14}C 年代含有更多的老碳。

SY3 孔 23.7 米处样品的 ^{14}C 年龄存在明显的断层：SY3 孔 22.6 米和 23.7 米的低温 ^{14}C 年龄分别为距今 6270 年（±20 年）和距今 9480 年（±25 年），22.6 米和 23.7 米的全样 ^{14}C 年龄分别为距今 6250 年（±25 年）和距今 11090 年（±25 年）。低温 ^{14}C 年代和全样 ^{14}C 年代的显著断层表明天井坑中心 23.7 米附近堆积物出现沉积间段。标记层下的岩性是厚生黄土，其沉积时间较早，超出了 ^{14}C 测年范围。

据报道，全样 ^{14}C 年龄反映了黏土矿物的形成时间（最大年龄），低温组分则与相对年轻的碳有关。因为三原沉积物是经过二次输运后的次生黄土，采用低温法获得准确的 ^{14}C 年龄似乎比常规燃烧法更合理。此外，SY5 的低温 ^{14}C 年龄比 SY3 孔的更可靠，因为 SY3 位于天井坑中心，物源复杂，可能受到来自塬面各方向的物质。综上所述，SY5 的低温 ^{14}C 年代为三原天井坑的形成年龄提供了强有力的约束条件。

根据地层学和测年结果，中国科学院地球环境研究所任军莉博士等研究人员将地层分为三段，分别进行线性回归以去除老碳效应，然后利用 Bacon 年代模型建立时深曲线，认为三原天井坑经历了自然沉积期（距今 6000 年至 1900 年）和快速堆积期（距今 1900 年之后）。黄土地层，尤其是裂隙性黄土地层，常发育垂向节理和构造节理，形成纵横交错的沟壑和造成黄土高原表面支离破碎。受构造活动影响，这些节理进一步扩张，形成暗洞，导致水土流失。此外，黄土的特定地层条件下被水浸湿，暗穴发生局部湿陷性或侵蚀，进一步扩张塌陷，形成暴露在地表的垂直天坑。

此外，地震还会导致黄土层的塌陷。在三原天井坑东南 57 公里的蓝田县新街遗址，记录了仰韶文化中晚期的一次非常强烈的地震。这次强烈地震可能是三原天井坑形成的触发因素之一，因为它发生的时间与原始天井坑的形成年代相当吻合。地震很可能加速了机械侵蚀，扩大了黄土地层中的裂缝、节理和地表下的空洞，导致地层坍塌。此外，黄土高原的石笋和湖泊记录显示，距今 8000 年至 6000 年期间夏季风相对较强，降水增多，导致黄土高原地区水土流失严重。全新世中期，充足的降水为物质向三原天井坑输送提供了有利的水动力条件。因此，我们推测强地震事件和中全新世的强降水共同作用导致三原原始天坑的形成。

根据中科院任军莉博士的研究可知，从黄土高原南部三原天井坑两个 30 米岩芯的年代学、磁化率、亮度和平均粒度等特征分析表明，天井坑应形成于天坑地表以下 23.8 米处，形成时间约为 6000 年前，极有可能是全新世中期强季风降水和强地震事件共同作用的结果。随后在距今 1900 年左右被古代人类活动修复为皇家祭祀遗址。新朝灭亡后，天井坑被遗弃，接受周围高原侵蚀的黄土沉积物。现在的三原天井坑是自然因素和人类活动共同作用的结果。而天井坑坑底天文结构的修建，本团队推测可能是在进入汉代之后。当时统治者为了建造大型的祭祀场所，由于天井坑独特的地理位置以及形态特征，进而选择了这处位于渭河以北，天齐塬之上，嵯峨山之下的天井坑作为一处象征性的祭祀场所。当然，这是本团队根据当前掌握的天井坑资料进行的初步判断，对其更加准确、科学的性质分析还需要日后持久的勘察与科技检测。

二　性质讨论

《汉书·地理志》载："左冯翊谷口县，九嵕山在西，有天齐公、五牀山、仙人、五帝祠四所。"[1] 左冯翊为汉行政区划名，辖境在今陕西省的渭河以北，洛川县、宜川县以南，永寿县以东地区，三辅之一。谷口邑为西汉以秦谷口邑置[2]。因位于九嵕山东、仲山西，当泾水出山之处，故谓之谷口，故治在今泾阳县附近。该位置刚好位于九嵕山的东侧，天齐公祠位于该处东北约二十里处，处于当时谷口邑行政管理范围之内。

《汉书·地理志》中"谷口，九嵕山在西，有天齐公、五牀山、僊人、五帝祠四所"[3] 言

---

[1]（汉）班固：《汉书》，中华书局，1962 年，第 1545 页。

[2]（汉）司马迁：《史记》，中华书局，2013 年，第 1332 页。

[3]（汉）班固：《汉书》，中华书局，1962 年，第 1545、1546 页。

"九嵏山在西"，则谷口县的县域应当位于九嵏山之东。九嵕（嵏）山，颜师古在《汉书·司马相如传》中注曰"九嵕山今在醴泉县界"[1]，《旧唐书·地理志》中载"（太宗）贞观十年，置昭陵于九嵕山，因析云阳、咸阳二县置醴泉县"[2]。唐昭陵在今礼泉县东北，其所在的山岭今仍名为九嵕山，因此今九嵕山应当即是史载九嵕山。《史记》记载文帝后元三年（前161年）置谷口邑[3]，而秦昭王三十七年（前270年），范雎言秦王"大王之国，四塞以为固，北有甘泉、谷口，南带泾、渭，右陇、蜀，左关、阪"[4]，就已经将"甘泉"和"谷口"并列，表明在战国秦时甘泉、谷口是平级行政单位。那么，史书记载的"天齐公""五床山""仙人""五帝祠"就应该是位于谷口境内，也就是现泾阳、三原境内的可能性最大。

池阳县，《汉书·地理志》载，"池阳，惠帝四年（前191年）置。嶻嶭山在北"[5]。颜师古在《汉书·司马相如传》中注曰"嶻嶭山即今所谓嵯峨山也，在三原县西也"[6]，《新唐书·地理志》"云阳"条下注曰"崇陵在北十五里嵯峨山"[7]。今嵯峨山余脉上即为唐崇陵，位于三原县西北部、云阳镇以北。由此可知今嵯峨山应当即是史载嵯峨山。嵯峨山在池阳县之北，则池阳县县域即应在嵯峨山以南范围内。

天井岸建筑遗址位于嵯峨山东南麓，若按照史书上对"谷口""池阳"二县县域的描述，汉谷口县县域大体要比池阳县县域更偏西，但是是否是谷口县县域整体偏西便不得而知。因为谷口县、池阳县以北均为山麓地带，县域划分可能并没有平原地区规整，因此，谷口县较池阳县偏西还无法说明天齐原在当时的具体行政区域。史书关于池阳县大型建筑的记载，除了"池阳宫"外，并无其他建筑或建筑群的相关信息，且对天井岸建筑遗址的钻探也表明遗址区内并未发现大型的宫殿类夯土建筑基址，因此本团队推测此处不应为目前官方定义的"池阳宫"遗址。而如上文所提，史书记载谷口县有"天齐公""仙人""五床山""五帝祠"等四所，那么只要证明五座夯土台体为"五帝祠"遗址或天井坑为"天齐祠"遗址，则可说明目前的天齐原在早期应该属于谷口县辖区。可是到汉惠帝四年，原来属于谷口县的这块区域被归于池阳县。因为池阳县设置时间较晚，且与谷口县相邻，很有可能将谷口县部分区域划分于池阳县[8]。所以，关于天齐原这块区域在西汉时期的归属问题，一直存有争议。

[1]（汉）班固：《汉书》，中华书局，1962年，第2554页。
[2]（后晋）刘昫：《旧唐书》，中华书局，1975年，第1397页。
[3]（汉）司马迁：《史记》，中华书局，2013年，第1332页。
[4]（汉）司马迁：《史记》，中华书局，2013年，第2909页。
[5]（汉）班固：《汉书》，中华书局，1962年，第1545页。
[6]（汉）班固：《汉书》，中华书局，1962年，第2554页。
[7]（宋）欧阳修、（宋）宋祁：《新唐书》，中华书局，1975年，第962页。
[8]另：《元和郡县图志》"泾阳"条言泾阳县本秦旧县，汉属安定郡，惠帝改置池阳县。此说备考。参见（唐）李吉甫：《元和郡县图志》，中华书局，1983年，第27页。

在秦汉的历史文献中，名为"天齐"的地点共有两处[1]，其中一处即为《汉书·地理志》中所载的谷口县"天齐公"，另一处则是位于临淄的"天齐渊"。据《史记·封禅书》载，"于是始皇遂东游海上……齐所以为齐，以天齐也。其祀绝，莫知起时。八神：一曰天主，祠天齐。天齐渊水，居临菑南郊山下者"[2]。"天齐"是齐地祭祀八神中"天主"的地点，齐的得名正是于此。从"天齐渊水"可知此处"天齐"是一处与水有关的地点。唐司马贞《索隐》曰："顾氏案：'解道彪齐记云临菑城南有天齐泉，五泉并出，有异于常，言如天之腹齐也'"[3]。"齐"通"脐"，五泉并出形成深渊，如同人之腹脐，因此而得名。临淄天齐在文献中出现的频率更高，其信仰持续的时间更长。《晋书》记载，慕容超称帝祀南郊，"是岁，广固地震，天齐水涌，井水溢，女水竭，河济冻合，而渑水不冰"[4]。《金史》记载"临淄有南郊山、牛山、天齐渊、康浪水"[5]。此地直至《清史稿》中仍有出现，在"临淄"条下记载淄水由临淄城南流径，"东得天齐水口"[6]。

《史记·齐太公世家第二》正义引括地志云："天齐池在青州临淄县东南十五里"[7]，此地形如"天之腹齐"。虽然由于地貌变动和人类活动的影响，今天在临淄区东南[8]，已经无法看到如"天之腹齐"的大型池渊，也未见有规模较大的坑状遗迹，但是从文献中对"天齐渊"的描述我们可以知道，该遗址应为一处规模较大的深渊（坑）类遗址。以"齐（脐）"来命名此地，很容易就能联想到同样名为"天齐"的谷口县的"天齐公"。结合上文的讨论，在汉谷口县及周边地区范围内，能够与临淄"天齐渊"相提并论的形似"天齐（脐）"的深渊（坑）类遗迹，就只有天井岸建筑遗址西部的天井坑。而天井坑所在的黄土台塬，也因此得名"天齐原"。自唐之后，相关史书中就已经将此台塬称为"天齐原"，并言塬上有天齐祠。如唐《元和郡县图志》载："天齐原，在县西北二十五里，上有天齐祠"[9]；宋《长安志》载"天齐原，在县西北二十里，连嶻嶭（嵯峨）山，上有天齐祠"[10]；宋《太平寰宇记》"三原县"条下载"天齐原，在县西北二十五里，西连嶻嶭山"[11]；元《类编长安志》言："（天齐原）在三原县西

［1］此外在《旧唐书》《宋史》中有将泰山神封为"天齐王"，加尊号、祭祀的记载，此处"天齐"之意当和"天齐公""天齐渊"的"如天之腹齐"之意不同，因此在此处不纳入讨论范围。

［2］（汉）司马迁：《史记》，中华书局，2013 年，第 1636、1637 页。

［3］（汉）司马迁：《史记》，中华书局，2013 年，第 1637 页。

［4］（唐）房玄龄：《晋书》，中华书局，1974 年，第 3180 页。

［5］（元）脱脱：《金史》，中华书局，1975 年，第 609 页。

［6］（清）赵尔巽：《清史稿》，天津古籍出版社，2012 年，第 865 页。

［7］（汉）司马迁：《史记》，中华书局，2013 年，第 1781 页。

［8］关于"天齐渊"的地望，有"温泉说"和"龙池说"两种观点，两地均位于今临淄区东南，淄水沿岸地带。徐舫：《天齐渊地理位置考辨》，《管子学刊》1992 年第 4 期，第 91、92 页。

［9］（唐）李吉甫：《元和郡县图志》，中华书局，1983 年，第 8 页。

［10］（宋）宋敏求、（元）李好文：《长安志·长安志图》，三秦出版社，2013 年，第 592 页。

［11］（宋）乐史：《太平寰宇记》，中华书局，2007 年，第 663 页。

北二十里，连嶻嶭山，上有天齐祠"[1]等，均表明此地地望与文献中记载的"天齐原"、"天齐祠"相符。清乾隆四十八年版《三原县志》称："天齐原，以其高也，一名七里原，计其里也。"[2]现在天井岸村所在塬区除了被叫做天齐塬外，也被叫七里塬，指塬区东西宽7里。从文献记载可知，天齐塬自古至今在地理位置以及名称上均没有发生明显变化，那么史书上记载的天齐祠的位置应该也没有发生太大的变化。

《史记·封禅书》云："盖天好阴，祠之必于高山之下，小山之上"[3]，天井坑和天齐祠地处天齐塬之上，又位于嵯峨山之下，符合对祭天之地点的要求。《汉书·郊祀志》载："如天之腹齐也"[4]解释天齐为天之脐。天井坑本身形制就为圆形盆状，所象征的意义应该就是天脐。综上，我们认为"天井坑"遗址应该是《汉书·地理志》中所记载的谷口县"天齐公"。而"天齐祠"所指的建筑本身可能并不在天井坑内，从天井坑周边地形可推测，祭祀主体可能位于天井坑北侧的平地之上。

上文中提到对坑底的钻探，并没有发现遗物或文化遗存。这为我们判断天井坑遗址是当时的天齐祠遗址带来了很大的困难[5]。由于天井坑北部一公里范围内已经完全被民房覆盖，整个地表遗迹破坏严重，无法进行考古勘探和发掘，因此天井坑北部原有地表遗存的结构和性质我们现在无法准确获悉。但是从村民口述中可知天井坑北部一公里范围内可能存在有建筑遗址，很有可能就是当时举行祭祀活动或者当时管理祭祀活动人员居住的场所。而且上文对天井坑周边的地形地势也进行了介绍，天井坑西边和东边均为大型沟壑，南边为断崖山麓，只有北部为平坦的塬区。如果进行祭祀场所修建与祭祀活动，从自然地理方面讲也只有天井坑北部最为合适。果真如此，那么天井坑内很少发现瓦片等建筑遗物以及文化遗存就可以理解了，天井坑遗址可能在当时是作为一种祭天的象征，而真实的祭祀活动并不在坑内举行，而是在坑北部的建筑中进行。

另外，结合现有的勘探数据，曲安京教授团队推算出天井坑遗址除了具有祭天功能之外，还是一处地平式日晷[6]。曲安京教授具体推算过程如下：地平式日晷与观测地的地理纬度有关。

---

［1］（元）骆天骧：《类编长安志》，三秦出版社，2006年，第208页。

［2］（清）刘绍攽：《三原县志》，中国国家图书馆中华古籍资源库·数字方志，清乾隆四十八年，第28页。

［3］（汉）司马迁：《史记》，中华书局，2013年，第1637页。

［4］（汉）班固：《汉书》，中华书局，1962年，第1203页。

［5］在对周边村民进行走访时，当地居民告诉我们在20世纪60~70年代，多数村民围绕天井坑坑边沿区域凿刻窑洞居住。至20世纪90年代，当地村民逐渐从天井坑迁出，搬至天井坑北部和东部生活。据村民回忆，搬至天井坑北部的村民在修建房屋地基时，挖出大量的绳纹板瓦和筒瓦以及瓦罐等遗物，并发现有大面积坚硬的夯土遗迹，目前多数已经被掩埋或破坏。从村民家外部散落的瓦片以及村民收集的瓦当等可以判断这些建筑遗物年代均为汉代。

［6］曲安京、段清波、陈镱文：《陕西三原天井坑遗址坑底结构的天文意义初探》，《文物》2019年第12期，第49~52页。

如果比较一下图五-3与图五-4、图五-5，就可以发现他们之间的相似之处。图五-4、图五-5中的两个地平式日晷的实物，在东南、西南、东北、西北，各45°的方向，用箭头标示了四条射线，其中东北与西北方向的射线，与图五-3中的OG与OH是一致的。而地平式日晷真正发挥作用的部分，是根据不同地区所计算出来的扇形区域的范围，这就是图五-4、图五-5中的圆周上小孔与圆心的连线所构成的区域，对应在图五-3中，就是从OA逆时针扫至OB的扇形区域。

根据理论计算可以知道，三原天井坑的冬至与夏至日太阳出入时刻的方位角为29°（图五-6），而图五-3中探测的4条射线的方位角约30°，基本上与理论值吻合。

曲安京团队利用图五-6，说明了天井坑坑底的这个地平式日晷的作用。如果我们在天井坑底的中央竖立一个圭表（竿子），则这个圭表因太阳照射而投射在地面的影子，只能落在图中阴影的部分。人们可以通过观测圭表的日影，来判断一年的时间（如24节气）和每日白天的时

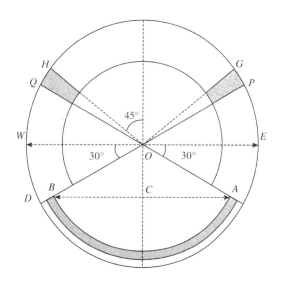

图五-3　天井坑掩埋坑底鸟瞰示意图

图五-4　呼和浩特出土日晷

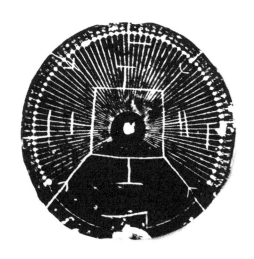

图五-5　洛阳出土日晷拓片

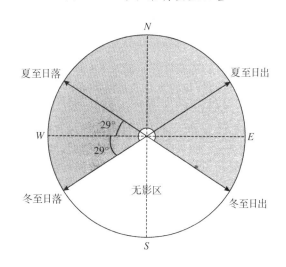

图五-6　西安地区的地平式日晷示意图

间（12时辰）。

例如，如果观察每日的日出，则一年之内，太阳日出的方位只能在图五-6中夏至日出与冬至日出的夹角之间，我们可以通过在这个弧段上的刻度，来确定一年的时间。

再如，在确定了日出的方位后，与 NS 镜面对称的方位，即为当日日落的方位。我们可以通过太阳的圭影落在每日日出与日落之间弧段上的刻度，来确定每日白天的时辰时刻。这就是地平式日晷的用途。

按理，地平式日晷应该设计在地平上，放在坑底，是看不到太阳的日出与日落的。这个问题有两个可能的答案。

其一，如果坑底中心竖立一个充分高的表（高于地平），则高于地平部分的圭表会将日出日落的日影投射到坑口，坑底日晷台上的观测者可以通过观察接收日影的信息，来确定日出的方位；在太阳升起后，日影就可以投射在扇形的日晷台上，通过读取日晷台上的刻度，来判断每日的时辰。

其二，更加可能的是，天井坑坑底的日晷台，并不具备实际的观测功能，它主要的意图是一个象征意义上的祭天建筑。

总而言之，从图五-3可以看出，中心发出的4条射线，分别代表了冬至日出（OA）、日落（OB）、夏至日出（OP）、日落（OQ）的方向。经过上面的计算，我们可以确认，这四条射线，偏向正东或正西的方位角均为30°左右。在天井坑底的上方，从冬至日出（OA），逆时针扫至冬至日落（OB），形成了一个扇形的区域，正好构成了天井坑的地平式日晷。

覆土掩埋的天井坑底，有一个扇形的慢坡和平台，通过对探测数据的归算，可以证明，这个扇面的张角，与三原天井岸村的地平式日晷的扇面张角是一致的。这是一个比较重要的发现。实际上，上个世纪初，考古学者已经发现了汉代石质的地平式日晷的实物，说明在秦汉时期，中国天文学家已经掌握了制作和应用地平式日晷的知识。天井坑坑底的巨型地平式日晷模型的认证，是将这种知识在国家祭祀礼仪建筑中应用的一个证据，其功能或许并非是为了实际观测，而是作为一种具有象征意义的礼制建筑。

曲安京教授对天井坑遗址结构的推算是基于本团队对天井坑坑底考古钻探数据的基础上进行的。通过这种数据模型的建立，讨论天井坑坑底基本结构是本项目交叉合作研究的一种体现。因为天井坑坑底淤土埋藏较深，整个坑底面积较大，所以目前还不具备发掘条件。因此，在考古勘探基础上对其进行的天文研究是目前有关天井坑遗址较为系统、科学的学术研究。至于天井坑所蕴含更多的天文意义以及礼制意义，还需要日后更加深入、全面的探索。

三　超长基线的讨论

1993 年，陕西省文物保护技术中心文物调查研究室组成调查组，对三原县嵯峨乡天井岸村的天井坑遗址进行了考古调查，发现几组西汉大型建筑群的轴线竟与汉长安城南北轴线相合。

秦建明等认为这条基线通过西汉都城长安中轴线延伸，向北依次穿过长陵至天井坑，向南至秦岭山麓的子午谷口，总长度达 74 公里。[1]

并且秦建明等发现这条轴线上各点间的距离也存在一定的比例关系，天井岸礼制建筑至清河大回转北端约 5 公里，清河大回转北端至南端也约 5 公里，其间似乎存在一个不足 5 公里的固定长度单位。在轴线 74.24 公里的总长中含有 15 个这样的长度单位。以此衡量全线，则子午谷至安门、安门至长陵、长陵至天井坑之间的比例大致为 6：3：6，若以汉长安城安门为中心点，则其南段与北段的比例约为 6：9。

秦建明在《陕西发现以汉长安城为中心的西汉南北向超长建筑基线》一文中提到，这条基线穿过上述各西汉遗存，但并没有完全对称性地左右平分各西汉遗存，比如穿过长陵以及南北向横穿安门大街，在整体穿过各遗址时左右对称还是存在一些误差。另外就是秦建明等推算的这条轴线南北各遗迹之间的大致比例，当时采用的计算方式是直接从地图上对具体遗址的地理坐标进行标注，然后根据坐标对整条轴线的长度比例进行测算。但是秦建明等指出，在整个轴线比例的运算中，汉长安城安门的位置存在有误差，如果将安门的位置向北转移到长安城东西两宫中间，则全部段落长度将更合比例。因此，如果这条轴线真实存在，那么它应该是一条跨越汉长安城，连接南北标志性建筑的超长规划轴线，这对研究西汉都城建造以及规划史具有特殊意义。

段清波从西汉都城长安城朝向方面入手，对天井坑遗址以及五座夯土台遗址的性质进行了讨论。他认为在长安城南向理念以及南北轴线形成之中，王莽们为了从理论、文化和实践上坐实这条轴线，大约在同时，于长安城以北的三原县修建天齐坑和五座高台祭祀建筑，还将原长安城南侧翻越秦岭通往陕南的通道进行修缮，命名为子午道。段清波认为子午谷、子午线、天齐祠均是王莽时期而不是汉初形成的，只不过王莽们赋予了这一轴线及子午道超出南北方向自然地理意义之外的、代表正统的政治学和文化学上的特殊意义，昭示南向理念的彻底确立[2]。

刘瑞则认为这条基线并不存在。首先，他认为超长建筑基线的南端在汉代早期并不存在。从文献记载可知，子午谷的开通时间在王莽时期，目的是因为王莽的女儿"有子孙瑞"，而并没有提及其为整个汉长安城布局的一部分。并且，在王莽时期形成的建筑单元，应该不会在西汉早期就已经成为整个汉长安城建筑基线的一部分。因为汉初长安城在设计时还遵循着东西向为建筑轴线的建筑理念。另外，刘瑞认为如果萧何在修建汉长安城时设计或利用了这条超长基线，那么天井坑遗址应该在汉代之前就已经被赋予祭祀的作用，最晚应该在秦代就开始使用。但是从文献记载等并没有关于天井坑的相关内容，而且关于天井坑遗址和五座夯土台遗址的相互年

[1] 秦建明、张在明、杨政：《陕西发现以汉长安城为中心的西汉南北向超长建筑基线》，《文物》1995 年第 3 期，第 5 页。

[2] 段清波：《汉长安城轴线变化与南向理念的确立——考古学上所见汉文化之一》，《中原文化研究》2007 年第 2 期，第 30 页。

代关系等问题，目前还无法说明。如果五座夯土台是"五帝祠"遗址的话，其修建年代就不在西汉早期，应该在西汉中期以后。因此，从目前的文献记载以及考古证据还无法准确阐释这条超长基线在汉长安城修建时就已经存在[1]。

天井坑遗址所处超长基线的存在与否首先要搞清楚一个问题，那就是天井坑遗址的基本性质。首先从时间上判断，天井坑遗址应该并不是修建于西汉时期，在西汉之前约3000年时就已经有天井坑的存在。后来人们可能发现了天井坑所处特殊的地理位置以及圆形的自然形制，于是利用了此处进行了象征意义的祭祀活动。从碳十四和热释光测年可知，天井坑在汉长安城修建之前就已经存在。萧何主持修建的长乐宫是在秦兴乐宫原址之上重修的，后又主持修建了太仓和武库。从修建规划以及历史文献记载方面并无明显证据说明汉长安城在修建之初就已经有了南北轴线的规划，而且西汉早中期一直奉行的正方向为东西向，由此可知汉长安城在修建之初并无南北向规划概念。其次，上文中已经对天井坑的形成时间进行了科学检测和说明，那么天井坑并不是修建于西汉早期，而是在西汉时期被加以利用，其地理位置的选择在西汉时期并无人为原因。

最后，子午谷在西汉早年名为"蚀中"道，公元前206年，刘邦曾率军自蚀中道南下汉中。元始五年秋，蚀中道改名为子午道，因为《汉书·王莽传》载："（元始五年）其秋，莽以皇后有子孙瑞，通子午道，子午道从杜陵直绝南山，经汉中。"[2]公元前207年4月，刘邦率数万将士"从杜南入蚀中"去南郑就汉王位，所行经的道路就是后来的子午道，这条道路从杜县向南入子午谷，出口在洋县午口，沿途经长安、宁陕、石泉、西乡到洋县，全长300多千米；子午道与子午谷的得名，当与这条河谷及从长安南行开始一段道路的走向基本取南北方向有关。颜师古注："子，北方也，午，南方也。言通南北道相当，故谓之子午耳，今京城直南山有谷通梁、汉道，名子午谷。"[3]从此段文献记载可知，在两汉之际已经有了南北向这样的方向概念。《汉书·王莽传》载："（居摄元年十二月）莽白太后下诏曰：故太师光虽前薨，功效已列。太保舜，大司空丰，轻车将军邯，步兵将军建，皆为诱进单于筹策，又典灵台、明堂、辟雍、四郊，定制度，开子午道，与宰衡同心说（悦）德，合意并力，功德茂著。封舜子匡为同心侯，林为说德侯，光孙寿为合意侯，丰孙匡为并力侯，益邯、建各三千户。"[4]一条在汉代之前就已经存在的栈道，被重新命名后，所蕴含的意义竟然上升到和王莽时期在南郊所建造的明堂、辟雍、灵台、四郊等礼制建筑等同的地位，由此看来，"子午道"的名称并不仅是指一条南北向的道路那么简单。和子午道名称同时出现的是同年在长安城南郊所建的一批礼制建筑，计有明堂辟雍、灵台、太学等，可见"南北"这一方位名称，在王莽前后有儒学背景的人们的心目中，具有强烈的正统、

[1] 刘瑞：《西汉长安城的朝向、轴线及布局思想》，《文史》2007年第2期，第91页。

[2] （汉）班固：《汉书》，中华书局，1962年，第4076页。

[3] （汉）班固：《汉书》，中华书局，1962年，第4076页。

[4] （汉）班固：《汉书》，中华书局，1962年，第4086、4087页。

独尊、正义、奉天命等意义，而不仅仅是南北方位的概念。因此，"蚀中"道在西汉早期就已经存在，西汉晚期变更为"子午道"，也就是子午谷。子午谷的命名除了彰显两汉之际的南向理念，更大程度上是对汉文明中正统、独尊等统治内涵的阐释。

那么，学界一直关注的这条南北超长基线是否存在。首先，从测年分析可知，天井坑形成年代在公元前3000年左右，且很大可能是自然形成，形成时间远早于汉长安城、长陵的修建时间，即使在西汉早期被修整用作祭祀场所，但也无法说明其与南北基线有何关系。而且子午谷应该在西汉早期就已经存在，甚至早于西汉时期。所以学界所述这条基线南北两侧端点的形成时间均不在同一时期。其次，萧何在修建长安城时，以秦兴乐宫为基础修建长乐宫，随后修建未央宫、武库等建筑，文献资料中并无提及南北基线这种规划布局，且当时东西方向才是皇家规定的正方向。另外，秦建明等测量的超长基线数据均是在地图坐标上进行的估算，并没有进行实际的测量，其所绘制的这条基线可能会存在误差。综合以上三点，本团队认为超长基线在西汉早期存在的可能性非常小，多数是一种巧合使得这几组建筑物大致在一条南北向基线上。当然这只是本团队基于目前考古资料以及检测数据进行的浅显分析，至于这条基线是否存在，存在于何时，还需要进行大量的考古工作才能给予科学的解释。

第二节　夯土台

天井岸建筑遗址中的五座夯土台遗址位于整个遗址区的中部，呈梅花桩式分布于天齐塬上。2018~2019年，本团队分别对东夯土台和西夯土台进行了解剖发掘。从目前已掌握的考古资料可知，东、西夯土台修建时间应该集中在西汉中晚期。因为东、西夯土台相距约一公里，地层堆积略显不同。从地层堆积可知，东夯土台为一次修建而成，修建时间应该在西汉中晚期。西夯土台地层中上下平铺两层瓦砾堆积，上层瓦砾堆积中出土的瓦当等遗物年代较晚，均为西汉晚期，下层瓦砾堆积中出土的瓦当等遗物年代均为西汉中期或中期偏早。因此从西夯土台周边文化层可知，西夯土台经过两次修建重复使用。第一次修建时间为西汉中期的可能性较大。随后该处建筑整体坍塌。西汉晚期，西夯土台又被重新修建并利用。因为五座夯土台分布区域内遗迹埋藏较浅，加之处于耕地当中，地表遗迹破坏非常严重，所以整个夯土台的使用时长无法准确判断。在下文中，本团队将对西汉郊祀制度以及五帝祭祀发展演变作系统的阐述，以期得到部分线索。

秦在陇东和进入关中后，先后立鄜畤、密畤、吴阳上畤和下畤、畦畤这五座畤祭地点，分别祭祀白帝、青帝、黄帝、赤帝。刘邦进入关中后，问群臣"吾闻天有五帝，而四，何也"，莫知其说，于是刘邦以"乃待我而具五也"为由，立黑帝作为北帝，设北畤[1]，至此西汉"五帝"

---

[1]（汉）班固：《汉书》，中华书局，1962年，第1210页。

的祭祀体系基本形成[1]。四年之后，高祖又在长安城中设祠祀官、女巫，令晋巫祠五帝、东君、云中君等[2]。

文帝十五年，赵人新垣平"以望气见上，言'长安东北有神气，成五采，若人冠冕焉。或曰东北神明之舍，西方神明之墓也。天瑞下，宜立祠上帝，以合符应。'于是作渭阳五帝庙，同宇，帝一殿，面五门，各如其帝色。祠所用及仪亦如雍五畤"[3]。这是西汉首次将五位方位帝集中至一处进行祭祀，一改秦至西汉早期将各畤分散于各地的态势。根据《汉书·郊祀志》的记载，渭阳五帝庙位于渭水畔，北侧穿过蒲池沟水[4]。五帝祭祀集中于同一建筑物内，各方位帝独处一殿，五帝庙开五门，各门如对应的方位帝之颜色。在此之后，文帝"出长门，若见五人于道北，遂因其直立五帝坛，祠以五牢"[5]，专祭五帝的场所除了"畤""庙"之外，又多了"坛"这种形式。长门五帝坛的具体形制同样并未在史书中有所记载。

武帝即位第二年，即元光二年，谬忌奏祠泰一[6]，提出"天神贵者泰一，泰一佐曰五帝"，在原有的五帝体系之上又加入了至上神泰一。初期在长安城东南郊以泰一坛祭泰一帝，其形制仍然不得而知；后元鼎五年营建甘泉泰畤，泰一位居最高位，五帝环居其下，其中位于中央的

---

[1] 田天认为秦人诸畤所祭应当均为"上帝"而不是"五色帝"中某一位，提出秦代雍畤所祭并非系统的五色帝祭祀。如若此说成立，则表明刘邦在五行思想下所理解的畤与秦人的畤是祭祀对象完全不同的两个祭祀体系，西汉前期所祭祀的"雍五畤"就不应视为是秦畤的沿用。参见田天《秦汉国家祭祀史稿》，生活·读书·新知三联书店，2015年，第22~33、106、107页。

[2] （汉）班固：《汉书》，中华书局，1962年，第1211页。

[3] （汉）班固：《汉书》，中华书局，1962年，第1213页。

[4] 根据王学理的考证，今咸阳市正阳镇杨家湾一带曾出土"咸蒲里奇"陶片，该地区地势低洼，可能是"兰池"的所在地，故"蒲里"应以此地蒲草丛生而得名，"五帝庙"则当在渭河北岸今杨家湾至梁村一带。参见王学理：《汉代国祀史迹考索》，《秦文化论丛》2007年，第124、125页。而田天则认为，"蒲池"当为"兰池"之误，兰池宫位置约在长安正北渭城县／咸阳县，因此五帝庙应当位于长安东北。参见田天：《秦汉国家祭祀史稿》，生活·读书·新知三联书店，2015年，第113页。

[5] 关于"长门"的地望，《集解》《索隐》引徐广、如淳之说，认为"长门"为霸陵某亭名；《正义》引括地志，云"长门故亭在雍州万年县东北苑中，后馆陶公主长门园，武帝以长门名宫，即此"。由此可知"长门"应当位于汉长安城以东，若为霸陵某亭，则约当东南方向。然而《史记·封禅书》言"遂因其直北立五帝坛"，"直北"未言距离，因此也不能排除长门五帝坛位于长安城东北方向的可能性。参见（汉）司马迁：《史记》，中华书局，1982年，第1383页。而王学理引《资治通鉴·汉文帝纪》中"（文帝）又于长门道北立五帝坛"的记载，认为长门道既为东西向道路，又在唐长安万年县东北，因此将长门五帝坛的地望划定至今西安市北郊草滩农场以东的地域，并认为此五帝坛当与渭阳五帝庙隔渭水相望。参见王学理：《汉代国祀史迹考索》，《秦文化论丛》2007年，第125页。

[6] 在先秦和秦汉文献中，"太一""泰一"二名并存，但"太一"多见于楚地文献，似常和星体概念联系在一起，又由此派生出至上神的形象；"泰一"多用于汉代文献，星神的形象不多见，常指地位高于五方位帝的至上神。但二者的区分并不十分严格，常有混用情况发生。本文以《史记·孝武本纪》（中华书局，1982年第2版）所载谬忌奏曰"泰一"为准。

黄帝由于其位被泰一坛所占据，只能屈居西南[1]。田天在《汉书·郊祀志》记载匡衡描述泰畤的基础上，结合对隋唐方丘坛的形制、西汉汝阴侯墓式盘所表示宇宙模型的考证，提出泰畤的核心应当为八角形的祭坛，祭坛上又分三层，分别祭祀泰一帝、五方帝及其他群神[2]。此外，在 20 世纪 70~80 年代对甘泉宫遗址的考古调查中，在西大台基发现有数块长 0.7~1.7、宽 0.7~1、厚约 0.5 米的棕色大型石块，林梅村认为这些有可能即为泰畤"紫坛"所用之石，或作为主体砌筑，或作为装饰[3]。祭祀泰一所用物品在雍畤的基础上又"加醴枣脯之属，杀一牦牛以为俎豆牢具"，相比之下五帝则"独有俎豆醴进"[4]，从各方面来说五帝的地位都比泰一帝要低一等。这种泰一神至上、五帝佐之的格局自武帝始，经昭宣元三代，基本的神祇等级格局没有大的变化，依然是泰一在中，五帝坛周环其下，其余群神又在五帝之外的格局。

自匡衡奏言改革国家祭祀制度开始，在成帝至平帝这三十年间，郊祀制度和体系发生了极大的变化，虽然成帝初即位就听从匡衡的建议，确立了长安南北郊祀，但是并不稳定，甘泉泰畤仍然时有恢复。《三辅黄图》云"汉圜丘，在昆明故渠南，有汉故圜丘，高二丈，周回百二十步"[5]，《水经注·渭水》记载"（昆明故渠）渠南有汉故圜丘，成帝建始二年，罢雍五畤，始祀皇天上帝于长安南郊。应劭曰：天郊在长安南，即此也"[6]。成帝所立的南郊郊祀坛应当即为此处，由"圜丘"可知原高台应为圆形或近似圆形，此外对于其形制再无记述，现地表也未见有夯土建筑遗存。

王莽在平帝元始年间提出徙甘泉泰畤、汾阴后土于长安南北郊，后又整合诸神祭祀，"分群神以类相从为五部，兆天墬之别神：中央帝黄灵后土畤及日庙、北辰、北斗、填星、中宿中宫于长安城之未墬兆；东方帝太昊青灵勾芒畤及雷公、风伯庙、岁星、东宿东宫于东郊兆；南方炎帝赤灵祝融畤及荧惑星、南宿南宫于南郊兆；西方帝少皞白灵蓐收畤及太白星、西宿西宫于西郊兆；北方帝颛顼黑灵玄冥畤及月庙、雨师庙、辰星、北宿北宫于北郊兆"[7]。史书中依然未记述这五座以五方位帝"领衔"的"兆"的形制情况，仅可知其均位于汉长安城及周边临近地区，"长安旁诸庙兆畤甚盛矣"。这种五方位帝分居五座的设置似乎与之前五帝环绕于甘

[1] 另：武帝时曾在泰山奉高依照公玉所献"黄帝时明堂图"设明堂，"明堂中有一殿，四面无壁，以茅盖，通水，水圜宫垣，为复道，上有楼，从西南入，名曰昆仑，天子从之入，以拜祀上帝焉"。建成当年在此修封时祠泰一、五帝于明堂上。参见（汉）班固：《汉书》，中华书局，1962 年，第 1243 页。

[2] 田天：《秦汉国家祭祀史稿》，生活·读书·新知三联书店，2015 年，第 336~344 页。

[3] 林梅村：《古道西风——考古新发现所见中西文化交流》，生活·读书·新知三联书店，2000 年，第 116 页。

[4] （汉）班固：《汉书》，中华书局，1962 年，第 1230 页。

[5] 何清谷：《三辅黄图校释》，中华书局，2005 年，第 299 页。

[6] （北魏）郦道元：《水经注校证》，中华书局，2007 年，第 454 页。

[7] （汉）班固：《汉书》，中华书局，1962 年，第 1268 页。

泉泰畤上的格局不同，有回退至分祀五帝的趋势[1]。

东汉洛阳城的南郊祭天建筑也深受长安南郊的影响。《后汉书·祭祀上》载："（建武）二年正月，初制郊兆于雒阳城南七里，依鄗。采元始中故事。为圆坛八陛，中又为重坛，天地位其上，皆南乡，西上。其外坛上为五帝位。青帝位在甲寅之地，赤帝位在丙巳之地，黄帝位在丁未之地，白帝位在庚申之地，黑帝位在壬亥之地。其外为壝，重营皆紫，以像紫宫；有四通道以为门……八陛，陛五十八醊，合四百六十四醊。五帝陛郭，帝七十二醊，合三百六十醊。中营四门，门五十四神，合二百一十六神。外营四门，门百八神，合四百三十二神……营即壝也。封，封土筑也。背中营神，五星也，及中（宫）〔官〕宿五官神及五岳之属也。背外营神，二十八宿外（宫）〔官〕星，雷公、先农、风伯、雨师、四海、四渎、名山、大川之属也。"[2] 可以看出此时的南郊祭坛实际上是结合了甘泉泰畤的"集中式"祭坛建筑和元始五兆的群神集祀形式，但是将天地合祀于最高坛。

根据以上对西汉祭祀五方位帝场所的资料梳理，我们可以得出以下表格，其中包含了各祭祀建筑的形制特征，同时表中也将东汉洛阳南郊丘列出来，以做参考。

从以上对西汉五帝祭祀的梳理可知，自汉高祖始，五帝祭祀理念确认。至此，五帝祭祀体系形成。文帝时期，逐步确立了南北郊祀制度，大方向上将西汉祭祀活动引向长安城南北郊，并将五帝祭祀分布集中化。武帝时期，在原有五帝祭祀系统之上，又添加了"泰一"至上、"五帝"辅佐的祭祀理念。西汉末年，平帝又将五帝祭祀重新分列。纵观西汉"五帝"祭祀系统的演变，自始至终都比较混乱，不管在祭祀形式或者祭祀场所等方面，不同时期都有所变化。唯一形成趋势的是将"五帝"祭祀从长安城挪至郊外，并且最终确立了集中式的"五帝"祭祀体系。在文献记载中，只有对文帝十年设立的"五帝庙"记载较为详细，其他时期设立的"五帝"祭祀系统文献中只是略提，并无非常详细的地点、形制等相关信息记载，这就为我们了解"五帝"祭祀体系的发展带来很大困难。究其原因，首先，汉承秦制，西汉统治者在继承秦的祭祀体系之后，各时期统治者又不断对祭祀系统进行改革，使得西汉祭祀制度以及祭祀内容一直在变化，所以其并无稳定的传承性。比如关于"五帝"的祭祀，文献中既有"五帝庙""五帝坛"以及"五帝祠"的记载，充分说明了西汉在祭祀体系方面的持续变革，并没有形成相对稳定的系统性的祭祀制度。另外，关于"五帝"的祭祀，各时期统治者赋予其政治色彩又有所区别。高祖时期添加北帝，是为了更加彰显其统治的合理性与唯一性。汉武帝时期，增加"泰一"神，居于"五帝"之上，也只是为了突出汉武帝统治的合理性与独尊性。自成帝时期确定南北郊祀后，基本沿袭了五帝时期祭祀"五帝"的基本特点，但是在西汉末年，平帝又对"五帝"祭祀进行了重新调整。

［1］但田天认为王莽的"元始仪"事实上是将天地日月、山川百神合于一处以长安城为中心、四方郊坛和中央坛构成的规模空前的祭坛之上。参见田天：《秦汉国家祭祀史稿》，生活·读书·新知三联书店，2015年，第250页。
［2］（南朝宋）范晔、（唐）李贤：《后汉书》，中华书局，1965年，第3159、3160页。

因此，自始至终，有关"五帝"的祭祀，西汉并没有形成统一的形式和制度。所以，我们很难在文献中寻找到有关各时期"五帝"祭祀的准确记载。

综上所述，天井岸建筑遗址中的五座夯土台遗址是不是就是文献中记载的"五帝祠"呢，我们推测这五座夯土台应该是汉书中记载的"五帝祠"。首先，东西夯土台发掘出土的遗物年代以西汉中晚期为主，那么这五座夯土台建造与使用时间应该也主要以西汉中晚期为主。而西汉中晚期是西汉南北郊祀制度确立以及祭祀制度不断改革的时期，有可能在武帝至成帝时期，在天齐塬修建过用于"五帝"祭祀的场所，但是又因为某种原因可能在还没有修建完成或刚修建完就被废弃或破坏。至西汉末年平帝时期或王莽时期，又在天齐塬原有建筑之上重新修建了祭祀"五帝"的场所，但也在短时间内被废弃或破坏。另外，通过现场测绘，五座夯土台的总方向是正北偏东 3°，几乎可以忽略偏差度数，基本为正北正南分布。五座夯土台呈梅花桩分布，应该分别代表东、西、南、北、中五个方位帝。而且东、西、南、北四处夯土台外侧均围绕圆形或方形壕沟，应该也是一种祭祀理念或宇宙观的体现。从基本功能和整体分布结构来看，这五座夯土台遗址应该就是为祭祀"五帝"所修建。《汉书·地理志》载："左冯翊谷口县，九嵕山在西，有天齐公、五牀山、仙人、五帝祠四所。"[1] 上文已经对谷口县进行了探索，基本可以确定谷口县的大体位置。加之五座夯土台所处地理位置以及结合天齐塬周边的地理环境，我们推测这五座夯土台应该就是《汉书·地理志》中记载的"五帝祠"遗址。至于文献中记载的"五帝庙""五帝坛"等，是否与"五帝祠"位于一处或分布何处，不得而知。只是从目前考古资料以及文献记载可知，这五座夯土台遗址是"五帝祠"遗址的可能性极大。

天井坑遗址与五座夯土台遗址之间有何关系，目前还无法准确判断。因为"天齐祠"设立时间应该在西汉早期，而"五帝祠"的修建时间应该在西汉中晚期，如果我们对两处遗址的性质判断准确，那么两处遗址虽同处天齐塬上，但是修建时间不同，直接的关联性还没有发现。因为整个天井岸建筑遗址破坏非常严重，尤其是天井坑北部的建筑遗址几乎已经被完全破坏，这为研究天井坑遗址的修建、使用时间等问题增添了很大的困难。所以不管是天井坑遗址还是夯土台遗址，首先需要解决的问题是各自遗址性质的确认，然后再从整个遗址区去讨论两处遗址之间的关系以及其对西汉中后期祭祀文化变革的影响。

第三节　结语

综上所述，本团队认为从目前的考古资料可以推测，天井岸建筑遗址是西汉时期一处规模较大的祭祀遗址。天井坑遗址可能是一处象征性的祭天遗址，而主要的祭祀活动可能主要集中在坑北部的建筑内。经勘探发现的天井坑坑底日晷结构，可能是在天井坑原有基础上对底部进

---

[1]（汉）班固：《汉书》，中华书局，1962 年，第 1545 页。

表一　西汉祭祀五帝礼制建筑情况一览表（附东汉洛阳南郊丘）

名称	雍畤	晋巫祠官	渭阳五帝庙	长门五帝坛	甘泉泰畤	成帝南郊泰一坛	元始五兆	洛阳南郊丘
地点	除畤畤外均在关中西部　畤畤位于栎阳	汉长安城内	汉长安城东北渭水以北	汉长安城东	云阳甘泉宫	汉长安城南郊	汉长安城内及城郊	东汉洛阳城南七里处
设立时间	或沿用秦旧畤或为高祖二年（前205年）所新设	高祖五年（前202年）	文帝十五年（前165年）	文帝十五年（前165年）	武帝元鼎五年（前112年）	成帝建始元年（前32年）	平帝元始五年（5年）	光武帝建武二年（26年）
祭祀对象	五色帝*	五方帝	五色帝	五帝	泰一	泰一（上帝）	天	天地
					五帝为佐		五帝	五帝
					日月	五帝	日月山川百神	日月北斗
分布态势	分散式	集中式	集中式	未知	集中式	集中式	分散式	集中式
类型	畤	未知	庙	坛	坛	坛	未知	坛
平面形状（推测）	圆形丘，外有圆形壝，更外侧有三"垓"**	未知	未知	未知	八角形或近似圆形	圆坛（"圜丘"）	未知***	园坛八陛，中又为重坛
立体结构	三层台（"垓"）上又有夯土台	未知	平面式建筑？（"一字"）	未知	三层高台	高台，高二丈	未知	二层高台

* 汉五色帝与五方帝所指对象相同，是阴阳五行思想下"五官"与"五行"、"五色"形成固定配属的结果。

** 关于血池遗址和吴阳遗址与秦汉雍畤的对应关系仍有争论，此处仅将血池遗址的形制作为秦 / 西汉早期某处非特指的"畤"类遗址列举。

*** 根据《后汉书》记载，光武帝是以建武元年鄗坛和元始中长安南郊坛的旧制，来修建洛阳城南南郊坛。若真当如此，则长安元始南郊坛也应当是圆坛。

行修整，形成具有观测功能的日晷结构。但从坑内堆积推测这处遗址并未被使用，有可能是在修建过程中就已经被废弃，或修建其只是为了表现祭天的象征意义。至于坑内日晷结构的修建时间，目前推测应该在西汉中晚期，尤以晚期为主。经过文献梳理以及对西汉郊祀制度的发展研究，本团队推测五座夯土台遗址可能就是西汉中晚期的"五帝祠"遗址。当然，有关天井岸建筑遗址更多的文化因素讨论，比如超长轴线、中心对称等理念，还有待日后持续的发掘以及更加深入的考古学研究。

160

附表一　东夯土台出土建筑材料统计表

序号	名称	标本编号	型式	质地	尺寸	插图号	图版号
1	残素面砖	DG2①：1	A 型	灰陶	残长 24.4、残宽 14.7、厚 2.3 厘米		彩版六九，1
2	残素面砖	DG2①：2	A 型	红陶	残长 16.3、残宽 14.6、厚 2.8 厘米		彩版六九，2
3	残素面砖	T0106②：22	A 型	灰陶	残长 19.4、残宽 13.1、厚 2.3 厘米		彩版六九，3
4	残素面砖	T0106②：23	A 型	灰陶	残长 20.3、残宽 16.5、厚 2.2 厘米		彩版六九，4
5	残素面砖	T0201③：14	A 型	灰陶	残长 27.5、残宽 16.6、厚 3 厘米		彩版六九，5
6	残素面砖	T0206①：1	A 型	灰陶	残长 14.1、残宽 11.2、厚 2.4 厘米		彩版六九，6
7	残素面砖	T0206①：2	A 型	灰陶	残长 18.3、残宽 12.3、厚 2.7 厘米		彩版七〇，1
8	残素面砖	T0206①：3	A 型	灰陶	残长 14.2、残宽 10.4、厚 2.9 厘米		彩版七〇，2
9	残素面砖	T0206①：4	A 型	灰陶	残长 15.7、残宽 12.8、厚 2.8 厘米		彩版七〇，3
10	残素面砖	T0206③：41	A 型	灰陶	残长 17.5、残宽 14.5、厚 2.3 厘米		彩版七〇，4
11	残素面砖	T0206③：42	A 型	灰陶	残长 22.8、残宽 19、厚 2.6 厘米		彩版七〇，5
12	残素面砖	T0202③：4	D 型	灰陶	残长 16.4、残宽 11、厚 2.7 厘米		彩版七〇，6
13	残几何纹砖	T0106②：21		灰陶	残长 13.8、残宽 12.9、厚 2.8 厘米		彩版七一，1
14	残方格纹砖	T0207②：13		灰陶	残长 12、残宽 11.2、厚 2.6 厘米		彩版七一，2
15	残板瓦	T0607②：17	A 型 I 式	红陶	残长 34.7、残宽 27、厚 1.5 厘米		彩版七一，3、4
16	残板瓦	T0201③：13	A 型 II 式	红陶	残长 25.7、残宽 26.9、厚 1.1~1.3 厘米		彩版七二，1
17	残板瓦	T0206③：36	A 型 II 式	红陶	残长 17.5、残宽 16.3、厚 1.2~1.5 厘米		彩版七二，2
18	残板瓦	T0607②：18	A 型 II 式	红陶	残长 11.6、残宽 16.1、厚 1.4 厘米		彩版七二，3
19	残板瓦	T0607②：20	A 型 II 式	红陶	残长 10.8、残宽 12.9、厚 1.4 厘米		彩版七二，4
20	残板瓦	T0102③：12	A 型 III 式	灰陶	残长 8.8、残宽 13.4、厚 1.42 厘米		彩版七二，5
21	残板瓦	T0106②：19	A 型 III 式	灰陶	残长 20、残宽 12.4、厚 1.42 厘米		彩版七二，6
22	残板瓦	T0106③：23	A 型 III 式	红陶	残长 11.9、残宽 9.2、厚 1.8 厘米		彩版七三，1、2
23	残板瓦	T0201③：12	A 型 III 式	红陶	残长 21.3、残宽 19.4、厚 1~1.3 厘米		彩版七三，3
24	残板瓦	T0206③：28	A 型 III 式	红陶	残长 11.5、残宽 8.4、厚 1.3 厘米		彩版七三，4
25	残板瓦	T0206③：37	A 型 III 式	红陶	残长 9、残宽 12.8、厚 1.1~1.6 厘米		彩版七三，5、6
26	残板瓦	T0206③：38	A 型 III 式	红陶	残长 11.5、残宽 14.4、厚 1.5 厘米		彩版七四，1、2

续附表一

序号	名称	标本编号	型式	质地	尺寸	插图号	图版号
27	残板瓦	T0206③：39	A 型 Ⅲ式	红陶	残长 16.7、残宽 22.3、厚 1.4~2.3 厘米		彩版七四，3
28	残板瓦	T0206③：40	A 型 Ⅲ式	红陶	残长 20.3、残宽 18.4、厚 1.1 厘米		彩版七四，4
29	残板瓦	T0207②：12	A 型 Ⅲ式	红陶	残长 16、残宽 11.2、厚 1.4 厘米	图四-18，3	彩版七四，5、6
30	残板瓦	T0101②：3	A 型 V式	灰陶	残长 23.6、残宽 19.6、厚 1.6 厘米	图四-18，5	彩版七五，1、2
31	残板瓦	T0206②：5	A 型 V式	灰陶	残长 14.8、残宽 20.5、厚 1.6 厘米		彩版七五，3、4
32	残板瓦	T0206③：29	A 型 V式	红陶	残长 32.7、残宽 21.3、厚 1.2~1.6 厘米		彩版七六，1
33	残板瓦	T0206③：30	A 型 V式	红陶	残长 24.4、残宽 18、厚 1~1.86 厘米		彩版七六，2
34	残板瓦	T0206③：31	A 型 V式	红陶	残长 15.3、残宽 18.9、厚 0.7~1.2 厘米		彩版七六，3
35	残板瓦	T0206③：33	A 型 V式	红陶	残长 33.8、残宽 18、厚 1.3 厘米		彩版七六，4
36	残板瓦	T0206③：34	A 型 V式	红陶	残长 21.4、残宽 21、厚 1.6 厘米		彩版七六，5
37	残板瓦	T0607②：16	A 型 V式	灰陶	残长 38.7、残宽 23.8、厚 2.35 厘米		彩版七六，6
38	残板瓦	T0607②：19	A 型 V式	红陶	残长 15.4、残宽 11.7、厚 0.9 厘米		彩版七七，1
39	残板瓦	T0106②：20	A 型 Ⅶ式	灰陶	残长 9.8、残宽 11.6、厚 1.2~1.5 厘米	图四-18，7	彩版七七，2、3
40	残板瓦	T0206③：35	B 型	灰陶	残长 5.6、残宽 12、厚 1.6 厘米	图四-18，8	彩版七七，4、5
41	残板瓦	T0106②：17		红陶	残长 5.1、残宽 6.7、厚 1.1 厘米		彩版七七，6
42	残筒瓦	T0206④：3	A 型 I式	红陶	残长 15、残内径 11.7、胎厚 1.6、母口唇长 4 厘米	图四-17，1	彩版七八
43	残筒瓦	T0106②：18	Ba 型 Ⅱ式	红陶	残长 21.4、残内径 14.3、胎厚 0.9~1.2、唇长 3.2 厘米		彩版七九，1、2
44	残筒瓦	T0201③：9	Ba 型 Ⅱ式	灰陶	残长 9.5、残内径 9.4、胎厚 1.3、唇长 3.2 厘米		彩版七九，3
45	残筒瓦	T0201③：10	Ba 型 Ⅱ式	灰陶	残长 11.4、残内径 7、胎厚 1.3、唇长 3.1 厘米		彩版七九，4
46	残筒瓦	T0102③：7	Ba 型 Ⅲ式	红陶	残长 25.6、残内径 15.2、胎厚 1.2、唇长 4 厘米		彩版七九，5
47	残筒瓦	T0102③：9	Ba 型 Ⅲ式	灰陶	残长 21.3、残内径 12.3、胎厚 0.9~1.2、唇长 3.6 厘米		彩版七九，6
48	残筒瓦	T0106③：23	Ba 型 Ⅲ式	红陶	残长 18.8、残内径 13.4、胎厚 0.8~1.4、唇长 3.6 厘米		彩版八〇，1

续附表一

序号	名称	标本编号	型式	质地	尺寸	插图号	图版号
49	残筒瓦	T0201①：1	Ba 型 Ⅲ式	灰陶	残长 10.1、残内径 9、胎厚 1.7、唇长 4.2 厘米		彩版八〇，2
50	残筒瓦	T0201④：1	Ba 型 Ⅲ式	红陶	残长 14.3、残内径 12、胎厚 1.3 厘米、唇长 4 厘米		彩版八〇，3
51	残筒瓦	T0206③：26	Ba 型 Ⅲ式	红陶	残长 12.8、残内径 13.5、胎厚 1.3、唇长 3.8 厘米		彩版八〇，4
52	残筒瓦	T0206③：27	Ba 型 Ⅲ式	红陶	残长 13.6、残内径 9.7、胎厚 1.4、唇长 4.1 厘米		彩版八〇，5
53	残筒瓦	T0506③：3	Ba 型 Ⅲ式	灰陶	残长 27.5、残内径 12、胎厚 2.1、唇长 3.8 厘米		彩版八一，1
54	残筒瓦	T0201③：6	Ba 型	灰陶	残长 21.3、残内径 11.2、胎厚 1.1 厘米		彩版八一，2
55	残筒瓦	T0201③：7	Ba 型	灰陶	残长 13.6、残内径 10.7、胎厚 1.1 厘米		彩版八一，3
56	残筒瓦	T0201③：8	Ba 型	灰陶	残长 17.3、残内径 10.1、胎厚 1.2 厘米		彩版八一，4
57	残筒瓦	T0201③：11	Ba 型	灰陶	残长 16.9、残内径 11.6、胎厚 1 厘米		彩版八一，5
58	残筒瓦	T0506③：2	Ba 型	红陶	残长 20.5、残内径 10.1、胎厚 1.5 厘米		彩版八一，6
59	残筒瓦	T0707③：1	Ba 型	红陶	残长 28.5、内径 13.6、胎厚 1.2 厘米		彩版八二，1
60	残筒瓦	T0106③：20	Bb 型	红陶	残长 16.3、内径 12.6、胎厚 1.3~2.4、唇长 3.6 厘米		彩版八二，2
61	残筒瓦	T0102③：8	C 型	红陶	残长 34.7、残内径 14.4、胎厚 1.3、唇长 3.1 厘米		彩版八二，3、4
62	残云纹瓦当	T0201③：5	A 型	灰陶	直径残 13.7、边轮宽 1.2、边轮厚 1.8、当心残直径 2.8 厘米	图四-13，1	彩版八三，1、2
63	残云纹瓦当	T0206④:2	Bb 型 Ⅰ式	灰陶	直径残 7.8、边轮宽 1.6、当厚 1.8、边轮厚 2.8、当心残直径 2.0 厘米		彩版八三，3
64	残云纹瓦当	T0306④：3	Bb 型 Ⅰ式	灰陶	直径残 9.7、边轮宽 1.3、当厚 1.8、边轮厚 1.9、当心残直径 2.1 厘米		彩版八三，4
65	残云纹瓦当	T0807④：2	Bb 型 Ⅰ式	灰陶	直径残 16.3、边轮宽 1.4、当厚 1.8、边轮厚 2.9、当心残直径 4.8 厘米	图四-13，5	彩版八四，1、2
66	残云纹瓦当	T0807④：1	Bb 型 Ⅲ式	灰陶	直径 13.9、边轮宽 1.6、当厚 1.8、边轮厚 2.3、当心残直径 5.4 厘米	图四-13，9	彩版八四，3、4
67	残云纹瓦当	DG2③：3	Ca 型	红陶	直径 10.5、边轮宽 1、当厚 1.7、边轮厚 2.1、当心残直径 5.8 厘米		彩版八五，1、2
68	残云纹瓦当	T0206④：8	Ca 型	红陶	直径残 10、边轮宽 1、当厚 1.3、边轮厚 2.3、当心残直径 5.4 厘米	图四-13，10	彩版八五，3、4
69	残云纹瓦当	T0206④：11	Ca 型	红陶	直径残 7.4、边轮宽 1.1、当厚 1.4、边轮厚 2.1 厘米		彩版八五，5、6
70	残云纹瓦当	T0607④：8	Cb 型	灰陶	直径残 15.8、边轮宽 1.3、当厚 1.8、边轮厚 2.7、当心直径 5.4 厘米		彩版八六，1、2

续附表一

序号	名称	标本编号	型式	质地	尺寸	插图号	图版号
71	残云纹瓦当	T0607④：10	Cb型	红陶	直径残8.9、边轮宽0.8、当厚1.5、边轮残厚1.6、当心残直径3.7厘米		彩版八六，3、4
72	残"千秋万岁"瓦当	T0106③：22	A型	红陶	直径残8、边轮宽0.8、当厚1.3、边轮厚1.6厘米	图四-14，1	彩版八六，5、6
73	残"千秋万岁"瓦当	DG1③：1	Ba型	红陶	直径残14.8、边轮宽1.2、当厚2、边轮厚2.8、当心直径4.2厘米		彩版八七，1、2
74	残"千秋万岁"瓦当	DG2③：4	Ba型	红陶	直径残14.6、边轮宽1.1、当厚2.1、边轮厚2.3、当心直径4.2厘米		彩版八七，3、4
75	残"千秋万岁"瓦当	T0102③：11	Ba型	红陶	直径16、边轮宽1.2、当厚1.5、边轮厚2.2、当心直径4.3厘米		彩版八八，1、2
76	残"千秋万岁"瓦当	T0106②：4	Ba型	红陶	直径残13.7、边轮宽1.2、当厚1.9、边轮厚2.7、当心残直径3.7厘米		彩版八八，3、4
77	残"千秋万岁"瓦当	T0106②：12	Ba型	红陶	残长11.2、边轮宽1.2、当厚2、边轮厚2.5厘米		彩版八九，1
78	残"千秋万岁"瓦当	T0106②：14	Ba型	红陶	直径15.8、边轮宽1.2、当厚1.8、边轮厚2、当心直径4.2厘米		彩版八九，2、3
79	残"千秋万岁"瓦当	T0106②：15	Ba型	红陶	直径残6.8、边轮宽0.9、当厚2、边轮厚2.3厘米		彩版八九，4、5
80	残"千秋万岁"瓦当	T0106③：5	Ba型	红陶	直径残14.7、边轮宽1.2、当厚1.8、边轮厚2.5、当心残直径3.8厘米		彩版九〇，1、2
81	残"千秋万岁"瓦当	T0106③：11	Cb型	红陶	直径残7.4、边轮宽1.1、当厚1.6、边轮厚2.1、当心残直径4.1厘米		彩版九〇，3、4
82	"千秋万岁"瓦当	T0106③：12	Ba型	红陶	直径15.7、边轮宽1.2、边轮厚2.3、当心直径4.4厘米		彩版九一，1、2
83	残"千秋万岁"瓦当	T0206②：1	Ba型	红陶	直径残11.2、边轮宽1.5、当厚2.1、边轮厚2.9厘米		彩版九一，3
84	残"千秋万岁"瓦当	T0206③：2	Ba型	红陶	直径残15.6、边轮宽1.3、当厚1.8、边轮厚2.5厘米		彩版九二，1、2
85	残"千秋万岁"瓦当	T0206③：3	Ba型	红陶	直径15.4、边轮宽1.3、当厚2.4、边轮厚2.8、当心直径4.3厘米		彩版九二，3、4
86	残"千秋万岁"瓦当	T0206③：12	Ba型	红陶	直径残10.4、边轮宽1.2、当厚2.4、边轮厚2.6、当心残直径4厘米		彩版九三，1、2
87	残"千秋万岁"瓦当	T0206③：17	Ba型	红陶	直径15.6、边轮宽1.3、当厚1.7、边轮厚2.2、当心直径4.3厘米		彩版九三，3、4
88	残"千秋万岁"瓦当	T0206③：24	Ba型	红陶	直径残9.8、边轮宽1.1、当厚1.8、边轮厚2.4厘米		彩版九四，1、2
89	残"千秋万岁"瓦当	T0206③：25	Ba型	红陶	直径残14.6、边轮宽1.3、当厚1.2、边轮厚1.6、当心直径4.2厘米		彩版九四，3、4
90	"千秋万岁"瓦当	T0207②：5	Ba型	红陶	直径15.6、边轮宽1.4、当厚1.9、边轮厚2、当心直径4.2厘米	图四-14，4	彩版九五，1、2
91	"千秋万岁"瓦当	T0207③：4	Ba型	红陶	直径15.5、边轮宽1、边轮厚1.5、当心直径4.2厘米	图四-14，2	彩版九五，3、4
92	残"千秋万岁"瓦当	T0207③：8	Ba型	红陶	直径残14.1、边轮宽1.2、当厚2.6、边轮厚2.7、当心直径4.1厘米	图四-14，3	彩版九六，1、2

续附表一

序号	名称	标本编号	型式	质地	尺寸	插图号	图版号
93	残"千秋万岁"瓦当	T0306②：4	Ba 型	红陶	直径 14.8、边轮宽 1.1、当厚 2.1、边轮厚 2.3、当心直径 3.8 厘米	图四-14，5	彩版九六，3、4
94	残"千秋万岁"瓦当	T0101②：2	Bb 型	灰陶	直径残 10.5、当厚 1.7、当心直径 5.6 厘米	图四-14，7	彩版九七，1、2
95	残"千秋万岁"瓦当	T0201③：2	Bb 型	灰陶	直径 15.8、边轮宽 1.3、当厚 1.5、边轮厚 1.6、当心直径 3.9 厘米	图四-14，6	彩版九七，3、4
96	残"千秋万岁"瓦当	T0101①：4	Bc 型	灰陶	直径残 5.5、边轮宽 0.8、当厚 1.5、边轮厚 2.2、当心残直径 1 厘米		彩版九八，1、2
97	残"千秋万岁"瓦当	T0607②：15	Bc 型	灰陶	直径残 6.1、边轮宽 1.3、当厚 1.3、边轮厚 1.9 厘米		彩版九八，3、4
98	残"千秋万岁"瓦当	T0607③：1	Bc 型	灰陶	直径 8.6、边轮宽 1.4、当厚 1.8、边轮厚 2.8、当心直径 4 厘米	图四-14，8	彩版九八，5、6
99	残"千秋万岁"瓦当	T0106②：5	C 型	红陶	直径残 13.1、边轮宽 1.1、当厚 1.4、边轮厚 2.2、当心残直径 4.9 厘米		彩版九九，1、2
100	残"千秋万岁"瓦当	T0106②：9	C 型	红陶	直径 15.8、边轮宽 1.1、当厚 1.6、边轮厚 2.5、当心直径 4.8 厘米		彩版九九，3、4
101	残"千秋万岁"瓦当	T0201③：3	C 型	红陶	直径 15.4、边轮宽 1.3、当厚 1.9、边轮厚 2.4、当心直径 4.8 厘米		彩版一〇〇，1、2
102	残"千秋万岁"瓦当	T0206②：4	C 型	红陶	直径 15.4、边轮宽 1.1、当厚 2.2、边轮厚 2.7、当心直径 4.9 厘米	图四-14，15	彩版一〇〇，3、4
103	残"千秋万岁"瓦当	T0206③：4	C 型	红陶	直径残 6.3、边轮宽 1.3、当厚 1.5、边轮厚 2.2 厘米		彩版一〇一，1、2
104	残"千秋万岁"瓦当	T0206③：10	C 型	红陶	直径残 5、边轮残宽 1、当厚 1.8、边轮残厚 2.6 厘米		彩版一〇一，3、4
105	残"千秋万岁"瓦当	T0206③：23	C 型	红陶	直径残 6.5、边轮宽 1.2、当厚 1.3、边轮厚 2.2、当心残直径 0.8 厘米		彩版一〇二，1、2
106	残"千秋万岁"瓦当	T0207②：11	C 型	红陶	直径 15、边轮宽 1.1、当厚 1.7、边轮厚 2、当心直径 4.9 厘米		彩版一〇二，3、4
107	"千秋万岁"瓦当	T0207③：1	C 型	红陶	直径 15.2、边轮宽 1.3、当厚 1.8、边轮厚 2.3、当心直径 4.7 厘米	图四-14，9	彩版一〇三，1、2
108	残"千秋万岁"瓦当	T0306③：2	C 型	红陶	直径残 13.2、当厚 2.2、当心直径 4.7 厘米		彩版一〇三，3、4
109	残"千秋万岁"瓦当	T0807②：1	C 型	红陶	直径残 6.6、边轮宽 1.4、当厚 2、边轮厚 2.4 厘米		彩版一〇四，1、2
110	"千秋万岁"瓦当	T0807③：2	Da 型	灰陶	直径 15、边轮宽 1.3、边轮厚 2.3、当心直径 2.3 厘米	图四-14，10	彩版一〇四，3、4
111	残"长生未央"瓦当	T0201③：4	Ba 型	灰陶	直径残 6.5、边轮宽 1.4、边轮厚 1.9、当厚 1.3、当心残直径 1.5 厘米		彩版一〇五，1、2
112	残"长生未央"瓦当	T0106②：11	C 型	红陶	直径残 5、当厚 1.5 厘米		彩版一〇五，3、4
113	残"长生未央"瓦当	T0106②：16	C 型	红陶	直径残 7.9、当厚 1.9 厘米		彩版一〇五，5
114	残"长生未央"瓦当	T0106③：4	C 型	红陶	直径残 15、边轮宽 1.4、当厚 1.6、边轮厚 2.2、当心直径 1.1 厘米		彩版一〇六，1、2

续附表一

序号	名称	标本编号	型式	质地	尺寸	插图号	图版号
115	残"长生未央"瓦当	T0106③：6	C型	红陶	直径残13.3、当厚1.7、边轮厚2.5厘米		彩版一○六，3、4
116	残"长生未央"瓦当	T0106③：7	C型	红陶	直径残7.4、当厚1.3、当心直径1.1厘米		彩版一○七，1、2
117	残"长生未央"瓦当	T0106③：16	C型	红陶	直径残14.8、边轮宽1.1、当厚2.1、边轮厚2.3、当心直径1.2厘米	图四-15，11	彩版一○七，3、4
118	残"长生未央"瓦当	T0106③：21	C型	红陶	直径残13.7、边轮残宽0.6、当厚1.7、边轮厚2.9、当心直径1.2厘米	图四-15，12	彩版一○八，1、2
119	残"长生未央"瓦当	T0206②：2	C型	红陶	直径残6.4、边轮宽残1、当厚1.4、边轮厚2.8厘米		彩版一○八，3、4
120	残"长生未央"瓦当	T0206③：15	C型	红陶	残长9.4、当厚1.7厘米		彩版一○九，3
121	残"□□毋极"瓦当	T0106③：10		红陶	直径残13.6、边轮宽2.5、当残厚1.7、边轮厚2.8厘米	图四-16，1	彩版一○九，1、2
122	柱础石	T0506③：1		石	长径21.4、短径18.2、厚5.1厘米		彩版一○九，4

附表二　西夯土台出土建筑材料统计表

序号	名称	标本编号	型式	质地	尺寸	插图号	图版号
1	残素面砖	XTG1①：29	A型	灰陶	残长22.5、残宽17.4、厚2.7~3厘米	图四-19，1	彩版一一○，1
2	残素面砖	XTG1①：31	A型	灰陶	残长21.4、残宽17.9、厚1.9厘米		彩版一一○，2
3	残素面砖	XTG1②：39	A型	灰陶	残长15.2、残宽12.8、厚1.9厘米		彩版一一○，3
4	残素面砖	XTG1③：47	A型	灰陶	残长24.3、残宽20.5、厚2.4厘米		彩版一一○，4
5	残素面砖	XTG1③：48	A型	灰陶	残长24、残宽17.5、厚2.2厘米		彩版一一○，5
6	残素面砖	XTG1③：49	A型	灰陶	残长25.1、残宽13、厚2.2厘米		彩版一一○，6
8	残素面砖	XTG2①：15	A型	灰陶	残长16.7、残宽14、厚2厘米		彩版一一一，1
9	残素面砖	XTG2②：44	A型	灰陶	残长17.6、残宽17.3、厚1.9厘米		彩版一一一，2
10	残素面砖	XTG2②：45	A型	灰陶	残长23.4、残宽17.4、厚1.8厘米		彩版一一一，3
11	残素面砖	T1602④：8	A型	灰陶	残长33.2、残宽18.5、厚2厘米		彩版一一一，4
12	残素面砖	T1602④：9	A型	灰陶	残长15.6、残宽12.3、厚2厘米		彩版一一一，5
13	残素面砖	T1602④：10	A型	灰陶	残长17.7、残宽14.9、厚2.2厘米		彩版一一一，6
14	残素面砖	T1602④：11	A型	灰陶	残长20.5、残宽14.7、厚1.9厘米		彩版一一二，1
15	残素面砖	T1602④：12	A型	灰陶	残长12.2、残宽19、厚2.2厘米		彩版一一二，2

续附表二

序号	名称	标本编号	型式	质地	尺寸	插图号	图版号
16	残素面砖	T1602④：13	A型	灰陶	残长22.5、残宽15、厚2.1厘米		彩版一一二，3
17	残素面砖	T1602④：17	A型	灰陶	残长14.6、残宽11.7、厚2.3厘米		彩版一一二，4
18	残素面砖	T1602④：18	A型	灰陶	残长18.6、残宽16.4、厚2.2厘米		彩版一一二，5
19	残素面砖	T1602④：19	A型	灰陶	残长21.3、残宽11.4、厚1.9厘米		彩版一一二，6
20	残素面砖	T1602④：20	A型	灰陶	残长15.8~23.3、残宽13.9、厚1.8厘米		彩版一一三，1
21	残素面砖	T1602④：22	A型	灰陶	残长16.9、残宽15.1、厚2.1厘米		彩版一一三，2
22	残素面砖	T1602④：26	A型	灰陶	残长18.7、残宽8.6、厚2.3厘米		彩版一一三，3
23	残素面砖	T1602④：27	A型	灰陶	残长11.2、残宽9.6~11、厚2.1厘米		彩版一一三，4
24	残素面砖	T1602④：28	A型	灰陶	残长19.8、残宽10.8、厚2.5厘米		彩版一一三，5
25	残素面砖	XTG1①：32	B型	灰陶	残长24、残宽15.3、厚5厘米		彩版一一三，6
26	残素面砖	XTG1②：40	B型	灰陶	长31.8、残宽19.2、厚4.3厘米		彩版一一四，1
27	残素面砖	XTG1②：41	B型	灰陶	长32、残宽19.6、厚4.2厘米		彩版一一四，2
28	残素面砖	XTG1②：42	B型	灰陶	残长22.6、宽20.7、厚3.7厘米		彩版一一四，3
29	残素面砖	XTG1②：43	B型	红陶	残长21.4、残宽18.7、厚4.8厘米		彩版一一四，4
30	残素面砖	XTG1③：41	B型	红陶	残长25.5、残宽17.7、厚4.7厘米		彩版一一四，5
31	残素面砖	XTG1③：44	B型	灰陶	长31.9、宽30.8、厚3.9厘米		彩版一一四，6
32	残素面砖	XTG1③：52	B型	灰陶	长31.7、宽30.1、厚4.4厘米		彩版一一五，1
33	残素面砖	XTG1③：53	B型	红陶	残长27.4、残宽12.3~18.7、厚4.8厘米		彩版一一五，2
34	残素面砖	XTG2②：49	B型	灰陶	长34.6、残宽32、厚5厘米	图四-19，2	彩版一一五，3
35	残素面砖	XTG2③：38	B型	灰陶	残长15.9~18.3、残宽15.1、厚3.7厘米		彩版一一五，4
36	残素面砖	XTG2③：39	B型	灰陶	残长21.7、残宽15.8~21.5、厚4厘米		彩版一一五，5
37	残素面砖	XTG2采1	B型	灰陶	残长33.8、残宽33.8、厚6厘米		彩版一一五，6
38	残素面砖	T1602②：10	B型	灰陶	残长17、残宽15.2、厚4.2厘米		彩版一一六，1
39	残素面砖	XTG1③：43	C型	灰陶	残长22.7、残宽11.3、厚3.8厘米		彩版一一六，2
40	残素面砖	XTG1③：50	C型	灰陶	残长26.2、残宽17、厚3.6厘米		彩版一一六，3
41	残素面砖	XTG1③：51	C型	灰陶	残长15.8、残宽14.6、厚3.7厘米		彩版一一六，4
42	素面砖	XTG2①：12	C型	灰陶	长32.3、宽23.5、厚4.3厘米	图四-19，3	彩版一一六，5、6
43	残素面砖	T1206②：2	C型	灰陶	长33、宽22.3、厚4.3厘米		彩版一一七，1、2

续附表二

序号	名称	标本编号	型式	质地	尺寸	插图号	图版号
44	残素面砖	T1604②：19	C型	灰陶	残长 19.9、残宽 13.5、厚 4.1 厘米		彩版一一七，3
45	残素面砖	T1604②：20	D型	灰陶	长 27.6、残宽 20、厚 4 厘米	图四-19，4	彩版一一七，4
46	残翼虎纹空心砖	XTG1①：30		灰陶	残长 14.5、残宽 11.8、厚 6.4 厘米	图四-19，5	彩版一一七，5、6
47	残几何纹砖	XTG1①：27		灰陶	残长 20.7、残宽 16.4、厚 4.2 厘米		彩版一一八，1
48	残几何纹砖	XTG1①：28		灰陶	长 23.4、残宽 15.8、厚 4.2 厘米		彩版一一八，2
49	残几何纹砖	XTG1③：42		灰陶	残长 16.6、残宽 17.9、厚 3.5 厘米		彩版一一九，1
50	残几何纹砖	XTG2①：10		灰陶	残长 22.1、宽 14.4、厚 3.9 厘米		彩版一一九，2
51	残几何纹砖	XTG2①：11		灰陶	长 34.8、宽 20.4、厚 4.2 厘米	图四-19，6	彩版一二〇
52	残几何纹砖	XTG2①：13		灰陶	残长 17.5、残宽 11.6、厚 3.4 厘米		彩版一二一，1
53	残几何纹砖	XTG2①：14		灰陶	残长 20.4、残宽 16.9、厚 4.2 厘米		彩版一二一，2
54	残几何纹砖	XTG2②：46		灰陶	残长 16.2、残宽 13.1、厚 3.7 厘米		彩版一二二，1
55	残几何纹砖	XTG2③：37		灰陶	残长 8.4~19.4、残宽 3.5~15.1、厚 4 厘米		彩版一二二，2
56	残几何纹砖	T1206①：4		灰陶	残长 19.2、残宽 8.7、厚 4.1 厘米		彩版一二三，1
57	残几何纹砖	T1406②：6		灰陶	残长 17、残宽 11.3、厚 3.6 厘米		彩版一二三，2
58	残几何纹砖	T1602②：8		灰陶	残长 16.7、残宽 14.8、厚 3.6 厘米		彩版一二四，1
59	残几何纹砖	T1602②：9		灰陶	残长 13.2、残宽 10、厚 3.8 厘米		彩版一二四，2
60	残几何纹砖	T1602②：11		灰陶	残长 22.3、残宽 17、厚 3.7 厘米		彩版一二五
61	残几何纹砖	T1602③：3		灰陶	残长 18.8、残宽 12.3、厚 4.1 厘米		彩版一二六
62	残几何纹砖	T1602③：4		灰陶	残长 18.4、残宽 15.8、厚 4.3 厘米		彩版一二七
63	残几何纹砖	T1602④：15		灰陶	残长 13.4、残宽 12.5、厚 3.3 厘米		彩版一二八，1
64	残几何纹砖	T1602④：16		灰陶	残长 15.6、残宽 13.5、厚 3.8 厘米		彩版一二八，2
65	残几何纹砖	T1603①：1		灰陶	残长 16.2、残宽 6、厚 3.4 厘米		彩版一二九
66	残几何纹砖	T1603①：3		灰陶	残长 20.5、残宽 18.7、厚 3.3 厘米		彩版一三〇
67	残几何纹砖	T1603①：7		灰陶	残长 15.3、残宽 6.8、厚 3.9 厘米		彩版一三一，1
68	残几何纹砖	T1603①：8		灰陶	残长 18.6、残宽 16.5、厚 4 厘米		彩版一三一，2
69	残几何纹砖	T1603②：5		灰陶	残长 15.5、残宽 12、厚 3.6 厘米		彩版一三二
70	残几何纹砖	T1603②：6		灰陶	残长 13、残宽 8.8、厚 4.4 厘米		彩版一三三，1
71	残几何纹砖	T1603②：8		灰陶	残长 20.3、残宽 9、厚 3.8 厘米		彩版一三三，2、3
72	残几何纹砖	T1603②：11		灰陶	残长 26.7、残宽 14.1、厚 3.5 厘米		彩版一三四

续附表二

序号	名称	标本编号	型式	质地	尺寸	插图号	图版号
73	残几何纹砖	T1603②：24		灰陶	残长 7.7~20.7、残宽 16.3、厚 4.1 厘米		彩版一三五
74	残几何纹砖	T1604②：21		灰陶	残长 17.3、残宽 8.1、厚 3.7 厘米		彩版一三六，1
75	残几何纹砖	T1604②：22		灰陶	残长 10.3、残宽 8.7、厚 3.4 厘米		彩版一三六，2
76	残几何纹砖	T1604②：23		灰陶	残长 11、残宽 9.5、厚 4.3 厘米		彩版一三六，3
77	残几何纹砖	T1604②：25		灰陶	残长 14.8、残宽 14.1、厚 3.3 厘米		彩版一三七
78	残几何纹砖	T1604②：27		灰陶	残长 17.7、残宽 16.2、厚 3.3 厘米		彩版一三八
79	残几何纹砖	T1604②：29		灰陶	残长 14.4、残宽 13.5、厚 3.5 厘米		彩版一三九，1
80	残方格纹砖	T1603①：6		灰陶	残长 10.4、残宽 10、厚 4.2、方格边长 0.8 厘米	图四-19，7	彩版一三九，2、3
81	残槽砖	XTG2 采 2		灰陶	残长 32.6、残宽 32.6、厚 8 厘米		彩版一四〇，1
82	残空心砖	XTG1②：47		灰陶	残长 19.7、残宽 12、厚 9.6 厘米		彩版一四〇，2
83	砖条残块	T1604②：24		灰陶	残长 5.3~16、宽 4.2、厚 1.3~2.2 厘米		彩版一四一
84	残板瓦	XTG2②：33	A 型 I 式	红陶	残长 20.4、残宽 17.2、厚 1.4 厘米	图四-18，1	彩版一四二
85	残板瓦	XTG1①：21	A 型 II 式	红陶	残长 15.3、残宽 12.2、厚 1.7 厘米		彩版一四三，1
86	残板瓦	XTG1①：22	A 型 II 式	红陶	残长 17.8、残宽 13.5、厚 1.4 厘米		彩版一四三，2
87	残板瓦	XTG1②：30	A 型 II 式	红陶	残长 18.4、残宽 16.1、厚 1.5 厘米		彩版一四三，3
88	残板瓦	XTG1②：35	A 型 II 式	红陶	残长 17.6、残宽 13.1、厚 1.5 厘米		彩版一四三，4
89	残板瓦	XTG2①：8	A 型 II 式	灰陶	残长 24、残宽 16.2、厚 1.1 厘米		彩版一四三，5
90	残板瓦	XTG2②：32	A 型 II 式	红陶	残长 16、残宽 24.2、厚 2 厘米		彩版一四三，6
91	残板瓦	XTG2②：34	A 型 II 式	红陶	残长 16、残宽 13.6、厚 1.5 厘米		彩版一四四，1
92	残板瓦	XTG2②：35	A 型 II 式	灰陶	残长 17.6、残宽 7.5、厚 1.1 厘米		彩版一四四，2
93	残板瓦	XTG2③：11	A 型 II 式	红陶	残长 9.6、残宽 17.6、厚 1.5 厘米	图四-18，2	彩版一四四，3
94	残板瓦	XTG2③：34	A 型 II 式	红陶	残长 17.3、残宽 23.3、厚 1.4~1.6 厘米		彩版一四四，4
95	残板瓦	XTG1③：20	A 型 IV 式	红陶	残长 13.3、残宽 26.2、厚 2.1 厘米	图四-18，4	彩版一四四，5、6
96	残板瓦	XTG1①：20	A 型 V 式	红陶	残长 25.4、残宽 28.7、厚 1.2~1.6 厘米		彩版一四五，1

续附表二

序号	名称	标本编号	型式	质地	尺寸	插图号	图版号
97	残板瓦	XTG1①：23	A型Ⅴ式	红陶	残长 18.6、残宽 9.7、厚 1.3 厘米		彩版一四五，2
98	残板瓦	XTG1②：29	A型Ⅴ式	红陶	残长 19.1、残宽 14.1、厚 1.5 厘米		彩版一四五，3
99	残板瓦	XTG2②：36	A型Ⅴ式	灰陶	残长 17、残宽 16.4、厚 1.3 厘米		彩版一四五，4
100	残板瓦	T1602②：2	A型Ⅴ式	红陶	残长 29.4、残宽 21.1、厚 1.3 厘米		彩版一四五，5
101	残板瓦	XTG1②：32	A型Ⅵ式	红陶	残长 11.4、残宽 11.9、厚 1.8 厘米		彩版一四五，6
102	残板瓦	XTG2①：6	A型Ⅵ式	红陶	残长 22、残宽 23.1、厚 1.5~1.6 厘米		彩版一四六，1
103	残板瓦	XTG2①：7	A型Ⅵ式	红陶	残长 14.2、残宽 13.2、厚 1.3 厘米		彩版一四六，2
104	残板瓦	XTG2③：14	A型Ⅵ式	红陶	残长 20.1、残宽 24.1、厚 1.5~1.8 厘米		彩版一四六，3
105	残板瓦	XTG2③：33	A型Ⅵ式	红陶	残长 28、残宽 19、厚 1.7 厘米	图四-18，6	彩版一四六，4、5
106	残板瓦	T1602②：1	A型Ⅵ式	红陶	残长 13、残宽 25、厚 1.3 厘米		彩版一四七，1
107	残筒瓦	XTG2②：38	A型Ⅱ式	灰陶	残长 11.2、残内径 11.2、胎厚 1.1 厘米		彩版一四七，2
108	残筒瓦	T1602④：1	A型Ⅱ式	红陶	残长 32、残内径 14.7、胎厚 1.8、唇长 2.3 厘米	图四-17，2	彩版一四七，3
109	残筒瓦	XTG2④：6	Ba型Ⅰ式	红陶	残长 10.3、残宽 5.6、胎厚 1.6、瓦唇长 2.9 厘米	图四-17，3	彩版一四七，4
110	残筒瓦	XTG1③：34	Ba型Ⅱ式	灰陶	残长 43、内径 13.5、胎厚 1.5、唇长 3.5 厘米	图四-17，4	彩版一四八
111	残筒瓦	XTG1③：36	Ba型Ⅱ式	红陶	残长 14.2、残内径 14.6、胎厚 1.5~1.9、唇长 3 厘米		彩版一四九，1
112	残筒瓦	XTG2②：41	Ba型Ⅱ式	红陶	残长 14.2、残内径 14.4、胎厚 1.7、唇长 3 厘米		彩版一四九，2
113	残筒瓦	XTG1①：26	Ba型Ⅲ式	红陶	残长 23.2、内径 11.9、胎厚 0.8~1.5、唇长 3.9 厘米		彩版一四九，3、4
114	残筒瓦	XTG1②：36	Ba型Ⅲ式	红陶	残长 12.7、残内径 13.1、胎厚 1~1.9、唇长 3.6 厘米		彩版一四九，5
115	残筒瓦	XTG1②：37	Ba型Ⅲ式	红陶	残长 25.7、内径 12.1、胎厚 1.6~2.4、唇长 4.7 厘米		彩版一四九，6
116	残筒瓦	XTG1②：38	Ba型Ⅲ式	红陶	残长 21、内径 10.8、胎厚 1.6、唇长 4 厘米		彩版一五○，1
117	残筒瓦	XTG1③：37	Ba型Ⅲ式	红陶	残长 12.2、残内径 14.7、胎厚 2.4、唇长 4.1 厘米		彩版一五○，2
118	残筒瓦	XTG2①：3	Ba型Ⅲ式	红陶	残长 27.5、残内径 4.8、胎厚 2、唇长 4.3 厘米		彩版一五○，3

续附表二

序号	名称	标本编号	型式	质地	尺寸	插图号	图版号
119	残筒瓦	XTG2①：4	Ba型Ⅲ式	红陶	残长21.6、残内径15.1、胎厚1.5、唇长4.3厘米		彩版一五〇，4
120	残筒瓦	XTG2③：7	Ba型Ⅲ式	红陶	残长43.4、内径12.6、胎厚1.6、唇长4.2厘米	图四-17，5	彩版一五一
121	残筒瓦	T1206①：3	Ba型Ⅲ式	红陶	残长22.5、残内径15、胎厚1.3、唇长3.7厘米		彩版一五二，1
122	残筒瓦	T1602②：4	Ba型Ⅲ式	灰陶	残长13.3、残内径10.8、胎厚1、唇长3.6厘米		彩版一五二，2
123	残筒瓦	XTG1③：39	Ba型	红陶	残长19、残内径6.91、胎厚1.5厘米		彩版一五二，3
124	残筒瓦	XTG1③：40	Ba型	红陶	残长29、残内径13.7、胎厚1.3厘米		彩版一五二，4
125	残筒瓦	XTG2②：42	Ba型	红陶	残长19.7、残内径14.3、胎厚1.5厘米		彩版一五二，5
126	残筒瓦	XTG2②：43	Ba型	红陶	残长21、残内径13.8、胎厚1.8厘米		彩版一五二，6
127	残筒瓦	T1603②：19	Ba型	灰陶	残长28.1、残内径13.1、胎厚1厘米		彩版一五三，1
128	残筒瓦	XTG2②：39	Bb型	红陶	残长27.5、内径15.4、胎厚1.4厘米		彩版一五三，2
129	残筒瓦	XTG2③：8	Bb型	红陶	残长31.2、内径12.6、胎厚1.6、唇长3.6厘米	图四-17，6	彩版一五三，3、4
130	残筒瓦	XTG1③：38	B型	红陶	残长10.9、残内径8.2、胎厚1.5厘米		彩版一五四，1
131	残筒瓦	XTG1①：24	C型	红陶	残长17.6、残内径12.3、胎厚1~2.3、唇长3.5厘米		彩版一五四，2
132	残筒瓦	XTG1①：25	C型	红陶	残长24.8、内径13、胎厚1.4、唇长2厘米		彩版一五四，3
133	残筒瓦	XTG2①：1	C型	红陶	残长11、残内径7.3、胎厚1.2、唇长4.4厘米		彩版一五四，4
134	残筒瓦	XTG2①：5	C型	红陶	残长27.2、残内径12.3、胎厚1.5、唇长3.9厘米		彩版一五四，5
135	残筒瓦	XTG2②：37	C型	红陶	残长29.2、内径12.3、胎厚1.6、唇长3.6厘米	图四-17，7	彩版一五五，1、2
136	残筒瓦	XTG2②：40	C型	红陶	残长25.5、残内径14.8、胎厚1.6、唇长4厘米		彩版一五五，3
137	残筒瓦	T1602②：3	C型	红陶	残长6.7、残内径8.5、胎厚1.2厘米		彩版一五五，4
138	残筒瓦	T1603①：5	C型	红陶	残长32.4、残内径13.7、胎厚1.2厘米		彩版一五六，1
139	残筒瓦	T1603②：20	C型	灰陶	残长19、残内径14.2、胎厚1.1、唇长3.7厘米		彩版一五六，2
140	残筒瓦	T1603②：21	C型	红陶	残长20.6、残内径10.8、胎厚1.1、唇长3.3厘米		彩版一五六，3

续附表二

序号	名称	标本编号	型式	质地	尺寸	插图号	图版号
141	残筒瓦	T1603②：23	C 型	红陶	残长 20、残内径 15、胎厚 1.6、唇长 4.1 厘米		彩版一五六，4
142	残筒瓦	XTG2①：2		红陶	残长 10.5、残内径 14.6、胎厚 1.4 厘米		彩版一五六，5
143	残筒瓦	T1602②：5		红陶	残长 15.4、残内径 12.5、胎厚 1.5 厘米		彩版一五六，6
144	残筒瓦	T1602②：7		红陶	残长 8、残内径 12.1、胎厚 2.1、唇长 4.5 厘米		彩版一五七，1
145	残筒瓦	T1603②：22		红陶	残长 9.9、残内径 12.5、胎厚 1.3 厘米		彩版一五七，2
146	残云纹瓦当	XTG2④：16	A 型	灰陶	直径残 7、边轮宽 1.2、当厚 1.5、边轮厚 2.1、当心残直径 2 厘米		彩版一五七，3、4
147	残云纹瓦当	T1603④：17	Ba 型 I 式	灰陶	直径 16、边轮宽 1.2、边轮厚 2.7、当厚 1.4、当心直径 5.3 厘米	图四-13，2	彩版一五八，1、2
148	残云纹瓦当	T1603④：20	Ba 型 II 式	灰陶	直径残 10.6、边轮宽 1、边轮厚 2.2、当心残直径 6.3 厘米	图四-13，3	彩版一五八，3、4
149	残云纹瓦当	T1603④：23	Ba 型 II 式	灰陶	直径残 6、边轮宽 0.9、边轮厚 2.7、当厚 1、当心残直径 1 厘米		彩版一五九，1、2
150	残云纹瓦当	T1603④：27	Ba 型 II 式	灰陶	直径残 10、边轮宽 1、边轮厚 1.9、当厚 1.5、当心残直径 6 厘米	图四-13，4	彩版一五九，3、4
151	残云纹瓦当	XTG1④：8	Bb 型 I 式	灰陶	直径残 6.8、边轮宽 1.5、当厚 1.5、边轮厚 2、当心残直径 0.8 厘米		彩版一六〇，1、2
152	残云纹瓦当	XTG1④：16	Bb 型 I 式	灰陶	直径残 6.8、当厚 1.7、当心残直径 1.1 厘米		彩版一六〇，3、4
153	残云纹瓦当	XTG2②：31	Bb 型 I 式	灰陶	直径残 10.7、当厚 1.7、当心残直径 2.7 厘米		彩版一六〇，5
154	残云纹瓦当	T1506④：7	Bb 型 I 式	红陶	直径 16.6、边轮宽 1.4、边轮厚 2.7、当心残直径 4.8 厘米		彩版一六一，1、2
155	云纹瓦当	T1603③：19	Bb 型 I 式	红陶	直径 16.4、边轮宽 1.4、边轮厚 3、当心直径 4.8 厘米	图四-13，6	彩版一六一，3、4
156	残云纹瓦当	T1603③：21	Bb 型 I 式	红陶	直径残 16.3、边轮宽 1.3、边轮厚 2.6、当心直径 4.9 厘米		彩版一六二，1、2
157	残云纹瓦当	T1603④：11	Bb 型 I 式	灰陶	直径残 7.5、边轮宽 1.3、边轮厚 2.1、当厚 1.5、当心残直径 2 厘米		彩版一六二，3、4
158	残云纹瓦当	T1603③：26	Bb 型 II 式	灰陶	直径残 14.6、边轮宽 1.1、边轮厚 2.4、当厚 1.9、当心直径 4.8 厘米	图四-13，7	彩版一六三，1、2
159	残云纹瓦当	T1603④：2	Bb 型 II 式	灰陶	直径 15.6、边轮宽 1.2、边轮厚 2.2、当厚 1.6、当心直径 4.9 厘米	图四-13，8	彩版一六三，3、4
160	残云纹瓦当	T1604④：7	Bb 型 II 式	灰陶	直径残 6.6、边轮宽 1.2、边轮厚 2.6、当厚 1.4、当心残直径 1.4 厘米		彩版一六四，1、2
161	残云纹瓦当	T1604④：10	Ca 型	红陶	直径 15.3、边轮宽 1、边轮厚 2.6、当厚 1.2、当心直径 6 厘米	图四-13，11	彩版一六四，3、4
162	残云纹瓦当	T1604④：15	Ca 型	红陶	直径残 7.5、边轮宽 1.1、当厚 1.2、边轮厚 2.4、当心残直径 3 厘米		彩版一六五，1、2

续附表二

序号	名称	标本编号	型式	质地	尺寸	插图号	图版号
163	残云纹瓦当	XTG1②：9	Cb 型	灰陶	直径残8.8、当残厚1.1、当心直径4.7厘米		彩版一六五，3
164	残云纹瓦当	XTG1④：14	Cb 型	灰陶	直径残9.5、边轮宽1.1、当厚1.4、边轮厚2.1、当心残直径5.2厘米		彩版一六六，1、2
165	残云纹瓦当	XTG2④：5	Cb 型	灰陶	直径残11.2、边轮宽1.1、当厚1.7、边轮厚2.3、当心直径5.8厘米		彩版一六六，3、4
166	残云纹瓦当	T1602④：6	Cb 型	红陶	直径14.3、边轮宽0.9、边轮厚2.8、当厚1.2、当心直径5.4厘米		彩版一六七，1、2
167	云纹瓦当	T1603④：6	Cb 型	灰陶	直径16.1、边轮宽1.1、边轮厚2.4、当心直径5.3厘米	图四-13，12	彩版一六七，3、4
168	残云纹瓦当	T1603④：13	Cb 型	灰陶	直径残8.8、边轮宽1.1、边轮厚2.4、当厚1.2、当心直径5.4厘米	图四-13，13	彩版一六八，1、2
169	残云纹瓦当	T1603④：25	Cb 型	灰陶	直径残15、边轮宽1.1、当厚1.1、边轮厚2.4、当心残直径5.3厘米	图四-13，14	彩版一六八，3、4
170	"千秋万岁"瓦当	XTG1②：10	Ba 型	红陶	直径16、边轮宽1.3、边轮厚2.1、当心直径4.2厘米		彩版一六九，1、2
171	残"千秋万岁"瓦当	XTG1③：11	Ba 型	红陶	直径残8.5、边轮宽1.1、当厚1.7、边轮厚2.3、当心残直径3.1厘米		彩版一六九，3、4
172	"千秋万岁"瓦当	XTG1③：24	Ba 型	红陶	直径15.8、边轮宽1.2、当厚1.7、边轮厚2.1、当心直径4.3厘米		彩版一七〇，1、2
173	残"千秋万岁"瓦当	XTG1③：30	Ba 型	红陶	直径残9.5、边轮宽1.3、当厚2.1、边轮厚2.3、当心残直径3.1厘米		彩版一七〇，3、4
174	残"千秋万岁"瓦当	XTG1③：31	Ba 型	红陶	直径残14.9、边轮宽1.2、当厚1.9、边轮厚2.5、当心残直径4.4厘米		彩版一七一，1、2
175	残"千秋万岁"瓦当	T1406③：8	Ba 型	红陶	直径残14、边轮宽0.9、边轮厚2.7、当厚1.7、当心残直径2厘米		彩版一七一，3
176	残"千秋万岁"瓦当	T1603④：26	Ba 型	红陶	直径残5.8、边轮宽1.2、当厚1.5、边轮厚1.9厘米		彩版一七一，4、5
177	残"千秋万岁"瓦当	XTG1③：23	Bb 型	灰陶	直径残6.4、边轮宽1.3、当厚1.6、边轮厚1.8厘米		彩版一七二，1、2
178	残"千秋万岁"瓦当	T1206③：10	Bb 型	灰陶	直径15.4、边轮宽1.2、边轮厚1.9、当心直径3.8厘米		彩版一七二，3、4
179	残"千秋万岁"瓦当	XTG1②：28	Bc 型	灰陶	直径残6.6、边轮宽0.9、当厚1.4、边轮厚2.2、当心残直径1.2厘米		彩版一七二，5、6
180	残"千秋万岁"瓦当	T1605③：15	C 型	红陶	直径残5.6、边轮宽1.2、当厚1.5、边轮厚2厘米		彩版一七三，1、2
181	残"千秋万岁"瓦当	XTG1②：4	Db 型 I 式	红陶	直径15.4、边轮宽1.2、当厚1.2、边轮厚2.1、当心直径4.1厘米		彩版一七三，3、4
182	残"千秋万岁"瓦当	XTG1③：18	Db 型 I 式	红陶	直径15.8、边轮宽1.4、当厚1.7、边轮厚2.1、当心直径4.1厘米		彩版一七四，1、2
183	残"千秋万岁"瓦当	XTG1③：32	Db 型 I 式	红陶	直径16.3、边轮宽1.4、当厚1.9、边轮厚2.3、当心残直径3.7厘米		彩版一七四，3、4
184	残"千秋万岁"瓦当	XTG2②：12	Db 型 I 式	红陶	直径残6.7、边轮宽1.5、边轮厚2.3、当心残直径0.5厘米		彩版一七五，1、2

续附表二

序号	名称	标本编号	型式	质地	尺寸	插图号	图版号
185	残"千秋万岁"瓦当	XTG2②：13	Db型Ⅰ式	红陶	直径残9.2、边轮宽1.5、当厚1.4、边轮厚2.1、当心残直径4.3厘米		彩版一七五，3、4
186	残"千秋万岁"瓦当	XTG2②：17	Db型Ⅰ式	红陶	直径残7、边轮宽1.4、当厚1.6、边轮厚2.4、当心残直径1.1厘米		彩版一七六，1、2
187	残"千秋万岁"瓦当	XTG2②：24	Db型Ⅰ式	红陶	直径16.1、边轮宽1.6、当厚2.2、边轮厚2.4、当心直径4.6厘米		彩版一七六，3、4
188	残"千秋万岁"瓦当	XTG2②：25	Db型Ⅰ式	红陶	直径13.5、边轮宽1.4、当厚1.5、边轮厚2.2、当心残直径4.1厘米		彩版一七七，1、2
189	"千秋万岁"瓦当	XTG2③：2	Db型Ⅰ式	红陶	直径16.2、边轮宽1.5、边轮厚1.9、当心直径4.2厘米	图四-14，11	彩版一七七，3、4
190	残"千秋万岁"瓦当	XTG2③：24	Db型Ⅰ式	红陶	直径16.5、边轮宽1.4、当厚1.5、边轮厚1.8、当心直径4.4厘米		彩版一七八，1、2
191	残"千秋万岁"瓦当	T1206③：6	Db型Ⅰ式	红陶	直径16.3、边轮宽1.6、边轮厚2.1、当心直径4.3厘米		彩版一七八，3、4
192	残"千秋万岁"瓦当	T1206③：7	Db型Ⅰ式	红陶	直径16.3、边轮宽1.5、边轮厚2.3、当心直径4.4厘米		彩版一七九，1、2
193	残"千秋万岁"瓦当	T1206③：9	Db型Ⅰ式	红陶	直径15.8、边轮宽1.6、边轮厚2.3、当心直径4.3厘米		彩版一七九，3、4
194	残"千秋万岁"瓦当	T1306②：6	Db型Ⅰ式	红陶	直径残6.3、边轮宽1.8、边轮厚2.3、当厚1.5厘米		彩版一八〇，1、2
195	残"千秋万岁"瓦当	T1306③：1	Db型Ⅰ式	红陶	直径16.3、边轮宽1.5、边轮厚1.8、当厚1.6、当心直径4.1厘米		彩版一八〇，3、4
196	残"千秋万岁"瓦当	T1406③：6	Db型Ⅰ式	红陶	直径16.4、边轮宽1.6、边轮厚2、当心直径4.1厘米		彩版一八一，1、2
197	残"千秋万岁"瓦当	T1603②：4	Db型Ⅰ式	红陶	直径16.6、边轮宽1.5、边轮厚2.1、当厚1.8、当心残直径3.3厘米		彩版一八一，3、4
198	残"千秋万岁"瓦当	T1603②：7	Db型Ⅰ式	红陶	直径15.7、边轮宽1.4、边轮厚1.8、当厚1.3、当心直径4厘米		彩版一八二，1、2
199	残"千秋万岁"瓦当	T1603②：9	Db型Ⅰ式	红陶	直径残8.6、边轮宽1.4、当厚2、边轮厚2.5、当心直径4.1厘米		彩版一八二，3、4
200	残"千秋万岁"瓦当	T1603②：32	Db型Ⅰ式	红陶	直径16.8、边轮宽1.6、边轮厚2.7、当厚1.8、当心直径4.3厘米		彩版一八三，1、2
201	残"千秋万岁"瓦当	T1603③：2	Db型Ⅰ式	红陶	直径残13.1、边轮宽1.5、边轮厚1.6、当厚1.6、当心直径4.1厘米		彩版一八三，3、4
202	残"千秋万岁"瓦当	T1603③：7	Db型Ⅰ式	红陶	直径残16.3、边轮宽1.5、边轮厚2.3、当心直径4.4厘米		彩版一八四，1
203	"千秋万岁"瓦当	T1603③：12	Db型Ⅰ式	红陶	直径16.2、边轮宽1.6、边轮厚2、当心直径4.2厘米	图四-14，12	彩版一八四，4、5
204	残"千秋万岁"瓦当	T1604②：2	Db型Ⅰ式	红陶	直径残8.2、当厚1.5、当心残直径3.9厘米		彩版一八四，2、3
205	残"千秋万岁"瓦当	T1604②：10	Da型Ⅰ式	红陶	直径残9.6、边轮宽1.5、当厚1.8、边轮厚2.3、当心残直径4.3厘米		彩版一八五，1、2
206	残"千秋万岁"瓦当	T1604③：18	Db型Ⅰ式	红陶	直径残15.6、边轮宽1.5、当厚1.7、边轮厚2.9、当心直径4.3厘米		彩版一八五，3、4

续附表二

序号	名称	标本编号	型式	质地	尺寸	插图号	图版号
207	残"千秋万岁"瓦当	T1605②：8	Db型I式	红陶	直径残7.3、边轮宽1.5、当厚1.5、边轮厚2.2、当心残直径1.2厘米		彩版一八六，1、2
208	残"千秋万岁"瓦当	XTG1②：14	Db型II式	红陶	直径残13.1、边轮宽1.3、边轮厚2.2、当心直径4.7厘米		彩版一八六，3、4
209	残"千秋万岁"瓦当	XTG2②：9	Db型II式	红陶	直径残9.1、边轮宽1.2、边轮厚2.3、当心残直径4.6厘米		彩版一八六，5、6
210	残"千秋万岁"瓦当	T1206②：8	Db型II式	红陶	直径14.9、边轮宽1.3、当厚2.1、边轮厚2.4、当心直径4.7厘米	图四-14，13	彩版一八七，1、2
211	残"千秋万岁"瓦当	T1206③：3	Db型II式	红陶	直径9、边轮宽1.1、当厚1.8、边轮厚2.2、当心残直径3.3厘米		彩版一八七，3、4
212	残"千秋万岁"瓦当	T1306②：8	Db型II式	红陶	直径15.3、边轮宽1.1、边轮厚2.3、当厚2.2、当心直径4.8厘米	图四-14，14	彩版一八八，1、2
213	残"长生未央"瓦当	XTG1②：8	A型	红陶	直径残12.4、边轮宽残0.7、当厚1.9、边轮厚2.3、当心残直径3.2厘米	图四-15，1	彩版一八八，3、4
214	残"长生未央"瓦当	XTG1②：16	Ba型	灰陶	直径14.7、边轮宽1.1、当厚2.1、边轮厚2.2、当心直径5.5厘米	图四-15，2	彩版一八九，1、2
215	"长生未央"瓦当	T1602④：2	Ba型	灰陶	直径15.3、边轮宽1.5、边轮厚2.3、当心直径5.5厘米	图四-15，3	彩版一八九，3、4
216	残"长生未央"瓦当	XTG1②：15	Bb型	红陶	直径13.5、边轮宽1、当厚1.6、边轮厚2.4、当心直径4.4厘米		彩版一九〇，1、2
217	残"长生未央"瓦当	XTG1②：17	Bb型	红陶	直径14.7、边轮宽1.4、当厚1.1、边轮厚2、当心直径4.5厘米		彩版一九〇，3、4
218	残"长生未央"瓦当	XTG1②：21	Bb型	红陶	直径15.8、边轮宽1、当厚1.4、边轮厚2.2、当心直径4.2厘米	图四-15，4	彩版一九一，1、2
219	残"长生未央"瓦当	XTG1③：10	Bb型	红陶	直径15.3、边轮宽1.6、当厚1.6、边轮厚2.3、当心直径4.8厘米		彩版一九一，3、4
220	"长生未央"瓦当	XTG1③：14	Bb型	红陶	直径15.9、边轮宽1.3、边轮厚2.3、当心直径4.5厘米	图四-15，5	彩版一九二，1、2
221	残"长生未央"瓦当	XTG1③：17	Bb型	红陶	直径残14.4、边轮宽1.2、边轮厚2.5、当心直径4.3厘米		彩版一九二，3、4
222	残"长生未央"瓦当	XTG1③：19	Bb型	红陶	直径14.8、边轮宽1.5、当厚1.1、边轮厚1.8、当心直径4.6厘米	图四-15，9	彩版一九三，1、2
223	残"长生未央"瓦当	XTG1③：21	Bb型	红陶	直径16.3、边轮宽1.1、当厚1.6、边轮厚2.6、当心直径4.4厘米		彩版一九三，3、4
224	残"长生未央"瓦当	XTG1③：27	Bb型	红陶	直径16.6、边轮宽1.4、当厚2.1、边轮厚2.7、当心直径4.5厘米		彩版一九四，1、2
225	残"长生未央"瓦当	XTG1③：29	Bb型	红陶	直径14.9、边轮宽1.5、当厚1.6、边轮厚2.2、当心直径4.6厘米		彩版一九四，3、4
226	残"长生未央"瓦当	XTG1③：35	Bb型	红陶	直径15、边轮宽1.2、当厚2、边轮厚2.3、当心残直径4.6厘米		彩版一九五，1、2
227	残"长生未央"瓦当	XTG2②：6	Bb型	红陶	直径残8.1、边轮宽1.2、当厚1.8、边轮厚2.9、当心残直径3.9厘米		彩版一九五，3、4
228	残"长生未央"瓦当	XTG2③：18	Bb型	红陶	直径15、边轮宽1.5、边轮厚2.1、当心直径5.3厘米	图四-15，7	彩版一九六，1、2

续附表二

序号	名称	标本编号	型式	质地	尺寸	插图号	图版号
229	"长生未央"瓦当	XTG2③：22	Bb型	红陶	直径16.4、边轮宽1.1、边轮厚2.3、当心直径4.3厘米		彩版一九六，3、4
230	"长生未央"瓦当	XTG2③：23	Bb型	红陶	直径14.9、边轮宽1.6、边轮厚1、当心直径4.6厘米	图四-15，10	彩版一九七，1、2
231	残"长生未央"瓦当	XTG2③：27	Bb型	红陶	直径15.8、边轮宽1、当厚1.4、边轮厚2.4、当心直径4.3厘米		彩版一九七，3、4
232	残"长生未央"瓦当	XTG2③：32	Bb型	红陶	直径16.3、边轮宽1.3、当厚1.6、边轮厚2.3、当心直径4.6厘米		彩版一九八，1、2
233	残"长生未央"瓦当	T1206③：1	Bb型	红陶	直径15.7、边轮宽1.1、当厚1.7、边轮厚2.2、当心直径4.2厘米	图四-15，6	彩版一九八，3、4
234	残"长生未央"瓦当	T1206③：4	Bb型	红陶	直径残15、边轮宽1.5、边轮厚2.3、当心直径4.7厘米		彩版一九九，1、2
235	残"长生未央"瓦当	T1306②：3	Bb型	红陶	直径残8.6、边轮宽1.5、边轮厚2.3、当厚1.5、当心直径3.7厘米		彩版一九九，3、4
236	残"长生未央"瓦当	T1306②：9	Bb型	红陶	直径15.7、边轮宽1.3、边轮厚2.1、当心直径5厘米	图四-15，8	彩版二〇〇，1、2
237	残"长生未央"瓦当	T1506②：3	Bb型	红陶	直径残6.6、边轮宽1.8、边轮厚2.4、当厚1.7、当心残直径1.3厘米		彩版二〇〇，3、4
238	残"长生未央"瓦当	T1602③：2	Bb型	红陶	直径15.6、边轮宽1、边轮厚2.3、当心直径4.3厘米		彩版二〇一，1、2
239	残"长生未央"瓦当	T1603①：4	Bb型	红陶	直径残13.3、边轮宽1.5、边轮厚2.3、当厚1.6、当心直径4.6厘米		彩版二〇一，3、4
240	残"长生未央"瓦当	T1603②：2	Bb型	红陶	直径残6.7、边轮宽1.3、边轮厚2、当厚1.3、当心残直径4.2厘米		彩版二〇二，1、2
241	残"长生未央"瓦当	T1603②：3	Bb型	红陶	直径残7.2、边轮宽1.3、当厚1.5、边轮厚2、当心残直径1.2厘米		彩版二〇二，3、4
242	残"长生未央"瓦当	T1603②：18	Bb型	红陶	直径残5.1、边轮宽1.2、当厚1.5、边轮厚2.5厘米		彩版二〇二，5、6
243	残"长生未央"瓦当	T1603③：11	Bb型	红陶	直径残10.5、边轮宽1.5、当厚1.6、边轮厚2.2、当心残直径5.2厘米		彩版二〇三，1、2
244	残"长生未央"瓦当	T1604②：16	Bb型	红陶	直径残7.4、边轮宽1.1、当厚1.6、边轮厚2.7、当心残直径3.1厘米		彩版二〇三，3、4
245	残"长生未央"瓦当	T1604②：17	Bb型	红陶	直径残6.3、边轮宽1、当厚1.9、边轮厚2.6、当心残直径0.3厘米		彩版二〇三，5、6
246	残"长生未央"瓦当	T1604③：1	Bb型	红陶	直径15.3、边轮宽1.7、边轮厚2.6、当心直径4.8厘米		彩版二〇四，1、2
247	残"长生未央"瓦当	T1605②：11	Bb型	红陶	直径残9.5、边轮宽1.1、当厚1.7、边轮厚2.7、当心残直径1.8厘米		彩版二〇四，3、4
248	残"长生未央"瓦当	T1605③：8	Bb型	红陶	直径残10.5、边轮宽1.2、当厚1.8、边轮厚2.5、当心残直径4.3厘米		彩版二〇四，5
249	残"长生未央"瓦当	T1605③：9	Bb型	红陶	直径残6.4、当厚1.7、当心直径2.6厘米		彩版二〇五，1、2
250	残"长生未央"瓦当	XTG1①：4	C型	红陶	直径残8.9、当厚1.9厘米		彩版二〇五，3

序号	名称	标本编号	型式	质地	尺寸	插图号	图版号
251	残"宫"瓦当	T1603 ④：18		灰陶	直径残 12.3、当厚 1.3、当心直径 5.7 厘米	图四-16，3	彩版二〇六，1、2
252	残"□□□通"瓦当	XTG1 ③：15		红陶	直径残 10、边轮宽 0.9、当厚 1.1、边轮厚 1.6、当心残直径 3.7 厘米	图四-16，2	彩版二〇六，3、4
253	残柱础石	T1602 ④：7		石	残长 8.1、残宽 11.8~19.6、厚 6.2~7.2 厘米		彩版二〇七，1

附表三　西夯土台出土陶器统计表

序号	名称	标本编号	质地	尺寸	纹饰	插图号	图版号
1	残陶双耳杯（已修复）	XTG1 ①：5	灰陶	残长 12.2、连耳宽 13.3、宽 8.7、高 4.6、厚 0.7~0.9 厘米，修复后长 15.7、连耳宽 13.7、口宽 9.8 厘米	素面		彩版二〇七，2
2	残陶双耳杯（已修复）	T1604 ④：29	灰陶	残长 11.5、残宽 7.4、高 3.9、残厚 0.5 厘米，修复后长 13.8、连耳宽 12、高 4 厘米	素面		彩版二〇七，3
3	残陶双耳杯（已修复）	T2012 ③：1	灰陶	残长 11.8、残宽 7.8、高 3.8、厚 1.1 厘米，修复后长 15.6、连耳宽 12.9、高 4 厘米	素面		彩版二〇七，4
4	残陶双耳杯（已修复）	T2012 ③：4	灰陶	残长 8、残宽 8.8、高 5.2、残厚 0.5~1.2 厘米，修复后长 15.8、连耳宽 14.1、口宽 10.5、高 4.5 厘米	素面		彩版二〇七，5
5	残陶双耳杯（已修复）	T2012 ③：7	灰陶	残长 15.9、连耳宽 13.7、口宽 10.4、高 5.3、器壁厚 4.7~5.5 厘米，修复后长 16、连耳宽 13.8、口宽 10.4、高 4.7 厘米	素面	图四-21，1	彩版二〇七，6
6	残陶双耳杯	XTG1 ①：6	灰陶	残长 8.8、残宽 3.2、残高 3.8、厚 0.8 厘米	素面		彩版二〇八，1
7	残陶双耳杯	XTG1 ①：7	灰陶	残长 7.7、残宽 3.7、残高 2.6、厚 0.7 厘米	素面		彩版二〇八，2
8	残陶双耳杯	T1603 ②：25	灰陶	残长 9.4、高 6.2、厚 0.7~1.1 厘米	素面		彩版二〇八，3
9	残陶双耳杯	T2012 ③：3	灰陶	残长 8.5、残宽 8.1、高 5.5、残 0.8 厘米	素面		彩版二〇八，4
10	残陶双耳杯	T2012 ③：8	灰陶	残长 12.7、残宽 7.6、高 4.4、厚 0.6~0.8 厘米	素面		彩版二〇八，5
11	残陶罐（已修复）	T1406 ②：9	灰陶	残长 17.3、残宽 3、残高 22.7、厚 0.9 厘米，修复后底径 19、最大腹径 28、残高 22.8、厚 0.9 厘米	口沿饰数道凸弦纹	图四-21，2	彩版二〇九，1
12	残陶豆	T1406 ③：3	灰陶	残口径 14、残高 2.2、厚 0.8 厘米，修复后口径 11.2、口沿宽 0.8、残高 3.1 厘米	素面	图四-21，3	彩版二〇九，2

续附表三

序号	名称	标本编号	质地	尺寸	纹饰	插图号	图版号
13	残陶器口沿	XTG1①：8	灰陶	残长 6.8、残宽 2.6、残高 5.6、厚 1 厘米	素面		彩版二〇九，3
14	残陶器口沿	XTG1①：9	灰陶	残长 8.9、残宽 1.3、残高 5.3、厚 0.7 厘米	腹部饰一道弦纹		彩版二〇九，4
15	残陶器口沿	T2012③：10	灰陶	残长 11.8、残高 9.4、厚 1.3 厘米	素面		彩版二〇九，5
16	残陶器口沿	T2012③：11	灰陶	残长 7.2、残高 6.7、厚 0.9 厘米	素面		彩版二〇九，6
17	残陶器口沿	T2012③：13	灰陶	残长 9.9、残高 4.8、厚 0.7 厘米	素面		彩版二一〇，1
18	残陶片	XTG2①：17	灰陶	残长 11.2、残宽 8.4、厚 0.8 厘米	表面饰粗绳纹		彩版二一〇，2
19	残陶片	XTG2①：18	灰陶	残长 10、残宽 9.2、厚 0.8 厘米	表面饰粗绳纹		彩版二一〇，3
20	残陶片	T1602④：30	灰陶	残长 9.1、残宽 6.1、厚 1.3 厘米	表面饰数道刻划曲线纹		彩版二一〇，4
21	残陶片	T2012③：12	灰陶	残长 12.8、残高 10.2、厚 1 厘米	素面		彩版二一〇，5
22	残陶片	T2012③：14	灰陶	残长 4.9、残高 7.5、厚 7.6 厘米	表面饰三角纹		彩版二一〇，6

附录一

西汉长安城的朝向、轴线及布局思想[1]

刘 瑞

（中国社会科学院考古研究所）

西汉建都于长安，其遗址位于今陕西省西安市西北郊。经过建国五十多年来数代考古学家的艰辛努力，汉长安城的考古研究取得了许多重大的成果，现在不仅这座汉王朝伟大都城的整体形制和宫殿布局大体明了，而且在考古工作的直接推动下，有关汉长安城的研究也愈来愈深入，王仲殊[2]、马先醒[3]、逸人[4]、李遇春[5]、杨宽[6]、黄展岳[7]、俞伟

［1］本文原载于《文史杂志》2007 年第 2 期。

［2］王仲殊：《汉长安城考古工作的初步收获》，《考古通讯》1957 年第 5 期。王仲殊：《汉长安城考古工作收获续记——宣平城门的发掘》，《考古通讯》1958 年第 4 期。王仲殊：《中国古代都城概说》，《考古》1982 年第 5 期，第 505~507 页。王仲殊：《汉代考古学概说》，中华书局，1984 年第 6 期。中国大百科全书编委会《考古学》编委会、中国大百科全书出版社编辑部：《汉长安城遗址》，《中国大百科全书·考古学卷》，中国大百科全书出版社，2002 年，第 159~161 页。

［3］马先醒：《汉代长安之营造及其形制》《汉长安城东面门考略》《汉代长安里第考》《中国古代城市论集》，简牍学会，1980 年。《汉简与汉代城市》，台北简牍社，1976 年。其文章目前未见，引见刘庆柱：《汉长安城的考古发现及相关问题研究》，《考古》1996 年第 10 期，第 1~14 页；杨宽：《中国古代都城制度史研究》，上海古籍出版社，1993 年。

［4］逸人：《汉唐长安城建筑设计思想初探》，《陕西省文博考古科研成果汇报会论文选》，1981 年，第 260~268 页。

［5］李遇春：《汉长安城考古综述》，《考古与文物》1981 年第 1 期，第 123、124 页。李遇春：《汉长安城的发掘与研究》，中国社会科学院考古研究所汉唐和边疆考古研究编委会《汉唐与边疆考古研究（第一辑）》，科学出版社，1994 年，第 31~47 页。李遇春、姜开任：《汉长安城遗址》，《文物》1981 年第 1 期，第 88 页。

［6］杨宽：《中国古代都城制度史研究》，上海古籍出版社，1993 年。杨宽：《汉长安城布局结构的探讨》，《文博》1984 年第 1 期，第 19~24 页。杨宽：《西汉长安城布局结构的再探讨》，《考古》1989 年第 4 期，第 348~356 页（本文所引该文章见引见《中国古代都城制度史研究》附录）。杨宽：《三论西汉长安的布局结构问题》，《中国古代都城制度史研究》，上海古籍出版社，1993 年，第 593~613 页。

［7］黄展岳：《汉长安城南郊礼制建筑的位置及其有关问题》，《考古》1960 年第 9 期，第 53~58 页。黄展岳：《汉长安城的发掘》，《新中国的考古发现与研究》，文物出版社，1984 年，第 393~397 页。黄展岳：《汉长安南郊礼制建筑遗址》，《中国大百科全书·考古学卷》，中国大百科全书出版社，1986 年，第 161、162 页。黄展岳：《关于王莽九庙问题——汉长安城南郊一组建筑遗址的定名》，《考古》1989 年第 3 期，第 261~268 页。黄展岳：《读〈汉长安未央宫〉》，《考古》1997 年第 8 期，第 94~96 页。

超[1]、贺业钜[2]、杨鸿勋[3]、刘庆柱[4]、李毓芳[5]刘运勇[6]、马正林[7]、韩国河、陈力[8]、孟凡人[9]、李如森[10]等先生都著文对汉长安城做了许多重要的研究，大量问题通过讨论逐步得以解决。

随着考古资料积累的增多，近年学界对汉长安城布局思想开展的研究逐渐增多，目前除进一步分析汉长安城规划和营建思想外[11]，过去基本遭否定的"斗城说"被重新提起[12]，直接

[1] 俞伟超：《中国古代都城规划的发展阶段性》，《先秦两汉考古学论集》，文物出版社，1985 年，第 34~53 页。

[2] 贺业钜：《考工记营国制度研究》，中国建筑工业出版社，1985 年。贺业钜：《论长安城市规划》，《建筑历史研究》，中国建筑工业出版社，1992 年，第 1~24 页。

[3] 杨鸿勋：《从遗址看西汉长安明堂（辟雍）性质》，《建筑考古学论文集》，文物出版社，1987 年。

[4] 刘庆柱：《汉长安城布局结构辨析》，《考古》1987 年第 10 期，第 937~944 页。刘庆柱：《再论汉长安城布局结构及其相关问题》，《考古》1992 年第 7 期，第 632~639 页。刘庆柱：《汉长安城未央宫布局形制初论》，《考古》1995 年第 12 期，第 1115~1124 页。刘庆柱：《汉长安城的考古发现及相关问题研究》，《考古》1996 年第 10 期，第 1~14 页。刘庆柱：《古代都城和帝陵考古学研究》，科学出版社，2000 年。刘庆柱、李毓芳：《西汉十一陵》，陕西人民出版社，1987 年，第 182、183 页。刘庆柱、李毓芳：《汉长安城的宫城和市里布局形制论述》，《考古学研究》，三秦出版社，1993 年，第 600~613 页。刘庆柱、李毓芳：《汉长安城》，文物出版社，2003 年。

[5] 李毓芳：《汉长安城未央宫的考古发掘与研究》，《文博》1995 年第 3 期，第 82~93 页。李毓芳：《汉长安城的布局和结构》，《考古与文物》1997 年第 5 期，第 71~74 页。

[6] 刘运勇：《西汉长安》，中华书局，1982 年。刘运勇：《再论西汉长安布局结构和形成原因》，《考古》1992 年第 7 期，第 640~645 页。

[7] 马正林：《汉长安城形状辨析》，《考古与文物》1992 年第 5 期，第 87~90 页。马正林：《汉长安城总体布局的地理特征》，《陕西师范大学学报（哲学社会科学版）》1994 年第 4 期，第 60~66 页。

[8] 韩国河、陈力：《试论秦汉都城规划模式的基本形成》，《纪念陈直先生文集》，西北大学出版社，1992 年，第 148~156 页。

[9] 孟凡人：《汉长安城形制布局中的几个问题》，中国社会科学院考古研究所汉唐和边疆考古研究编委会《汉唐与边疆考古研究（第一辑）》，科学出版社，1994 年，第 48~66 页。

[10] 李如森：《先秦古城演变和汉长安城模式确立》，《北方文物》1994 年第 1 期，第 10~18 页。

[11] 韩国河：《汉长安城规划思想辨析》，《郑州大学学报（哲学社会科学版）》2001 年第 5 期，第 61~65 页。韩国河：《汉代考古学研究的思考》，《中国文物报》2000 年 10 月 18 日。

[12] 史建群：《简论中国古代城市布局规划的形成》，《中原文物》1986 年第 2 期，第 91~96 页。王社教：《论汉长安城形制布局中的几个问题》，《中国历史地理论丛》1999 年第 2 期，第 131~143 页。王社教：《汉长安城的八街九陌》，《文博》1999 年第 1 期。王社教：《汉长安城斗城来由再探》，《考古与文物》2001 年第 4 期，第 60~62 页。李小波、陈喜波：《汉长安城"斗城说"的再思考》，《考古与文物》2001 年第 4 期，第 63~65 页。李小波、陈喜波：《中国古代城市的天文学思想》，《文物世界》2001 年第 1 期，第 61~64 页。陈喜波：《法天象地原则与古城规划》，《文博》2000 年第 4 期，第 15~19 页。李小波、李强：《从天文到人文——汉唐长安城规划思想的演变》，《城市规划》2000 年第 9 期。李小波：《从天文到人文——汉唐长安城规划思想的演变》，《北京大学学报（哲学社会科学版）》2000 年第 2 期，第 61~69 页。李小波：《辞赋中的古都规划思想》，《文史杂志》2001 年第 1 期，第 24~27 页。李小波：《古都形制及其规划思想流变》，《城市问题》2002 年第 3 期。刘金钟《中国建筑文化的易学内涵》，《周易研究》1997 年第 2 期，第 66~70 页。

或间接研究汉长安城的论文和专著不断出版[1]。在仔细研读前辈时贤的诸多成果后，结合文献和考古资料，我认为汉长安城城市的朝向及轴线问题、汉长安城布局思想等问题似尚可做进一步讨论，不揣鄙陋草此小文，荒言谬论贻笑于大方之家，肯祈教正。

一、汉长安城的朝向

汉王朝对都城长安的营建大致经历了下述三个高潮：第一个高潮在汉初高、惠时期，高帝时由萧何负责整修了长乐宫[2]，修建大市[3]、未央宫、武库、太仓等建筑[4]；惠帝时修筑围绕城市的城墙[5]，建设西市[6]。第二个高潮在武帝时期[7]，除修建北宫[8]、桂宫[9]、明光宫[10]外，还在城外西侧修建建章宫[11]、城南整修扩大上林苑[12]，开挖昆明池[13]，扩修京外

[1] 杨柳：《先秦西汉宫室城阙制度考释六题》，《首都师范大学学报》1994 年第 4 期，第 16~19 页。秦建明等：《陕西发现以汉长安城为中心的西汉南北向超长建筑基线》，《文物》1995 年第 3 期，第 4~15 页。刘建国：《环境遥感在城址考古中的应用试探——汉长安城环境遥感考古的尝试》，《考古》1996 年第 7 期，第 76~79 页。吴宏岐：《汉长安城兴起和衰落的风水学解释》，《唐都学刊》1997 年第 3 期，第 35~38 页。陈昌文：《汉代城市的布局及其发展趋势》，《江西师范大学学报》1998 年第 1 期，第 57~61 页。陈昌文：《汉代城市规划及城市内部结构》，《史学月刊》1999 年第 3 期，第 98~104 页。史念海：《汉代长安城的营建规模》，《中国历史地理论丛》1998 年第 2 期，第 1~40 页。徐卫民：《论秦西汉都城的面向》，《秦文化论丛（六）》，1998 年，第 54~61 页。杨东晨：《论汉都长安城对秦都咸阳的继承和发展》，《陕西历史博物馆馆刊（第六辑）》，1999 年，第 146~152 页。翟晓兰：《汉长安城与古罗马城城市布局和建设及比较之我见》，《陕西历史博物馆馆刊（第七辑）》，2000 年，第 152~157 页。佐原康夫著、张宏彦译：《汉长安城再考》，《考古与文物》2001 年第 4 期，第 85~93 页。周长山：《汉代城市研究》，人民出版社，2001 年。

[2]《史记·高祖本纪》："（七年）长乐宫成，丞相已下徙治长安。"[（汉）司马迁：《史记》，中华书局，1963 年。下同]《汉书·高帝纪》近同 [（汉）班固：《汉书》，中华书局，1964 年。下同]。

[3]《史记·汉兴以来将相名臣年表》：高祖六年"立大市"。

[4]《史记·高祖本纪》："（八年）萧丞相营作未央宫，立东阙、北阙、前殿、武库、太仓。""（九年）未央宫成。高祖大朝诸侯群臣，置酒未央前殿。"

[5]《史记·吕太后本纪》："三年，方筑长安城，四年就半，五年六年城就。"《汉书·惠帝纪》记载稍异。

[6]《汉书·惠帝纪》："（六年）起长安西市，修敖仓。"

[7]《汉书·扬雄传》："武帝广开上林，南至宜春、鼎胡、御宿、昆吾，旁南山而西，至长杨、五柞，北绕黄山，濒渭而东，周袤数百里。穿昆明池象滇河，营建章、凤阙、神明、驱娑、渐台、泰液象海水周流方丈、瀛洲、蓬莱。"

[8]《三辅黄图》（第 46 页）："高帝时制度草创，孝武增修之，中有前殿，广五十步。"（陈直：《三辅黄图校正》，陕西人民出版社，1982 年。下同）。

[9]《三辅黄图》（第 45 页）："汉武帝造，周回十余里。"

[10]《三辅黄图》（第 66 页）："明光宫，武帝太初四年秋起，在长乐宫后，南与长乐宫相联属。"《汉书·武帝纪》同。

[11]《汉书·武帝纪》：太初元年二月"起建章宫"。

[12]《三辅黄图》（第 83 页）："汉上林苑，即秦之旧苑也。"

[13]《三辅黄图》（第 92 页）："汉昆明池，武帝元狩三年穿，在长安西南，周回四十里。"

甘泉宫[1]。第三个时期是西汉末年，在汉中央朝堂对南北郊等祭祀制度的整理和不断反覆中，在汉长安城的南北侧修建了一批礼制建筑。到王莽执政，再在南郊修建了九庙和明堂、辟雍等重要的礼制建筑[2]。三次高潮中的一系列营建在逐渐丰富并改变着汉长安城的内涵。

考古工作揭示"汉长安城平面近方形……全城周长 25700 米。城墙夯筑……东、西城墙较平直；当时北城墙因邻近渭河，与河道走向基本平行，呈西南—东北方向，南城墙因牵就先筑的长乐宫、高庙和未央宫，而其中部呈外凸之状"，"汉长安城共有 12 座城门。每面 3 座城门。除清明门和雍门遗址地面已无遗迹之外，其他 10 座城门遗址地面尚保存有一些建筑遗迹"（刘庆柱：《汉长安城的考古发现及相关问题研究》，《考古》1996 年第 10 期，第 1~14 页）。考古发现的各种遗迹是今天研究汉长安城布局的基础。

（一）汉长安城东向（朝东）的确定

目前很少有学者专门讨论汉长安城的朝向问题，一般都是在总体介绍汉长安城时讲城墙接近正方向（然城墙的方向与城市本身的朝向并非同一概念）。在有关汉长安城的研究论述中，大多数学者认为汉长安城为坐北朝南（王社教：《论汉长安城形制布局中的几个问题》，《中国历史地理论丛》1999 年第 2 期，第 131~143 页；王社教：《汉长安城的八街九陌》，《文博》1999 年第 1 期；史念海：《汉代长安城的营建规模》，《中国历史地理论丛》1998 年第 2 期，第 1~40 页；徐卫民：《论秦西汉都城的面向》，《秦文化论丛（六）》，1998 年），少数学者提出它坐西朝东［杨东晨：《论汉都长安城对秦都咸阳的继承和发展》，《陕西历史博物馆馆刊（第六辑）》，1999 年，第 146~152 页］、坐南朝北（周长山：《汉代城市研究》，人民出版社，2001 年），或为朝东、朝北二向（杨宽：《中国古代都城制度史研究》，上海古籍出版社，1993 年）等。在分析相关文献和考古资料基础上，我认为汉长安城朝向问题可能要比过去的上述认识复杂，西汉早、中期它是一座坐西朝东的城市，到西汉后期它逐渐变为坐北朝南。理由如下。

1. 汉长安城城阙、宫阙方向表明汉长安城东向

（1）汉长安城的城阙和宫阙

据文献，阙是我国古代都城各建筑单元中一类具有非常重要的特殊礼仪性质的标志性建筑。

---

［1］《三辅黄图》（第 47 页）："甘泉宫，一曰云阳宫……汉武帝建元中增广之，周十九里。"

［2］中国社会科学院考古研究所：《西汉礼制建筑遗址》，文物出版社，2003 年。

《尔雅》"观谓之阙"，注"宫门双阙"。《尔雅注疏》："刘熙《释名》云：'阙在门两旁，中央阙然为道也。'《白虎通》云阙是阙疑义，亦相兼。然则其上县法象，其状魏魏然，高大谓之象魏……观与象魏、阙一物而三名也。以门之两旁相对为双，故云双阙。"《周礼·大宰》"正月之吉始和布治于邦国都鄙，乃县治象之法于象魏"，《周礼注疏》："郑司农云：象魏，阙也。""周公谓之象魏。雉门之外两观，阙高魏魏然。孔子谓之观……云观者，以其有教象可观望。又谓之阙者，阙去也仰视，治象阙去疑事。或解阙中通门，是以庄二十一年云郑伯享王于阙西辟。"《后汉书·五行志》注引《风俗通》："夫礼设阙观，所以饰门，章于至尊，悬诸象魏，示民礼法也。故车过者下，步过者趋。"[1]《史记·天官书》"两河、天阙间为关梁"，《正义》："阙丘二星在南河南，天子之双阙，诸侯之两观，亦象魏县书之府。"《隋书·天文志》曰："房四星……中间为天衢之大道，为天阙，黄道之所经也……七曜由乎天衢，则天下平和。"[2]《新序》："君子曰：天子居阊阙之中。"《汉书·郊祀志》注："应劭曰：观，阙门边两观也。礼，诸侯一观。"上述文献表明，不管是城阙还是宫阙，它们都是天子正门外的标志性建筑[3]，因此阙所在的位置和规模的大小就可显示其所附建筑的方向与等级。从文献和汉代遗物看，汉代盛行修阙，建设了城阙、宫阙、门阙和墓阙等多种多样的阙。这些阙是今天界定汉长安城朝向问题的重要标志。

---

[1]《汉书·贾谊传》："过阙则下，过庙则趋，孝子之道也。"《汉书·石奋传》："过宫门阙必下车趋，见路马必轼焉。"
[2]（唐）魏征等：《隋书》，中华书局，1973年，第544页。
[3]《三辅黄图》（第152页）："阙，观也。周置两观以表宫门，登之可以远观，故谓之观。人臣将朝，至此则思其所阙。"《古今注》记载与此同。

　　据记载，萧何在建设未央宫时营建了北阙、东阙，东阙外还建有罘罳[1]，汉武帝在建章宫建设东阙[2]。此外像早期作为皇帝朝宫后来作为太后宫城的长乐宫则建设了东、西二

[1]《汉书·文帝纪》："六月癸西，未央宫东阙罘罳灾"，师古曰："罘罳，谓连阙曲阁也，以覆重刻垣墉之处，其形罘罳然，一曰屏也。"如淳曰："东阙与其两旁罘罳皆灾也。"晋灼曰："东阙之罘罳独灾也。"在考古工作中未央宫遗址尚未发现东阙。中国社会科学院考古研究所：《汉长安城未央宫 1980~1989 年考古发掘报告》，中国大百科全书出版社，1996 年。

[2]《史记·武帝本纪》："于是作建章宫，度为千门万户。前殿度高未央，其东则凤阙，高二十余丈。"《索隐》："《三辅黄图》云：'武帝营建章，起凤阙，高三十五丈。'《关中记》：'一名别风，言别四方之风。'《西京赋》曰'阊阖之内，别风嶕峣'也。《三辅故事》云：'北有圜阙，高二十丈，上有铜凤皇，故曰凤阙也。'"考古工作者已找到其遗迹，"建章宫东门在前殿以东 700 米，宫门外二阙基址尚存，这是我国地面现存最早的古代宫阙基址。二阙址间距 53 米，保存较好的西阙址底径 17、现存高 11 米"（刘庆柱：《汉长安城的考古发现及相关问题研究》，《考古》1996 年第 10 期，第 1~14 页）。《三辅黄图》（第 42 页）还记了其他的阙名："宫之正门曰阊阖，高二十五丈，一曰璧门。左凤阙，高二十五丈。右神明台，门内北起别风阙（在阊阖门内，以其出宫垣识风从何处来，以为阙名也），高五十丈，对峙井干楼，高五十丈，辇道相属焉……《三辅旧事》云：'建章宫周回三十里。东起别风阙，高二十五丈，乘高以望远。于宫门北起园阙，高二十五丈，上有铜凤凰，赤眉贼坏之……'《庙记》云：'建章宫北门高二十五丈，建章北阙门也。又有凤凰阙，汉武帝造，高七丈五尺。凤凰阙，一名别风阙。'又云：'嶕峣阙，在园阙门内二百步。'"其引述的各种典籍中建章宫内阙的名目、位置都不一样。此外《太平御览》卷一七九引《关中记》："建章宫园阙，临北道，风在上，故号曰凤阙也"，凤阙、园阙、别风阙、凤凰阙可能应是同一阙的不同名称。园阙以形名，凤阙和凤凰阙则是繁简称呼，别风阙为凤阙别名，乃据用途命名。我认为凤阙位置应以《史记》为正，即在建章宫东部。从《西京赋》"阊阖之内，别风嶕峣"看，凤阙在阊阖门之内，而阊阖门当在建章宫东侧而非南侧。《文选·西京赋》"正紫宫于未央，表嶕阙于阊阖"，注："天有紫微宫，王者象之。紫微宫门名曰阊阖。宫门立阙以为表。嶕者，言高远也。"阊阖门不一定在宫城南，只要是宫城正门就可称为阊阖门。这如同《洛阳伽蓝记》记载魏晋、北魏洛阳城西城墙有阊阖门一样，而且洛阳城宫城正南门也为阊阖门。从《史记》记载顺序看是先东侧凤阙，表明东门为正门。建章宫实以东侧为正。至于建章宫阙的数目我想还是应以《史记》为正，如当时其他方向或方位还有阙，那史汉没理由不加以记载。而如当时真还有阙而史汉未记，那只能说明它们远没凤阙重要。即建章宫可以存在北阙，但和未央宫一样，北阙的地位要低于东阙。由于未经进一步清理确认，前述考古资料确定的阙址是否是凤阙我认为还存在很大疑问。从长安城复原平面图看，该两个夯土台基呈东西并列，位于建章宫的东部。从排列关系看，其为凤阙的可能性很小。因为，如其为凤阙，则是东阙，当南北并列，中间留出东西向的通道，与现在确定的情况相反。而如果是其他南北向的阙址，则其间应为南北向的道路，然其现位置在建章宫前殿的东侧，在目前地点出现这样一条带双阙的道路不好理解，目前在其北、南两侧均未发现其他建筑，也没有发现道路等现象的报道，因此我推测这两个夯土台基很可能仅仅是某个建章宫中的高台建筑的残留而已，因此它们是不是凤阙的问题需在今后考古工作后方能确定。从文献中明确记载未央宫有东阙、北阙，但考古工作中却未发现看，建章宫的双阙也有很大可能是已经被毁，埋没于田野之中了。

阙[1]。它们大多像《史记》记载秦迁都咸阳时特书"筑翼阙"一样，给予了醒目记载[2]（在史汉文献中，除上述几阙外，终汉一代汉长安城和未央宫等城内其他宫城中再未见到修建其他"阙"的记载）。而通过考古工作，我们还发现汉长安城建有城阙，均位于城东门的外侧，"汉长安城东面 3 座城门与其他三面的 9 座城门，形制有所不同，即前者在门址外侧，向外有凸出的夯土基址、颇似'阙'类建筑遗存。如宣平门外'阙'址西距门址 20 米。'阙'址夯上台基现存高 8.2、东西 13.8、南北 11.7 米"（刘庆柱：《汉长安城的考古发现及相关问题研究》，《考古》1996 年第 10 期，第 1~14 页）。其他城门均未发现阙——不管是南城墙居中的安门，还是

[1]《汉书·宣帝纪》"三月辛丑，鸾凤又集长乐宫东阙中树上"，张晏曰："门外阙内衡马之里树也。"《汉书·刘屈氂传》"太子引兵去，四市人凡数万众，至长乐西阙下，逢丞相军，合战五日，死者数万人，血流入沟中"，表明长乐宫有东阙、西阙。目前考古资料关于长乐宫东西阙的讨论有几个主要观点。王仲殊先生指出："四面各设一门，称司马门。其中，东面和西面的司马门是主要的，门外有阙，各称东阙和西阙。"（王仲殊：《中国古代都城概说》，《考古》1982 年第 5 期，第 505~507 页）李遇春先生指出："长乐宫四面各有一宫门名'司马门'，东西'司马门'是主要的，东西二司马门是主要通道，门外有阙，称东阙和西阙。南'司马门'与南宫墙东的覆盎门南北相对，从覆盎门通过南司马门直达长乐宫前殿。"［李遇春：《汉长安城的发掘与研究》，中国社会科学院考古研究所汉唐和边疆考古研究编委会《汉唐与边疆考古研究（第一辑）》，科学出版社，1994 年，第 31~47 页］刘庆柱、李毓芳先生曾指出："像未央宫一样，长乐宫四面各有一座司马门，现已勘探出东、西、南 3 座司马门，东司马门与霸城门相对。西司马门隔安门大街与直城门大街东西相对。东、西二司马门之间为一东西的大路横贯长乐宫。南司马门与覆盎门相对。出覆盎门北经南司马门，有南北大路通至东西司马门之间的大路上。东、西二司马门之外各有双阙，分别称东阙、西阙。东、西司马门应为长乐宫的主要宫门，勘探中还发现，长乐宫东、西、南宫墙之上均辟有掖门。"（刘庆柱、李毓芳：《汉长安城的宫城和市里布局形制论述》，《考古学研究》，三秦出版社，1993 年，第 600~613 页）李毓芳先生也指出，长乐宫"宫城四面各设一座宫门，东西二宫门是主要通道，门外筑有阙楼，称东阙和西阙"（李毓芳：《汉长安城的布局和结构》，《考古与文物》1997 年第 5 期，第 71~74 页）。现在可以见到的汉长安城的复原图，包括在王仲殊先生（王仲殊：《中国古代都城概说》，《考古》1982 年第 5 期，第 505~507 页）、李遇春先生［李遇春：《汉长安城的发掘与研究》，中国社会科学院考古研究所汉唐和边疆考古研究编委会《汉唐与边疆考古研究（第一辑）》，科学出版社，1994 年，第 31~47 页］、刘庆柱、李毓芳先生（刘庆柱、李毓芳：《汉长安城的宫城和市里布局形制论述》，《考古学研究》，三秦出版社，1993 年，第 600~613 页）均标记东阙、西阙，其在正对霸城门和直城门的长乐宫东西宫墙附近。然目前有关考古资料对其一直未加介绍。我认为在刘庆柱先生（刘庆柱：《汉长安城的考古发现及相关问题研究》，《考古》1996 年第 10 期，第 1~14 页）、李毓芳先生（李毓芳：《汉长安城的布局和结构》，《考古与文物》1997 年第 5 期，第 71~74 页）的综述文章和长安城复原图上未显示长乐宫东西阙的原因除可能是后来在进一步工作中否定了原关于东西阙的钻探资料才出现不同时期复原图不同的差异外，更大的可能是原复原图和有关论述中关于长乐宫东西阙的位置仅是对照文献的复原，而在钻探中其并未发现。它们在复原图上的反映和最近刘庆柱、李毓芳先生的复原所反映出的基于完全考古资料上的复原实际代表的是不同的复原概念。即，在复原图中是否将已发现的迹象和虽然有文献记载但未发现的迹象同时显示在同一张复原图中代表了不同的复原风格。因资料有限，本文不讨论长乐宫的东西阙问题。

[2]《史记·秦本记》："十二年，作为咸阳，筑冀阙，秦徙都之。"文献其他专门记载立阙的史料还很多，如《史记·鲁周公世家》："鲁公伯禽卒，子考公酋立。考公四年卒，立弟熙，是谓炀公。炀公筑茅阙门。"这种详细记述门阙营建的思想来源可能如《三辅黄图·序》（第 2 页）："昔孔子作《春秋》，筑一台，新一门，必书于经，谨其废农时夺民力也。"

正对未央宫南门的西安门均未发现存在阙的迹象。

据文献，城阙象征国都，宫阙象征天子，均具有非常崇高的地位。汉长安城[1]的宫阙之下是上书、待罪之所[2]，也是宣布重大决定的所在，汉还设置专职负责阙下上书的官员[3]。阙往往被当时世人看成都城或天子宫城的代表，如《汉书·息夫躬传》："卒有强弩围城，长戟指阙，陛下谁与备之？"朝廷也被称为"阙庭"[4]。到阙下就等于见到天子，故《汉书·昌邑哀王刘髆传》："贺到霸上，大鸿胪郊迎，翳奉乘舆车。王使仆寿成御，郎中令遂参乘。旦至广明东都门，遂曰：礼，奔丧望见国都哭。此长安东郭门也。贺曰：我嗌痛，不能哭。至城门，遂复言，贺曰：城门与郭门等耳。且至未央宫东阙，遂曰：昌邑帐在是阙外驰道北，未至帐所，有南北行道，马足未至数步，大王宜下车，乡阙西面伏，哭尽哀止。王曰：诺。到，哭如仪。"

从今天保留和发掘出的一系列汉阙形象看，阙体高大挺拔，引人注目。而正因为这点，阙在当时也就很容易遭雷电击中发生灾害，史汉记载中的阙灾不少就发生在宫阙上，如《汉书·景帝记》："秋八月己酉，未央宫东阙灾。"而由于阙拥有了上述的象征性意义和功能，发生在阙上的灾异就常与政治生活或宫廷事件联系起来[5]，也显示出它的重要性。

综上，汉代"阙"既然具有如此重要的地位，如将汉长安城规划建设中有意识安排的城阙和宫阙进行考查，那么汉长安城的朝向等问题也就不再是过去所认识的朝南[6]。

（2）未央宫的正门为东门

古人曾对未央宫宫阙安排在北、东侧进行过专门的讨论。

《史记正义》：

颜师古云："未央殿虽南向，而当上书奏事谒见之徒皆诣北阙，公车司马亦在北焉。是则以北阙为正门，而又有东门、东阙，至于西南两面，无门阙矣。萧何初立未央宫，以厌胜之术理宜然乎？"按："北阙为正者，盖象秦作前殿，渡渭水属之咸阳，以象天极阁道绝汉抵营室。"

《史记集解》：

《关中记》曰："东有苍龙阙，北有玄武阙，玄武所谓北阙。"《索隐》："东阙名苍龙，

[1] 在未央宫椒房殿遗址正殿台基之南东西并列二夯土台基，发掘者认为是阙址，见中国社会科学院考古研究所：《汉长安城未央宫1980~1989年考古发掘报告》，中国大百科全书出版社，1996年，第192页。诚如是，此为殿阙，标示该殿的朝向。

[2]《汉书》中"诣阙上书"的记载很多，如《汉书·朱买臣传》《汉书·主父偃传》等。悬首、待罪于阙的记载，如《史记·梁孝王世家》《汉书·傅介子传》《汉书·匈奴传》《汉书·王尊传》。

[3] 应劭《汉官仪》上："公车司马令，周官也，秩六百石，冠一梁，掌殿司马门，夜徼宫中，天下上事及阙下，凡所征召，皆总领之。"

[4]《汉书·梅福传》："以天下布衣各厉志竭精以赴阙廷自衒鬻者不可胜数。"又见《汉书·马宫传》《汉书·王莽传》。

[5]《汉书·五行志》。

[6] 杨宽先生认为汉长安城为东向的一个依据就是东阙的存在（《中国古代都城制度史研究》，上海古籍出版社，1993年，第116、117页）。

北阙名玄武，无西南二阙者，盖萧何以厌胜之法故不立也。《说文》云：'阙，门观也。'高三十丈。秦家旧处皆在渭北，而立东阙北阙，盖取其便也。"

《汉书·高帝纪》注近同。现在看来颜师古的认识大多不对。如他认为汉未央宫以北门为正门[1]，理由是其为"上书奏事"所经，"公车司马亦在北焉"。然第一，公车司马门在未央宫四门皆有[2]，难作北门为正的依据。第二，《汉书·五行志》载："文帝七年六月癸酉，未央宫东阙罘罳灾。刘向以为东阙所以朝诸侯之门也，罘罳在其外，诸侯之象也。"

则东阙乃汉代朝见诸侯之宫门，诸侯朝请乃国之大事[3]，朝请时所经之门阙，必是未央宫的正门。也就是说，未央宫的北阙门为百官、平民"上书奏事"之门，东阙为"朝诸侯之门"，它们拥有不同的功能区分——北阙为处理日常事务所经的门阙，东阙则是处理国家大事时所经，汉人刘向关于东阙地位的意见非常重要（从上述文献看，东阙外为驰道，地位崇高。详下）。第三，史汉文献记载萧何营建未央宫时，记叙顺序均先东阙后北阙，表明东阙地位重于北阙[4]。第四，文献关于东阙受灾的次数多于北阙[5]，间接显示东阙建筑规模应大于北阙，故其上灾害会较之为多。而建筑规模的大小又往往与建筑等级密切相关，因此也就可看出东阙大于北阙，级别亦高于北阙。第五，据上述昌邑王入京时大鸿胪提到的相关礼仪看，他见到未央宫东阙后不得不"哭如仪"，不能再有任何推脱，因此东阙也理应为未央宫正门。第六，未央宫有东阙、北阙，长乐宫和建章宫也同样修建东阙，表明它们一以贯之的对东门的重视[6]。三座宫城均修建东阙表明，东侧建阙应是当时统一的制度使然。综上可知，未央宫的正门当是朝诸侯所用的东门，未央宫以东阙为正门，颜师古说法不确[7]。同理，据宫阙的位置可知，长乐宫和建章宫也应以东阙为正门。而正门的方向代表着的是其所属建筑的朝向，故未央宫、长乐宫和建章宫的朝向应与东阙位置一致，朝东。

（3）据汉长安城城阙、宫阙的位置，汉长安城应以东门为正门，朝向为东

---

［1］刘运勇（1982年，第55页）、史念海、史先智等先生也认为汉未央宫以北阙为正门。史念海、史先智：《十六国和南北朝时期长安城中的小城、子城和皇城》，《中国历史地理论丛》1997年第1期，第11页。

［2］《三辅黄图》（第50页）"汉未央、长乐、甘泉宫，四面皆有公车"，自注："公车，主受章疏之处。"

［3］《史记·吴王濞列传·集解》："孟康曰：律，春曰朝，秋曰请，如古诸侯朝聘也。"

［4］记述的顺序是东阙、北阙、前殿、武库、太仓，按重要性讲是最重要的在前，次要的在后。

［5］文献中又记载未央宫东司马门灾，如《汉书·成帝纪》。

［6］史念海先生指出东侧开门仅是"为了帝王行动的方便"，是为了"长乐宫省视"太后方便（史念海：《汉代长安城的营建规模》，《中国历史地理论丛》1998年第2期，第1~40页）。诚如是，那长乐宫开东阙的原因就不好解释了。

［7］刘庆柱先生指出未央宫东门为正门，见中国社会科学院考古研究所：《汉长安城未央宫1980~1989年考古发掘报告》，中国大百科全书出版社，1996年，第264页。刘运勇先生提出安排北阙和东阙的原因是因为"汉初在渭河以南营建国都时，势必要充分利用渭北咸阳故都留下来的物质基础"（刘运勇：《再论西汉长安布局结构和形成原因》，《考古》1992年第7期，第640~645页），我认为因渭北已遭到项羽的大规模破坏，因此秦都为汉初长安城的北侧所留下的更多的可能是建筑瓦砾和焦土。

第一，据考古发现，汉长安城只在东城墙上的三座城门外营筑"阙"这种显示地位和方向的礼仪建筑，在南、西、北等城墙的城门外则未发现阙，表明汉长安城是以东门为正门无疑。第二，从前述长乐宫、未央宫和建章宫均以东阙为正门、以东为正看，既然长安城城内外的主要宫城长乐宫、未央宫和建章宫都朝东，都城也以东门为正门，那么汉长安城城市的方向也就应该朝东。即，汉长安城城阙、宫阙反映出城市的方向是朝东而非朝南，汉长安城应是一座朝东的城市。第三，从汉代之后历代都城的一系列考古发现看，均在其正门或主殿的正向上修建阙，其所在的位置与城市朝向一致。如汉魏洛阳宫城阊阖门[1]、邺南城朱明门[2]、唐洛阳应天门[3]、唐长安含元殿[4]、明清故宫午门[5]等，都是当时都城中最重要的门或建筑，其外侧均建设高大巍峨的阙，阙的方位、阙所在的宫城等建筑以及它们所在城市的朝向三者完全统一。因此，如从晚期都城的情况看，汉长安城也应该是一座朝东的城市。

综上，鉴于阙所具有的标志出建筑朝向的特征和汉长安城东门外均施双阙、未央宫建东阙、北阙，长乐宫、建章宫等均建东阙的情况看，汉长安城的朝向应为东向。

2. 长乐宫、霸城门内大街、明光宫等范围的确定，表明汉长安城朝向为东

（1）目前认识的长乐宫的范围需要重新界定

按文献，长乐宫为汉初在秦离宫兴乐宫基础上整修而成[6]，在未央宫修建完成之前它短暂地作为了一段时间的汉代正朝，未央宫建成后，它一直作为太后居住的后宫，地位略低于未央宫。在目前见到的各种汉长安城复原图上，未央宫位于长安城西南，长乐宫在长安城的东南，长乐宫面积均大于未央宫。"长乐宫内的主要宫殿建筑分布在东西干路南部，现已勘探出东西分布的三组大型宫殿建筑群。东边宫殿建筑遗址群规模最大，夯土基址东西 116、南北 197 米。基址内部东西并列三阶。基址之上南北排列三组殿址：南殿址东西 100、南北 56 米，中殿址东西 43、南北 35 米，北殿址东西 97、南北 58 米。该夯土基址西邻长乐宫南宫门至长乐宫东西干路的南北大路东侧，从其规模和布局结构来看，很可能属于长乐宫前殿遗址。在宫城西北部也有

[1] 中国社会科学院考古研究所汉魏城工作队：《河南洛阳汉魏故城北魏宫城阊阖门遗址》，《考古》2003 年第 7 期。

[2] 中国社会科学院考古研究所、河北省文物研究所邺城考古队：《河北临漳县邺南城朱明门遗址的发掘》，《考古》1996 年第 1 期，第 1~9 页。

[3] 杨焕新：《洛阳隋唐宫城应天门东阙遗址》，《中国考古学年鉴（1991）》，文物出版社，1993 年，第 234 页。洛阳市文物工作队：《隋唐东都应天门遗址发掘简报》，《中原文物》1988 年第 3 期，第 22~24 页。

[4] 中国社会科学院考古研究所：《唐长安大明宫》，科学出版社，1959 年。中国社会科学院考古研究所西安唐城工作队：《唐大明宫含元殿遗址 1995~1996 年发掘报告》，《考古学报》1997 年第 3 期，第 341~406 页。

[5] 程敬琪"北京城"，《中国大百科全书·建筑、园林、城市规划卷》，中国大百科全书出版社，1988 年，第 16 页。

[6] 《史记·刘敬叔孙通列传·集解》："《关中记》曰：长乐宫本秦之兴乐宫也，汉太后常居之。"《三辅黄图》（第 11 页）："兴乐宫，秦始皇造，汉修饰之，周回二十里，汉太后常居之。"（第 33 页）"长乐宫，本秦之兴乐宫也。高皇帝始居栎阳，七年长乐宫成，徙居长安城。《三辅旧事》《宫殿疏》皆曰：'兴乐宫，秦始皇造，汉修饰之，周回二十里。'"

一些宫殿建筑，如罗寨村北发掘的汉化宫殿建筑遗址，周围有一长方形院落，院落东西 420、南北 550 米，院南部中间外凸。院内的宫殿基址东西 76.2、南北 29.5 米，台基周施回廊。廊道方砖铺地，廊外置卵石散水。长乐宫东北部为池范区。"（刘庆柱：《汉长安城的考古发现及相关问题研究》，《考古》1996 年第 10 期，第 1~14 页）"长乐宫的宫墙破坏较甚，大部已断续不相连接，范围较未央宫为大。"[1] 据最新测绘成果，未央宫面积为 4636882.5 平方米，长乐宫面积为 6767506.5 平方米[2]。我认为，现公认的长乐宫在与未央宫面积大小的比例关系上不仅与文献记载不符，也不符合汉代制度，长乐宫范围需重新界定。

首先，汉长乐宫是在秦离宫兴乐宫基础上建成，沿袭了秦兴乐宫规模。据现有研究成果，汉未央宫在秦章台宫基础上扩建（刘庆柱：《汉长安城未央宫布局形制初论》，《考古》1995年第 12 期，第 1115~1124 页）。《三辅黄图》记载，长乐宫周回二十里，未央宫周回二十八里[3]，可见长乐宫要比未央宫小，这与我们现复原两宫城大小的情况正好相反。据记载，秦章台宫是渭南重要的宫城，而秦兴乐宫却仅是秦渭南诸宫中的一座普通宫城，而可能也正因为于此，兴乐宫才在秦末项羽战火中受到较小的破坏，于是汉初才因其破坏少而扩建为长乐宫。此外，据《史记·樗里子甘茂列传》："昭王七年，樗里子卒，葬于渭南章台之东。曰：'后百岁，是当有天子之宫夹我墓。'樗里子疾室在于昭王庙西渭南阴乡樗里，故俗谓之樗里子。至汉兴，长乐宫在其东，未央宫在其西，武库正直其墓。"

汉代长安城武库的位置确定并已发掘[4]。从樗里子的话分析，当时两宫面积都应不大，故才有是语[5]。而既然长乐宫仅是在秦兴乐宫基础上修葺而成，而当时樗里子居住的樗里又夹在秦章台宫和兴乐宫之间，可见当时兴乐宫较小，如其有现复原规模的话，樗里子当不会有如是之语。因此从文献看，无论秦或汉，秦兴乐宫和汉长乐宫都不会大于秦章台宫和汉未央宫。

第二，据文献，当刘邦见到修建中的未央宫后非常生气："宫阙壮甚，怒，谓萧何曰：'天下匈匈苦战数岁，成败未可知，是何治宫室过度也？'萧何曰：'天下方未定，故可因遂就宫室。

---

［1］中国科学院考古研究所资料室：《中国科学院考古研究所 1961 年田野工作的主要收获》，《考古》1962 年第 5 期，第 273 页。

［2］董鸿闻等：《汉长安城遗址测绘获得的新信息》，《考古与文物》2000 年第 5 期，第 39~49 页。该文表五（第47 页）题为"汉长安城宫城形状数据表"，从表内数据看，表内"汉长安宫城"就是汉长安城未央宫。从测绘所附图看，测量时的长乐宫宫墙范围要比相关考古资料中显示的范围大，因此面积也要大于实际的面积，不过长乐宫比未央宫大的情况在如今可见的各种图上都是非常肯定的事情。

［3］《三辅黄图》（第 36 页）记载未央宫周回二十八里。陈直先生在《三辅黄图校正》注中指出，《西京杂记》记载未央宫周回二十二里九十五步，《长安志》引《关中记》未央宫周回三十一里。各书记载虽有不同，然未央宫的周长均大于长乐宫的周长。

［4］中国社会科学院考古研究所汉城工作队：《汉长安城武库遗址发掘的初步收获》，《考古》1978 年第 4 期，第261~269 页。李遇春：《汉长安城武库遗址的发掘》，《人文杂志》1981 年第 5 期，第 127、128 页。

［5］樗里子是否真有是语当然现在无法求证，不过这句话可以反映出汉代司马迁在写《史记》时，人们依然知道秦代这里左右的宫城都很小，和汉代的规模不一样。

且夫天子四海为家，非壮丽无以重威，且无令后世有以加也。'高祖乃说。"

在此前长乐宫早已修葺完成并进行过正规朝仪[1]。因此，如当时"长乐宫"有我们复原的远超未央宫规模的话，刘邦当时无论如何也不可能"怒"其规模之大，而我觉得他很可能是震怒其规模怎么比长乐宫还小了。当然，萧何也肯定不敢在如今天所复原出的二宫大小比例的情况下去豪气万丈地说"非壮丽无以重威，且无令后世有以加"的话了。而且从文献记载看，楚汉战争初期汉的实力有限并集中用于军事，应没有充足的力量来修建一座如我们今天所复原的规模大过未央宫的长乐宫。因此，不论从刘邦的态度、萧何的对答还是从汉初的实力看，实际上长乐宫肯定要小于未央宫，汉长安城中的未央宫应是规模最大的宫城。

第三，据《三辅黄图》，长乐宫前殿"东西四十九丈七尺，两杼中三十五丈，深十二丈"[2]，未央宫前殿"东西五十丈，深十五丈，高三十五丈"[3]。从考古发现看，长乐宫"东边宫殿建筑遗址群规模最大、夯土基址东西 116、南北 197 米……该夯土基址西邻长乐宫南宫门至长乐宫东西干路的南北大路东侧，从其规模和布局来看，很可能属于长乐宫前殿遗址"（刘庆柱：《汉长安城的考古发现及相关问题研究》，《考古》1996 年第 10 期，第 1~14 页），未央宫前殿"现存台基基础呈长方形，南北长 400、东西宽 200 米"[4]。可见，无论是据文献记载还是据考古发现，以作为宫城内最大建筑的前殿来进行比较，长乐宫的前殿均小于未央宫前殿。那么按现复原认识的长乐宫面积看，在比未央宫大的宫城里修建一个比未央宫前殿小的前殿就不合比例，不好理解。

综上可知，汉代的长乐宫均应小于未央宫。因此可知，今所复原的长乐宫既然规模大于未央宫，那么此"长乐宫"必非汉长乐宫，应还包括本不属长乐宫的其他建筑。长乐宫的具体范围需重新界定。多年来考古工作为这个问题的解决提供了不少非常重要的线索。

（2）霸城门内大街的确定

"80 年代中期对长乐宫进行了较全面的勘探。宫城中部有一条横贯全宫的东西干路，向东通至霸城门，向西与直城门大街相连接，路土宽 45~60 米，路面分为三道，中道路面较平，两侧路面略呈弧形。这条宫内大道形制与城内'八街'相近，是值得重视的一个现象。"（刘庆柱：《汉长安城的考古发现及相关问题研究》，《考古》1996 年第 10 期，第 1~14 页）该发现为长

[1]《史记·刘敬叔孙通列传》。

[2]《三辅黄图》（第 34 页）："前殿东西四十九丈七尺，两杼中三十五丈，深十二丈。"

[3]《三辅黄图》（第 36 页）："前殿东西五十丈，深十五丈，高三十五丈。"

[4] 中国社会科学院考古研究所：《汉长安城未央宫 1980~1989 年考古发掘报告》，中国大百科全书出版社，1996 年，第 15 页。

乐宫范围的重新界定提供了考古学资料[1]。

　　通过长期积累的汉长安城考古钻探和发掘资料，我们对汉长安城内道路规格已取得较为深刻的认识。"汉长安城的 12 座城门之中，除了与宫城宫门相对的 4 座城门之外，其余 8 座城门各与城内一条大街相连。大街笔直，或为南北向，或为东西向。这可能就是文献所载的'八街'。八条大街之中以安门大街最长，约 5400 米；洛城门大街最短，约 470 米。八条大街之中，东西向的宣平门大街、清明门大街、雍门大街、直城门大街和南北向的安门大街较宽，路宽 45~56米……八街的每条大街均分为三道，中道宽 20 米，此乃文献所载之'驰道'。中道两边各有一道，其间以排水沟相隔……在长安城内侧，沿城墙有环城道路，即文献中的'环涂'。东城墙内的环城路宽约 30 多米"（刘庆柱：《汉长安城的考古发现及相关问题研究》，《考古》1996年第 10 期，第 2、3 页）。城内的各宫城内的道路则均为单股，宽度和规模均远远小于都城内的主要道路。如未央宫内发现两条东西向干道和一条南北向干道，其中前殿北侧的东西干道宽8~12 米，南侧的东西干道宽 12 米，南北向干道宽 10~12 米[2]。北宫南宫门到直城门大街间道路宽 9 米，宫门面阔 7 米，宫门内侧的道路保存不好，情况不详[3]。在桂宫中也发现"南北宫门有南北向干路相连。宫城中部的东向路，由东宫门向西通至宫城南北干路"[4]（未报道道路宽度）。桂宫四号遗址发掘中发现"南北现存长 95、东西宽 8.92 米"的通道[5]。上述考古资料表明，汉长安城内不同位置道路的具体规格不同，存在着诸如干道（即下文提到的驰道）宽45~56、环途宽 30、宫城内宽约 12 米等差别，表明当时已有具体建筑标准来规范不同位置的道路规模。对城内道路根据所在位置不同而制定不同宽度和结构要求、建筑的规范，是当时建筑设计思想成熟发展的标志之一。那么如从未央宫作为汉朝宫地位分析，在等级社会中与它有关的各种建筑规格当为最高，其他宫城内的道路应不会超过未央宫内道路的 12 米宽度。那么，从现复原的"长乐宫"内东西干道宽达 45~60 米，与城内大道无异看，远超未央宫内道路，不符

---

[1] 此路探出后，刘庆柱先生指出这"是一个很值得重视的现象"（刘庆柱：《汉长安城的考古发现及相关问题研究》，《考古》1996 年第 10 期，第 1~14 页），还指出"从规格、位置来看，直城门与霸城门之间原来可能是一横贯东西的大街。如果这一推测确实的话，那么长乐宫的形制结构就存在着时代早晚的不同变化了"（刘庆柱、李毓芳：《汉长安城》，文物出版社，2003 年，第 23 页）。佐原康夫也认为这条"新发现的东西向道路，作为宫殿区内的道路则很不自然"[（日）佐原康夫著、张宏彦译：《汉长安城再考》，《考古与文物》2001 年第 4 期，第 85~93 页]。

[2] 中国社会科学院考古研究所：《汉长安城未央宫 1980~1989 年考古发掘报告》，中国大百科全书出版社，1996 年，第 14 页。

[3] 中国社会科学院考古研究所汉城工作队：《汉长安城北宫的勘探及其砖瓦窑的发掘》，《考古》1996 年第 10 期，第 23 页。

[4] 刘庆柱：《汉长安城的考古发现及相关问题研究——纪念汉长安城考古工作四十年》，《考古》1996 年第 10 期，第 4 页。

[5] 中国社会科学院考古研究所、日本奈良国立文化财研究所中日联合考古队：《汉长安城桂宫四号建筑遗址发掘简报》，《考古》2002 年第 1 期。

合现知的汉长安城内道路宽度的标准。

按汉代制度，道路如分三股，则中间一股就名为"驰道"，为天子专行[1]，行驶其中有严格的制度规定。《汉书·成帝纪》："孝成皇帝，元帝太子也……初居桂宫，上尝急召，太子出龙楼门，不敢绝驰道，西至直城门，得绝乃度，还入作室门。上迟之，问其故，以状对。上大说，乃著令，令太子得绝驰道云。"

作为天子专行的驰道，如未得特许通行其间，属严重违法事件[2]，会遭到免爵[3]、没收车马等处罚[4]，即使贵为太子也难逃责罚。而即使得到允许，驰道中所走位置也有明确规定[5]。

从考古资料中的汉长安城城门内主要街道看，前述"长乐宫"内的东西向道路无论从宽度还是结构都与城内其他大街一致，而与其他宫城内外的道路迥异。如此规格的大街如仅作为宫内道路使用，不仅表明在未央宫内都严格执行的建筑规范到长乐宫里出现了异常，而且这种设计将很不利于长乐宫内的日常活动。这是因为，从现复原平面看，"长乐宫"实际被这条具驰道结构的大道分为南北两区。据"驰道"制度，"长乐宫"内人员如想在其南北间通行活动的话，他（她）们就不得不经常像成帝为太子时那样，被迫沿着这条道路向东或者向西，直到到达东面或西面的宫门或路口后再往回折，这样的设计实在让人费解。

综上我认为，就作为汉初临时修就的朝宫、后长期作太后之宫的长乐宫的性质来说，其均低于未央宫一级。而现在不仅它复原面积大于未央宫，且宫内道路规格大于未央宫等其他宫城，在制定出"驰道"等规定的等级社会中出现的可能性应不大，因此这条东西向大道不会是普通的宫城内道路。同时，如我们把其他城门内同等规格的同等结构道路确认为是城内干路，那我们也很难有理由将这条正对霸城门的道路认为是一条宫城内通道。因此，霸城门内的这条东西向大道无论从规格还是从位置看，都属城内骨干大道无疑。即，现复原的"长乐宫"内发现的这条东西向三股道路应和长安城中其他城门内的大道一样属城内主干道无疑[6]。而且这条道路还将今所复原的"长乐宫"一分为二，既不利于长乐宫内的日常活动，更不利于长乐宫的安全。从长安城内各宫城看，除现在这座被一条大道贯通而过形成的开放的"长乐宫"外，其他宫城

---

[1] 应劭注《汉书》曰："驰道，天子所行道也，若今之中道。"《三辅黄图》："蔡邕曰：驰道，天子所行道也，若今之中道然。"

[2] 《史记·滑稽列传》："有诏得令乳母乘车行驰道中。"

[3] 《汉书·高惠高后文功臣表》："孝景后一年，侯昧嗣，二十四年，元狩五年，坐行驰道中，免。"

[4] 《汉书·江充传》注："如淳曰：令乙，骑乘车马行驰道中，已论者，没入车马被具。"

[5] 《汉书·鲍宣传》注："如淳曰：令诸使有制得行驰道中者，行旁道，无得行中央三丈也。"《三辅黄图》（第17页）："诸侯有制，得行驰道中者行旁道，无得行中央三丈。不如令，没入其车马。"

[6] 佐原康夫认为霸城门内的这条直达直城门的大街是早期秦代驰道，汉代的"未央宫是依靠这条道路修建的，故不仅长乐宫的原型是离宫，而且通过它的大道也可能是沿用秦代的"［（日）佐原康夫著、张宏彦译：《汉长安城再考》，《考古与文物》2001年第4期，第85~93页］，秦代渭南地区驰道的情况目前考古资料还很不足，此说是否能够成立还得今后更多考古资料验证。

均无一例外的被连续的城墙封闭起来（一直到明清时期，像"长乐宫"这样的被城内大街贯穿而过的"开放"的宫城也没有出现），"长乐宫"明显有悖常理。从它汉初为朝宫、后作皇后之宫的性质看，它对安全性和封闭性的要求肯定不会低于未央宫，不当出现上述情况。也就是说，如坚持认为复原面积即为"长乐宫"而又要保证其封闭和安全的话，那么实际就需要顺着这条霸城门内大街在其南北各修一条东西向城墙与东西侧南北向城墙连接，而如果这样，那在这条霸城门内大道的南北实际上就存在南北两个宫城。因此无论如何，霸城门内这条东西向大道的存在表明，过去复原的"长乐宫"的南北并不是同一座宫城，过去乃是将本不相连的两座或几座宫城连在一起，霸城门内大道发现后就需将它们重新分开[1]。

（3）明光宫位置的重新界定

据记载，在长安城内武帝时还在长乐宫北侧修建明光宫[2]，该宫到平帝时已基本不用[3]，所以作为大臣的王商还曾借住过一段时间[4]，但到王莽执政时它又有被启用[5]。它的范围，"现在大多数学者认为其地望在清明门大街以北、宣平门大街以南、安门大街以东、东城墙以西的范围之内"（刘庆柱：《汉长安城的考古发现及相关问题研究》，《考古》1996 年第 10 期，第 1~14 页），长期以来这里一直没有进行具体的考古工作，也没有发现宫城城墙、建筑等遗迹。从汉长安城复原图看，明光宫的范围大于已勘查清楚的桂宫和北宫等宫城。

从与汉明光宫相关的文献记载看，它使用率不高，其地位应不仅不及未央、长乐二宫，也应不及桂宫、北宫等二宫城，是长安城内一座不重要的宫城。这与目前普遍认为明光宫范围明显大于已勘查清楚的地位高于它的桂宫和北宫等宫城的情况存在矛盾。从它曾被外戚借住避暑看，其面积也应不大。试想，如明光宫面积如此宽阔，那应不会随意假手予人。即，单从面积言，复原的明光宫范围应比实际面积大了。那明光宫到底在哪里呢？据霸城门内大街的发现，我认为明光宫应位于霸城门内大街北侧，也就是原认为的长乐宫的宫内东西向道路北部的空间。

据前文，一旦霸城门内大街作为长安城内的主要干道，那也就排除了原定的长乐宫范围，这样霸城门内大街北侧由宫墙围护起来的区域就明显属于另一座宫城。据《三辅黄图》，明光

---

[1]刘庆柱、李毓芳先生最近指出这条霸城门——直城门大街应该是城内的大街，"现在我们了解到的长乐宫的规模最早也应形成在汉惠帝以后。推测最初的长乐宫不包括那条东西大道以北部分，而那里主要是鱼池、酒池类建筑。这些池苑是由秦始皇建造的……在兴乐宫基础上改建之初，长乐宫的池苑（酒池、鱼池）仍在宫城之外，后来宫城扩大，才将其圈入宫城之内"（刘庆柱、李毓芳：《汉长安城》，文物出版社，2003 年，第 109 页）。我认为在几乎详尽记载宫城建设的史籍中现在暂时还找不到与长乐宫扩展相关的记载，而且这条大街如果一开始就作为城内主要大街的话，后来长乐宫把它包括进去就等于是把长安城唯一一条直通东西城门的主动脉给截断，这样的大事史书应不会漏载，所以我想这条大道的南北方始终属于不同的宫城。

[2]《汉书·武帝纪》："秋，起明光宫。"师古曰："《三辅黄图》云在城中。《元后传》云成都侯商避暑借明光宫，盖谓此。"《三辅黄图》（第 66 页）："明光宫，武帝太初四年秋起，在长乐宫后，南与长乐宫相联属。"

[3]《汉书·平帝纪》："罢明光宫及三辅驰道。"

[4]《汉书·元后传》："初，成都侯商尝病，欲避暑，从上借明光宫。"

[5]《汉书·王莽传》："改明光宫为定安馆，定安太后居之。"

宫"在长乐宫后，南与长乐宫相联属"。从长安城复原图看，霸城门内大街北侧被宫墙环卫起来的这座宫城恰好隔街与长乐宫相望，符合"联属"特点。那么，如文献记载不误，此范围内的名称就最有可能是明光宫，在霸城门内大街南侧的宫城才是真正的长乐宫。而在如此确定后，明光宫就与桂宫、北宫等宫城的面积相差不多，前述矛盾基本得以解决。

近年来，考古工作者在原定"长乐宫"西北的位于霸城门大街北侧的地点进行了大面积清理发掘，"出土遗物均属西汉时代，如出土'半两''五铢''布泉''货泉'及建筑材料筒瓦、板瓦、瓦当（云纹瓦当和文字瓦当"长乐未央"当和"千秋万岁"当）等。上述均为长乐宫二号建筑遗址中早期遗迹废弃时的堆积。该建筑遗址的时代为西汉时代与文献记载相符合"。"上述出土遗物中，以西汉早期建筑材料为主……说明二号建筑遗址其时代上限不超过西汉早期，这与'汉初建成长乐宫'的文献记载是一致的"[1]。据前文认识，此次发掘点应在明光宫范围内，与长乐宫无涉。但从文献看，明光宫建设于汉武帝时期，而出土的建筑材料则较早，存在矛盾。于此，我认为，除晚期的建筑可使用早期建筑材料形成今天见到的情况外，还可能与建筑材料时代特点变化滞缓有一定关系，当然也无法排除明光宫建设前在其所在的位置已有汉代早期建筑。这些均需要今后更多的考古工作来进一步验证。

（4）目前长乐宫范围确定本身存在的疑问

从考古资料看，原复原"长乐宫"内，在正对覆盎门的位置还钻探出一条南北向大街，它的宽度和霸城门内的大街几乎一样，也远大于未央宫和桂宫内钻探出的宫内大道的宽度，因此依据前述的汉长安城内道路规格的等级，极有可能这条大街西侧范围内属另一座我们不知道名称的宫城，而长乐宫则仅是在位于这条南北向大街东侧发现的巨大前殿殿址的宫墙之内。然而，由于现在这条南北向大街并非如霸城门内大街一样分为三股，所以也就不能排除它属于宫内道路的可能，因此现暂且只能认为霸城门内大街南侧的宫城范围是长乐宫。只有将来在这里的考古资料进一步积累后，长乐宫的范围才能最终加以确定。

（5）在长乐宫、霸城门内大街、明光宫范围确定后，汉长安城朝向为东得以确定

从上文看，霸城门内大街将原认识的"长乐宫"进行了南北分割，其南侧为长乐宫，北侧应为明光宫。前文所述一系列未央宫和"长乐宫"的矛盾不复存在。第一，重新界定的位于霸城门大街南侧的长乐宫范围使得刘邦完全有理由在从较为狭小的长乐宫出来后，在看到营建中的未央宫居然有如此庞大的规模后，向萧何发出汹汹怒气，而萧何也才可以发出"无令后世有以加"的豪言[2]。第二，重新界定后的长乐宫的范围不仅符合其在秦是兴乐宫仅为离宫的规模，也符合樗里子预言所体现的秦代渭南地区这一带宫城大小的情况。第三，重新确定的长乐宫规

［1］中国社会科学院考古研究所汉长安城工作队：《汉长安城长乐宫二号建筑遗址发掘报告》，《考古学报》2004年第1期，第76页。

［2］《史记·高祖本纪》。

模符合它是汉初修复秦代旧宫兴乐宫的历史背景及汉代其长期作为太后或皇太后之宫的级别要求，符合文献中长乐宫和未央宫之间大小比例的所有记载。第四，在过去所复原确定的明光宫的范围上的矛盾也得以解决。因此可知，据霸城门大街为界，在将原复原"长乐宫"进行南北分割后，就文献与考古发现之间的契合度而言，较之以往的认识，现定的宫城范围在文献和考古之间的矛盾明显要少。虽目前未在霸城门大街南北侧分别发现属于长乐宫的北宫墙和属于明光宫的南宫墙，但这可能只是时间问题，就像原未发现霸城门大街一样，这两条宫墙在这一带考古工作进行到一定阶段后是应会被重新发现的。

这样，在确定了霸城门内大街的存在及对长乐宫和明光宫范围做出重新确定后，从汉长安城内建筑的整体布局看，霸城门内新发现的大街就和直城门内大街连成了一条东西向贯通全城的大道，其南侧为汉初修葺的长乐宫和后来营建的未央宫，其北则为逐渐修建的桂宫、北宫和明光宫。据考古资料，汉长安城内各条大街的宽度除南北向的安门大街外，最宽阔的大街均为东西向，如宣平门内大街、清明门内大街、雍门内大街和直城门内大街。在霸城门内大街得以确定后，更加确定了这种东西大街宽于南北大街的优势。据东西向大街宽于南北向大街的情况可以看出，从当时城市的交通设计和实际流量看，东西向大街的交通流量应大于南北向的交通流量，这应是当时城市方向朝东的直接反映，也是确定汉长安城为东向的一个重要证据。即，因城市设计为朝东，日常活动和主要道路的流量就主要为东西向，因此东西向的道路就肯定要比南北向的道路要宽得多。

在霸城门和直城门内大街贯通后，霸城门不再仅是原认识的正对长乐宫宫门的城门，而成为汉长安城内唯一一条贯通东西大道的东端城门[1]，是城内最主要的大街。从晚于汉的历代都城考古资料看，无论是汉魏洛阳城[2]、曹魏邺城[3]、北齐邺南城[4]、隋唐大兴长安城[5]、

[1] 杨宽先生认为"长安的城门，四面各有三门，以东墙的城门为正门，设有门阙。并以东墙北门（宣平门）为主要的城门，有'东都城门'之称，宣平门外的东郭门又称'东都门'"（杨宽：《中国古代都城制度史研究》，上海古籍出版社，1993 年，第 137 页）。我认为宣平门虽然是长安城向东出去所经和平时人们走得最多的城门，但是却不是东墙上的主要城门，这就如同未央宫修了北阙，北阙是平时最繁忙的未央宫宫门，但是它却并不是未央宫的正门一样，长安城东面的主要城门应是在建筑规格上要高于其他东墙城门的霸城门。
[2] 段鹏琦等：《洛阳汉魏故城勘查工作的收获》，《中国考古学会第五次年会论文集》，文物出版社，1988 年，第 93~97 页。
[3] 中国社会科学院考古研究所、河北省文物研究所邺城考古工作队：《河北临漳县邺北城遗址勘探发掘简报》，《考古》1990 年第 7 期，第 595~600 页。徐光冀：《曹魏邺城的平面复原研究》，《中国考古学论丛——中国社会科学院考古研究所建所 40 年纪念》，科学出版社，1993 年，第 422~428 页。
[4] 中国社会科学院考古研究所、河北省文物研究所邺城考古工作队：《河北临漳县邺南城遗址勘探和发掘》，《考古》1997 年第 3 期，第 27~32 页。
[5] 中国科学院考古研究所西安唐城队：《唐代长安考古记略》，《考古》1963 年第 11 期。

隋唐洛阳[1]、宋代开封[2]，还是明代南京、北京城、清北京城，城市主方向上的大街均无一例外的最为宽阔，即城市主干大街的方向和城市的方向完全一致。因此，即使按晚期城市的制度考察，在确定了霸城门—直城门内大街后，汉长安城的方向也就应该为朝东了。

综上，汉长安城不仅均在东门外建设了标志性的双阙，还均在东门修建了全城最宽阔和规格最高的大街，因此其作为一座坐西朝东的城市就应该得以确定。

3. 汉长安城朝东的其他证据

除上述文献和考古资料外，传世文献中还有一些其他证据表明汉长安城东向。

第一，《三辅黄图·都城十二门》记述了汉长安城的城门，其顺序为先东城，后南城，再西城，最后为北城，间接顺序表明当时对东城城墙城门的重视[3]。同时，在记述东城城门时，记述顺序则先为南侧霸城门，再为中间清明门，最后为北侧宣平门，明显反映出对霸城门的重视[4]。此外，它还记载："长安城西出第二门曰直城门。《汉宫殿疏》曰：西出南头第二门也……本名直门，王莽更曰直道门端路亭。"[5]

通过前文分析，汉长安城从霸城门到直城门间就存在城内唯一一条贯穿全城的端直大道，因此这里无论其初名"直城门"还是王莽更为"直道门端路亭"就都非常容易理解[6]。作为汉长安城内唯一一条畅通于东西的大街而言，以"直"或"端"来命名其一端的城门无论如何都名实相符，也就是说，单以文献中城门命名看，当时霸城门到直城门间就应有一条畅通大道，不然在喜好更名且更必有典的王莽时代，进行如上的改名就使人很难理解。

第二，《汉书·晁错传》记载："为内史，门东出，不便，更穿一门，南出。南出者，太上皇庙堧垣也。"

据此内史府就应位于太上皇庙南内外的两道垣墙之间[7]，门本朝东，后来晁错因来往不便就在太上皇庙的南侧垣墙上开门，故由此而可知不仅内史署南侧无门，就是太上皇庙的南侧也应无门，它们的正门都应该朝东。那么，汉长安城内就不仅宫城朝东，一些衙署和重要的礼制

［1］中国科学院考古研究所洛阳工作队：《隋唐东都城址的勘查和发掘》，《考古》1961年第3期，第127~135页；《隋唐东都城址的勘察和发掘续记》，《考古》1978年第6期，第361~379页。

［2］开封宋城考古队：《北宋东京外城的勘探与试掘》，《文物》1992年第12期，第52~61页；丘刚：《北宋东京三城的营建和发展》，《中原文物》1990年第4期，第35~40页。

［3］陈直先生指出："《水经注·渭水》'又东迳长安城北'条所引十二城门次序，与本书固有不同，文字复有窜错，当日恐系本于《黄图》。"（第22页）

［4］《三辅黄图》，第21~28页。

［5］《三辅黄图》，第25页。

［6］端即为直，端路也就是直路。今陕西关中地区往往把"直走"称"端走"。

［7］《史记·高祖本纪·正义》："《三辅黄图》云：太上皇庙在长安城香室南，冯翊府北。《括地志》云：汉太上皇庙在雍州长安县西北长安故城中酒池之北，高帝庙北。高帝庙亦在故城中也。"

建筑正门也为东向，这应是在整个城市朝东后统一设计的结果。

第三，按"事死如事生"的传统，帝王去世后安葬的帝陵仿自生前居所规划和建设（刘庆柱、李毓芳：《西汉十一陵》，陕西人民出版社，1987 年，第 175、176 页），帝陵的方向可反映都城的方向。汉帝陵均位于西安附近，汉长安城北侧渭北原上从东向西分布 9 座帝陵，长安城南分布 2 座帝陵。从考古调查和发掘资料看，西汉帝陵虽拥有东西南北四条墓道，但其中以东墓道为最宽和最长，在东墓道的向东延长出的神道南、北侧布置着众多的陪葬帝陵的大臣墓葬。因此东墓道应是帝陵的主墓道。此外，帝陵周围修建了围绕帝陵封土的陵园，陵园东门外还修建了高大巍峨的东阙，像都城中的东阙受灾记载很多一样，帝陵东阙发生灾异的记载也不少。因此，根据这些情况学者早已指出西汉帝陵方向为坐西朝东（刘庆柱、李毓芳：《西汉十一陵》，陕西人民出版社，1987 年，第 181~183 页）。因此，根据帝陵的朝向加以方向分析，汉长安城的朝向也应为朝东。

综上，通过汉长安城未央宫、长乐宫、建章宫均以东阙为正门朝向为东、汉长安城东门外均建东阙以东为上、汉长安城东西向大街均为全城最宽道路、汉代帝陵以东为上等文献和考古资料分析，汉长安城在建设规划的时候是以东向（朝东）为正方向。从汉武帝时期修建建章宫时仍以东阙为正门分析，武帝时延续了以东为上的城市布局。即，从现有文献资料和考古发现看，从汉初营建到汉代武帝时期的汉长安城均是一座坐西朝东的城市。

4. 东向时代汉长安城的布局原则

从目前所掌握的文献和考古资料看，东向时代的汉长安城布局具有如下特点。

（1）崇东原则

据上文，汉长安城建设布局中未央宫、长乐宫、建章宫和整个长安城都是以东方为上，东侧开正门，建东阙，反映出明确的崇东。关于都城东向建设的原因，杨宽先生曾做过专门讨论（杨宽：《中国古代都城制度史研究》，上海古籍出版社，1993 年，第 192~195 页），其已述原因此不再多做赘引[1]。

---

[1] 与其意见不一者在注释中做出说明。

　　尚东并非汉代人的创造，秦人也有这个传统[1]，尊崇东方的思想是先秦思想的重要组成部分[2]。典籍中有不少汉人尊崇东方的记载，如汉代及以后相当长时间里施行的朝日夕月之礼就是这种思想的反映。《汉书·郊祀志》："十一月辛巳朔旦，冬至。立泰畤于甘泉。天子亲郊见，朝日夕月。"应劭曰："天子春朝日，秋夕月。朝日以朝，夕月以夕。"臣瓒曰：汉仪注郊泰畤，皇帝平旦出竹宫，东向揖日，其夕，西南向揖月，便用郊日，不用春秋也。"师古曰："春朝朝日，秋暮夕月，盖常礼也。郊泰畤而揖日月，此又别仪。""三代之礼：春朝朝日，秋暮夕月，所以明有敬也。"师古曰："朝日以朝，夕月以暮，皆迎其初出也。"《史记集解》应劭曰："天子春朝日，秋夕月，拜日东门之外，朝日以朝，夕月以夕。"《前汉记》："春朝朝日，秋暮夕月，所以明敬也。"此仪明显为崇尚东方思想的反映。此外，《汉书·郊祀志》：

　　"赵人新垣平以望气见上，言'长安东北有神气，成五采，若人冠冕焉。或曰东北神明之舍，西方神明之墓也……于是作渭阳五帝庙'。

　　亳人谬忌奏祠泰一方，曰：'天神贵者泰一，泰一佐曰五帝。古者天子以春秋祭泰一东南郊，日一太牢，七日，为坛开八通之鬼道。'于是，天子令太祝立其祠长安城东南郊，常奉祠如忌方。"

　　看来不仅秦人尚东，关东方士也尚东，东方得到了非常普遍的重视。从汉长安城的设计和建设看，无论是作为统治者的刘邦还是主持者的萧何都来自东方，且汉代方士也以东方为多，那么修建长安城时，接受关中固有的秦的尚东传统和延续东方的尚东思想之间要找到一个共同点就应无大碍，即，它们完全可以在长安城的建设中得到很好结合，这应是汉长安城城市以及主要宫城朝向布局朝东的主要原因。即，先秦时期关东崇尚东方的思想和关中固有的崇尚东方的传统在建立汉王朝的东方人刘邦和萧何等人身上的结合直接导致了汉初长安建设时将主要

---

[1] 秦帝陵区目前报道有三。陕西凤翔秦公陵区，陕西省雍城考古队、韩伟：《凤翔秦公陵园钻探与试掘简报》，《文物》1983年第7期，第30~37页。临潼的秦东陵区，陕西省考古研究所、临潼县文管会：《秦东陵第一号陵园勘查记》，《考古与文物》1987年第4期，第19~28页；陕西省考古研究所、临潼县文物管理委员会：《秦东陵第二号陵园调查钻探简报》，《考古与文物》1990年第4期，第22~30页。袁仲一：《秦始皇陵考古纪要》，《考古与文物》1988年第5、6期合刊，第133~146页。刘庆柱先生指出："未央宫以东宫门为正门使用，可能受到秦文化的影响。"中国社会科学院考古研究所：《汉长安城未央宫1980~1989年考古发掘报告》，中国大百科全书出版社，1996年，第264页。杨宽先生指出："原来秦都咸阳坐西朝东，秦始皇扩建的咸阳仍然坐西朝东，在东门造阙。这是沿袭中原地区都城的传统设计方案的。后来西汉都城长安在东门造阙，应即沿袭咸阳的制度。"（杨宽：《中国古代都城制度史研究》，上海古籍出版社，1993年，第108页）汉长安城规划和汉家制度中存在大量秦文化的影响是勿庸置疑的，但是如果讲汉长安城完全沿袭的是秦人制度却不尽然。因作为当时汉家王朝主要建设者和管理者的官员和皇帝大部分都来自东方，很多都是生活在原来战国时期的楚国地域之内，东方文化或楚文化在城市建设中必然有着很大影响，这就像当时的社会生活中楚国风俗盛行一样，汉长安城实际是秦文化和东方文化交流融会的产物，并不是某一具体文化单纯影响的结果。

[2] 杨宽先生指出东向的布局是古礼的反映，城市布局坐西朝东"是继承过去维护宗法制度的礼制"（杨宽：《中国古代都城制度史研究》，上海古籍出版社，1993年，第195页）。我认为尚东的起源应与先民的太阳崇拜有直接关系。有关先秦时期太阳崇拜的研究见杨希枚：《中国古代太阳崇拜研究（语文篇、生活篇）》，《先秦文化史论集》，中国社会科学出版社，1995年，第738~783页。

建筑和城市的朝向定为以东为上。从汉长安城东北修建渭阳五帝庙、东南郊建设泰一祠、建章宫建设东阙看，尊崇东方的传统在武帝时代依然盛行，汉长安城的尚东传统在武帝时期继续延续。

以东向为尚，就产生西上思想，即将最重要的建筑安置在东西向的西侧，这也就是《风俗通义·释忌》所讲：

"宅不西益。俗说西者为上，上益宅，妨家长也，原其所以西上者，《礼》记：南向北向，西方为上。《尔雅》曰：西南隅谓之陬。尊长之处也。不西益者，难动摇之耳。"[1]

在长安城布局中未央宫位于整个城市的西南隅以及汉武帝时代在长安城西侧修建建章宫正是这种思想的反映和贯彻[2]。

在建筑东向的时代产生了相应的东向仪式，在建筑南向后这些礼仪并不会马上消失，具有很大的滞后性，考察相关的礼仪也可帮助我们知道确实曾有过尚东时代。如《隋书·礼仪志》："天监六年诏曰：'顷代以来，元日朝毕，次会朝臣，则移就西壁下，东向坐。求之古义，王者燕万国，唯应南面，何更居东面？'于是御坐南向，以西方为上。皇太子以下，在北壁坐者，悉西边东向。尚书令以下在南方坐者，悉东边西向。旧元日，御坐东向，酒壶在东壁下。御坐既南向，乃诏壶于南兰下。"直到此时东向之礼才变为南向。此外又如《旧唐书·职官志》："若有事于明堂太庙，则设大次于东门，如郊坛之制。凡致斋，则设幄于正殿西序及室内，俱东向，张于楹下。"《旧唐书·礼乐志》近同，这应是东向时代礼仪的孑遗。

从建筑史研究看，东向建筑和东向礼仪都有非常悠久的历史，张良皋先生曾有专门研究[3]，其同样可适用于对汉长安城朝向的背景分析。

（2）尚右原则

汉代尚右（见下文），这在城市建设中有着具体的体现。据前文，汉长安城主要的建筑未央宫、长乐宫、建章宫都分布在霸城门——直城门大街的南侧[4]，据朝东方位言，大街南侧为"右位"，属"上位"，即最重要的宫城都在城市的"右位"上。以朝东方向讲，大街北侧为"左位"，属"下位"，现在这条大街的北侧分布的都是次要的建筑，如宫城中属于

[1]（汉）应劭撰、王利器校注：《风俗通义校注》，中华书局，1981年，第435、436页。此外，杨宽先生也有论（杨宽：《中国古代都城制度史研究》，上海古籍出版社，1993年，第192~196页）。

[2]杨宽先生指出"西汉以前的都城采取坐西朝东的布局，把宫城或者宫室建在西南部而以东方、北方为正门，是依据古代礼制而设计的，并不是什么'厌胜之术'"（杨宽：《中国古代都城制度史研究》，上海古籍出版社，1993年，第193页），其所认为的理由部分和我一致，但我认为，在朝东的方向上北方不会有正门，北方的门只能是偏门。

[3]张良皋：《双开间建筑·东向座礼仪和符号化圭臬》，《江汉考古》1995年第1期，第79~92页。

[4]刘庆柱、李毓芳先生最近指出："霸城门与直城门在同一条东西直线上，那么这条道路与汉惠帝修筑的长安城城墙及城门是统一规划的，其形成时间也应同时。西汉初年营建未央宫时，由兴乐宫改建的长乐宫已经完工，未央宫北宫墙位置的确定很可能参照了长乐宫的北边位置。汉惠帝修筑长安城时，长乐宫、未央宫早已建成使用，萧何把霸城门与直城门安排在同一东西直线上，是为使长乐宫、未央宫皆在这条东西线以南。"（刘庆柱、李毓芳：《汉长安城》，文物出版社，2003年，第109页）萧何如此安排的原因应该和尚右直接相关。

次要地位的桂宫、北宫和明光宫，还有各种市、手工业作坊、大臣居住的北阙甲第、普通居民居住的闾里等。

从霸城门——直城门大街北侧再小范围的不同功能建筑的分布分析，它们同样遵循尚右原则。如作为最普通的、在汉代受到持续压抑的工商业的市和一般的普通居民居住的闾里都建设在整个城市的最北边，也就是在整个城市中属于是最左位的位置——紧靠近北城墙；而比起长乐宫、未央宫等要明显次要一等的桂宫、北宫、明光宫（刘庆柱、李毓芳先生称之为"亚宫城"，参见刘庆柱、李毓芳：《汉长安城》，文物出版社，2003 年，第 125 页）、北阙甲第等则分布在紧靠这条大街的北侧，与未央宫、长乐宫相比它们在左位，但与市、居民闾里相比却为右位，互相之间的等级非常分明。

从汉长安城官社、高庙的位置看，它们的布局同样遵循尚右原则。官社位于长安城南郊，为高祖时建设[1]，它虽是在秦旧社稷基础上建成，但与长安城和未央宫等宫城相比，它在长安城南——居"右位"；高庙是高祖去世后建设，在长乐宫南，与官社相比，它位于北方——居"左位"，体现了"社"高于"祖"的思想。而与高庙和长乐宫位置相比，它位于长乐宫的南侧，居"上位"，因此对高祖庙进行如此安置体现的也是尚右和敬重祖宗的思想[2]。从东西向方向讲，长安城南郊属右位，是尊位，因此这里也一直再也没有进行其他大规模的建设，而是延续和扩建着早在秦代就有相当规模的上林苑[3]。这也应是尚右原则的反映。

崇尚右位和贬低左位的传统来自先秦，《史记·陈涉世家·索隐》："闾左谓居闾里之左也。秦时复除者居闾左。今力役凡在闾左者尽发之也。又云，凡居以富强为右，贫弱为左。秦役戍多，富者役尽，兼取贫弱者也。"汉代对右位的尊崇一直得到继续和保持，如官员降级称"左迁"，限制诸侯国官制的法律称"左官律"等。汉长安城布局的尚右原则正是这一传统的反映。

贺业钜先生曾指出："汉长安城的发展方向，大抵是政治性分区偏重西、南两面，而经济性分区则主要为向北发展。"（贺业钜：《论长安城市规划》，《建筑历史研究》，中国建筑工业出版社，1992 年，第 16 页）阐明了汉长安城内建筑之间的布局关系。不过从时间顺序看，汉长安城建设之初就已经开始向北发展，即往左位布局，而向西面发展是在武帝时代，向南面的发展则在西汉晚期，几个方向上的发展步骤不一。特别是在西汉晚期王莽修建南郊建筑的时候已经停止了向西的发展，并破坏了西面大量的原有建筑，是对尚右原则的放弃。

（3）安全原则

---

[1]《汉书·高帝纪》："令民除秦社稷，立汉社稷。"

[2] 不过高庙却位于未央宫东侧，太上皇庙位于高庙北侧（见前引《三辅黄图》，但具体位置目前尚未最后确定）都和这些原则不一致，我以为这正是汉初宗庙制度不完善性和驳杂性的表现。

[3]《史记·秦始皇本纪》："诸庙及章台、上林皆在渭南""乃营作朝宫渭南上林苑中"。此外《三辅黄图》（第90 页）："西郊苑，汉西郊有苑囿，林麓薮泽连亘，缭以周垣四百余里，离宫别馆三百余所。"这里的西郊苑可能是上林苑西郊部分的别称。

修建整个城市的城墙和宫城宫墙的目的无疑是保护皇帝和国家机构的安全，但除修建各种规模不等的墙体外，将不同功能、不同安全等级的建筑安置在城内的不同位置也同样可以取得安全的效果。汉长安城建设布局中贯彻了这一原则。

首先，未央宫和长乐宫作为全城最主要的建筑，也是当时具有最高安全等级的建筑。通过现代测绘地图可知，长安城地势南高北低，未央宫和长乐宫位于城市南部，它们以其庞大的范围实际完全占据了整个城市的制高点，安全性很高。从建筑布局看，二宫南墙均邻近都城南墙，未央宫西墙邻近都城西墙，长乐宫东墙邻近都城东墙。在二宫宫墙与长安城城墙之间虽有一定的距离，但是此间再没有发现其他的建筑，在如此设计后就不仅可以形成有效的战略缓冲区，而且还可以得到来自都城城墙的保护，有效避免来自南侧、西侧和东侧对宫城的威胁，很大地提升二宫的安全性能。同时，在二宫的北侧，在霸城门——直城门内大街建设后，两宫就和城北侧的建筑区隔开来，这条道路也就成为了二宫北部的战略缓冲区，很大程度上消除了来自北方的对二宫潜在的安全威胁。也就是说，在长乐宫、未央宫南墙与都城南墙、未央宫西墙和都城西墙、长乐宫东墙和都城东墙之间仅修建宽阔的"环涂"，其北修建霸城门——直城门大街后，在空间上这些道路实质上就成为宫城周围的缓冲空间。这样万一发生变故，利用这些宽敞的缓冲区就可以做出有效的战略周旋，二宫的安全可以得到很好的保障。而从史籍记载看，汉长安城的城墙都是在长乐宫和未央宫等宫城完全修好后才开工建设，因此上述城墙和宫城之间的空间位置安排肯定不是当初仅仅出于简单的将宫城包含在内的考虑而形成，应是在修建城墙时就已经过了整体安全问题的考虑后才进行的施工。上述这种将都城中宫城建设在城市制高点并靠近城墙，之间不再安排其他建筑的做法多为后来的都城所效仿，如汉魏洛阳城、曹魏郑城、北魏洛阳城、隋唐大兴长安城等。

从文献和考古资料看，高庙位于长乐宫南部，是宫城南墙和城墙之间的唯一建筑，其在此布局应与其为礼制建筑的性质直接有关，即由于其礼制建筑的性质不会产生对二宫直接的安全威胁。而且，以高庙言，它在位于二宫和南墙之间后就具有了非常高的安全性，从另一方面体现出具有崇高的地位，应也是在建筑设计中出于安全等一系列原则的表现。

第二，在紧靠宫城的长安城南、西城墙外不安排其他大型功能建筑，布局属于皇家禁苑的上林苑[1]，禁止平民在其间任意活动[2]，避免在南面和西面对这两座宫城产生各种威胁。宫城外侧修建禁苑以利宫城安全的做法同样为后世都城所效法，如汉魏洛阳城、曹魏邺城、北魏洛阳城、隋唐大兴长安城等就都在宫城北侧修建禁苑，拱卫宫城。

---

[1] 前引《汉书·扬雄传》。《汉书·郊祀志》："成帝末年颇好鬼神，亦以无继嗣故，多上书言祭祀方术者，皆得待诏，祠祭上林苑中长安城旁，费用甚多。"表明长安城下不远就是上林苑，之间没有其他大型建筑。

[2] 文献中类似记载很多，如《史记·高祖功臣侯者年表》："元鼎四年，侯指坐入上林谋盗鹿，国除。"《史记·孝惠间侯者年表》："元封元年，侯当坐与奴阑入上林苑，国除。"又见《史记·萧相国世家》《史记·酷吏列传》。

第三，长安城内一些具有重要战略意义的建筑设计充分考虑了建筑安全。如作为武器装备总库的武库位于长乐宫和未央宫之间，就不仅使天子可以对武库产生有效监控，也使得万一发生变故，天子可以就近从此得到充足的武器装备进行反击。又如作为粮食总库的太仓，据《三辅黄图》"太仓，萧何造，在长安城外东南"，位于城市东南，虽太仓位置目前未经考古工作所确定，然如《三辅黄图》记载正确，那么太仓安置在此应很大程度上是出于仓库的安全考虑。这是因为，长安城东南离上林苑不远，禁苑一直由国家控制，人员活动较少，因此太仓设置在禁苑附近就可减少不少的安全隐患[1]。

贺业钜先生指出："长安'市'在城北，我们分析它的规划意图，只能解释为利用地形的结果。将次要的市里集中布置在城北低洼地带，既可使宫居于高爽的龙首原一带，又能不与民杂处，更有利于宫城的保卫。显见这样的安排是出于实际需要，而不是有意遵循营国制度'前朝后市'的传统格局。"（贺业钜：《考工记营国制度研究》，中国建筑工业出版社，1985年，第153页）与武库、太仓的布置思想一致。

第四，从文献和考古资料所了解的城内水道走向看，长安城内的用水水系主要来自南侧。它们基本上是首先通过未央宫，再到北阙甲第、北宫、长乐宫[2]。如《雍录》："石渠阁磐石为渠以导水。以水经约其地望，则沧池在未央西南。此之为渠，必引沧池下流，转北以行成其为渠也。水之又北，遂转行乎明光、桂宫之间，谓之明渠也。又益趋东，则长乐之有酒池，都城东之有王渠，皆此水也。"可见，在现在的城市布局中，作为城内具有最高地位的未央宫就位于城市水道的上游，既能够保持充足安全的洁净用水，也可避免可能出现的用水安全，应是未央宫作为最高水源供应保证区地位的反映。

5. 东向时代的单体建筑朝南

无论从文献还是考古资料看，在汉长安城城市和主要宫城为东向的时代，都城内和宫城内的许多单体或群体建筑的主方向还应是坐北朝南，这包括已钻探、调查和发掘的未央宫、长乐宫和建章宫等宫城的前殿以及其他一些宫城内主要宫殿建筑。之所以出现这种单体建筑朝向与所属宫城朝向不一致的情况，我认为应有以下几点原因。

首先，从建筑历史看，一般情况下，单体建筑的朝向选择均是基于建筑的自然采光和通风需要，而群体建筑的朝向或一群建筑之间的朝向则很多时候会出现与自然采光和通风不一致的情况。如新石器时代的人们很早就知道了自然采光和通风的重要性，因此很多单体建筑都建筑

---

[1] 在过去的一些复原图中，太仓位于长安城东侧南部，和长乐宫隔城墙相望，如元代李好文《长安志图》中《汉故长安城图》（杨宽：《中国古代都城制度史研究》，上海古籍出版社，第112页）和杨宽《汉长安城郭布局图》（杨宽：《中国古代都城制度史研究》，上海古籍出版社，第126页），但是太仓的位置目前还无法证实。

[2] 史念海：《环绕长安的河流和有关的渠道》，《中国历史地理论丛》1996年第1期，第14~16页。刘庆柱、李毓芳：《汉长安城》，文物出版社，2003年，第36、37页。

为南向的朝向，但如要建设一个向心式的聚落，那么该聚落中的很多房子都会出现诸如北向、西向、东向等的方位。可见在一定情况下，人类思想的力量可以起到抗拒自然力量的作用。然而，由于新石器时代的建筑单体面积很小，人们的活动频率也低，上述向心式建筑布局中违背自然朝向的选择对人们的影响也较低。但到了历史时期，特别是在秦汉时代，像宫殿等单体建筑修建得越来越大，其对自然通风和采光的依赖性也就远远高于新石器时代的那些小型建筑，在这种情况下，人类思想可以发挥的力量就受到了很大的限制，巨大的单体建筑如采取其他朝向就很难解决通风、采光等问题。这应是秦汉时期主要单体宫殿建筑再很少出现其他朝向的主要原因。即，历史时期特大型宫殿建筑对自然通风、采光条件依赖性的提高是长安城内单体建筑采取南向的主因。

不过，在秦汉以后的建筑中，这种人为主观设计建筑物朝向的例证还有一些，如《旧唐书·地理志·河南道》记载："上阳宫，在宫城之西南隅，南临洛水，西拒榖水，东即宫城，北连禁苑。宫内正门正殿皆东向，正门曰提象，正殿曰观风。"表明不仅上阳宫朝东，它的正殿也朝东，比起汉代长安城来说无疑更加彻底。

第二，从考古发现看，现知夏、商、周各时代不同都城内发现的大量单体宫殿建筑的朝向多采取自然朝南，因此可认为，因基于自然采光和通风需要产生的大型单体建筑朝南布局的长期存在后形成了宫殿单体建筑朝南的传统思想，汉长安城内主要单体建筑朝南应是对上述传统的延续，是城市朝东时代单体建筑朝南的另一个主要原因。

第三，单体建筑物朝向和城市、宫城朝向不一致的情况，反映出汉初长安城建设时各种思想和自然条件之间既丰富又激烈冲撞的现实。汉长安城整体朝向为东和单体建筑朝南的不统一问题，既是秦末汉初各种思想冲撞、调和的产物，也是人类思想与自然条件之间相互调和的产物[1]。

由于尚东思想和在它影响下修建的建筑同逐渐占据主流的儒学思想并不一致，因此到了西汉晚期，它们就不断遭到儒生等出身的官员们的激烈抨击和反对，直接导致西汉晚期对汉代祭祀系统和宗庙制度的大调整（见下文）。然而这些调整均无法影响也无法一时改变已形成的整个城市和主要宫城的朝向。从下文看，汉代晚期对祭祀和宗庙制度的调整在多种政治因素下经过了多次的反覆，直到王莽时期才得到彻底解决。于是伴随着祭祀系统和宗庙制度的调整完成，伴随着王莽时代长安南郊大量礼制建筑的建设，在这些工作和工程完成后，长安城的城市南向的朝向被逐渐得以确认。当然，虽然在尚东思想下建设的一系列建筑在这个过程中遭到不断的反对和扬弃，但这却并无法改变汉长安城早中期朝东的事实，并从另一方面表明在汉代早中期长安城方向朝东的存在。

---

[1] 杨柳先生也曾经对这个问题进行了类似的讨论（杨柳：《先秦西汉宫室城阙制度考释六题》，《首都师范大学学报》1994 年第 4 期，第 16~19 页）。

（二）西汉晚期祭祀系统和宗庙制度的整理与汉长安城的逐渐南向（朝南）

汉长安城由东向转为南向的标志是汉长安城南郊礼制建筑的营造完成，这个过程经历了很长时间。从文献看，在西汉晚期朝廷中不断持续地出现对旧有祭祀系统和宗庙制度开展整理的呼声，在不同的皇帝和太后的支持或否定下几起几落，汉长安城的城市方向也随着这个过程的发展逐渐发生变化。为了了解该转变过程和该过程中长安城布局所发生的变化，我们需概要分析汉代祭祀系统和宗庙制度的转变。

1. 汉代祭祀系统和宗庙制度的形成和转变

从《汉书·郊祀志》看，汉早期祭祀系统和宗庙制度驳杂而庞大。刘邦初期延续的是原来秦的祭祀系统：

"悉召故秦祀官，复置太祝、太宰，如其故仪礼。"[1]

还有所增加：

"乃立黑帝祠，名曰北畤。"

并明确宣布：

"今上帝之祭及山川诸神当祠者，各以其时礼祠之如故。"

当统治逐渐稳定后：

"令丰治枌榆社……令祝立蚩尤之祠于长安。长安置祠祀官、女巫。其梁巫祠天地、天社、天水、房中、堂上之属；晋巫祠五帝、东君、云中君、巫社、巫祠、族人炊之属；秦巫祠杜主、巫保、族累之属；荆巫祠堂下、巫先、司命、施糜之属；九天巫祠九天，皆以岁时祠宫中。其河巫祠河于临晋，而南山巫祠南山、秦中……立灵星祠。"

可见，统一后的汉王朝中这些战国时本属不同国家、地域的祭祀系统（如秦、梁、晋、荆等）得到基本的尊重和推崇，西汉初期祭祀系统因此也就显得比过去任何一个国家的祭祀系统都庞大和芜杂。文帝时期，国家稳定，生产恢复，祭祀神祇的规模逐渐增加，"及诸祀皆广坛场"，祭祀逐渐升级，"文帝始幸雍郊见五畤"。作为国都的长安城在日益升温的祭祀热潮中开始慢慢地营建祭祀场所。文帝时在长安城附近的霸渭之会修建"渭北五帝庙"，并"治庙汾阴南"。但不久伴随着新垣平欺诈行为被揭穿，文帝的祭祀热情降温，其后景帝继承文帝晚年"怠于改正服鬼神之事"的传统不仅没有增加新的祭祀种类，也没有修建新的祭祀场所。

汉武帝，作为汉代力量最强大的天子，他的好神和易信方士之词的个性特点使得本就驳杂庞乱的汉祭祀系统和宗庙制度更加庞大。他在方士劝说下在长安城东南修建了泰一祠坛，扩建甘泉宫，"作柏梁、铜柱、承露仙人掌之属矣"，并不断郊雍五畤、祠后土：

---

[1] 本节不加小注的文献均来自《汉书·郊祀志》。

"郊拜泰一。朝朝日，夕夕月"；

还祭黄帝冢桥山、封泰山：

"长安则作飞廉、桂馆，甘泉则作益寿、延寿馆，使卿持节设具而候神人。"

泛神祭祀的活动不断升级。此外，汉武帝在长安城西侧修建建章宫：

"作建章宫，度为千门万户。前殿度高未央。其东则凤阙，高二十余丈。其西则商中，数十里虎圈。其北治大池，渐台高二十余丈，名曰泰液，池中有蓬莱、方丈、瀛州、壶梁，象海中神山龟鱼之属。其南有玉堂璧门大鸟之属。立神明台、井干楼，高五十丈，辇道相属焉。"

汉长安城的建筑活动大规模向城外转移。

此后"昭帝即位，富于春秋，未尝亲巡祭云"，汉家祭祀热潮有所降温。

宣帝继位，"尊孝武庙为世宗"，"时大将军霍光辅政……非宗庙之祀不出"，暂时没有进行像武帝一样庞杂的众神祭祀。到继位十余年后，他逐渐"幸甘泉，郊见泰畤""幸河东，祠后土"，开始了大规模的祭祀活动，"立岁星、辰星、太白、荧惑、南斗祠于长安城旁"。

但到了西汉后期，当时人士已经提出上述这些汉代早、中期帝王所进行的宗庙与祭祀系统是多么的杂乱不堪。《汉书·韦玄成传》：

"初，高祖时，令诸侯王都皆立太上皇庙。至惠帝尊高帝庙为太祖庙，景帝尊孝文庙为太宗庙，行所尝幸郡国各立太祖、太宗庙。至宣帝本始二年，复尊孝武庙为世宗庙，行所巡狩亦立焉……而京师自高祖下至宣帝，与太上皇、悼皇考各自居陵旁立庙……而昭灵后、武哀王、昭哀后、孝文太后、孝昭太后、卫思后、戾太子、戾后各有寝园。"

因当时有关于禁止议论宗庙制度的法令[1]，宗庙问题一直很少有人敢在朝堂上进行议论。

2. 南北郊制度的逐渐确立与汉长安城的南向建设

元帝时代，伴随着儒家学说地位逐渐在政治领域的上升，对祭祀系统和宗庙制度进行整理的呼声日隆。《汉书·郊祀志》：

"元帝即位，遵旧仪……凡五奉泰畤、后土之祠……元帝好儒，贡禹、韦玄成、匡衡等相继为公卿。禹建言汉家宗庙祀多不应古礼……韦玄成为丞相，议罢郡国庙，自太上皇、孝惠帝诸园寝庙皆罢[2]。"

然而：

---

[1]《汉书·韦玄成传》："初，高后时患臣下妄非议先帝宗庙寝园官，故定著令，敢有擅议者弃市。至元帝改制，蠲除此令。"

[2] 在这个过程中汉初以来一直没有确定的宗庙迭毁得以确定。《汉书·韦玄成传》："祖宗之庙世世不毁，继祖以下，五庙而迭毁。今高皇帝为太祖，孝文皇帝为太宗，孝景皇帝为昭，孝武皇帝为穆，孝昭皇帝与孝宣皇帝俱为昭。皇考庙亲未尽。太上、孝惠庙皆亲尽，宜毁。太上庙主宜瘗园，孝惠皇帝为穆，主迁于太祖庙，寝园皆无复修。"

"后元帝寝疾，梦神灵谴罢诸庙祠，上遂复焉。后或罢或复，至哀、平不定。"[1]

到成帝时丞相衡、御史大夫谭再次要求整理祭祀系统[2]：

"甘泉泰畤、河东后土之祠宜可徙置长安，合于古帝王。"

虽然有许嘉等八人明确反对，但当时更多的学者却对郊祀系统整理工作采取了支持的态度，于是"长安定南北郊"，罢旧祀畤、陈宝祠，"上始祀南郊"，原设置的各种杂祠在这次整理中遭到祛除。南北郊的确定表明，在原城市布局规划时尊崇的东向原则和汉早期的泛神化的芜杂祭祀逐渐遭到罢弃，这是汉长安城布局思想发生本质转变的开始。

但在"匡衡坐事免官爵"后，"众庶多言不当变动祭祀者"。刘向更提出"汉宗庙之礼，不得擅议，皆祖宗之君与贤臣所共定。古今异制，经无明文，至尊至重，难以疑说正也"，对上述的整理工作提出明确反对。

后上以无继嗣故，其复甘泉泰畤、汾阴后土祠如故，及雍五畤、陈宝祠在陈仓者。天子复亲郊礼如前。又复长安、雍及郡国祠著明者且半。

宗庙制度的整理和改变工作出现了反复[3]。成帝去世后，"复南北郊长安如故"，被儒生信奉的南北郊逐渐取得胜利。但，哀帝时情况又发生了变化，"哀帝即位……尽复前世所常兴诸神祠官，凡七百余所，一岁三万七千祠云"，后"复甘泉泰畤、汾阴后土祠如故"。到平帝继位后执政的王莽是坚定的南北郊拥护者，上章要求"复长安南北郊如故"，且"颇改其祭礼"，建议"渭阳祠勿复修"，这样"三十余年间，天地之祠五徙焉"。汉代祭祀系统和宗庙制度在上述这个前后多次反复的过程中大体完成了儒家化和统一化。《三辅黄图》（陈直：《三辅黄图校正》，陕西人民出版社，1982年，第124页）：

"天郊，在长安城南。地郊，在长安城北……武帝定郊祀之事，祀太乙于甘泉圜丘，取象天形，就阳位也；祀后土于汾阴泽中方丘，取象地形，就阴位也。至成帝徙泰畤后土于京师，始祀上帝于长安南郊，祀后土于长安北郊。"

《汉书·郊祀志》：

"后莽又奏言……分群神以类相从为五部，兆天墬之别神：中央帝黄灵后土畤及日庙、北辰、北斗、填星、中宿中宫于长安城之未墬兆；东方帝太昊青灵勾芒畤及雷公、风伯庙、岁星、东宿东宫于东郊兆；南方炎帝赤灵祝融畤及荧惑星、南宿南宫于南郊兆；西方帝少皞白灵蓐收畤及太白星、西宿西宫于西郊兆；北方帝颛顼黑灵玄冥畤及月庙、雨师庙、辰星、北宿北宫于北郊兆……于是长安旁诸庙兆畤甚盛矣。"

---

[1]《汉书·郊祀志》。本节凡是不出注的引文均出自该篇。

[2]成帝之初，曾经按照匡衡的建议将在元帝晚年恢复的宗庙再次罢毁，但是后来又有反复。《汉书·韦玄成传》：

"成帝时以无继嗣，河平元年复太上皇寝庙园，世世奉祠。昭灵后、武哀王、昭哀后并食于太上寝庙如故，又复擅议宗庙之命。"

[3]《汉书·韦玄成传》。

很明显，王莽建议的核心是以长安城为中心，以朝南为正向进行祭祀系统和宗庙制度的重新布局。汉代晚期在进行如是整理时提出的南北郊的理论基础是：

"祭天于南郊，就阳之义也；座地于北郊，即阴之象也。

兆于南郊，所以定天位也。祭地于大折，在北郊，就阴位也。郊处各在圣王所都之南北。

周公加牲，告徙新邑，定郊礼于雒。明王圣主，事天明，事地察。天地明察，神明章矣。天地以王者为主，故圣王制祭天地之礼必于国郊。长安，圣主之居，皇天所观视也。甘泉、河东之祠非神灵所享，宜徙就正阳大阴之处。违俗复古，循圣制，定天位，如礼便。"

明确将都城的南向作为祭祀系统中的主方向，南向的重要性在这时旗帜鲜明地提了出来，而此前南向一直没有得到如此重视。

在大规模整理祭祀系统和宗庙制度的过程中，儒家出身的官员所尊尚的方位都是儒家奉为经典的先秦周礼等文献中主张的南向，王莽建议中的长安城周围所立的诸庙兆时也正是基于这样的方位布局。在王莽主持下，汉长安城最终完成了从东向到南向的转变。

此后王莽上章"于官社后立官稷"，它们的位置都在汉长安城南郊。《汉书·王莽传》：

"奏起明堂、辟雍、灵台，为学者筑舍万区，作市、常满仓，制度甚盛。"

又：

"以皇后有子孙瑞，通子午道。子午道从杜陵直绝南山，径汉中。"[1]

也明确以南向为上进行建设。王莽取得政权后：

"营长安城南……坏彻城西苑中建章、承光、包阳、大台、储元宫及平乐、当路、阳禄馆，凡十余所，取其材瓦，以起九庙。"

在短时间内于都城南郊建设完成了基本完整的一套新的宗庙祭祀系统的建设，上述所有这些建设的基础均是在都城南向的原则下开展。目前，考古工作者已将辟雍、九庙和官社、官稷等进行了发掘，证明文献的记载基本确切。

《汉书·郊祀志·赞》：

"汉兴之初，庶事草创，唯一叔孙生略定朝廷之仪。若乃正朔服色郊望之事，数世犹未章焉。至于孝文，始以夏郊，而张仓据水德，公孙臣、贾谊更以为土德，卒不能明。孝武之世，文章为盛，太初改制，而儿宽、司马迁等犹从臣、谊之言，服色数度，遂顺黄德。彼以五德之传从所不胜，秦在水德，故谓汉据土而克之。刘向父子以为帝出于震，故包羲氏始受木德，其后以母传子，终而复始，自神农、黄帝下历唐虞三代而汉得火焉。故高祖始起，神母夜号，著赤帝之符，旗章遂赤，自得天统矣。昔共工氏以水德间于木火，与秦同运，非其次序，故皆不永。由是言之，祖宗之制盖有自然之应，顺时宜矣。究观方士祠官之变，谷永之言，不亦正乎！不亦正乎！"

---

[1] 颜师古曰："子，北方也。午，南方也。言通南北道相当，故谓之子午耳。今京城直南山有谷通梁、汉道者，名子午谷。又宜州西界，庆州东界，有山名子午岭，计南北直相当。此则北山者是子，南山者是午，共焉子午道。"

从班固此言可知，汉代礼法祭祀在汉代前后经历的变化是多么的巨大。那么，汉长安城朝向发生从朝东到朝南的颠覆性的变化也就应完全可以理解。

3. 南向时代汉长安城的布局原则

（1）尚南原则

伴随着汉代晚期祭祀系统和宗庙制度的整理，儒家所尊崇的南向得到贯彻。从前文看，在南北郊议立的过程中，有关争论明确反映了尚南的盛行和对崇东思想的抛弃，随着南北郊制度的多次反复，尚南原则逐渐占据上风并最终完全取得胜利。在进行汉长安城南、北郊祭祀系统建设过程中，汉长安城南、北郊分别修建了大量礼制建筑，南向成为了城市的主方向。

汉长安城在西汉晚期确立的南向原则对后代的都城有深远的影响，后来的历代都城大体都采取了南向为正方向的布局，很少再出现像汉长安城这样朝东的布局。

（2）《考工记·匠人·营国》制度的"实施"

贺业钜先生指出："王莽上台后，曾借托古改制的办法来缓和阶级矛盾与统治阶级内部的权势斗争。《周礼》是它改制的重要依据之一，《匠人》营国制度也就成为了他改造长安的蓝本。改未央宫前殿为'王路堂'（即"路寝"），在未央宫南北中轴线的延长线之两侧，左建宗庙，右立社稷，加上原来宫北的市，恰好形成了'左祖右社，面朝后市'的格局。把宗庙建在南城西安门之外，联系他辟子午道直绝南山之举，似有扩大城制的打算……"（贺业钜：《考工记营国制度研究》，中国建筑工业出版社，1985 年，第 22 页）从王莽集中建设的九庙和官稷的位置看，它们是以西安门——横门大街的南向延长线为轴线，九庙在东，位于左位；官稷在西，位于右位，符合当时儒家所尊崇的先秦礼制记载中"左祖右社"的原则（详下）。

二、汉长安城的轴线

在汉长安城的规划布局中究竟遵循哪条轴线的问题一直是长安城布局研究诸学者共同关心的问题，目前主要认识有三种：一，汉长安城以安门大街为轴线[1]；二，以西安门—未央宫前

---

[1] 如刘运勇：《西汉长安》，中华书局，1982 年，第 35 页；贺业钜：《论长安城市规划》，《建筑历史研究》，中国建筑工业出版社，1992 年，第 16 页；孟凡人：《汉长安城形制布局中的几个问题》，中国社会科学院考古研究所汉唐和边疆考古研究编委会《汉唐与边疆考古研究（第一辑）》，科学出版社，1994 年，第 48~66 页；黄展岳：《读〈汉长安未央宫〉》，《考古》1997 年第 8 期，第 94~96 页。

殿—横门为轴线[1]；三，汉长安城早期以安门大街为轴线，到晚期则以西安门——横门一线为轴线[2]。

（一）安门大街轴线问题

在对汉长安城的研究中，学者提出安门大街是汉长安城布局的轴线，从前文关于汉长安城朝向的研究出发，我认为该轴线不成立。

第一，如前所述，安门大街在任何时期都不是长安城的建设基线或轴线。从考古发现的安门的建筑规模看，它在汉长安城中不仅比不上东侧城墙上的外侧修建有巍峨城阙的三座城门，也无法与同处南城墙上的位于其东西的覆盎门和西安门。同时，在史汉的文献中也极少见到使用安门的记载，而东城门使用的情况却史有明文。如当时确实存在安门为长安城正门的情况，那昌邑王到达长安时就不会有前文已引的大鸿胪提出的礼仪要求——他着实应从南门进入汉长安城并"哭如仪"。

认为安门大街是轴线理由之一是汉长安城南郊礼制建筑的存在。"安门大街向南延伸，道东为明堂太学，道西为宗庙社稷；向北延伸过渭河直对长陵。"（黄展岳：《读〈汉长安未央宫〉》，《考古》1997 年第 8 期，第 94~96 页）而据文献，这些礼制建筑的修建时代和汉长安城的建设设计时间并不一致，汉初长安城建设时已有安门大街，但礼制建筑却到西汉晚期王莽执政时代才进行建设。《三辅黄图》：

长安城南出第二门曰安门，亦曰鼎路门，北对武库，王莽更名曰光礼门显乐亭[3]。

安门在这时改为"光礼""显乐"的原因均与王莽在安门南侧道路东西建设礼制建筑有直接关系，安门的重要性要直到王莽时代才逐渐出现。在汉长安城早期布局完成阶段以东向为正方向，那么各建筑也就不存在以安门大街展开南北布局的可能。此外，安门大街虽是原认为的汉长安城中最长的大街，但却是一条不能南北通畅的街道，与前文探讨确定的霸城门——直城门大街这条东西通畅"端直"大街的情况明显不同。因此，安门仅是长安城中的一座普通城门，

---

[1]刘庆柱先生认为："未央宫轴线应是南自南宫门，向北经过前殿三大殿和后阁之旁，再北经过后宫椒房殿正殿之旁，北至北宫门。""未央宫轴线向南延伸至西安门，再向南穿过汉长安城南郊礼制建筑群，轴线以东为宗庙，西为社稷。宫城轴线由北宫门向北与横门大街重合，至横门大街北部，东市、西市分列左右，再北至横门，横门北临渭桥，北望咸阳原上的高祖长陵陵寝。这条轴线应是汉长安城轴线。"中国社会科学院考古研究所：《汉长安城未央宫 1980~1989 年考古发掘报告》，中国大百科全书出版社，1996 年，第 268 页。王社教持相同的看法（王社教：《论汉长安城形制布局中的几个问题》，《中国历史地理论丛》1999 年第 2 期，第 131~143 页）。

[2]韩国河、陈力认为："西汉长安的规划中轴线，勿庸置疑是南北向的，但明显有西移的现象……通过安门的中轴线在武帝以前是长安的中轴线，基本上平分了汉城平面，一边是长乐宫，一边是未央宫。但是随着武帝在城西兴建章宫，中轴线的重心向西偏移。到了王莽时期在西安门的南出的中轴线两侧营建九庙和社稷，明显的表示出形成了一个新的中轴线，即向北通过西安门、未央宫前殿、未央宫北阙、东西市之间，建横门。"（韩国河、陈力：《试论秦汉都城规划模式的基本形成》，《纪念陈直先生文集》，西北大学出版社，1992 年，第 148~156 页）。

[3]《三辅黄图》，第 24 页。

安门大街也仅是一条普通的大街[1]。

第二，据《汉书·昌邑哀王刘髆传》：

"且至未央宫东阙，遂曰：昌邑帐在是阙外驰道北，未至帐所，有南北行道，马足未至数步，大王宜下车，乡阙西面伏，哭尽哀止。王曰：诺。到，哭如仪。"

从此则文献看，当时昌邑帐设立的地点在未央宫东阙外，那么既言其在"驰道北"，则东阙外应有东西向驰道（考古钻探中尚未发现），那么此处提及的"南北行道"从汉长安城平面图看就只能是安门大街，那么如此记载不误，也就说明至迟到此时安门大街还达不到现钻探所了解的"驰道"规格，当时它仅是一条"行道"而已。也就是说现通过钻探了解的安门大街的规模应在此后才出现。即，在汉初长安城制度初定时，安门大街仅为普通"行道"而非"驰道"，它在汉长安城内的地位很低，不会是汉长安城的轴线。

第三，长陵的朝向，目前学者已指出其为东西向[2]。据前文认识，它应是与东西向的汉长安城形成事实上近乎平行的关系。在这种情况下，安门大街的方向就与其无关——更遑论安门大街仅是长安城内最长的一条断头路而已。

从考古资料看，安门大街宽45~56米，与汉长安城内的东西向大街宽度一致，它拥有了如此宽度曾是诸多学者提出它为长安城南北中轴线的一个重要理由。我认为它拥有如此宽度的原因与轴线无关，原因有三。

第一，从考古资料看，在汉长安城南侧三个城门中除安门外的另两个城门均正对城内宫城，之内均无南北向大街，因此也就没有了城内外交通的南北向通道，在这种情况下，汉长安城内南北向的绝大多数的交通量就无疑会集中到安门大街这条城内南部地区唯一的南北向干道上。因此不管当时城内到城南的交通量有多大，以此分析，安门大街就有必要修建得比其他南北向大街宽些以适应其唯一一条南北向通道地位的交通量之需。

第二，从汉长安城平面复原图上可知，安门大街是汉长安城内唯一一条南北向沟通所有三条东西向大街的道路，即其为沟通南北的唯一一条南北向连接线，因此，它完全需要设计得比其他南北大街宽，以适应沟通三条东西向大街流量的需要。即，以交通流量的控制和交通通道之间的沟通上看，将安门大街设计为与东西向大街一样的宽度完全可以理解，即如此的宽度未必与城市轴线有关。

第三，考虑到汉长安城南侧是庞大的上林苑，汉代早期长安城城南的普通居民并不多，而城内南侧更完全是宫城等建筑，因此城内外实际需要的交通量在当时可能并不太大，所以也就有可能安门大街的宽度在西汉早、中期时并不大，现了解的安门大街存在如此宽度的原因很可

---

[1]本认识与杨宽、王社教先生相近（杨宽：《中国古代都城制度史研究》，上海古籍出版社，第119页；王社教：《论汉长安城形制布局中的几个问题》，《中国历史地理论丛》1999年第2期，第131~143页）。

[2]刘庆柱、李毓芳：《西汉十一陵》，陕西人民出版社，1987年，第182、183页。

能是西汉晚期扩大的结果。而最有可能将其扩大的时间是在王莽执政期间。这是因为，在王莽执政时，城南修建了大量的礼制建筑以及太学、市等设施，而如前所述，作为城市南北向布局轴线的西安门内却并没有与之相适应的大街沟通内外，这样城内外交通量的大量增加就显而易见的需要安门大街来承担，因此完全有必要来拓宽这条南北向大街，这同样与长安城的布局轴线无关。

第四，今天我们所知的汉长安城城内大街宽度的考古学资料基本上都来源于考古钻探，这样就存在了较多的不确定因素，因此包括安门大街在内的其他大街宽度的确切性问题就值得怀疑并需要具体的考察。这是因为，目前我们对各条街道宽度的分析都是在假设其为初修宽度的前提下进行，但从上文对《汉书·昌邑哀王刘髆传》的分析看，这种认识存在明显不足，至少安门大街在汉初时就并非驰道，它现在钻探出的规格肯定应是经过后代扩修才出现的（据上文分析，这个时间很可能是在西汉晚期），因此今天讨论的结果均需将来考古工作做出进一步的验证。此外，考古工作本身也具有一定的局限性，由于晚期破坏等原因，许多当时存在过的现象不一定都能被发掘出来，特别是像汉长安城在隋朝之前还做过长时间的都城，晚期的改建和破坏问题就不能不加以考虑。现在文献中确凿记载的未央宫东阙和东阙外的驰道均未发现，其中的原因很值得深思。除了上述原因外，考虑到长安城在西汉以后作为都城的历史还很长，那么安门大街完全有可能在这些时间内被扩大规模，即，除上述原因外，我们还需考虑该城市在不同发展过程中对道路的拓展和修缮，而这一点目前还很难做到[1]。

综上，安门大街现知与城内东西向大街等宽的规模有其必然原因，与轴线问题无关。

（二）超长建筑基线问题

在对汉长安城进行研究时，秦建明等先生提出，汉长安城在布局中存在一条南北超长的建筑基线，其从南部的子午谷开始穿过安门大街、长陵一直延伸到北部今三原县北塬阶上的一处大型西汉礼制建筑遗址，"该基线设立的时代在西汉初期"（秦建明等：《陕西发现以汉长安城为中心的西汉南北向超长建筑基线》，《文物》1995 年第 3 期，第 4~15 页）。从前文关于汉长安城朝向和轴线的研究出发，我认为这样的轴线并不存在。

首先，超长建筑基线的南端在汉代早期并不存在。据秦建明等先生考证，超长基线的南端为"子午谷"，早在汉初就存在。但从文献看，子午谷的开通时间在王莽时期，开通的目的也非常明确——为其女即当时的皇后"有子孙瑞"，并没有以此为起点设计长安城的布局，而且文献还非常明确的记载当时的子午道"从杜陵直绝南山，经汉中"，方向、长度也都与今天持

---

[1] 汉以后长安城内建筑的沿用情况，目前研究有史念海、史先智：《十六国和南北朝时期长安城中的小城、子城和皇城》，《中国历史地理论集》1997 年第 1 期，第 1~13 页；尚民杰：《西汉以后的未央宫》，《考古与文物》2003 年第 2 期，第 56~59 页。

超长建筑基线论者的认识不同。因此，作为直到王莽时期才出现的建筑单元，它不会成为早在汉初就已经形成的汉长安城的建筑布局轴线的南端——更不说汉初的长安城为朝东的布局了。

其次，超长基线的北端，秦建明先生考证认为是一处大型的西汉礼制建筑，考证其为秦汉时祭祀"天齐"的所在。在"天齐"中心东侧480米为作者认定的汉"五帝祠"最西侧的夯土台基。"天齐""口径260、深32、底径170米"，二者边缘间距350米（从考古资料看，目前"天齐"和"五帝祠"的时代均未确定，所以二者的关系还不清楚）。如据作者认为该建筑基线形成时代为汉初，那么其起点的天齐就应在萧何建设汉长安城时就已存在，即，必须首先确定它是秦的祭祀场所，到汉还一直沿用，这样才能确定该轴线北端的存在。但从目前的文献看，我们还无法找到秦在此地祭祀天齐的线索，而且秦也没有祭祀天齐的传统（东方的齐有这样的祭祀）[1]，因此，从目前的文献和考古资料看，我们暂时无法确定该遗址属秦，那么轴线北端起点的存在就大有疑问。

第三，如依秦建明先生等考证，那么天齐旁边的五帝祠就不应是与它同时期的。这是因为，如它们为同时期的建筑，五帝祠就应早在萧何建设未央宫和长乐宫时已经存在，这不仅与刘邦建立北畤的文献记载不符，也与汉后来在渭北建设五帝庙的记载不符。即，如汉初就已在渭北存在一座如此规模的五帝祠，那么再在渭北重修一座五帝庙的情况就是不好理解。而且目前也还找不到汉初在长安城附近不存任何五帝祠类建筑的文献。而更加重要的是，"五帝祠"所祠者为五帝，中间神为太一神，太一神的地位要高于"天齐"，如当时在进行城市规划布局时确实存在超长基线和五帝祠的话，那么超长基线的起点肯定应是天齐祠旁边五帝祠中的太一而不是天齐了。

综上可知，汉长安城规划和成型的时间在汉初，但现在无论是"天齐"还是它旁边"五帝祠"的时代都还不能确定，因此这条超长基线的北端点的存在基础就很不完善。而文献中王莽时期才开凿子午谷，其起点和终点分别是杜陵和汉中，与远在汉长安城北部的"天齐"无涉，那么超长基线的南端终点的存在也就没有了基础。因此从目前的资料看，论证这条超长建筑基线存在的起点和终点的资料都有很多不确定因素，而如其两头的端点都不能确定，那么基线本身能否再成立或存在也就肯定值得怀疑。因此在最终确定"天齐"始建年代、"五帝祠"建筑时间和性质、汉初建设子午谷、以及这些均和汉初的长安城之间存在肯定的关系等一系列文献或考古证据之前，我想目前还并不能贸然承认存在过这条超长建筑"基线"，以及该基线首先出现的时代及延续使用的时间。

（三）汉长安城的轴线

在前文对汉长安城不同时期不同朝向做出分析的基础上，我认为汉长安城规划布局轴线应

---

[1]《汉书·郊祀志》《汉书·地理志》。

同时存在两条，但不同时间两轴线的主从关系并不相同。

首先，朝东时代，城市布局中最主要的轴线是霸城门—直城门大街，如前所言，这条城内唯一东西向贯通的大街将城内不同性质的建筑完全地南北分开：在南侧——"右位"上布局皇帝居住的宫城（长乐宫在早期是皇帝居住的宫城，后来居住太后），而在大街的北侧——"左位"上布局次要的宫城和大臣、平民居住的闾里以及日常生活所需的市场、手工业作坊等建筑功能区。这条轴线的存在使得汉长安城各种性质的建筑之间井然有序[1]。

其次，朝东时代，学者指出的西安门—未央宫前殿—横门大街—横门轴线同样存在。其作用是在霸城门—直城门大街轴线已将城市进行南北区划的基础上再将城市功能区进行纵向的进一步功能划分。它由南向北"从右位到左位"递次分布不同性质的建筑，最南侧为未央宫，它是城市中最主要的建筑，往北是桂宫和北阙甲第，是属于次要的建筑，再往北是工商所在的市和手工业作坊区，是更加次要的建筑。按照这条轴线，南面是最高级别的建筑未央宫，往北是桂宫和北阙甲第，再往北是东西市。在城市布局中它是次轴线。这条轴线在这个时期没有向南延伸。

第三，朝南时代，伴随着祭祀系统和宗庙制度整理和南向方位的确认，逐渐在西安门—未央宫前殿—横门大街—横门一线的南向延长线得左右布置礼制建筑，这样它作为城市南向时代的主轴线正式形成。不过由于汉长安城和未央宫、长乐宫等宫城的建设早已形成，这条轴线虽短时间内得到确认并最终成为城市建设的主轴线，但原已形成的霸城门—直城门轴线却依然存在，然而它的地位已变为从属于西安门—横门大街轴线的城市布局次轴线。两条同时出现的轴线的地位发生了巨大变化。

在长安城的考古工作中"城门址已发掘 5 座、试掘 1 座、它们分别为宣平门、霸城门、西安门、直城门和横门。从上述 5 座城门址来看，每座城门中部均有两条并列隔墙。将城门分成 3 个门道，每个门道宽 6~8 米。由于城门的隔墙宽窄不同，城门规模也就不一。隔墙宽者 14 米，窄者 4 米。与未央宫、长乐宫宫门相对的西安门、霸城门门道二隔墙各宽 14 米，宣平门、直城门、横门门道二隔墙各宽 4 米。这样形成与宫城宫门相对的城门面阔约 52 米，其余城门面阔 32 米，前者较后者规模壮观宏大"（刘庆柱：《汉长安城的考古发现及相关问题研究》，《考古》1996 年第 10 期，第 1~14 页）。按照前文关于长安城方向和轴线的讨论，霸城门和西安门这两座汉长

---

[1] 一个城市同时拥有几条轴线不仅是今天城市布局的一个重要思想，应也是古人布局城市的一个原则。如韩国河先生指出秦咸阳城是"以渭河为横向中轴线，以咸阳宫为纵向中轴线进行连续规划的城市"，拥有两条轴线线（韩国河：《汉长安城规划思想辨析》，《郑州大学学报（哲学社会科学版）》2001 年第 5 期，第 61~65 页）。此外，曹魏邺城是中阳门大街为南北向轴线布局，以金明门—建春门大街为轴线进行南北区分布局。隋唐大兴长安城南北向是以明德门—朱雀门—承天门—太极殿为纵轴线布局，但东西向上以奉明门—金光门大街为横轴线进行南北分区布局，该大街南北两侧的闾里大小和居住者身份都很不同，从时间顺序讲它们应该是继承了汉长安城的布局原则。

安城中最宽阔雄伟的城门实际上就是东西向轴线霸城门—直城门大街和南北向轴线西安门—未央宫前殿—横门大街所朝向方位的正门，它们宽阔的原因并不是因为它们正对着长乐宫和未央宫，而是其作为轴线正方向端的都城城门，这种将轴线正方向端的城门加以扩大以显示都城雄壮威严的建筑模式和做法在后代的都城建设中得以普遍采用，如邺南城朱明门、隋唐大兴长安城明德门[1]等。基于这样的认识，我认为西安门如今见到的规模应是在西汉晚期长安城南向方向确定前后比照霸城门既有规模进行扩修后所形成[2]。即，在朝东时代，霸城门是汉长安城的主城门；在朝南时代，西安门是汉长安城的主城门。

黄展岳先生曾对轴线做出界定："所谓'轴线'，似应理解为中轴线，即位于都城东西居中或基本上居中的南北主要交通大道。"（黄展岳：《读〈汉长安未央宫〉》，《考古》1997年第8期，第94~96页）按此界定，本文提出的两条轴线均应不能称为轴线，也许更确切地讲它们仅是城市规划布局时两条最重要的规划基线。然据前文分析，我认为如此概念成立，那汉长安城可能就从未有轴线——中轴线，它当初在进行城市布局规划时存在的可能只是几条建筑基线罢了。

三、汉长安城布局思想

关于汉长安城究竟遵循了什么布局思想，目前有几种不同的意见：

（一）"斗城""法天说"

《三辅黄图》记载汉长安城形制时讲：

城南为南斗形，城北为北斗形，至今人呼汉京城为斗城是也。[3]

明确提出汉长安城"法天"布局，对此早在元代的李好文，在《长安志图》中就明确反对：

《三辅黄图》及《周地图》曰："南为南斗形，北为北斗形。"今观诚然，信然。然汉志及班、张赋皆无此说。予尝以事理考之，恐非有意为也。盖长乐、未央，邺侯所作，皆据岗阜之势，周二十余里，宫殿数十余区，惠帝始筑都城，邺侯已没。当时经营，必须包二宫在内，

---

[1]中国科学院考古研究所西安工作队：《唐代长安城明德门遗址发掘简报》，《考古》1974年第6期，第33~39页。

[2]过去认为霸城门和西安门修建这么大的规格"可能是由于霸城门和西安门分别对着长乐宫的东门和未央宫的南门之故"（王仲殊，1984年，第5页）。但是如果正对城的城门应该修建成霸城门和西安门这样规模的话，正对长乐宫南门的复盎门和正对未央宫西门的章城门则都没有理由不加以扩大。即使章城门因是位于西侧的城门可能不扩大规模，那起码复盎门也应加以扩大，因为在建设城墙的惠帝时代和后来的吕后时代都是太后专权，而作为太后居住和高祖去世时所在的长乐宫的地位当时一直很高，实无理由当时不给复盎门以同等规模的待遇，就像在高祖长陵中高祖和吕后陵封土同等规模一样。因此，从复盎门和西安门的比较中我们可以看出，产生现在这样规模的差异应不是它们正对着哪座宫城，而是正对着哪条轴线。霸城门应该是惠帝修建长安城时就已经形成现在见到的规模，而西安门则要到汉末或者是王莽时期才扩展而成。

[3]《三辅黄图》，第19页。

今南城及西城两方突出，正当两宫在内，不得不曲屈以避之也。其西二门以北渭水向西南而来，其流北据高原，千古未改，若取东城正方，不惟太宽，又当渭之中流。人有至其北城者，言其委曲迂回之状盖顺河之势，不尽类斗之形，以是言之，岂后人以近似而目之也欤？

现代学者，如王仲殊、马正林、刘庆柱、李毓芳、刘运勇、贺业钜等先生也均对斗城说持否定态度。近年来，学者对斗城说的研究也不少，如同意斗城说的有陈力（《试论秦汉都城规划模式的基本形成》，《纪念陈直先生文集》，西北大学出版社，1992 年）、韩国河（《汉长安城规划思想辨析》，《郑州大学学报（哲学社会科学版）》2001 年第 5 期，第 61~65 页）、吴宏岐（《汉长安城兴起和衰落的风水学解释》，《唐都学刊》1997 年第 3 期，第 35~38 页）、李小波、陈喜波（《汉长安城"斗城说"的再思考》，《考古与文物》2001 年第 4 期，第 63~65 页）；反对斗城说的则有王社教（《汉长安城斗城来由再探》，《考古与文物》2001 年第 4 期，第 60~62 页）、周长山（《汉代城市研究》，人民出版社，2001 年）等。那汉长安城与北斗南斗之间到底有无关系呢？

《三辅黄图》对汉长安城城墙形状与天象进行了对比，现认同斗城说的学者也将汉长安城城墙走向与星图做比较复原。如李小波、陈喜波就指出："在星图上，将北斗七星、勾陈、北极、紫微右垣星座连接起来，与汉长安城形状惊人地相似。几个特殊的关键部位，正是星座的位置。南端突出处为天璇所在，建章宫独处于西南，正是开阳、摇光的连接部分，西北曲折城墙与太子、勾陈连线吻合，天玑、天枢与勾陈一（北极星）三点一线已被天文学证实，和东墙的平直完整相一致。"（李小波、陈喜波：《汉长安城"斗城说"的再思考》，《考古与文物》2001年第 4 期，第 63~65 页）但是在其复原图上汉长安城南部的城墙组成的是北斗形状，与《三辅黄图》的记载相反。秦建明等指出，"自泾阳县李家庄以下曲折形状的河段便是象征北斗星座"（秦建明等：《陕西发现以汉长安城为中心的西汉南北向超长建筑基线》，《文物》1995 年第 3 期，第 4~15 页）。愚均以为不确。

首先，从研究资料的时代性看，我们今天所掌握星图的准确性和完整性是在现代高科技发达的直接支持下的产物，因此不管汉代的天文水平达到如何高的程度，当时星图的准确性也无法与今天的星图相比（虽然太空星座、星星间在这两千多年来所有的变化丝毫不影响用今天的星图来分析古代星空），用今天我们掌握的实际星图来研究当时的建筑布局并不合适。如果我们真的需要对二者进行分析，那也只能是用汉初的星图来考察当时的汉长安城，这样才能大致看出到底是不是当时人们在设计城市时在有意"法天"。而从现在的情况看，学者在作如是研究时都有意无意地回避了这个问题。

其次，就观察者而言，太空星座虽然两千多年间变化不大，用今天的星图来研究汉代的城市也差强可行，但相对于地球上的观察者而言，因为地球在星空位置不断变化，固定一地的人们在一年四季中看到的星空并不相同，因此究竟采用哪个季节的星座来与汉长安城城墙及布局进行类比就是一个必须回答的问题，而目前所有将二者进行比较的学者对此都没有给出界定。

而一旦没有限定时间，那因为时间的变化就必然产生相对于不动的城市来说不断变动的星空，那么其如何与不动的城墙形状进行比较也就变得非常重要。即，空间在时间的变化中不断发生变化，春、夏、秋、冬不同季节北斗星的位置不同，星空在不停地旋转，汉长安城却"巍然不动"，那么即使它在某个季节真的象征了天上的某个星座，而到了其他季节它又完全可以和其他星座进行想象的联系。这样一来，实际上基于时间变化所产生的星座空间的变化，就必然使汉长安城曲折的城墙和变化的星座之间产生千万种不同的"法天"结果，那也就实质上无所谓"法天"。从文献记载看，秦汉时期确实有法天的布局，如秦始皇统一后进行咸阳建设时就采取了法天，但当时咸阳法天的基础是渭水象征天上的银河，而一旦银河确定了就等于确定了法天比照的季节，不动的城市和变动的星空之间也就有了比照的可能。秦咸阳"法天"与学者提出的汉长安城"法天"有着不同的时空基础。

第三，李小波等用现代星图所作汉长安城与星空的比较复原，在其图上，北斗位于汉长安城南部，显示的是汉长安城南部城墙形状与北斗相类（李小波、陈喜波：《汉长安城"斗城说"的再思考》，《考古与文物》2001年第4期，第63~65页），而这恰与《三辅黄图》的记载完全相反。之所以出现如此差异的原因，我认为除作者所具有的高度想象力外，最重要的还是不同观察者用了不同时间和空间下的星空来进行对比研究。这也就表明，星座与城墙形状进行类比后肯定会得出言人人殊的认识，浩瀚的星空中每个人都可以将城墙看成是天空不同星座的连线并给予不同的"完满"解释，而这也就并非"法天"了。

李小波等指出，汉长安城城墙"南端突出处为天璇所在"，然在其复原图中，城墙南端最突出部分相应者为天玑星，并非天璇，天璇被远远孤悬于城墙外测的东南方向，没有任何建筑和城墙可与之相类；其提出"建章宫独处于西南，正是开阳、摇光的连接部分"，而其复原图中开阳在汉长安的西南城角，与建章宫无涉。同时，我们知道建章宫是武帝时期进行建设的，而汉长安城的城墙则是在惠帝时代修成，史汉文献均记载，武帝修建建章宫于城外的原因是当时城内已没有足够空间可以建设，因此才不得不到城外发展，与摇光星的位置并无必然关系。同时该图的许多地方显然是为了和长安城城墙形成类比而出现人为的延长连线，如"开阳"向北与"右枢"向西产生的连线交点的所在就没有任何的星星可以讨论，此点的选择明显应是作者的想象。

从现代地理测绘成果看，汉长安城城墙走向与当地的地形有直接关系，汉长安城的城墙走向是在高度精确测绘下所产生的非常合理的布局，是充分考虑地形和既有建筑后的产物，与天象应无关系（如董鸿闻等：《汉长安城遗址测绘获得的新信息》，《考古与文物》2000年第5期，第39~49页；王社教：《汉长安城斗城来由再探》，《考古与文物》2001年第4期，第60~62页），汉长安城并不是"法天"的"斗城"。

（二）《考工记·匠人·营国》

《考工记》作为《周礼·冬官》的补遗至少存在了二千多年，作为一部单独的典籍，学术界比较一致地认为它基本成书于先秦时期，可能主要反映的是齐国的手工业发展状况，不过其中难免夹杂后人文字在内[1]。《考工记·匠人·营国》：

匠人营国，方九里，旁三门。国中九经九纬，经涂九轨，左祖右社，面朝后市，市朝一夫……经涂九轨，环涂七轨，野涂五轨。

目前学者在研究汉长安城布局时多提出其遵循了《考工记·匠人·营国》中提到的诸如前朝后寝、左祖右社、旁三门、九经九纬、面朝后市等布局思想。近年来，有关反对上述认识的议论逐渐增多，如学者指出先秦城市布局实际没有采取《考工记·匠人·营国》制度[2]，或据考古发现认为《考工记》成书时间可能在西汉武帝时期，不会晚于王莽改制[3]。通过下文的分析，我认为汉长安城的布局思想不可能执行《考工记·匠人·营国》的上述制度。

首先，《考工记》的城市布局时的方向为南向，因此有关制度和论述都应是在这个基础上展开。贺业钜先生曾总结了《考工记·匠人·营国》所叙述的王城规划制度。

1.宫城是全城规划的核心，宫城位于王城的中心。宫城南北中轴线便是王城规划的主轴线，这条轴线南起王城的正门，经外朝，穿宫城，过市，直达王城正北门。门、朝、寝、市，都依次由南向北布置在此主轴线上。

2.宫城前面为外朝，后面是市，宗庙、社稷则根据主轴线对成设置在宫城前方的左右两侧。这便是宫、朝、市、祖、社五者的相对规划位置和它们之间的关系。

3.全城道路网及里均环绕宫城这个核心，沿主轴线对称布置，突出宫的地位，并衬托主轴线的主导作用。

4.宫城内市是按前朝后寝之制规划的（贺业钜：《考工记营国制度研究》，中国建筑工业出版社，1985 年，第 28、29 页）。

而据前文，汉长安城在西汉早中期的方向都是朝东，明显与《考工记·匠人·营国》进行城市布局所执的方向相异，因此在不同朝向的指导下，汉长安城内布局各功能区的思想也就与《考

---

[1] 目前《考工记》的讨论主要有几种观点。一是认为它为齐国官书，主要有郭沫若：《十批判书》，新文艺出版社，1951 年，第 30 页；郭沫若：《天地玄黄》，新文艺出版社，1954 年，第 605 页；陈直：《古籍述闻》，《文史》第 3 辑，第 70 页；贺业矩：《考工记营国制度研究》，中国建筑工业出版社，1985 年；闻人军：《考工记导读》，巴蜀书社，1988 年，162 页；宣兆琦：《考工记的国别和成书年代》，《自然科学史研究》1993 年第 4 期，第 297 页。另一种认为它不是齐国的官书，如刘洪涛：《〈考工记〉不是齐国官书》，《自然科学史研究》1984 年第 4 期，第 359~365 页。

[2] 刘斌：《〈考工记·匠人〉和齐国城建》；陶正刚：《晋都新田与〈考工记·匠人〉城建的比较》，华觉明主编《中国科技典籍研究——第一届中国科技典籍国际会议论文集》，大象出版社，1998 年，第 109~114、115~124 页。

[3] 李锋：《〈考工记〉成书西汉时期管窥》，《郑州大学学报（哲学社会科学版）》1999 年第 2 期，第 106~111 页。

工记·匠人·营国》的指导思想存在区别。如，在城市朝东时它的"面"是东方而"后"是西方，那么按《考工记》前朝后寝、面朝后市进行建设，寝殿和市就应放在前殿西侧，而这与汉长安城实际的情况完全不同。

其次，从汉长安城营建主持人萧何等的出身及学术背景分析，他们无法掌握《考工记·匠人·营国》的布局原则。

1. 主持汉长安城建设的萧何史汉有传。他早期生活在以吏为师、奉行法家的秦代，"以文无害为沛主吏掾"[1]，在秦代官员考核中"给泗水卒史事，第一"，是标准的秦代地方小吏。在当时教育制度下他不可能接触到多少被当时基本否定的儒家学说[2]。从他在未央宫建设中只修建东阙、北阙的情况看，他所持的方向是东向而非南向，表明他并不熟悉《考工记·匠人·营国》所代表的南向布局原则，也就不会按照《考工记·匠人·营国》来进行城市规划。

2. 继萧何相位的是历史上一直有"萧规曹随"美誉的曹参。"秦时为沛狱掾"[3]，在汉统一后"其治要用黄老术"，在萧何不为相国后，"参代何为汉相国，举事无所变更，一遵萧何约束"。那么，虽然汉长安城的城墙修建在惠帝时期，但曹参和惠帝两人均守成不变[4]，所以即使当时萧何无法主持并参与汉长安城城墙建设，在曹参等主持修建下的汉长安城城墙、城门以及城内大街等的布局应和萧何当初在"无令后世有以加"的指导思想下产生的长安城的总体规划一致[5]。且曹参与萧何一样来自东方，完全可像萧何一样信奉朝东原则。

3. 许多原直接在萧何领导下参加长乐宫和未央宫建设的营建官员同样参与了汉长安城城墙的建设。如据《史记·孝惠间侯者年表》，梧侯"以军匠从起郏，入汉，后为少府，作长乐、未央宫，筑长安城，先就，功侯，五百户"。这些一直参加长安城建设的官员同样可保证原来萧何生前制定的城市总体规划在其去世后得到较好的贯彻。因此，长安城作为城市的基本框架虽然是在惠帝时期完全完成，但它的指导思想和主方向却应是早在萧何时期就已经定下的朝东，而不会是《考工记·匠人·营国》中的朝南，汉长安城"旁三门"格局不可能是《考工记·匠人·营国》指导的产物。

第三，惠帝六年起长安西市，其位置今已确定[6]，它和未央宫之间事实上存在"南朝北市"

---

[1]《史记·萧相国世家》，下同。

[2]《考工记》虽然是在汉代才成为儒家经典《周礼·冬官》的补遗，而在此之前它一直独立存在，但是从后来能被儒家接受纳入《周礼》看，它和儒家思想有大量相通的地方则是可以肯定的。

[3]《史记·曹相国世家》。

[4]《史记·曹相国世家》。

[5] 杨宽先生认为汉长安城城墙的建设是在萧何的既定方针下进行（杨宽：《中国古代都城制度史研究》，上海古籍出版社，第 590、591 页）。吴宏岐先生认为萧何"以后的城市规划人员并未按照萧何的思路去想，没有在未央宫以南发展城市用地……"（吴宏岐：《汉长安城兴起和衰落的风水学解释》，《唐都学刊》1997 年第 3 期，第 35~38 页），与汉初继萧何位的曹参和继刘邦位的惠帝的实际情况不符。

[6] 刘庆柱：《西安市汉长安的东市和西市遗址》，《中国考古学年鉴（1987）》，文物出版社，1989 年，第 264 页。

（右朝左市）的关系。联系未央宫内部宫殿布局上"南朝北寝"（右朝左寝）的格局，它们都应是在朝东时代形成，并非《考工记·匠人·营国》南向建筑指导下的产物。此外汉长安城南郊祖、社等建筑建设于不同时代，其中官社汉初已形成，而九庙、辟雍则是王莽主持营建，如汉初按《考工记·匠人·营国》"左祖右社"进行布局，则不应将高庙建设在距离官社很远的长安城城内的长乐宫南侧，而且还一直延续了非常长的时间，几乎和西汉相始终。实际上汉长安城在绝大部分的时间里其实没有"左祖右社"的格局。因此，从汉长安城各组成单元之间关系的形成时间看，它们都不是按《考工记·匠人·营国》进行布局的结果。

第四，《考工记·匠人·营国》关于城市单元布局的思想在汉长安城中没有体现。所谓《考工记·匠人·营国》"左祖右社、面朝后市"的基础是"择国之中以立宫"，宫城须位于城中心，宫城南向，而要进行如此安排的核心基础是首先将城市用地"九分"，先将宫城布置在城中心，后在其周围分布官署、仓库、市场、闾里等其他功能区，宫城占地为全城九分之一左右，而占地最多的是闾里[1]。现知汉长安城的布局和用地规模都与此存在巨大差异。

从考古发现看，汉长安城中宫城占地面积将近城市的二分之一，闾里等居民区占地却很少，最重要的宫城完全占据了城市南半。如当初萧何确实想按照《考工记·匠人·营国》进行规划，在秦末咸阳的渭南地区，在项羽大火和战后一片狼藉的情况下，在基本没有多少前代建筑对新城市布局产生影响的情况下，以萧何建设未央宫时所持的"无令后世有以加"的精神，他完全有充足土地来按照《考工记·匠人·营国》将城市计划用地九等分后再进行其他功能区规划（就像隋代修建大兴城时不考虑旧有建筑影响一样），那将完全不是我们现在所见到的样子。

综上可知，汉长安城的布局实际并未执行《考工记·匠人·营国》的布局思想，汉长安城设计的基础和《考工记·匠人·营国》有着根本区别（贺业钜：《考工记营国制度研究》，中国建筑工业出版社，1985 年，第 22 页；周长山：《汉代城市研究》，人民出版社，2001 年，第 80 页）。即，现《考工记·匠人·营国》的有关文字虽与汉长安城实际建筑布局间存在某些相似，但却不应是汉初在建设长安城时参照其进行布局建设的结果。这里面除存在历史的巧合外，或者就是如王仲殊先生所指出的"可能是由于汉儒从长安城的实际情况出发，增改了《考工记》的'匠人营国'部分"（王仲殊：《汉代考古学概说》，中华书局，1984 年，第 8 页），或者就是这一部分文字"完全是按照汉长安城的布局事实进行附会而成"［李锋：《〈考工记〉成书西汉时期管窥》，《郑州大学学报（哲学社会科学版）》1999 年第 2 期，第 106~111 页］。即，现汉长安城布局和《考工记·匠人·营国》相似的原因，不是汉代在规划汉长安城时借鉴了《考工记·匠人·营国》，而是汉代学者在整理《考工记》过程中按汉代现有都城规划布局的情况，并结合早期文献整理出了理想化的西周都城布局概念。

从前文分析，《考工记·匠人·营国》所描述的汉长安城格局的形成时间最早不会早于王

---

[1] 贺业钜：《考工记营国制度研究》，中国建筑工业出版社，1985 年，第 49、51 页，表 2-1，图 2-1。

莽执政，实际只有在王莽执政时期修建官稷、九庙和辟雍后才基本符合了《考工记·匠人·营国》的有关规定（贺业钜：《考工记营国制度研究》，中国建筑工业出版社，1985 年，第 21 页）。于是《考工记·匠人·营国》中与汉长安城布局相似的这一部分内容的形成时间就应比以往认识要晚的多。如这部分文字不是武帝时代将《考工记》收入《周礼》时已按长安城现有布局并结合早期文献做了理想化整理，那就很可能是在汉晚期经学识纬化的高潮中，在刘向、刘歆父子等整理文献时羼入的《考工记》[1]，王莽建设的九庙、辟雍等建筑既有可能是按照当时见到的《考工记·匠人·营国》中有的"左祖右社"进行布局，也完全有可能是在它们建设完成后才将"左祖右社"融入了《考工记·匠人·营国》，二者之间的关系目前还不好最后确定。

（三）览秦制，跨周法[2]

我认为，据文献，汉长安城布局原则应是《西京赋》中提到的"览秦制，跨周法"。汉长安城整体朝向的变化和轴线交替都是汉代不断变化的政治思想的产物，受到先秦两汉时期思想文化发展的直接影响（相似论述见秦建明等：《陕西发现以汉长安城为中心的西汉南北向超长建筑基线》，《文物》1995 年第 3 期，第 4~15 页；贺业钜：《考工记营国制度研究》，中国建筑工业出版社，1985 年，第 155 页）。

如前所述，汉长安城建设初期选择朝向的直接基础是先秦时期许多地域流行并实施的尚东和尊右的思想。从思想根源上讲，尚东和尊右思想的直接基础可能是早于先秦时期已经形成的崇尚东方的民间信仰，这种信仰很大可能上是来源于自然的太阳崇拜（这也是晚近很多民族建

---

[1] 孙筱先生指出："正如蒙文通先生所言，汉代儒家著作，由于篇章的盈缺，已非洙泗旧典，而增字解经、推衍经义又恰是汉代学者愿意做并擅长做的事。"（孙筱：《两汉经学和社会》，中国社会科学出版社，2002 年，第 81 页）

[2]《文选·西京赋》"乃览秦制，跨周法"，注："跨，越也。因秦制，故曰览。比周胜，故曰跨之也。"在汉长安城的研究史上，除了以上三种影响较长和较大的布局思想外，杨宽先生还提出："西汉长安沿袭西周东都成周和战国中原诸侯都城以及秦都咸阳城郭布局而有所发展，是很明显的。"（杨宽：《中国古代都城制度史研究》，上海古籍出版社，第 589 页）该认识已经经刘庆柱先生分析后予以澄清，后来的研究者也没有再持这种观点，所以本文不再对其加以评述。杨宽先生在考察汉长安城设计思想的时候提到了"览秦制，跨周法"，但是和我的认识不同。我认为汉代都城的设计思想吸收秦制的一些传统，但是并不是完全的因袭，而对于所谓的《考工记》为代表的周代制度来说，它是没有继承的。这里用"跨"也帮助张衡认为汉都城长安的建设和《考工记》等的制度并不相同。

筑持有东向布局的原因[1]）。东向布局也有可能是战国时期逐渐普遍流行的阴阳五行学说在汉代的反映[2]。汉长安城在西汉晚期出现的城市南向布局则明显的是在《周礼》等被后世奉为经典的古礼等儒家思想的主持下进行。

在汉代，战国时已形成的诸如阴阳五行学说、黄老之术、儒家、法家等学说一直处在斗争和融合之中，它们之间斗争的胜负与它们在政治上的得势与否等地位的变化直接联系，这种斗争的结果直接影响到了汉长安城都城布局的变化。

汉长安城定型的西汉早期，主持营建汉长安城的萧何和汉王朝的缔造者刘邦及其他上层统治者们所信奉的是战国以来一直盛行的尚东的民间迷信和阴阳五行等学说，它们是导致汉长安城东向布局定型的主导思想。而继刘邦、惠帝的文帝、景帝和在武帝早期掌握实权的窦太后奉行的是清静无为的黄老之学，汉长安城的布局在该思想统治下不可能出现大的变化[3]。到汉武帝时期虽采取独尊儒术的方针，但他却对阴阳五行、方士术数等思想迷信至深，在强大的经济和政治背景下这些信仰变本加厉地反映出来。他在位时期主持的长安城内外各种建筑的营建都是对长期以来盛行的阴阳五行等学说的继承和发展，其中的大量建筑更直接是在方士的建议下进行规划和建设，因此武帝时代的祭祀和宗庙制度仍是旧有制度的延续和扩展。

不过从汉初开始，儒家就不断吸收阴阳五行等各种学说中的有关成分来适应当时政治形势的变化，如经学大师董仲舒"治《公羊春秋》，始推阴阳，为儒者尊"[4]，"推阴阳"后成为"汉代经师治经的基本手段"（孙筱：《两汉经学与社会》，中国社会科学出版社，2002 年，第 181 页）。从汉代思想史的发展看，汉代后期经学的胜利虽然是从武帝时期对儒术的推崇逐渐开始，但在信奉方士和阴阳学说的武帝时期，儒学不可能得到多少实际的推崇。《史记·礼书》：

今上即位，招致儒术之士，令共定仪，十余年不就。或言古者太平，万民和喜，瑞应辨至，乃采风俗，定制作。上闻之，制诏御史曰："盖受命而王，各有所由兴，殊路而同归，谓因民而作，追俗为制也。议者咸称太古，百姓何望？汉亦一家之事，典法不传，谓子孙何？化隆者宏博，

---

[1] 除中原地区的民族有尚东的习俗外，实际上其他时代和地区的民族也有尚东的传统。如《北史·文帝悼皇后郁久闾氏列传》："蠕蠕俗以东为贵，后之来，营幕户席，一皆东向。"《北史·林邑列传》："林邑……以砖为城，蜃灰涂之，东向户。"《隋书·林邑列传》记载同。《南史·夷貊列传·西域·滑国》："无城郭，毡屋为居，东向开户。"《旧唐书·真腊国列传》："其俗东向开户，以东为上。"这些记载表明，很多民族在一定的较早发展阶段对东向的重视要远大于南向。先秦及秦汉时期的东向尊崇的行为很可能和他们有着共同的思想基础。此外据文献记载，北魏时期同时存在着南郊祭天和西郊祭天的礼仪，南郊祭天是中原的祭祀体系，而西郊祭天为北魏民族原有的祭祀体系。西郊祭天地点位于城市西方的空间位置与汉代早中期汉长安城在西侧甘泉宫进行祭天的方位相近。汉代在甘泉宫祭天的活动在汉代中期持续进行，到晚期遭到不断攻击，最终被放弃。二者之间的关系值得今后进一步探讨。

[2] 颜师古谓："萧何初立未央宫，以厌胜之术理宜然乎？"猜想未央宫的建设布局用了厌胜之术。厌胜之术和阴阳五行学说之间存在很深的关系，颜师古的这一认识并非完全没有道理。

[3] 《史记·礼书》。

[4] 《汉书·五行志》。

治浅者褊狭，可不勉与！"乃以太初之元改正朔，易服色，封太山，定宗庙百官之仪，以为典常，垂之于后云。

在这个过程中儒生发挥的作用一直有限。而到了好儒术而对阴阳五行不感兴趣的元帝时，儒学地位出现转机。转机出现的根源是，武帝独尊儒术后几十年里大量儒生通过儒学等途径进入了上层统治集团，这时不仅儒学本身在这个过程中逐渐融合了大量的其他学派内容而变得更容易被社会上层所接受，就是帝王的思想也在儒家思想熏陶下发生了潜移默化的变化。于是从武帝时期开始的推崇儒术使得原在战国时仅占一席之地的儒术逐渐代替汉初居统治地位的黄老、阴阳五行等学说成为社会、帝王、官员的主流思想，为上流社会所普遍接受。即，武帝尊崇儒术后几十年里儒生的大量进入统治阶层以及儒学本身逐渐吸收阴阳五行学说等共同为后来儒学在和其他学说斗争中取得胜利奠定了人才和思想的基础[1]。

因为上述原因，到元帝时代儒生出身的官员开始逐渐讨论在此之前驳杂的祭祀系统和宗庙制度。他们对祭祀系统和宗庙制度的讨论以及他们所希望出现的理想的祭祀系统和宗庙制度的实质，乃是在对汉代统治思想进行大规模的系统化整理，这是汉代经学和先秦以来阴阳五行等近似神学学说的一次交锋，也是经学逐渐和这些学说进一步融合的过程。当时社会中的学术斗争一直夹杂隐藏在政治斗争中展开，政治斗争的胜负直接导致各学说的进退荣辱，南北郊制度在西汉晚期几起几落的反复正是这种夹杂于政治斗争内的学术斗争的拉锯战。西汉末期经学在政治斗争中的胜利使得长安城南北郊制度的局面正式形成。长安城朝向也就在这样的指导下发

---

[1] 对汉代不同时期儒学对汉代国家制度仪式影响和变化的研究有章权才：《两汉经学史》，广东人民出版社，1991 年；杨志刚：《汉代礼制和文化略论》，祝瑞开主编《秦汉文化和华夏传统》，学林出版社，1993 年，第 239~247 页；汤志钧：《西汉经学与政治》，上海古籍出版社，1994 年；金春峰：《汉代思想史》，中国社会科学出版社，1997 年；王葆玹：《今古文经学新论》，中国社会科学出版社，1997 年；顾颉刚：《秦汉的方士和儒生》，上海古籍出版社，1998 年；张涛：《经学与汉代社会》，河北人民出版社，2001 年；孙筱：《两汉经学和社会》，中国社会科学出版社，2002 年；刘厚琴：《儒学与汉代社会》，齐鲁书社，2002 年。孙筱先生指出：就汉代政治而言"汉政的基本特征与内容形成于汉初，是汉代统治者对历史经验的总结""不应把汉政视为某一政治思想学说的产物。汉政的思想来源是多元的……汉政和经学的合流是在西汉中期……但是，这时的经学已不是传统意义上的儒学，对现实皇权政治的妥协，使其具有鲜明的实用性，对现实民间社会的妥协，使其具有典型的时代特征，并弥漫了民间迷信的朦胧气氛，从其他思想流派中汲取营养，则又使其具有融汇百家的精神"（《两汉经学与社会》，第 69、70 页）。

生变化——由创建时的东向转变为南向[1]，汉长安城因此也就成为我国都城史上少有的前后拥有两个主方向的都城。

汉长安城城市布局经过了不同的时期，是在不同的主导思想下，经过不同人的主持才形成今天我们见到的规模，因此按晚期都城看到的也许是不可思议的布局在当时却真实存在。《汉书·元帝纪》记载了一段元帝为太子时与其父亲宣帝的对话：

> 尝侍燕从容言："陛下持刑太深，宜用儒生。"宣帝作色曰："汉家自有制度，本以霸王道杂之，奈何纯任德教，用周政乎！且俗儒不达时宜，好是古非今，使人眩于名实，不知所守，何足委任！"

"汉家自有制度，本以霸王道杂之。"这句出自汉家天子之口的严辞不仅反映的是当时的统治思想，而且在今天研究汉长安城布局思想的变化时似乎也应成为我们的思想指导之一。汉长安城既然是不同阶段的产物，那么我们今天在讨论当时的布局思想时焉能"纯任德教，用周政乎"？[2]刘向在讨论南北郊时明确提出"古今异制，经无明文，至尊至重，难以疑说正"，那么汉长安城在朝向、轴线及布局思想等方面存在的变化本身正同秦汉交替时期、西汉不同发展阶段内政治形势和思想文化的发展直接有关，对它的深入探讨，将成为研究汉代思想史、学术史发展演变的另一面镜子。

---

[1] 佐原康夫专立"走向儒教的都城"讨论汉长安城规划制度的变化，并讨论汉代晚期南郊的建设，指出"王莽在长安城南郊建立的明堂，辟雍和太学等，无论其出奇和强行程度，都应处于西汉后期以来的这种动向的延长线上。这些建筑置于长安城南，不仅仅因为这一地域有广大的空地，而是因思想上的要求，无论如何也必须建于皇宫之南。尽管尚不清楚王莽是否有改造长安城全体的计划，但这件事意味着给予过去由未央宫向北展开的长安城以南向的方向性"［（日）佐原康夫著、张宏彦译：《汉长安城再考》，《考古与文物》2001年第4期，第85~93页］。在讨论长安城规划方向性上存在明显变化及向南发展的观点与本文一致，不过其所认为的向北发展的原因是"具有同样都市构造的汉长安城，明显的是基于秦始皇这种咸阳扩张的构想"（即"秦始皇扩张的咸阳，是把阿房宫作为新的中心而设置在南端部的，而都市本身，则从其北侧向着渭水北岸的旧咸阳展开"），和本文有着根本的区别。他注意到汉长安城在早中期并不朝南，提出朝北，与本文认为朝东不一样。

[2] 韩国河先生已提出长安城布局思想中有多种思想参与其中，"自始至终，城建规划思想一方面主要是来自古礼，主要是周礼的影响；另一方面主要和阴阳五行天文术数思想有关"（韩国河：《汉长安城规划思想辨析》，《郑州大学学报（哲学社会科学版）》2001年第5期，第61~65页）。通过上文的讨论，我认为这些思想的存在可能不是同时的，今天看到的长安城实际是不同思想在不同时间不同背景下参与的不同结果混杂在一起。就汉代后期而言，汉长安城是两种思想纠缠在一起，晚期思想强制性地强加给了按照早期思想建设的城市，而在早期布局阶段则主要是阴阳五行的思想占主要地位。

附录二

陕西三原天井坑遗址坑底结构的天文意义初探[1]

曲安京[1]　段清波[2]　陈镱文[1]

（1.西北大学科学技术史高等研究院　2.西北大学文化遗产学院）

关于陕西三原天井坑遗址的讨论，最早见于秦建明等学者的文章。该文作者发现，天井坑与秦岭山麓子午谷口的连线是一条长 74 公里的正南北方向的直线，与汉长安城的南北中轴线重合。由此推测，这是一条西汉时期人为设计的正南北方向的超长的建筑基线。同时，将天井坑定位为汉代礼制建筑遗址[2]。

2015 年始，西北大学文化遗产学院等对陕西三原天井坑遗址进行了数次较为全面的钻探勘测，基本厘清了天井坑坑底结构[3]。从初步勘探看，天井坑的构造具有明显的人为设计痕迹。初步研究结果表明，天井坑应是西汉末年、东汉初期的国家祭祀遗址，这些设计反映了制造者祭天与观象的天文意图。本文根据勘探数据，对天井坑地平式日晷结构与功能进行初步讨论。

一　基本形制

从卫星地图上俯瞰，天井坑形似一个圆斗，地平面坑口直径约 220 米，地平面下 25~30 米处是地表坑底，直径约 170 米。地表坑底下，有深约 30 米的覆土，由此可知，天井坑整体深约 55 米（图一）。

地表坑底下方约 3 米处，有一宽约 3 米的环道，天井坑大体上由同心圆构成。从内而外，较为重要的圆有：掩埋坑底的中心圆盘，直径 56 米；掩埋坑底壕沟圆环，直径 114 米；中部被掩埋的环道，直径 153.5 米；地平坑口，直径约 220 米。其中后三个圆直径数据的比值接近 5：7：10。北大秦简中记载了"三圆三方"的宇宙模型[4]，其特征就是三个同心圆的半径之比

[1] 本文原载于《文物》2019 年第 12 期。
[2] 秦建明等：《陕西发现以汉长安城为中心的西汉南北向超长建筑基线》，《文物》1995 年第 3 期，第 4~15 页。
[3] 西北大学文化遗产学院等：《陕西三原天井岸汉代礼制建筑遗址（天井坑遗址）勘探简报》，《文物》2019 年第 12 期，第 4~8 页。
[4] 陈镱文、曲安京：《北大秦简〈鲁久次问数于陈起〉中的宇宙模型》，《文物》2017 年第 3 期，第 93~96 页。

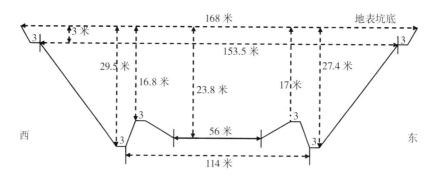

图一　覆土下坑底东西向纵剖面示意图

为 5：7：10。

天井坑坑底结构复杂。根据勘探数据，通过归算发现，掩埋在覆土下的天井坑底部结构，可能蕴含了一个巨大的地平式日晷模型。

二　坑底结构

中部环道与坑底环形壕沟，分别代表了三圆三方模型的中衡与内衡。但是，天井坑坑底结构，远比三圆三方模型要复杂。在内衡中间，有一个直径（56 米）大约是内衡半径（114/2 米）的圆盘。这个圆盘向外延展，是一个扇形的慢坡，坡度约 17°（水平 24 米提升约 7 米）。距坑底中心约 52 米处，达到慢坡最高处，有一宽约 3 米的扇形平台。平台外侧是一深 10 余米的壕沟，此壕沟形成了坑底的一个大圆，即三圆三方模型中的内衡。

为了计算天井坑坑底的扇形慢坡的张角，根据探测数据，将坑底平面简化为图二。其中的外圆，就是天井坑的中衡（被覆土掩埋的中部环道），中间的大半个线圆，代表坑底的扇形平台。

根据勘探结果，可知中衡是一宽约 3 米的环道，中衡的直径为 153.5~158 米，取其直径约为 $WE=156$ 米。简报指出，中衡内侧 3 米处，有一约 5 米宽的扇形台阶，如图二中下侧阴影部分所示。这个台阶东西长为 $AB=121.6$ 米。由此可知：$OB=OD-BD=156/2-（3+5）=70$ 米，$BC=121.6/2=60.8$ 米。据此，可以得到 B 点的西偏南方位角 $OBC=29.7°$，约 30°。由此可知，天井坑掩埋坑底的扇形的张角为东或西偏南 30°。

另外，根据勘探，在坑底东北、西北部，各有一宽约 20 米的坑道向上连接坑底与中部环道。

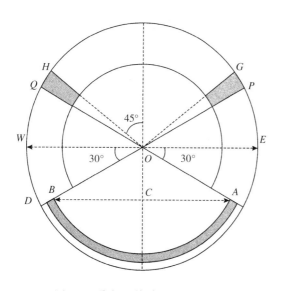

图二　覆土下坑底平面示意图

令这个坑道在中部环道的宽度为 20 米，由于中环的半径为 78 米，在半径 78 米的圆上的弧长对应的中心角约为 15°。根据对称性，*QW=WD*，因此，在图二中，将掩埋坑底之东北与西北两侧的坑道的上部方向，确定为北偏东或西 45°。

三　坑底扇形环道的功能与地平式日晷

为了确认天井坑掩埋坑底扇形慢坡及其环道的功能与意义，可利用现代天文学公式计算出三原地区冬至与夏至日太阳出入时刻的方位角的理论值[1]。按天井坑的地理纬度 φ=34.7°，冬、夏至日太阳视赤纬为 /δ/=23.5°，可得三原地区的冬至与夏至日太阳出入时刻的方位角，分别为东西偏南或北 29°（图三）。

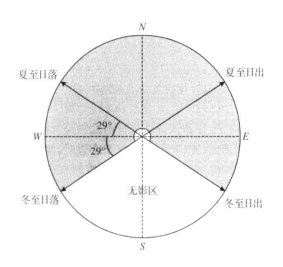

图三　天井坑地平式日晷示意图

这个结果与上面根据探测数据归算的天井坑掩埋坑底扇形环道的东或西偏南 30° 的张角，几乎吻合。天井坑掩埋坑底的模型中，*OA*、*OB* 分别代表冬至日出、日落的方向；*OP*、*OQ* 分别代表夏至日出、日落的方向。由此可以确定覆土掩埋的天井坑坑底中的扇形慢坡及其环道是一个大型的地平式日晷模型。

目前考古发现的实物证明，中国最早的日晷出现于西汉时期。其一是清光绪二十三年（1897 年）出土于呼和浩特地区的地平式日晷，原为端方旧藏，现存中国国家博物馆（图四）；其二为 1932 年出土于河南洛阳，现藏加拿大皇家安大略博物馆（图五）。这两具日晷都是地平式日晷。传世文献中也有关于地平式日晷的记载，说明中国古代的天文学家已可熟练设计地平式日晷[2]。

地平式日晷与观测地的地理纬度有关。在前面的讨论中，根据勘探数据推算出来的结果，可以联想到天井坑掩埋坑底的扇形平台具备地平式日晷的功能。

比较出土地平式日晷与天井坑坑底平面图，可以发现，地平式日晷实物，在东南、西南、东北、西北，即 45° 的方向，用箭头标示了 4 条射线，其中东北与西北方向的射线，与图二中的 *OG* 与 *OH* 一致。而地平式日晷真正发挥作用的部分，是根据不同地区所计算出来的扇形区域的范围，即地平式日晷圆周上小孔与圆心的连线所构成的区域，就是从 *OA* 逆时针扫至 *OB* 的扇形区域。

根据理论计算可以知道，天井坑的冬至与夏至日太阳出入时刻的方位角为 29°，而天井坑

[1] sin*A*=sinδ/cosφ，其中，δ 为太阳视赤纬，φ 为地理纬度，*A* 为太阳出入时刻的方位角。

[2] 吴守贤、全和钧：《中国古代天体测量学及天文仪器》，中国科学技术出版社，2008 年，第 377~379 页。

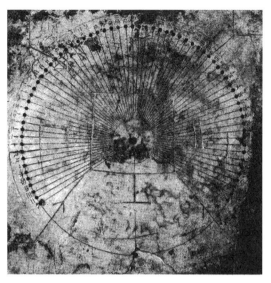

图四　呼和浩特出土日晷

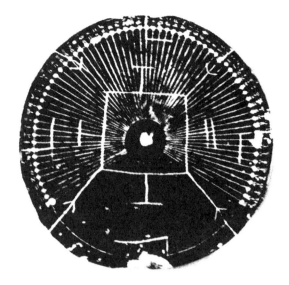

图五　洛阳出土日晷拓片

坑底 4 条射线的方位角约 30°，基本上与理论值吻合。

如图三所示，如果在天井坑底的中央竖立一个圭表（竿子），则这个圭表因太阳照射而投射在地面的影子，只能落在图中阴影的部分。通过观测圭表的日影，可判断一年的时间（如 24 节气）和每日白天的时间（12 时辰）。如果观察每日的日出，则一年之内，太阳日出的方位只能在夏至日出与冬至日出的夹角之间，通过在这个弧段上的刻度，来确定一年的时间。在确定日出的方位后，与 NS 镜面对称的方位，即为当日日落的方位。通过太阳的圭影落在每日日出与日落之间的弧段上的刻度，来确定每日白天的时辰时刻。这就是地平式日晷的用途。

通常，地平式日晷应设计在地平面上，放在坑底是无法观测太阳的日出与日落的。这个问题有两个可能的解释。其一，如果坑底中心竖立一个充分高的圭表（高于地平面），则高于地平面部分的圭表会将日出日落的日影投射到坑口，坑底日晷台上的观测者可通过观察接收日影的信息，以确定日出的方位；在太阳升起后，日影就可以投射在扇形的日晷台上，通过读取日晷台上的刻度，来判断每日的时辰。其二，天井坑坑底的日晷台，并不具备实际的观测功能，它主要的意图是一个象征意义上的祭天建筑。

总而言之，从图三可以看出，中心发出的 4 条射线，分别代表了冬至日出（OA）、日落（OB）、夏至日出（OP）、日落（OQ）的方向。经过上面的计算，可以确认，这四条射线，偏向正东或正西的方位角均约为 30°。在天井坑坑底的上方，从冬至日出（OA），逆时针扫至冬至日落（OB），形成了一个扇形的区域，正好构成了天井坑的地平式日晷。

四　结论

天井坑虽然是一个地下建筑，但是它的名字"天井"，似乎表明其与"天"有一定的关系。

从目前的勘探数据来看，作为一个巨型的国家祭祀礼制建筑，天井坑的设计，反映了人们与"天"沟通的意愿和努力。被覆土掩埋的天井坑坑底，有一个扇形的慢坡和平台，通过对勘探数据的归算，可以证明，这个扇面的张角与天井岸村的地平式日晷的扇面张角是一致的。这是一个较为重要的发现。20世纪初，考古学者已经发现了汉代石质地平式日晷，说明在秦汉时期，中国天文学家已经掌握了制作和应用地平式日晷的知识。天井坑坑底巨型地平式日晷模型的确认，是这种知识在国家祭祀的礼仪建筑中应用的明确证据，其功能或许并非是为了实际观测，而是作为一种具有象征意义的礼制建筑。

附录三

天井坑的结构与功能[1]

曲安京[1]　段清波[2]

（ 1. 西北大学科学技术史高等研究院　2. 西北大学文化遗产学院 ）

　　1995 年，秦建明等人发表论文，认定三原县天井岸村的天井坑是汉代礼制建筑的遗址[2]。从卫星地图上俯瞰，位于三原县天井岸村的天井坑（北纬 34.71°，东经 108.875°）形似一个圆斗，地平坑口的直径约 220 米，在地平下方 25~30 米处，是地表坑底，直径约 170 米。1988 年，咸阳市文物普查队发现了该遗址，并进行了局部的勘测和钻探，当时的结果是，坑底存有厚达 7~8 米的淤土层，据此推测，原坑最深可达 42 米[3]。实际上，这次局部钻探不够准确。

　　从 2015 年开始，西北大学的段清波团队，对天井坑遗址进行了数次比较全面的钻探勘测[4]。勘测发现在天井坑的地表坑底之下，有约 30 米深的覆土掩埋，由此可知，天井坑整体的地平深度大约 55 米。从目前的探测结果来看，其物理构造具有明显的人为设计痕迹，这些设计，至少在三个方面反映了制造者的天文意图，天井坑具有明确的祭天与观象功能。由此，引发了对天井坑整体结构的深入研究[5]。

　　根据"勘探简报"的探测数据，我们发现，被覆土掩埋的天井坑坑底蕴含了一个巨大的地平式日晷结构，据此，初步探讨了天井坑的结构与功能[6]。本文将根据这些探测数据，进一步探讨天井坑的设计者对其结构与功能的设计意图，其中包括天井坑的宇宙模型、北坑道的观星功能及其构建原理。

---

［1］本文原载于《中国科技史杂志》2021 年第 4 期。

［2］秦建明等：《陕西发现以汉长安城为中心的西汉南北向超长建筑基线》，《文物》1995 年第 3 期，第 4~15 页。

［3］秦建明等：《陕西发现以汉长安城为中心的西汉南北向超长建筑基线》，《文物》1995 年第 3 期，第 4~15 页。

［4］段清波等：《陕西三原天井岸汉代礼制建筑遗址（天井坑遗址）勘探简报》，《文物》2019 年第 12 期，第 4~8 页。

［5］曲安京等：《陕西三原天井坑遗址坑底结构的天文意义初探》，《文物》2019 年第 12 期，第 49~52 页。

［6］段清波等：《陕西三原天井岸汉代礼制建筑遗址（天井坑遗址）勘探简报》，《文物》2019 年第 12 期，第 4~8 页。曲安京等：《陕西三原天井坑遗址坑底结构的天文意义初探》，《文物》2019 年第 12 期，第 49~52 页。

希望这些讨论可以引发学界的关注，为将来全面的考古发掘做一些理论上的铺垫。

一　天井坑的宇宙模型

三原天井岸村的天井坑，长期以来处于自然生存的状态，没有得到很好的保护。天井坑地平的坑口边缘，破坏比较严重；地表侧壁，草木丛生；地表坑底，常年作为当地村民的农田进行耕种。根据 2015 年对天井坑地表以下的掩埋部分的一个比较粗梳的探测，天井坑的整体深度大概 55 米，约有 30 米被覆土掩埋，其中似乎有一些有规律的台阶。根据这次探测推断，天井坑不是自然形成的大坑，而是一个人为的建筑。

因为年代久远，天井坑的地平坑口遭到了比较严重的破坏。所幸，由于覆土掩埋，天井坑地表以下的物理形状大体上保留完好。因此，可以根据实际的探测数据，通过数学建模，对天井坑的整体形制进行复原，并在此基础上，讨论天井坑可能蕴含的宇宙模型。

（一）地表坑底测量数据与相关模型的构建

为了准确地复原天井坑整体形状的尺寸，需要依赖一些可以反映天井坑原始形状的关键数据。根据对天井坑的探测，可以确认，尽管天井坑的地平坑口以及暴露在表面的侧壁，程度不同地受到了自然力的一些破坏，但是，天井坑的地表坑底的圆周，由于覆土掩埋的保护，基本上保持了原始的形状，因此，可以根据天井坑地表坑底遗存现状的测量数据，通过数学建模，推测天井坑整体形状的大致尺寸。

假设天井坑的整体形状是一个圆斗，那么，就可以利用对地表坑底的测量数据，从数学上归算出天井坑整体结构的基本情况。为此，探测队对天井坑的地表情况进行了比较仔细的测量，2016 年 7 月 18 日牛新龙队长发回报告称：

"经 RTK 测量，天坑上口南北长约 232.18、东西宽约 217.62 米。现底部南北 164.83、东西 168.21 米。现坑底距现地表东侧 24.45 米，北侧 32.16 米，西侧 31.30 米，南侧 26.54 米。数据会有误差，但不会太大。"

下面，根据这次地表的测量数据，加上 2015 年探测的天井坑整体深度的初步结果，对天井坑整体形制的尺寸进行复原归算。

由于天井坑地平坑口的边缘受到人为与自然的破坏比较严重，因此，这两个探测数据可以作为参考，不介入天井坑整体模型复原的归算。我们将根据后面 6 个数据，加上坑体深度大约 55 米的结果，从数学上复原天井坑整体形制的主要尺寸。

作为复原的出发点，可作如下基本假设：天井坑的整体，包括覆土掩埋的部分，是一个标准的圆斗，如图一所示：其中 E、N、W、S 分别表示地表坑底的东、北、西、南四方点，A、B、C、D 分别为这四点在地平坑口的垂直投影点。图一中圆 $ENWS$ 下面的虚线，表示天井坑掩埋在地下的部分。

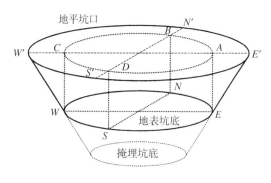

图一 天井坑示意图

根据牛新龙的上述测量结果：EW=168.21 米，NS=164.83 米；AE=24.45 米，BN=32.16 米，CW=31.30 米，DS=26.54 米。这些数据，是现在的地表坑底的东西与南北方向的直径，以及相应的四方点的地平深度，应该是比较可靠的，可以作为计算依据。

由于历史和人为的因素造成了坑口边缘的损坏，坑口边界的确定存在比较大的误差，所以，坑口直径的测量结果（1988 年咸阳文物普查队的数据为 260 米[1]；新的探测数据：南北长约 232.18 米，东西宽约 217.62 米），可以作为参考值，不作为计算的依据。根据我们的基本假设，并利用现在的地表坑底直径及其在东西南北四方点的深度测量值，可以归算出坑口的直径。

由测量结果可以知道，地表坑底的表面不是水平的，四方点的深度不一。将图一在东西与南北两个方向的纵剖面绘制如图二所示，可以看出，其中东西（EW）与南北（SN）两条线的倾斜状况。

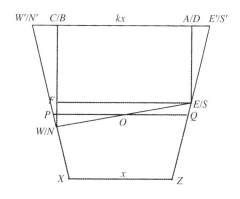

图二 天井坑纵剖面的现状

如图二所示，根据假设，天井坑的整体模型是一个标准的圆斗，因此，令 $XZ=x$ 表示掩埋坑底的直径，同时令标准的地平坑口的直径为 $W'E'=N'S'=kx$，其中 k 为待定的常数。作直角三角形 WFE。容易证明，若过 WE 的中点 O 作水平线 PQ，则有

$$PQ = EF = \sqrt{WE^2 - WF^2} = a$$

其中 $WF=WC-EA$。水平线 PQ 的深度为：

$$(WC + EA) / 2 = h$$

为了更清楚地说明问题，我们将图二中的核心部分，表示如图三所示，地表坑底水平面的直径为 $PQ=a$，地平深度为 $HP=h$。根据上面的公式，很容易计算南北方向与东西方向的水平直径 a 及其地平深度 h 的数值分别为：

$$(a_1, h_1)=(164.73, 29.35) \quad (a_2, h_2)=(168.07, 27.875)$$

令地平坑口与掩埋坑底的直径分别为 kx 与 x，掩埋坑底的地平深度为 $XY=y$，如图三，于是，可以得到如下算式：

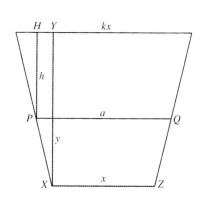

图三 天井坑纵剖面的修正

[1] 秦建明等：《陕西发现以汉长安城为中心的西汉南北向超长建筑基线》，《文物》1995 年第 3 期，第 4~15 页。

$$x = \frac{y \cdot a}{ky - (k-1)h}$$

若令南北方向与东西方向对应的掩埋坑底的直径分别为：

$$x_i = \frac{y \cdot a_i}{ky - (k-1)h_i}, \quad i = 1,2 \tag{1}$$

根据我们的假设，天井坑的整体是一个标准的圆斗，因此，其掩埋坑底应该是一个水平的圆，故，必有 $x_1 = x_2 = x$，此时，根据（1）式，可以得到如下结果：

$$kx = \frac{a_1 h_2 - a_2 h_1}{h_2 - h_1} \tag{2}$$

$$y = \frac{k-1}{k} \cdot \frac{a_1 h_2 - a_2 h_1}{a_1 - a_2} \tag{3}$$

将测算结果（a_1, h_1），（a_2, h_2）带入（2）式，可以得到地平坑口的直径为：

$kx = 231.19$ 米

这个数值与 2016 年 7 月 18 日牛新龙的报告结果"天坑上口南北长约 232.18 米，东西宽约 217.62 米"大体吻合。若令 $\Delta = \dfrac{a_1 h_2 - a_2 h_1}{a_2 - a_1}$，则根据（3）式，可以得到：

$$k = \frac{\Delta}{\Delta - y}$$

按照 2015 年的探测结果，天井坑掩埋坑底的地平深度为 50~55 米，将测算结果（a_1, h_1），（a_2, h_2）及 $50 \le y \le 55$ 带入上式，可以得到：

$1.96 \le k \le 2.1678$

根据上面的推导，可以重构天井坑的模型：假定掩埋坑底的直径、深度分别为 x、y，地平坑口的直径是掩埋坑底直径的两倍，即 $k=2$，于是，按（2）式推算的坑口直径为 $2x=231.19$ 米，可以得到 $x=115.595$ 米。这个结果，在一定程度上反映出天井坑的设计是有一定的意图的。但是，还需要更多的数据来判断它的象征意义究竟是什么。

（二）掩埋坑底相关数据的探测与天井坑的纵剖面结构

2016 年秋，天井坑探测队在地表坑底布点，对覆土掩埋的坑底进行了比较详细的探测，取得了很重要的数据[1]。根据这些数据，我们大体上了解了掩埋坑底的情况，其中的复杂性，有点超乎预料。

根据探测数据，可以将天井坑覆土掩埋坑底的东西纵向剖面图绘制如图四所示。其中，覆土掩埋的坑底直径为 114 米，与上一节归算的结果 $x=115.595$ 米非常接近，支持了天井坑的整

---

[1] 段清波等：《陕西三原天井岸汉代礼制建筑遗址（天井坑遗址）勘探简报》，《文物》2019 年第 12 期，第 4~8 页。

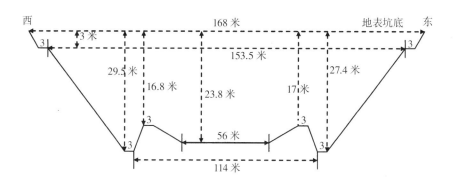

图四　覆土掩埋坑底东西方向纵剖面探测图

〔实测数据取自段清波等：《陕西三原天井岸汉代礼制建筑遗址（天井坑遗址）勘探简报》，《文物》2019 年第 12 期，第 4~8 页〕

体形制类似一个标准圆斗的判断。

探测结果中，有一个非常重要的发现，就是在地表坑底下方约 3 米处，有一个宽约 3 米的环道。如果以掩埋坑底中心直径 56 米的圆为天井坑的底部平面，则环道距离这个底部的垂直深度为 20.8 米。

根据 2016 年 7 月 18 日的测量结果，天井坑地表坑底东、西两点到地平坑口垂直深度分别为 24.45、31.3 米，由此可知，地表坑底东西向中点的地平深度为 27.875 米。因此，掩埋坑底中心的地平深度即为 27.875+23.8=51.675 米，这个结果，可以看作是天井坑主体部分的深度。据此，可以知道天井坑覆土掩埋的环道的地平深度为：51.675−20.8=30.875 米。由于：

30.875/51.675=0.60

因此，被覆土掩埋的环道，将天井坑的主体分割为上下两个部分，其高度的比值正好是 3∶2。

在上一节的归算中，得出这样一个结论，如果假设天井坑的整体是一个标准的圆斗，那么，天井坑地平坑口与掩埋坑底的两个圆的直径之比为 2∶1。据此，按照天井坑中部环道的位置，可以得到这样的结果：

坑底直径∶环道直径∶坑口直径 =5∶7∶10

整个天井坑，如果俯瞰，大体上是由一些同心圆构成的。从内而外，比较重要的是这样几个圆：掩埋坑底的中心圆盘，直径 56 米；掩埋坑底壕沟圆环，直径 114 米；中部被掩埋的环道，直径 153.5 米；地平坑口之直径约 220 米。其中坑底壕沟直径、中部环道直径、地平坑口直径探测数据的比值，接近 5∶7∶10。

如果将上面罗列的几个同心圆的所有数据，都换算成汉代单位"尺"，按 1 汉尺 =23.1 厘米[1]，则上述同心圆的直径，都可以换算成一系列规范的整数，可称之为理论值：

坑底圆盘直径 240 汉尺 =55.44 米，实测 56 米。

〔1〕曾武秀：《中国历代尺度概述》，《历史研究》1964 年第 3 期，第 163~182 页。

坑底壕沟直径 480 汉尺 =110.88 米，实测 114 米。

中部环道直径 480×1.4=672 汉尺 =155.232 米，实测 153.5 米。

地平坑口直径 960 汉尺 =221.76 米，实测 217.62 米。

根据上面的数据，可以把天井坑东西纵向剖面结构的理论模型建立起来，将这个模型的东半部分绘制如图五所示。图中第一个数据单位为"汉尺"，后面括弧中的数据，单位均为米，前者是理论值，后者为探测值。

由图五可以看到，天井坑的基准面为掩埋坑底的圆盘，其地平深度为 225 汉尺，坑底中心到掩埋壕沟的距离为 240 汉尺；中部环道的地平深度为 135 汉尺，其半径为 336 汉尺；地平坑口的半径为 480 汉尺。

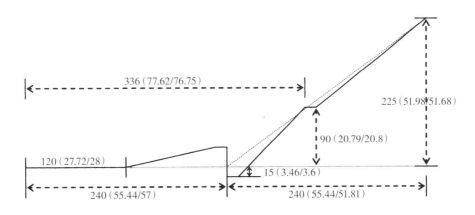

图五　天井坑东西纵向剖面（东半部）复原图

[实测数据取自段清波等：《陕西三原天井岸汉代礼制建筑遗址（天井坑遗址）勘探简报》，《文物》2019 年第 12 期，第 4~8 页]

这大约就是天井坑东西纵向剖面图的基本结构。根据这个模型，如果俯瞰天井坑，可以得到三个同心圆，它们的半径之比为：

240：336：480=5：7：10

这个结果的意义是什么呢？下面给出答案。

（三）天井坑的三圆三方模型

我们说，如果按照古率，取圆周率为 3，当三个同心圆的直径之比是 5：7：10 时，就可以推断，这三个圆分别内接与外切了三个正方形，形成一个三圆三方的嵌套结构。于是，天井坑的鸟瞰图，即如图六所示，其中心的阴影部分，代表了天井坑掩埋坑底中心的圆盘。

三圆三方的结构，曾经作为一个宇宙模型，记录在北大秦简中，是秦汉时期出现的宇宙模型之一，在东汉以后便失传了，原因不明。在三圆三方的宇宙模型中，图六的三个圆，分别称之为内衡、中衡、外衡。其中内衡表示夏至日太阳的轨道；中衡表示春分或秋分日太阳的轨道；

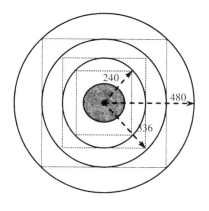

图六　鸟瞰天井坑的三圆三方
（汉尺）

外衡表示冬至日太阳的轨道。太阳周年视运动的其他轨道，都在外衡与内衡两个圆之间[1]。

根据探测结果，从数学上证明，天井坑的整体形制，确实蕴含了这样一个三圆三方模型的结构。从天井坑的俯瞰图中，可以看到这个模型的一个实体结构，与北大秦简的文献记录相互印证，说明秦汉时期确实流行过这样的宇宙模型，在国家祭祀的官方场所发挥过作用，在秦汉政治制度史中曾经扮演了重要的角色。

三圆三方的宇宙模型，在传世文献中没有记载，我们通过对北大秦简 "鲁久次问数陈起" 的释读，发现了这个模型的文献记录。三圆三方的嵌套式结构，在很多历史遗迹和文物上都有所反映，冯时在红山遗址的研究中最先指出了这个事实[2]。

天井坑蕴含的三圆三方的结构，究竟是偶然的数据巧合，还是当时建设者的有意构造？这个模型在春秋到两汉时期所发挥的作用与影响究竟是什么？这些问题都值得深入研究。需要从文献上、从更多的考古发掘中，将三圆三方宇宙模型，与《周髀算经》盖天说传统进行比较，探讨这个模型的来源及其销声匿迹的原因。

二　北坑道的观星功能及其构建原理

在天井坑的正北方，有一个狭长的慢坡道，根据目前探测的结果，可以大体得到这个坑道的主要结构和数据[3]。北坑道较之天井坑的侧壁，坡度要小很多，其中有三个平台。北坑道的功能是什么？它是根据什么原理构造的？这是本节要讨论的主题。

（一）北坑道的测量数据与模型

天井坑的北侧，有一条比较长的坡道，根据这个坡道的仰角和结构，我们推测，北侧坡道具有夜间观星的功能。

北侧坡道的底部宽 8~12 米，从掩埋坑底中心圆盘爬升到地平，中间有三个长度不一的平台，如图七所示。在北坑道侧壁的最北端，坑道抵达地平出口，口宽约 8 米。北坑道两侧壁上端距离，越南越宽。在两个侧壁的夹谷中，北坑道从坑底爬升到地平，中间的三个平台，可以视为是三个观星台。假设观测者的身高为 7 汉尺，约 1.6 米，则在三个观测平台上，前后移动，通过地

[1] 陈镱文、曲安京：《北大秦简〈鲁久次问数于陈起〉中的宇宙模型》，《文物》2017 年第 3 期，第 93~96 页。

[2] 冯时：《红山文化三环石坛的天文学研究——兼论中国最早的圜丘与方丘》，《北方文物》1993 年第 1 期，第 9~17 页。

[3] 段清波等：《陕西三原天井岸汉代礼制建筑遗址（天井坑遗址）勘探简报》，《文物》2019 年第 12 期，第 4~8 页。

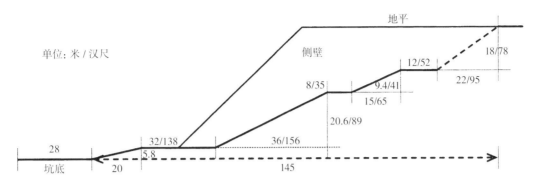

图七　北坑道纵剖面图

[坑底中心到地平坑口，实测数据取自段清波等：《陕西三原天井岸汉代礼制建筑遗址（天井坑遗址）勘探简报》，《文物》2019 年第 12 期，第 4~8 页]

平端口，可以计算出每一个观测平台的观测范围。

北坑道比天井坑主体的侧壁长很多，故其坡度比较小，从掩埋坑底圆盘最北端，到地平坑口的水平距离为 145 米，高度约 54 米，整体坡度大约 20°。

为了具体计算北坑道的各个平台的观星范围，需要根据目前的探测结果，将其三个平台的可观测区域的仰角计算出来。为此，首先将北坑道的垂直剖面图的探测数据绘制如图七所示，图中第一个数据的单位为"米"。为了方便三个平台理论模型的构建，将北坑道的三个平台分段长度与高度的实测值换算成"汉尺"，罗列在相应的探测数据的后面。例如，18/78 表示探测数据平台一的高度为 18 米，换算成汉尺，约 78 汉尺。

由于北坑道坑口附近遭受自然力的破坏比较严重，平台一的斜坡保留不够完好，因此，在图中用虚线标示，其高度（18 米）与水平长度（22 米）均为大概值。

根据图七中的数据（汉尺），假设人目高度为 7 汉尺 =1.617 米，可以计算出三个观测平台的观测范围和仰角。如图八所示，O 表示北坑道的地平出口，目力所及，应该是 O 点以上的天空。

对于平台一，观测者可以在 A、B 两点间移动，其中 A 点的仰角最大，为 36.8°；B 点的仰角最小，为 25.8°，如果以北坑道端口为窗口，后者大体上正好可以观测到当时的北极星的全天候运动。

对于平台二，观测者可以在 C、D 两点间移动，其中 C 点的仰角最大，为 27.8°；D 点的仰角最小，为 24.4°。值得注意的是：C、B、O 三点大约正好成一直线。

平台三的观测者移动范围在 F、G 之间，其中 F 点的仰角最大，为 25.7°，与平台一的观测者 B 几乎相同；G 点的仰角最小，为 20.4°。对于平台三，非常有趣的是：E 点观测者的仰角，与平台二 C 点观测者的仰角几乎相同，为 27.7°，不过，E 点观测者的视野被平台二遮挡了，看不到 O 点。

图八中的三个平台的观测仰角的范围，是根据北坑道的实测数据归算出来的。值得注意的是，三个平台的一些关节点之间，有一些有趣的关联，如，C、E 两点的观测者的仰角，均与 BO 方向一致；B、F 两点的观测者的仰角，均与 DO 方向一致。

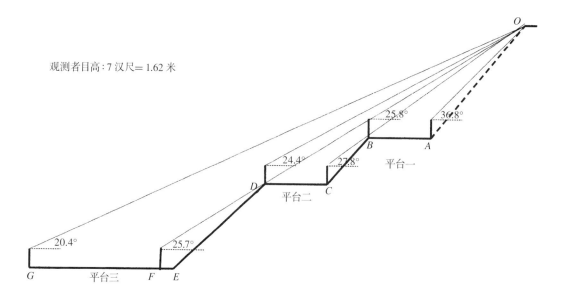

观测者目高：7 汉尺＝ 1.62 米

图八　北坑道三个平台的观测仰角（根据实测值归算）

这些关联反映了设计者的什么意图？在下面会做进一步的讨论，由此，或可揭开北坑道三个平台的构造原理之谜。为此，需要先介绍一下西汉末年北极附近的星空。

（二）从北坑道可以观测到什么范围的汉代星空

天井坑的断代，大约是西汉末年到东汉初年。根据前面的讨论，北坑道的功能，主要是用来夜间观星，特别是北极附近星空的周日视运动。因此，应该对汉代北极附近的星空，做一些简要介绍。

在《史记·天官书》中，司马迁将星座分为五宫。其中北极周围称为"中宫"。包括天极星、三公三星、句陈四星、匡卫十二星，这 20 颗星，合称"紫宫"。司马迁称：

中宫天极星，其一明者，太一常居也，旁三星三公，或曰子属。后句四星，末大星正妃，余三星后宫之属也。环之匡卫十二星，藩臣。皆曰紫宫。[1]

天极星，即帝星，是汉代的北极星。三公三星是子属，后句四星是妃属。环绕这 8 颗星的是匡卫十二星，左、右各 6 颗。是为天神之家。紫宫 20 星，构成了后来的紫薇垣的雏形。这些就是司马迁眼中的北极附近星空的主要恒星，它们分别对应了皇帝（北极星）、皇子（三公）、后妃（后句）、藩臣（匡卫）。在"紫宫"中，更加重要的是匡卫以外的另外 8 颗星。后来，《史记·天官书》中的匡卫十二星的左六星，发展为紫薇垣西蕃 7 星，右六星发展为东蕃 8 星，如唐代王希明的《步天歌》[2]。除了紫宫 20 星以外，中宫还包含了一些其他的拱极星：

---

［1］（汉）司马迁：《史记·天官书》，中华书局，1963 年。《历代天文律历等志汇编（1）》，中华书局，1976 年。
［2］潘鼐：《中国恒星观测史》，学林出版社，2009 年，第 192、193 页。

前列直斗口三星，随北端兑，若见若不，曰阴德，或曰天一。紫宫左三星曰天枪，右五星曰天（楛），后六星绝汉抵营室，曰阁道。[1]

北斗七星，所谓"旋、玑、玉衡以齐七政"。杓携龙角，衡殷南斗，魁枕参首。[2]

根据上述文字，在《史记·天官书》的北极中宫的星空中，除天一与阴德三星在匡卫左六星北端若隐若现之外，还有天枪三星、天楛五星、北斗七星，都在紫宫之外[3]。应该不是特别重要了。所以，我们在北坑道的观星讨论中，不再考虑这些星官的运动。

唐代瞿昙悉达编撰《开元占经》时，记录了战国天文学家石申夫的"石氏星经"，其中在讨论"北极钩陈星占"时，有这样的文字：

石氏曰：北极五星，钩陈六星，皆在紫薇宫中（原文注：钩陈六星入东壁八度太，去极十一度半，在黄道内八十四度）。

石氏赞曰：北极五星最为尊，钩沉大星配辅臣[4]。

由此可知，在"石氏星经"中，北极与勾陈两个星官共 11 颗星。其中北极五星为尊，钩陈六星为辅。《开元占经》的注文中，给出了这两个星官的距星的相关数据，这个距星，是勾陈大星，即小熊座 α，按照其去极度（11.5°）推算，应该是西汉末年的数据。

关于"石氏星经"的观测年代，前人有非常多的研究[5]。根据前山保胜和孙小淳的计算推断，其观测年代在公元前 80 年前后[6]，与司马迁的时代相距不远。如果说，瞿昙悉达编撰《开元占经》时，是照录"石氏星经"，没有根据当时天文学家对紫薇宫星官的定义，修改石申夫的星占原文，那么，在西汉末年，紫薇宫内的北极与勾陈两个星官，就可能存在两种不同的定义。按《史记·天官书》，应该是 8 星。按"石氏星经"，则扩张成了 11 星。

概而言之，在西汉末年至东汉初年，无论是采用《史记·天官书》的定义，还是"石氏星经"的定义，人们对北极附近星空的两个重要星官的认定，都包含了北极四星和后句四星。给前者加上北极纽星，即构成了北极五星。给后者加上勾陈五与勾陈六，即构成了勾陈六星。其中北极纽星，虽然是颗小星，但是曾经一度被当做北极星，在中国古代被认为是一颗非常重要的星。在公元 50 年前后，这两个星官的 11 颗星的去极度，大体上都在 15° 以内，如图九所示。为醒目起见，我们把这两个星官的数据罗列如表一所示。

以上就是西汉末年北极附近星空的大致介绍。那么，从北坑道往北极方向仰望，哪些星的全天候运动可以被观测到？现在就来讨论这个问题。

---

[1]（汉）司马迁：《史记·天官书》，中华书局，1963 年。《历代天文律历等志汇编（1）》，中华书局，1976 年。

[2]（汉）司马迁：《史记·天官书》，中华书局，1963 年。《历代天文律历等志汇编（1）》，中华书局，1976 年。

[3] 潘鼐：《中国恒星观测史》，学林出版社，2009 年，第 192、193 页。

[4]（唐）瞿昙悉达：《开元占经》（下），中央编译出版社，2006 年，第 482、483 页。

[5] 陈美东：《中国科学技术史·天文学卷》，科学出版社，2003 年，第 148~152 页。

[6] 孙小淳：《汉代石氏星官研究》，《自然科学史研究》1994 年第 2 期，第 123~138 页。

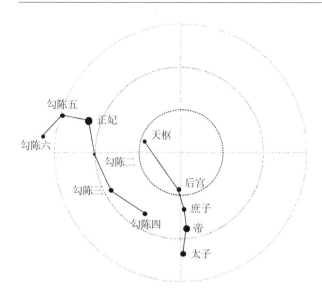

图九　汉代星空的北极五星与勾陈六星

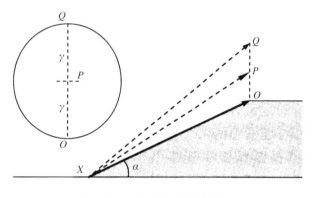

图一〇　全天候观星的仰角

三原天井坑的地理纬度为 $\varphi=34.7°$。通过北坑道的平台，可以观测到北极附近某些恒星的全天候运动。如图一〇，假设 X 为观测者，O 为北坑道的地平出口，XP 指向北极，令 $QP=PO=$ 去极度 γ，那么，从 X 点观测，去极度为 γ 的恒星的全天候的轨迹就是图一〇中的圆，这是可以完全观测的。如果令观测者 X 的仰角为 α，那么，只有当 $\alpha\leq\varphi-\gamma$ 时，才可以全天候地观测去极度为 γ 的恒星。

例如，由表一可知，约公元 50 年，勾陈大星（小熊座 α）的去极度为 $\gamma=11.5°$，因此，如果要全天候地观测这颗大星的运动，观测者的仰角 $\alpha\leq34.7-11.5=23.2°$。

对于北极附近星空的全天候运动的观测来说，下面的几个数据是重要的。

北极：当观测者的仰角 $\alpha=\varphi=34.7°$ 时，正好可以通过地平坑口看到北极。

北极星：北极星（小熊座 β）的去极度为 8.4°，当观测者的仰角 $\alpha\leq\varphi-8.4=26.3°$ 时，就可以观测到北极星的全天候运动。

根据三个平台的最小仰角（图八），可以计算出在天井坑北坑道的三个平台上可以进行全天候观测的恒星之去极度的最大值依次为：8.9°、10.3°、14.3°。由此可知，北坑道的三个平台都可以全天候观测北极星的运动。

《史记·天官书》的紫宫 8 星：北极四星与后句四星的去极度最大值为 11.6°（小熊座 γ），当观测者的仰角 $\alpha\leq\varphi-11.6=23.1°$ 时，就可以观测到紫宫 8 星的全天候运动。由图八可知，在北坑道中，只有平台三可以全天候观测全部紫宫 8 星的运动。

"石氏星经"的北极五星与钩陈六星：这 11 颗星的去极度的最大值为 15.9°（勾陈六），当观测者的仰角 $\alpha\leq\varphi-15.9=18.8°$ 时，就可以观测到其全天候运动。由图八可知，北坑道的三个平台，都无法完整地观测勾陈六的全天候运动。

简单说来，在北极附近，有两个重要的星官，如图九：一个是北极五星，依次由天枢、后宫、庶子、帝、太子构成；另一个是勾陈六星。根据表一，这些恒星，除勾陈六之外，都可以在平台三上进行全天候的观测。

表一 北极五星与勾陈六星基本数据（50 年）

星官	星	古名	西名	星等	去极度
北极 五星	北极一	太子	小熊 γ	3	11.61°
	北极二	帝	小熊 β	2.05	8.43°
	北极三	庶子	小熊 5	4.25	6.30°
	北极四	后宫	小熊 4	4.80	4.29°
	北极五	天枢 / 纽星	鹿豹	5.30	4.24°
后句 四星	勾陈一	正妃 / 大星	小熊 α	1.95	11.51°
	勾陈二		小熊 δ	4.85	10.19°
	勾陈三		小熊 ε	4.20	9.54°
	勾陈四		小熊 ζ	4.25	8.58°
勾陈 六星	勾陈五		小熊 2	4.20	14.59°
	勾陈六			4.70	15.94°

另外，环绕北极的匡卫十二星，成为后来紫薇垣的两座星官：西蕃与东蕃，这些星的去极度大体上在 30° 以内，有个别紫微垣西蕃的星，可以或接近可以在平台三上全天候观测，如：

右枢，天龙座 α，星等：3.65，去极度：15.72°；

少尉，天龙座 κ，星等：3.85，去极度：9.42°；

上辅，天龙座 λ，星等：3.80，去极度：11.09°；

少辅，大熊座 24，星等：4.50，去极度：15.35°。

其余的 8 颗匡卫星，都是不可以。因此，匡卫十二星可以被排除在讨论之外。

(三) 北坑道观测平台设计者的意图初探

由于北坑道的侧壁可以视为两个比较陡峭的高墙，两壁上端因此形成了一个窗口，身处北坑道的三个平台，仰头可以通过这个窗口，观测北天很大范围星空的周日或周年视运动。其一，通过北坑道的地平坑口，观测北极附近恒星的周日和周年运动，主要是小熊星座诸星的运动；其二，通过北坑道两个侧壁形成的窗口，观测北天空天象的变化，包括 28 宿的划分，行星以及其他天体的运动。

由前面的讨论可以看到，北坑道三个平台的观测中，最重要的内容就是北极星的全天候的运动。我们注意到，在三个平台中一些重要的关节点上，不仅都与北极星的全天候观测有联系，三个平台彼此之间也是有关联的。可通过对这种关联的揭示，复原北坑道建设者的设计意图。

为了说明这种有趣的关联，我们将测量数据全部换算成为汉尺。需要说明的是，为了重建一个天井坑设计者可能采用的理论模型，在考古勘测可以容忍的误差范围之内，对其中的一些实测数据进行了修正，罗列如图一一所示。实际上，在前面的讨论中，已经指出了北坑道三个平台数据之间的某种有趣的关联，换句话说，即使采用原始的实测数据，下面的讨论中揭示的这些关联也大致是存在的。

可以发现，在所有的数据中，7 汉尺扮演了非常重要的角色。如果以 7 汉尺为单位，将北坑道三个平台的高度稍微进行一些修正，便有：

77/78，42/41，91/89，

其中前一个数据为修正值，后一个数据为测量值。在此基础上，平台二与平台三的观测者的仰角正切值就是完全一样的：

$$\frac{35}{65} = \frac{84}{156} = \frac{7}{13}$$

由此可知，如图一一，BC 平行于 DE。当令 C、B、O 三点成一直线，取平台一的高度为 77，按 7/13 取平台一的 B 点的斜率，就可以得到平台一的水平的长度应为：

$$\frac{77 \times 13}{7} = 143$$

由此，可以得到平台二的观测者 C 与平台三的观测者 E 的仰角，正好与平台一 B 点的仰角相同，其正切值均为（参见图一一）：

$$\tan\alpha = \frac{77}{143} = \frac{35}{65} = \frac{84}{156} = 0.54, \qquad \alpha = 28.0°$$

为什么要把 B、C、E 三点的仰角都取为 α=28° 呢？通过计算平台一的观测者 A 的仰角，

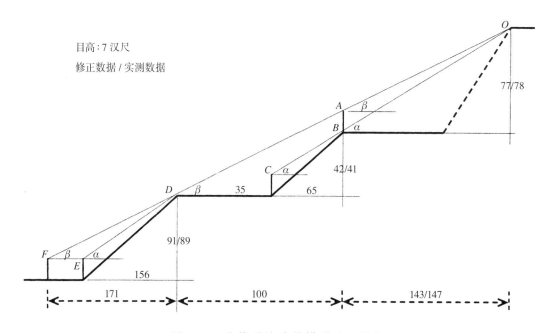

图一一　北坑道的建筑模型（汉尺）

或许就可以得到答案。如前所述，假设观测者的高度为 AB=7 汉尺，就容易得到观测者 A 的仰角为：

$$\beta = \arctan \frac{70}{143} = 26.1°$$

根据上一小节的讨论，东汉初年北极星（小熊座 β）的去极度为 8.4°，因此，欲在天井坑的北坑道观测北极星的全天候运动，观测者的仰角必须小于 26.3°。平台一观测者 A 的仰角 26.1°，刚好满足这个条件。

不仅如此，如果连接 DO，可以发现，D 点的仰角也是 β=26.1°。对于平台三上的观测者，能够看到北坑道地平坑口 O 的最大的仰角，就是观测者 F 的仰角，亦为 β=26.1°。因此，对于图——中的三个点 A、D、F 的仰角 β，可得出如下的结果：

$$\tan\beta = \frac{70}{143} = \frac{119}{243} = \frac{84}{171} = 0.49, \qquad \beta = 26.1°$$

这样一来，就可以清楚地看到天井坑北坑道设计者的思路了，我们可以用下面的程序，来阐释北坑道三个平台的建模过程（参见图——）：

$$A \quad \rightarrow \quad \left| \begin{array}{l} B \quad \rightarrow \quad C,E \\ D \quad \rightarrow \quad F \end{array} \right.$$

如图——所示，首先，选择平台一的最小仰角 β，确保 A 点可以观测到北极星的全天候运动。由此，自然确定平台一 B 点的位置。然后，令平台二的观测点 C 与平台三的观测点 E 的最小仰角，与 BO 方向一致，均为 α，由此，即可确定 C、E 的位置。另外，令平台二的 D 点与 A、O 成一直线，由此确保平台三观测点 F 的仰角为 β，如此，便确定了平台二 D 点的位置。

于是，三个平台的关节点 B、C、D、E 的位置就全部确定了。由此可知，北坑道三个平台的尺寸，就是从 A 点可以全天候地观测北极星周日运动的假设出发，环环相扣，次第推算出来的。

如此巧妙的数据吻合，完全符合秦汉时期盛行的数字神秘主义的潮流，这或许可以比较充分地说明，图——大约反映了天井坑设计者的真实意图。

概而言之，从观测功能来说，天井坑的设计者首先考虑的是《史记·天官书》中给定的紫宫 8 星的全天候的观测，这 8 颗星的全天候运动在平台三可以完全观测到。其中，最重要的观测对象，是北极星的全天候运动。如果通过北坑道的地平坑口 O 来进行观星，则平台一的最小仰角（A）与平台三的最大仰角（F），几乎刚好可以观测到北极星的周日视运动轨迹。北坑道三个观测平台尺寸的选择设计，大体上就是围绕这个核心来完成的。

由于北极星的位置，及其到北极的角距，随着时间是变化的。可以根据天井坑北坑道能够观测到的北极星的情况，大致判定天井坑的时代。目前的计算结果，与我们将天井坑定位为西汉末至东汉初的礼制建筑的推测是吻合的。

通过上面的推算可以看出，北坑道的观星功能应该是毋庸置疑的。不过，作为一个大型的礼制建筑，其主要作用似乎仍然应该定位在祭天功能，兼有一定的实际观天功能。天井坑应该不是作为一个天文台来设计的。

对于北坑道的结构及其观天功能，特别是三个平台设计数据的选取，体现了非常巧妙的数学技巧，值得更加深入的探讨。由于地平坑口边缘破坏比较严重，因此，更加全面的理论模型的复原，应该待进一步细致的发掘之后再行验证。

三　结论

三原天井坑虽然是一个地下建筑，但是它的名字"天井"，似乎已经暗示了这样的含义：这个圆台状的大坑，与"天"有一定的关系。在前面讨论天井坑的结构与功能的时候，发现，从目前的探测数据来看，作为一个巨型的国家祭祀的礼制建筑，天井坑的设计，在很多方面反映了人们与"天"沟通的意愿和努力。

首先，通过数学建模以及对天井坑覆土掩埋坑底的实际探测，复原了天井坑的整体结构。从天井坑的鸟瞰图来看，天井坑的主体结构是由三个同心圆构成的，它们依次是：地平坑口（直径 222 米）、中部环道（直径 155 米）、坑底壕沟（直径 111 米）。这个结构代表了一个三圆三方的宇宙模型，见图六。这种模型的文献记录，首次见载于北大秦简"鲁久次问数陈起"章[1]，冯时在研究红山文化遗址时，曾推测过这种模型的应用[2]。作为一种盖天说的宇宙模型，三圆三方模型与《周髀算经》的七衡六间模型有着显著的差异。在认证北大秦简的文献记录之后，天井坑的发现，是秦汉时期存在这样一种宇宙模型的一个非常重要的实体证据，应该引起学界的关注。一个有趣的问题是：为什么在所有的传世文献中，对这种模型和它的应用，都讳莫如深，甚至避而不谈？

其次，天井坑的北坑道，是一个宽 8~12 米，水平长度 145 米，整体坡度约为 20° 的慢坡，两侧是高达数十米的峭壁，身处北坑道，仰头可见一个观天的窗口。北坑道的慢坡有三个平台，通过计算可以发现，这些平台可以方便地观测汉代天空中北极紫宫的北极五星、后句四星的全天候运动。而这两个星座，正好代表了皇帝（北极星）、太子三公、后妃等皇室最重要的成员。其中三个观测平台的数据之间，存在甚为巧妙的关联，具有非常有趣的构造特征，与秦汉时期盛行的数字神秘主义潮流颇为符合，据此初步窥探了北坑道结构的构造之谜。由于北坑道的地平坑口处的自然破坏比较严重，最高平台的准确数据有待进一步考古发掘的认证。

需要指出的是，天井坑作为大型的国家礼制建筑，它的祭天功能要大于实际的观天功能。换句话说，它不是按照国家天文台的意图建造的。北坑道的设计，应该是利用了天井坑特殊的

---

[1] 陈镱文、曲安京：《北大秦简〈鲁久次问数于陈起〉中的宇宙模型》，《文物》2017 年第 3 期，第 93~96 页。

[2] 冯时：《红山文化三环石坛的天文学研究——兼论中国最早的圜丘与方丘》，《北方文物》1993 年第 1 期，第 9~17 页。

深坑结构，将入口阶梯与天象观测的功能结合起来了，在一定意义上或许是出于与天沟通的目的。

　　总之，被 30 米覆土掩埋的陕西省三原县天井岸村的天井坑，是汉代构建的一个大型的国家礼制建筑，应该是迄今为止考古发掘中比较庞大的一处地下遗存。由于某种尚待探讨的原因，这个巨型工程在几乎完工的时候，被覆土封存了，甚至没有被史家记录在案。进一步的文献研究和考古发掘，令人期待。

附录四

陕西三原县天井岸汉代礼制建筑遗址中颜料的科技分析[1]

温睿　李昱龙　段清波　薛程

（西北大学文化遗产学院）

一、背景

三原县天井岸汉代礼制建筑遗址包括天井坑和五座夯土台（图一），是目前我国发现规模较大、保存较好的汉代祭祀遗址群，段清波教授推测五个夯土建筑台体可能就是"五帝祠"遗址，属西汉晚期，可能是王莽执政前后修建的礼制建筑群，与西汉晚期形成的郊祀制度密切相关[2]，西北大学文化遗产学院对遗址进行了多次系统的考古调查，发现五座夯土台呈梅花桩式分布，其西侧夯土台南距天井坑约450米，北侧的水泥路边发现大量鹅卵石与少量残瓦，南侧与东侧均为农田，西台整体呈方形，现残存台体损毁严重。2018~2019年，西北大学文化遗产学院发掘了西夯土台，出土一批以瓦当、瓦片、铺地砖等建筑材料为主的重要遗物，其中多数瓦当和瓦片上涂有彩色颜料。本文对这些颜料的成分进行分析，结合已有相关成果，为研究汉代礼制建筑中色彩的应用制度提供新的视角。

二、实验部分

（一）样品信息

实验样品为天井岸遗址出土的部分建筑材料表面残存的彩色颜料，选择其中颜料保存情况较好的瓦当及瓦片作为研究对象，刮取颜料薄层进行科技分析，样品详情见表一。卷云纹

---

[1] 本文原载于《西部考古》第22辑，科学出版社，2021年。

[2] 西北大学文化遗产学院等：《陕西三原县天井岸村汉代礼制建筑遗址调查简报》，《考古与文物》2017年第1期。

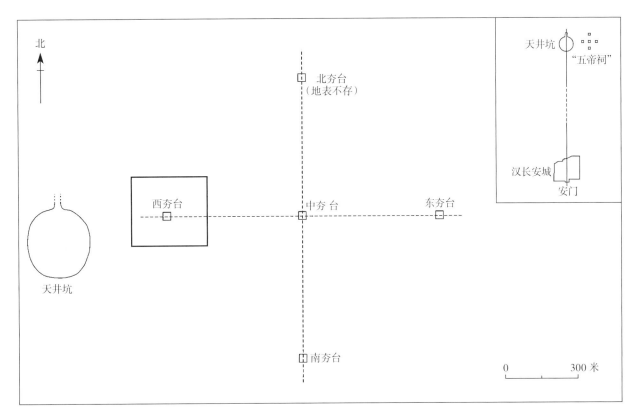

图一　遗址平面示意图

瓦当的当面与卷云纹图案上涂满白色颜料（图二），祭祀坑内土块表面出现的白色颜料可能是建筑倒塌遗留；涂有红色颜料的样品均为文字瓦当，内容有"千秋万岁""长生未央"两种，使用模印法制作，当面与文字上均残留有红色颜料，文字部分可能由于凸起于当面，容易受到机械摩擦，颜料层脱落严重（图三）；橙色颜料仅在2019T2012出土的极少数瓦片上有发现，呈无规律的条形涂抹在瓦片外表面（图四）；绿色颜料仅见于板瓦与筒瓦上，与橙色颜料涂抹方式相同（图五）。本研究所使用的样品多出土于五座夯土台中的西夯土台南侧，其东侧也有极少量发现，北侧与西侧由于未进行发掘，无法获取相关样品。

（二）实验仪器与方法

1. X- 射线衍射分析（XRD）

X- 射线衍射仪的型号为 Bruker AXS D8 Discover，电压 40kV，电流 40mA，扫描速度 6°/min，扫描范围 5°–56°，DS=SS=1°，RS=0.15mm。铜靶，石墨单色器滤波。

分析方法：根据流体力学中的斯托克斯沉降定理，采用水悬浮分离方法和离心分离方法分别提取粒径小于 10μm 和小于 2μm 的样品，再对样品进行 X- 射线衍射分析。

图二　残卷云纹瓦当（涂白色颜料）

图三　"长生未央"瓦当（涂红色颜料）

图四　板瓦残片（涂橙色颜料）

图五　板瓦残片（涂绿色颜料）

表一　采集样品信息表

样品编号	样品名称	出土地点	描述
SY-1	残卷云纹瓦当	2019T1604②	白色颗粒
SY-2	祭祀坑内土块	2019T2011 祭祀坑	白色颗粒
SY-3	残"千秋万岁"瓦当	2018T0206②b	红色颗粒
SY-4	"长生未央"瓦当	2018T0106②	红色颗粒
SY-5	板瓦	2019T2012②	橙色颗粒
SY-6	板瓦	2019T2012②	橙色颗粒
SY-7	板瓦	2018TG1②	绿色颗粒
SY-8	筒瓦	2018TG1②	绿色颗粒

2. 粉末偏光显微分析

仪器配置：Leica DMLSP 偏光显微镜；Leica Wild 体视显微镜；Meltmount™ 固封树脂；载玻片；Pasteur 滴管；直头与弯头钨针；加热台；擦拭纸；甲醇；丙酮；无水乙醇。

分析方法：使用黑色油性笔于载玻片背面标记样品区域；再使用丙酮擦拭载玻片载样面；使用钨针挑选样品粉末于载玻片上，根据其离散情况滴加无水乙醇；使用钨针研匀样品，直至乙醇挥发；将盖玻片盖于样品之上；吸取固封树脂沿盖玻片一侧缓慢渗透整个盖玻片；待玻片冷却后便可于偏光显微镜下观察，分析结果见表二。

3. 拉曼光谱仪

使用 Renishaw 公司生产的配备有 Leica 显微镜 invia 拉曼光谱分析仪。采用激发光波长为 514nm 激光器，物镜放大倍数为 100 倍，信息采集时间为 10s，累加次数 10 次。

分析方法：将颜料放于载玻片上，用无水乙醇浸润、搅拌，后置于载玻片上待检；放进拉曼光谱仪的样品槽内，在显微镜下选择需要分析的样品区域。

4. 扫描电子显微镜及能谱仪（SEM-EDS）

扫描电子显微镜型号为 FEI QUANTA 650，能谱仪型号为牛津 INCA X-MAX250。分析条件为高真空，加速电压 20kV，工作距离在 10mm。

分析方法：挑取粉末样品至导电胶带，放于载物台上进行分析。

（三）分析结果与讨论

1. 白色颜料

SEM-EDS 实验分析中，采用电镜背散射模式对白色颜料成分进行定性分析（表三），结果显示白色颜料的成分以 Ca、C、O 元素为主，并伴有少量 Si 元素，同时进行 X- 射线衍射分析（图六），结果表明白色颜料的主要成分为方解石（$CaCO_3$）、石英，还有少量铅白 [$Pb_3(OH)_4CO_3$]，推测可能是颜料层太薄，取样时误取了少量瓦当胎体所致；在粉末偏光显微镜下观察（图七），正交偏光下铅白呈微小的不透明的亮黄色颗粒，转动碳酸钙晶体，晶体边缘逐渐加深或减弱，为明显碳酸钙光性；拉曼光谱分析（图八）的结果中主要峰值为 $1086cm^{-1}$，是碳酸钙的特征峰[1]，未发现铅白的特征峰，可能是由于铅白颜料颗粒过小或含量较低导致的。综合以上实验结论，白色颜料是铅白与碳酸钙的混合物。

---

[1] 马朝龙等：《龙门石窟彩绘颜料的拉曼光谱、X 射线荧光和扫描电镜分析》，《光散射学报》2018 年第 4 期。

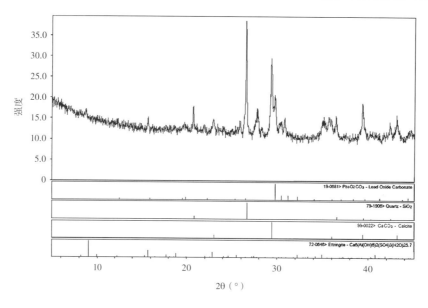

图六　白色颜料 X- 射线衍射谱图

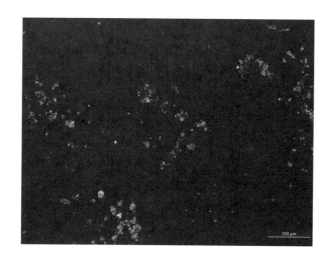

图七　白色颜料的正交偏光显微照片

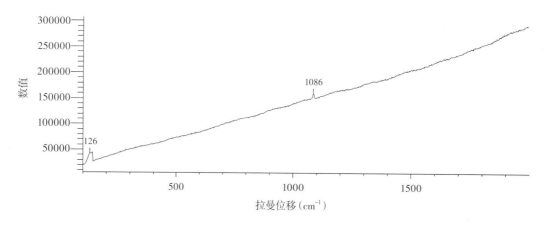

图八　白色颜料样品 SY-1 拉曼光谱图

铅白化学式为［Pb₃（OH）₄CO₃］，碳酸铅矿物在自然界中以白铅矿的形式少量存在，常与方解石共生；但铅白在我国至迟于公元前 4 世纪便开始生产制造，《天工开物》中制作铅白时，使用铅片与醋酸和氧作用生成醋酸铅，再与二氧化碳作用生成碳酸铅式铅白[1]，在陕西西安交大附小发现的西汉壁画即在蒙脱石中加入少量铅白，使色泽更明亮[2]，有可能是工匠为使白色更加鲜明有意将二者掺合所致。此处白色颜料中含有石英，但并未发现硫酸铅等伴生矿物，若使用天然白铅矿也应当经过人为精制和提纯[3]。

表二 偏光显微分析结果

序号	具体描述	主要成分	单偏光显微照片
SY-1	单偏光下，有岩石状和针状，颗粒非常小，多在 10μm 以下，正交偏光下呈现强消光，旋转时晶体边缘加深或减弱，为碳酸钙光性；同时有少量颗粒正交偏光下为不透明的亮黄色，边缘相对圆润，为铅白光性。	碳酸钙及铅白	见图七
SY-3	正交偏光下全消光，但偏光下呈现暗红色，较朱砂暗，边缘较为平滑，无良好的晶体外形，呈凝胶状颗粒，最大颗粒 50μm，并混杂有石英颗粒。	铁红	见图一〇
SY-6	在正交偏光下呈蓝绿色，单偏光下呈液滴状，无良好晶体边缘，颜色呈橘红色。	铅丹	见图一三
SY-8	晶体颗粒呈岩石状，淡草绿色，表面不平整，内部有深色斑点；正交偏光下，其消光现象显示出表面不平的"蛤蟆背"状。	绿土	见图一六

表三 白色颜料样品 SEM-EDS 元素定量表

样品	区域	C（%）	O（%）	Mg（%）	Al（%）	Si（%）	Ca（%）	K（%）	Mg（%）	S（%）
SY-1	1	14.58	49.40		0.80	1.22	34.00			
	2	10.97	46.73			0.27	41.72		0.30	
	3	9.44	39.79				50.76			
SY-2	1	9.84	49.87	0.50	1.47	2.62	34.85	0.62		0.24
	2	13.86	48.01		0.73	1.25	36.16			
	3	14.66	48.59	0.41	2.48	3.61	29.02	1.23		

2. 红色颜料

SEM-EDS 实验分析中，采用电镜背散射模式对红色颜料成分进行定性分析（表四），结果显示红色颜料的成分以 Fe、Si、O 元素为主，同时进行 X- 射线衍射分析（图九），结果表明红

［1］C. M. Wai、K. T. Liu、陈学民：《铅白的起源——自东方还是西方？》，《世界科学》1992 年第 8 期。周国信：《中国西北地区古代壁画彩塑中的含铅白色颜料》，《文物保护与考古科学》2012 年第 1 期。
［2］周国信：《铅白》，《中国文物报》2016 年 4 月 29 日。
［3］徐位业、周国信：《安徽寿县东汉墓出土白粉分析》第 7 版，《考古》1983 年第 12 期。

表四　红色颜料样品 SEM-EDS 元素定量表

样品	区域	C（%）	O（%）	Mg（%）	Al（%）	Si（%）	Ca（%）	K（%）	Ti（%）	Fe（%）
SY-3	1	9.15	48.57	3.43	7.77	18.47	5.28	1.93	0.29	5.11
	2	10.56	46.77	4.58	9.84	17.90	1.37	2.49	0.36	6.13
	3	16.71	46.39	1.91	4.79	12.54	13.50	1.81		2.35
SY-4	1	4.95	50.30	3.40	9.40	21.96	3.05	2.50		3.87
	2	3.22	53.49	5.60	9.75	16.67	2.49	1.54		6.91
	3	8.11	48.46	3.41	10.54	17.90	3.96	2.68		4.45

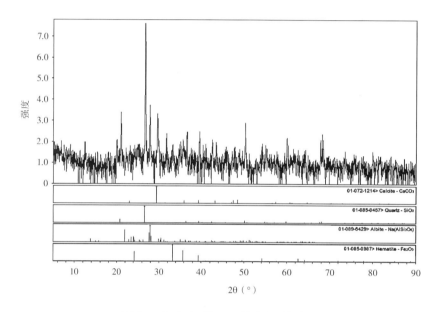

图九　红色颜料 X- 射线衍射谱图

色颜料的主要成分为铁红（Fe_2O_3），混有少量石英和碳酸钙；在粉末偏光显微镜下观察（图一〇），铁红在正交偏光下全消光，单偏光下较朱砂更暗，颗粒边缘较平滑；拉曼光谱分析（图一一）结果中，红色颜料样品的主要峰值为 289-293cm^{-1}、402-408cm^{-1}、600cm^{-1}，是 Fe_2O_3[1] 拉曼特征峰。综合以上实验结论，判定红色颜料为铁红。

　　由于铁红的化学稳定性高，对外界环境的变化有很强的抵抗力，可有效避免光照和大气作用对其产生破坏[2]；同时由于铁红易于获取且成本更低，故而在我国红色颜料的使用中占有极

[1] Xu Weiye, Zhou Guoxin: Analysis of the white powder unearthed from Eastern Han Dynasty Tombs in Shouxian County, Anhui Province, Chinese Archeaology 1983 (12); 刘照军等：《明代古墓葬壁画颜料的显微拉曼光谱分析》，《中国激光》2013 年第 6 期。

[2] 郑雅杰、刘昭成：《氧化铁的制备方法及其应用》，《粉末冶金材料科学与工程》2007 年第 4 期。

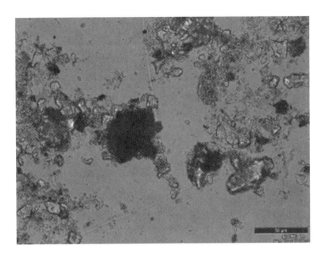

图一〇　红色颜料的单偏光显微照片

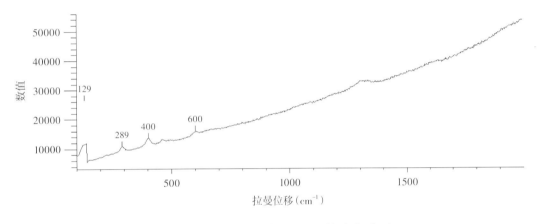

图一一　红色颜料样品 SY-4 拉曼光谱图

高地位。新石器时代之后，自河姆渡文化、老官台文化开始使用朱砂作为颜料之后[1]，朱砂就开始逐步成为红色颜料的首选，天井岸汉代礼制建筑遗址应为西汉中晚期的皇家礼制建筑[2]，未选择朱砂作为颜料而选择铁红，很可能为了控制这种大型建筑群的修建成本。

3. 橙色颜料

SEM-EDS 实验分析中，采用电镜背散射模式对橙色颜料成分进行定性分析（表五），结果显示橙色颜料的成分以 Pb、O 元素为主，同时进行 X-射线衍射分析（图一二），结果表明橙色颜料的主要成分为铅丹（Fe_2O_3），混有少量正硅酸钙（Ca_2SiO_4），反映出该颜料经过烧制；在粉末偏光显微镜下观察（图一三），铅丹在正交偏光下呈蓝绿色，无良好晶体边缘，颜色呈

---

[1] 周玉端等：《旧石器时代人类对赭石的利用》，《江汉考古》2017 年第 2 期。
[2] 西北大学文化遗产学院等：《陕西三原县天井岸村汉代礼制建筑遗址调查简报》，《考古与文物》2017 年第 1 期。

表五　橙色颜料样品 SEM-EDS 元素定量表

样品	区域	C（%）	O（%）	Al（%）	Si（%）	P（%）	Pb（%）
SY-5	1	8.40	9.77	0.50			81.33
	2	7.32	11.21				81.46
	3	8.47	9.17	0.39	0.44	0.30	81.22
SY-6	1	6.51	9.12				84.37
	2	5.78	10.97				83.24
	3	8.47	11.56				79.96

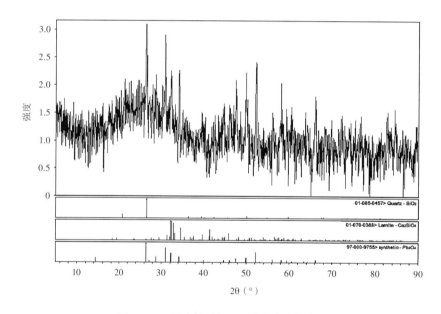

图一二　橙色颜料 X- 射线衍射谱图

橘红色；拉曼光谱分析（图一四）结果发现，橙色颜料样品的主要峰值在 121cm^{-1}、164cm^{-1}、229cm^{-1}、314cm^{-1}、478cm^{-1}、546cm^{-1} 附近，是铅丹的拉曼特征峰[1][2]，综合以上实验结论判定橙色颜料为铅丹。铅白在高温的情况下便可形成铅丹（Pb_3O_4），正硅酸钙的存在证明了橙色颜料经过高温烧制，在公元前 4 世纪的《记倪子》中便有铅丹制作过程的描述[3]，该颜料属于典型的人造颜料。

---

[1] 马朝龙等：《龙门石窟彩绘颜料的拉曼光谱、X 射线荧光和扫描电镜分析》，《光散射学报》2018 年第 4 期。

[2] 王继英等：《中国古代艺术品常用矿物颜料的拉曼光谱》，《光散射学报》2012 年第 1 期。

[3] 夏寅：《偏光显微法在中国古代颜料分析中的应用研究及相关数据库建设》，西北大学硕士学位论文，2006 年，第 11 页。

图一三　橙色颜料的正交偏光显微照片

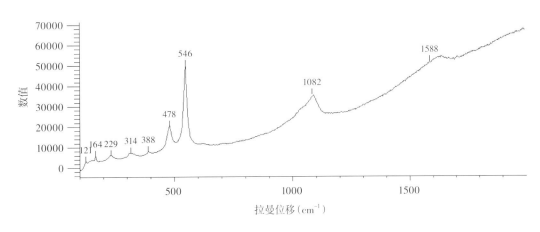

图一四　橙色颜料样品 SY-7 拉曼光谱图

4. 绿色颜料

SEM-EDS 实验分析中，采用电镜背散射模式对绿色颜料成分进行定性分析（表六），结果显示绿色颜料的成分以 Fe、Si、O 元素为主，同时含有少量的 K、Al 元素，与海绿石 K_{1-X}（Al，Fe）$_2$［Al_1-$XSi_{3+X}O_{10}$］（OH）$_2$ 的特点吻合；同时进行 X- 射线衍射分析（图一五），结果表明绿色颜料的主要成分为硅酸铁（$FeSiO_3$），混有极少量的石英与钠长石；在粉末偏光显微镜下观察（图一六），单偏光下绿土晶体颗粒呈现草绿色，边缘有棱角，有深色内核，正交偏光下消光现象为表面不平的"蛤蟆背"状[1]。拉曼光谱分析的结果（图一七）发现绿色颜料的主要峰值在 175cm^{-1}、274cm^{-1}、460cm^{-1}、590cm^{-1}、702cm^{-1} 附近，显色物质是海绿石（Glauconite）[2]。

---

［1］付倩丽等：《定边郝滩东汉壁画墓绿色底层颜料分析研究》，《文物保护与考古科学》2012 年第 1 期。
［2］付倩丽等：《定边郝滩东汉壁画墓绿色底层颜料分析研究》，《文物保护与考古科学》2012 年第 1 期。

表六　绿色颜料样品 SEM–EDS 元素定量表

区域	C（%）	O（%）	Mg（%）	Al（%）	Si（%）	Ca（%）	K（%）	Ti（%）	Fe（%）	Na（%）
1	8.77	48.65	3.83	3.61	21.87	2.10	3.66		7.51	
2	5.37	45.44	4.40	4.48	23.61	1.43	4.82	0.35	10.10	
3	8.81	43.09	3.44	3.57	23.40	1.99	5.37		10.34	
1	10.25	45.08	2.67	3.04	21.00	3.74	4.10		9.78	0.34
2	9.05	47.85	2.78	4.26	21.58	0.76	4.19		9.53	
3	18.10	22.00	1.45	1.14	15.87		5.64		35.80	

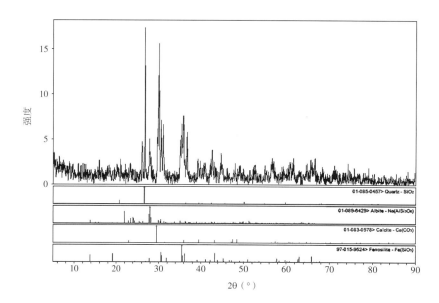

图一五　绿色颜料 X– 射线衍射谱图

图一六　绿色颜料的单偏光显微照片

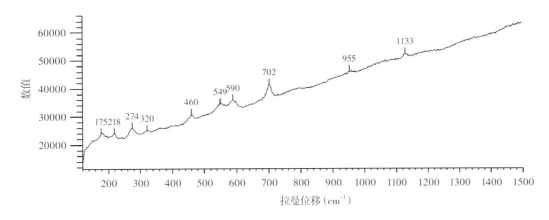

图一七　绿色颜料样品 SY-10 拉曼光谱图

综合以上实验结论判定绿色颜料为绿土。

　　绿土颜料主要由绿鳞石（Celadonite）和海绿石组成，汉代以前在我国鲜有发现，在石峁遗址壁画上所发现的绿土颜料应当是目前在我国已知的最早应用实例[1]，定边郝滩东汉壁画墓中的绿色底层颜料中发现绿土的使用现象[2]，在汉代其他壁画墓中也未曾再有绿土颜料被发现[3]；除上述两例之外，自新石器时代至东汉期间数千年再未发现有绿土使用的证据。此次在天井岸汉代礼制建筑遗址中所发现的绿土颜料，与石峁遗址出土绿土颜料的显色物质均为海绿石，海绿石几乎全部产于海相沉积岩中，多数人认为海绿石是在浅海环境中，缓慢沉积且有蒙脱石存在的条件下形成的[4]，如此推测天井岸出土的绿土颜料应当来自沿海地区。天井岸汉代礼制建筑中再次发现绿土颜料填补了龙山至东汉时期我国绿土颜料使用的空白；与其他汉代常用的绿色颜料如石青、石绿相比，绿土颜料优良的耐光性应当是其出现在本遗址中的重要原因。

三、结论

　　此次对天井岸汉代礼制建筑遗址中出土建筑材料上的颜料进行分析研究，结果表明白色颜料为铅白与碳酸钙的混合物，混合的原因可能是使白色更加鲜亮，或天然矿物颜料在提纯时无法剔除碳酸钙；红色颜料为铁红，其产地广泛，使用原因很可能是为了控制大型建筑的修建成本；橙色颜料为铅丹，虽用于建筑材料之上，但发现使用的遗物数量与用量极少，保存情况较差；绿色颜料为绿土，在龙山时期至东汉数千年间的考古遗址中没有发现更多的使用证据，此次绿

　　[1] 邵安定等：《陕西神木县石峁遗址出土壁画制作材料及工艺研究》，《考古》2015 年第 6 期。
　　[2] 付倩丽等：《定边郝滩东汉壁画墓绿色底层颜料分析研究》，《文物保护与考古科学》2012 年第 1 期。
　　[3] 龚晨：《汉代墓室壁画色彩研究》，上海大学博士学位论文，2015 年，第 105 页。
　　[4] 付倩丽等：《定边郝滩东汉壁画墓绿色底层颜料分析研究》，《文物保护与考古科学》2012 年第 1 期。

土颜料的发现填补了这一时期的使用空白，其优良的耐光性很可能是用于建筑材料的主要原因。

　　在目前的考古发掘中发现有白、红、橙、绿四种颜色的颜料，但未发现青色与黑色颜料，与当时盛行以青、红、白、黑四种色彩对应东南西北四方的观念不符，可能意味着天井岸汉代礼制建筑对颜色的选择和使用存在一套特有的体系和标准。欲探明天井岸汉代礼制建筑中色彩的使用制度，还有待进一步的考古发掘工作。

后　记

　　2014 年的冬天，第一次听段清波老师谈及三原天井岸建筑遗址。当时段老师讲这个遗址很重要，它将为汉文明的研究提供重要的考古资料。从 2014 年冬季开始，段老师带领我们逐步开展了对天井岸建筑遗址的系列考古工作，时至今日报告出版，已经整整十个年头了，而距段老师逝世也已经五年了。时光飞逝，物是人非，这部报告的出版也算是对与天井岸考古工作有关的故人、故事的一个总结吧。

　　天井岸建筑遗址的发掘工作由段老师主持，2018 年的考古发掘主要集中在五处夯土台中的东夯土台及其周边区域，2019 年的考古发掘主要集中在西夯土台及其周边区域。通过两次发掘，基本对东、西夯土台的建造与布局特点有了清晰的认识。同时，通过对出土遗物年代的分析，基本明晰了天井岸建筑遗址的具体年代，为确定天井岸建筑遗址的性质提供了重要的实物资料。

　　段老师认同秦建明等学者对天井岸建筑遗址中天井坑和五处夯土台相关性质的认识，即"天井坑"为史料记载的"天齐祠"遗址，为王莽时期建造，目的是为固化由他及其追随者推崇的具有正统尊崇意义的"南北"理念；之所以后代文献上极少见到，推测是因为受王莽在中国古代史上负面评价的影响所致。同时，段老师认为子午谷、子午线、天齐祠等相关地理单元与特殊性概念的赋予均应为王莽时期，而非形成于汉初，由王莽等赋予了这一轴线及子午道超出南北方向自然地理意义之外的、代表正统的政治学和文化学上的特殊意义，昭示南向理念的彻底确立。在此认识基础上，段老师进一步认为南北向轴线形成于王莽时期，三大标志性建筑：南郊礼制建筑群、三原天齐祠、子午道的建造或更名，意味着贯穿长安城的南北向超长基线的确立，同时也意味着汉文化中最重要的因素之一——南向理念、南北郊祀、左右对称、轴线意识的最终形成。

　　段老师对天井岸建筑遗址的认知是在汉文明论纲探讨基础上形成的，具有一定的独特性、创新性。当然，在本团队对考古资料不断深入整理的基础上，对天井岸建筑遗址的认识也在不断更新，特别是在年代、性质等问题上。就目前而言，诸位学者对天井岸建筑遗址的年代、性质尚未形成共识。本团队对此持开放态度，因为就目前天井岸建筑遗址所做考古工作而言，还有很多学术问题需要探索，所以有关天井岸的讨论存在争议是正常的，吸引更多的学术目光聚焦于天井岸建筑遗址，才能更系统地认识天井岸建筑遗址，进一步推动天井岸建筑遗址乃至汉代国家祭祀制度等重要问题的研究。但要想对该遗址的认识更加准确、科学，还是需要进一步持续的开展考古工作。

2019年冬，段老师因病逝世后，天井岸建筑遗址的相关考古发掘工作戛然而止，随即转入室内整理。其间，受诸多因素影响，相关工作时断时续，工作推进异常缓慢与艰难。经过四年的整合，终于将2014年以来历年调查、勘探、发掘所获得的相关资料梳理完毕，姑且算是对天井岸建筑遗址前期工作的阶段性总结，也期望能够为相关领域关注本遗址最新进展的学者提供些许参考。

天井岸建筑遗址考古工作开展的第三个年头，段老师就查出了癌症。我们清楚地记得那一天是作家陈忠实先生去世的日子。从此，段老师便走上了抗癌之路。查出病情不久，段老师就在家人的陪伴下在陕西省人民医院做了手术。这一年天井岸的工作仍然在有条不紊地进行，基本完成了大面积的勘探和调查。

2017年的某天，我们与段老师在西北大学桃园校区旁边的一个小馆子吃饭。席间，段老师随口说了一句转移肺上了。大家当时都有一些懵，问老师现在是个什么情况。段老师嘿嘿一笑，说控制得还可以，也没有再长了，坚持就是胜利。此后，段老师好像也就不再避讳生病的事情，经常和我们谈最近在吃什么药，接受怎样的治疗。因为一直吃靶向药，段老师的手掌蜕皮严重，发量也在减少，脸色也变得苍白很多，但是精神头却好于常人。

熟悉段老师的人都清楚，他是一名工作狂，除了正常的生活与应酬外，基本上都是在工作。患病期间，段老师又担任了行政职务。其实我们心里都很清楚，以段老师的身体情况应该更多地减少手头的工作，静心调养身体，所以师母吴春老师、段老师女儿以及学生们都不是特别支持段老师担任行政职务的决定。但是段老师的脾气大家是知道的，一旦做了决定，很难改变。就这样，大家眼睁睁地看着段老师每天没日没夜地工作。除了学生的培养，段老师将精力更多地投入到学科建设发展。当时我们住在文博学院东侧的1号宿舍楼，因为离得近，段老师经常会找我们去帮忙。在我们的印象里，几乎每天晚上，段老师都会工作到九十点，有时甚至会熬到深夜加班。对于一名已经发生癌细胞转移的患者而言，这是致命的，一旦身体内部的平衡被打破，后果可想而知。段老师其实自己更清楚，但是大家怎么劝也劝不住。

直到有一次，在段老师办公室，他和我们聊了很多，那时我们才理解段老师为什么这么拼命。记得是某一天晚上七点多，我们在赶一篇稿子，完稿之后都坐下来休息。突然，段老师说到其实他知道自己现在是个什么情况，像他这种情况术后存活一般可能就是三年，存活多久对于他来说已经无所谓了，但是他还有好多事情没有做，所以他才比以前更着急，更加想努力工作，就是和时间赛跑，能多干点就多干点，能多实现自己的一些设想就多实现一些，至于别人的看法，他已经不在乎了。听段老师讲完，大家都沉默了，更多的是一种悲伤与心疼吧。这是我们印象中段老师唯一一次在学生面前表现出对命运的屈从，可能也是一种释怀吧。段老师去世后，也有个别人在我们面前提过几句段老师怎样，我们都是微微一笑，想必也不需要做出什么样的解释。对于我们来讲，对于所有人来讲，无法感同身受段老师因为病魔所经历的身心煎熬，更无法感同身受他对事业以及使命未了的遗憾与无奈。但是作为学生，我们深深地感受到老师的恩泽，他是恩师，但他更像一位父亲关心照顾着他的每一位学生。

自 2015 年以来，参加过天井岸建筑遗址考古调查的成员有段清波、孙伟刚、岳起、谢高文、赵旭阳、牛新龙、朱晨露、薛程、冯锴、王超翔、魏唯一、张晨牧、李佳瑜、曹文心、刘俊艳、李金芮、程亦萱、张浩等；2018~2019 年对天井岸建筑遗址进行发掘时，发掘领队为段清波，发掘成员有孙伟刚、谢高文、朱晨露、薛程、曹文心、刘俊艳、程亦萱、张琦、周敏、张浩、马翼欣、韩一夫、韦星星、何家欢、邹子婕、李旭飞、李滟洋、李昱龙等；参与资料整理人员有何家欢、权弼成、程亦萱、邹子婕、李旭飞、李滟洋、佘永通、郭帅帅、薛艺、田松林、苏莉艳、贺佳、高若兮、马欣怡等；摄影由何家欢、薛艺、田松林完成，线图由何家欢、郭帅帅、薛艺、苏莉艳、贺佳、高若兮、马欣怡完成，图录、附表由薛艺、苏莉艳、贺佳、高若兮完成；校对由薛程、薛艺、苏莉艳、贺佳、高若兮、马欣怡、李可心、刘潇煜完成；朱晨露、曹文心、任军莉提供部分文字资料，田松林提供激光雷达测绘及相关制图技术支持。本报告由薛程主编，序言由焦南峰研究员撰写，英文摘要由马欣怡翻译，第一章由薛程、薛艺撰写，第二章由朱晨露、薛程、曹文心、何家欢、薛艺撰写，第三章由薛程、程亦萱撰写，第四章由薛程、程亦萱、何家欢、薛艺撰写，第五章由薛程、程亦萱、何家欢、任军莉撰写。在资料整理过程中，得到陕西省考古研究院焦南峰研究员、王占奎研究员；中国社会科学院考古研究所徐龙国研究员、刘瑞研究员；咸阳市文物考古研究所岳起研究馆员、谢高文研究馆员、赵旭阳副研究馆员；中国科学院地球环境研究所古环境研究室孙有斌研究员团队；西北大学科学技术史高等研究院曲安京教授团队；西北大学文化遗产学院徐卫民教授、罗丰教授、钱耀鹏教授、陈洪海教授、冉万里教授、温睿教授等的支持与指导，在此表示敬意与感谢。文物出版社对本报告的编辑出版提供了大力支持，在此表示谢意。时任陕西省考古研究院院长孙周勇研究员、副院长孙伟刚研究员；西北大学文化遗产学院马健院长、翟霖林副院长、豆海锋副院长、任萌副院长等在本项目开展期间及本报告出版方面提供了大力支持，在此表示感谢。

本团队对天井岸建筑遗址进行考古研究工作期间，积极与相关学科进行合作，试图通过多学科交叉合作对天井岸建筑遗址进行全方位研究。在此理念下，有关天井岸建筑遗址的研究产出了相对丰硕的成果，先后在《文物》《考古》《考古与文物》《中国科学史杂志》等中、英文权威、核心期刊上发表论文多篇。同时，三原天井岸建筑遗址的考古资料整理于 2020 年成功获批教育部人文社会科学研究青年基金项目（项目号：20YJC780005）。

段老师在生命的最后三年，将全部心血都聚焦在汉文明论纲的讨论上，而三原天井岸建筑遗址又是他非常关注的遗址。很遗憾，在这项工作刚刚拉开序幕时，段老师就离我们而去。三原天井岸建筑遗址考古报告的出版算是兑现了当时对段老师的承诺，也算是对段老师在天之灵的一种告慰吧。段老师将其一生都奉献给了考古事业，他是一位敬业的考古学家，更是一位受人尊敬的良师益友。最后，用恩师的一句话寄托学生们的哀思：考古重建了近代以来中华民族的自信心；考古学让遥远的过去和无限的未来血肉相连。永远怀念、感恩我们敬爱的段老师！

编者

2024 年 6 月 5 日

Sanyuan Tianjing'an Architectural Relics Archaeological Excavation Report from 2015 to 2019

(with an English abstract)

The Tianjing'an architectural site is located in Tianjing'an Village, Cuo'e Township, Sanyuan County, Xianyang City, Shaanxi Province, at the southeastern foot of Mount Cuo'e. The site consists of five rammed earth platforms and a circular giant pit. The five rammed earth platforms are distributed in the east, south, west, north, and center directions. The rammed part of the northern rammed earth platform has been damaged. The straight-line spacing between each rammed earth platform is 500 meters, and the circular giant pit is located at 450 meters southwest of the rammed earth platform. The total area of the site is approximately 1.6 million square meters.

In 1988, the Xianyang Cultural Relics Census Team discovered the Tianjing'an architectural site for the first time, speculating that it was the site of the "Chiyang Palace"of the Qin and Han dynasties. In 1992, the Tianjing'an architectural site was listed as a key cultural relic protection unit in Shaanxi Province as the "Chiyang Palace Site". In 1993, the Shaanxi Provincial Cultural Relics Protection Technology Center investigated the Tianjing'an architectural site and believed that the circular giant pit and the five rammed earth platforms might be the "Tianqi Temple" and the "Five Emperors Temple" recorded in the literature, both of which are Western Han royal ritual architectural sites. From 2015 to 2018,a joint archaeological team formed by the School of Cultural Heritage of Northwest University and other units conducted three systematic explorations on the Tianjingan building sites, and found that the platform foundations of the five rammed earth platforms are all approximately square in shape. Except for the central platform, the other four are surrounded by moats.

From 2018 to 2019, the joint archaeological team conducted the first excavation of the east and west platforms of the Tianjing'an architectural site, unearthing a large number of architectural relics such as eave-end tiles and roof tiles. Judging from the unearthed artifacts and on-site relics, it can be inferred that the east platform was probably built in the middle of the Western Han Dynasty and was used continuously or intermittently until the late Western Han Dynasty; the west platform was probably built in the middle of the Western Han Dynasty, later collapsed, and was rebuilt in the late Western Han Dynasty. Combining archaeological investigation and excavation data, it can be seen that the five rammed earth platforms should belong to the same period, that is, the construction and use time of the five rammed earth platforms of the Tianjing'an architectural site should mainly concentrate in the middle and late Western Han Dynasty. The five rammed earth platforms of the Tianjing'an architectural site should be the site of the "Five Emperors Temple" recorded in "Han Shu".

The joint archaeological team believes that the circular giant pit in the Tianjing'an architectural site was formed due to natural reasons such as earthquakes,and was later artificially trimmed for royal worship. It should be part of the "Tianqi Temple" site recorded in historical books. Based on exploration data, it is speculated that the structure of the bottom of the circular giant pit is a horizontal sundial used for observing astronomical phenomena. The utilization time of the circular giant pit should be earlier than the construction of the five rammed earth platforms. Both belong to the Western Han Dynasty, but they are not directly related.

The archaeological discoveries at the Tianjing'an architectural site in Sanyuan are of great significance for exploring the development and transformation of the suburban sacrifice system during the Western Han Dynasty. At the same time, it provides important first-hand information for understanding the astronomical calendar, astronomical observation, and ultra-long axis planning during the Western Han Dynasty.

彩

版

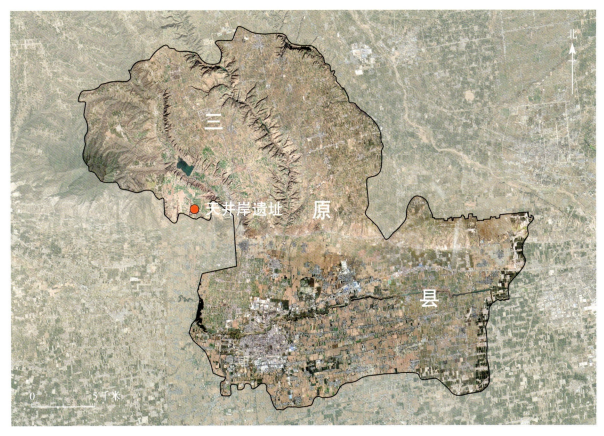

1. 天井岸建筑遗址位置示意图

2. 天齐塬地貌俯视

彩版一　遗址位置与地貌

1. 天井岸建筑遗址与嵯峨山位置关系图（东南—西北）

2. 天井岸建筑遗址结构示意图（20世纪60年代卫星图）

彩版二　遗址位置及布局特点

1. 现场讨论调查方案（2015年）

2. 遗址区内地面调查（2015年）

彩版三　遗址区调查

1. 疑似夯土遗迹尺寸测量（2017年）

2. 采集遗物标本（2017年）

彩版四　遗址区调查

1. 西夯土台考古勘探（2016年）

2. 天井坑考古勘探（2016年）

彩版五　遗址区勘探

1. 段清波教授指导东夯土台发掘（2018年）

2. 段清波教授听取队员汇报发掘情况（2018年）

彩版六　东夯土台区域发掘

1. 段清波教授与队员讨论遗址区地貌环境（2018年）

2. 段清波教授与队员合影（2018年）

彩版七　东夯土台区域发掘

1. 段清波教授听取西夯土台发掘汇报（2018年）

2. 段清波教授现场指导西夯土台发掘（2018年）

彩版八　西夯土台区域发掘

1. 段清波教授观察发掘区地层堆积情况（2018年）

2. 段清波教授、孙伟刚研究员讨论西夯土台遗址性质（2018年）

彩版九　西夯土台区域发掘

1. 段清波教授观察遗迹特点（2018年）

2. 段清波教授现场总结发掘情况（2018年）

彩版一〇　西夯土台区域发掘

1. 郭大顺研究员现场指导（2018年）

2. 王学理研究员现场指导（2018年）

彩版一一 专家学者现场指导

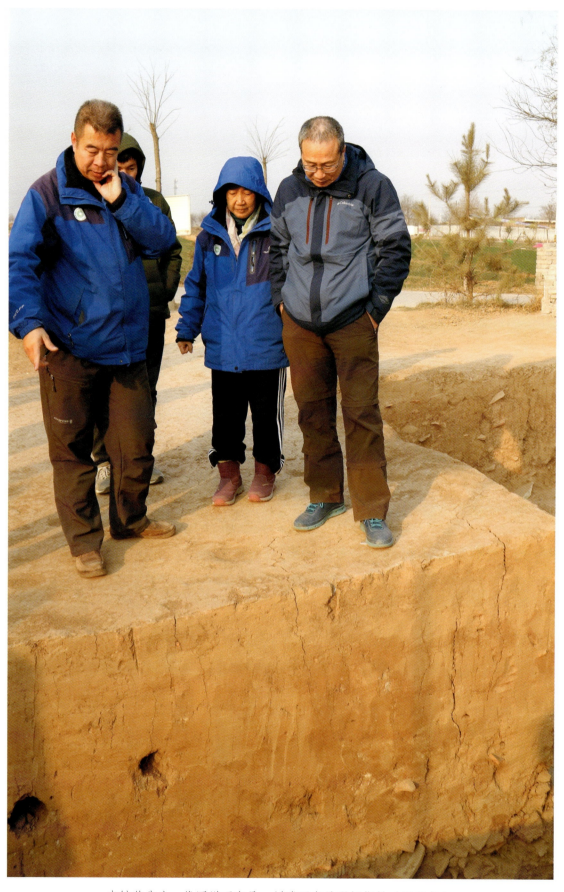

李毓芳先生、钱国祥研究员、刘瑞研究员现场指导（2018年）

彩版一二　专家学者现场指导

1. 徐龙国研究员等现场指导（2018年）

2. 史党社教授等现场指导（2018年）

彩版一三　专家学者现场指导

1. 郭物研究员等专家学者现场指导（2018年）

2. 韩建华研究员、赵俊杰教授等专家学者现场指导（2018年）

彩版一四　专家学者现场指导

1. 宋新潮等领导现场调研（2017年）

2. 何驽研究员考察天井岸建筑遗址（2017年）

彩版一五　领导、专家学者现场指导

1. 曲安京教授等参观天井坑（2018年）

2. 温睿教授等现场指导（2017年）

彩版一六　专家学者现场指导

豆海锋教授、李旻教授参观发掘现场（2018年）

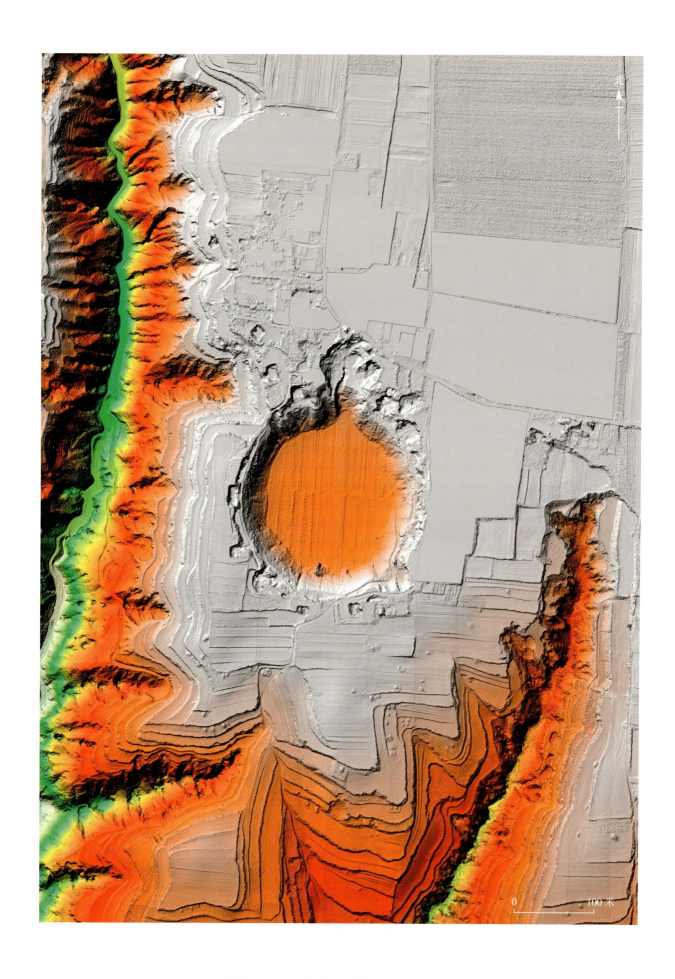

彩版一八　天井坑及周边地形渲染图

1. 天井岸建筑遗址夯土台位置示意图

2. 天井坑正射航拍（上为北）

彩版一九　五座夯土台与天井坑

1. 西夯土台（东南—西北）

2. 西夯土台南侧夯层（南—北）

彩版二〇　西夯土台及夯层

1. 东夯土台（东南—西北）

2. 东夯土台南侧夯层（南—北）

彩版二一　东夯土台及夯层

1. 南夯土台（东南—西北）

2. 南夯土台（西南—东北）

彩版二二　南夯土台现状

1. 南夯土台东侧夯层（东—西）

2. 南夯土台东侧夯层（东南—西北）

彩版二三　南夯土台夯层

1. 南夯土台北侧散水遗迹（西北—东南）

2. 南夯土台采集遗物

彩版二四　南夯土台散水、遗物

1. 南夯土台采集遗物

2. 南夯土台散落遗物

彩版二五　南夯土台采集遗物

1. 南夯土台散落遗物

2. 北夯土台原址（南—北）

彩版二六　南夯土台散落遗物、北夯土台原址

1. 中夯土台（东南—西北）

2. 中夯土台南侧夯层（南—北）

彩版二七　中夯土台及夯层

柳家湾村遗址

下常社村遗址

西独冢村遗址

惠家村遗址

官道村遗址

振锡寺

张家坳村遗址

口镇遗址

杨赵村遗址

天井岸村遗址

彩版二八　渭北其他建筑遗址调查区域示意图

1. 张家坳村遗址调查范围示意图（南—北）

2. 官道村遗址调查范围示意图（西—东）

彩版二九　张家坳村遗址、官道村遗址调查

1. 惠家村遗址调查范围示意图（南—北）

2. 惠家村遗址保存现状（南—北）

彩版三〇　惠家村遗址调查

1. 惠家村遗址与天井岸遗址相对位置关系（东北—西南）

2. 惠家村遗址南瓦砾堆积（南—北）

彩版三一　惠家村遗址位置及遗迹

彩版三二　惠家村遗址东西向夯土层（南—北）

1.惠家村遗址南北向夯土层（东—西）

2.调查发现村民家中所藏瓦当

彩版三三　惠家村遗址夯层、采集遗物

1. 调查发现村民家中所藏筒瓦

2. 惠家村遗址瓦砾层散落遗物（南—北）

彩版三四　惠家村遗址采集遗物

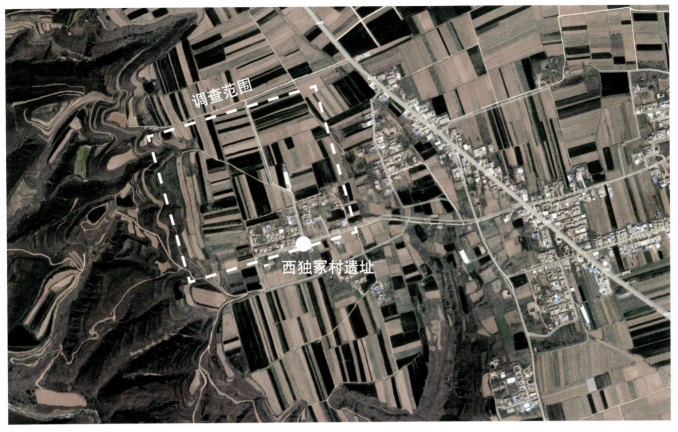

1. 西独冢村遗址调查范围示意图（南—北）

2. 西独冢村文保单位范围与现存夯土台范围示意图（东南—西北）

彩版三五　西独冢村遗址调查

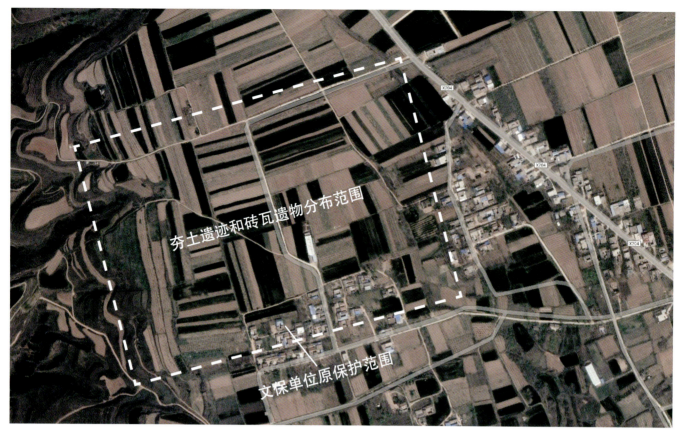

1. 西独㝎村遗址遗存分布范围示意图（东南—西北）

2. 西独㝎村遗址西部断崖夯层（西南—东北）

彩版三六　西独㝎村遗存范围及夯层

1. 西独冢村遗址夯土台北部断面夯层（东南—西北）

2. 西独冢村遗址西部断崖瓦砾堆积（西—东）

彩版三七　西独冢村遗址夯层、瓦砾堆积

1. 西独冢村遗址西部断崖倾倒瓦砾（北—南）

2. 西独冢村遗址西部耕地内散落残柱础石

彩版三八　西独冢村遗址散落遗物

下常社村遗址

围沟遗址

彩版三九　下常社村遗址调查范围图示意图（南—北）

1.下常社村遗址西南角瓦砾堆积（西—东）

2.采集瓦当（2017SYZDY1采：1）

彩版四〇　下常社村遗址瓦砾堆积、采集遗物

1. 柳家湾村遗址调查范围示意图（南—北）

2. 口镇遗址调查范围示意图（南—北）

彩版四一　柳家湾村遗址、口镇遗址调查

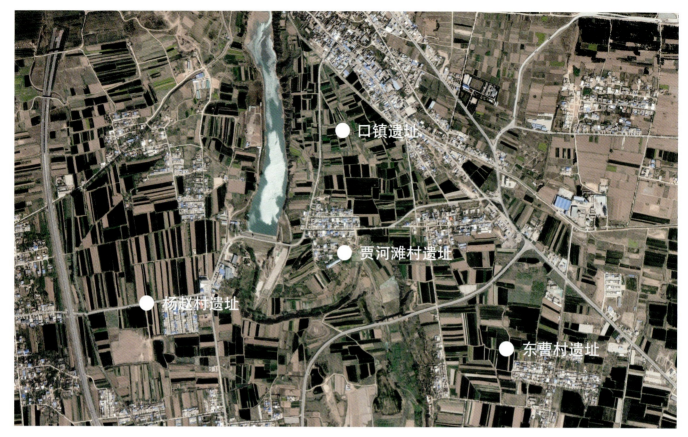

1. 口镇遗址群示意图（南—北）

2. 口镇遗址西侧断崖所见瓦砾堆积及烧土（西—东）

彩版四二　口镇遗址范围、瓦砾堆积

1. 口镇遗址西部断崖所见柱础石（西—东）

2. 口镇遗址北侧水渠便桥下瓦砾堆积（南—北）

彩版四三　口镇遗址遗迹堆积

1. 杨赵村遗址调查范围示意图（南—北）

2. 杨赵村遗址与谷口相对位置关系（南—北）

彩版四四　杨赵村遗址调查

1. 杨赵村东夯土遗迹（北—南）

2. 杨赵村东瓦砾堆积（东—西）

彩版四五　杨赵村遗址夯层、瓦砾堆积

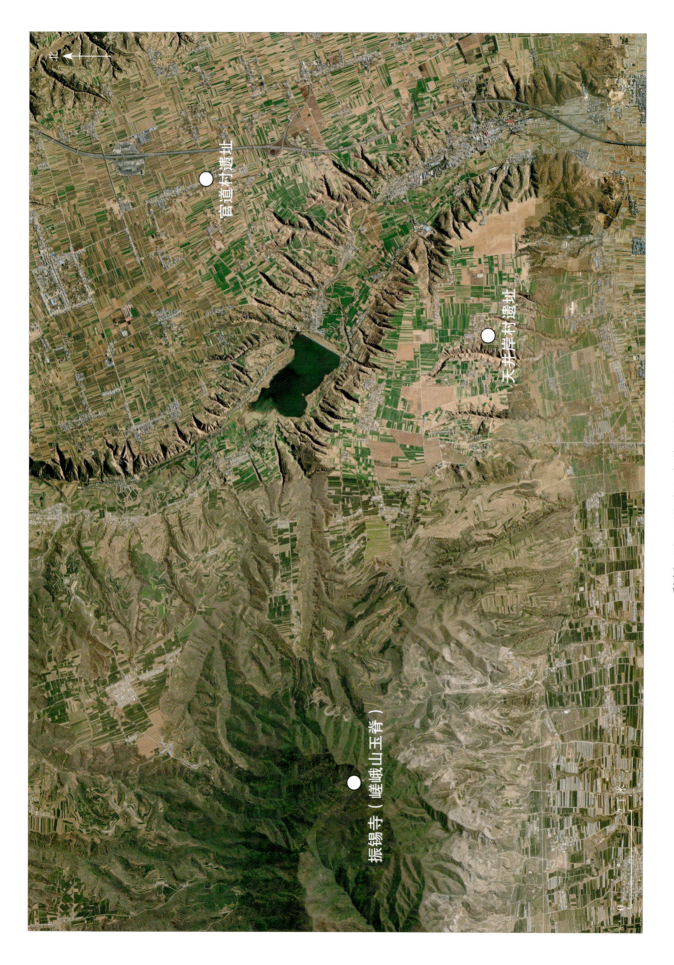

官道村遗址

天井岸村遗址

振锡寺（嵯峨山主脊）

彩版四六 嵯峨山东麓区域示意图

1. 东夯土台发掘区（南—北）

2. 西夯土台发掘区（南—北）

彩版四七　东、西夯土台发掘区

1. 东夯土台台基（东南—西北）

2. 东夯土台体解剖清理（南—北）

彩版四八　东夯土台台基、台体

夯土台体

ZD4　　ZD3　　ZD2　　ZD1

盗洞　　盗洞

踩踏面

1. 东夯土台台体遗迹
　（东南—西北）

2. 东夯土台柱洞1（南—北）

彩版四九　东夯土台遗迹

1. 东夯土台柱洞2（南—北）

2. 东夯土台柱洞3（南—北）

彩版五〇　东夯土台柱洞

1. 东夯土台柱洞4（南—北）

2. 东夯土台台基踩踏面（东—西）

彩版五一　东夯土台柱洞、踩踏面

彩版五二　东夯土台内侧壕沟正射影像（上为北）

1. 东台DG3、DG4正射影像（上为东）

2. 西夯土台解剖清理（西南—东北）

彩版五三　东夯土台外侧壕沟、西夯土台台基

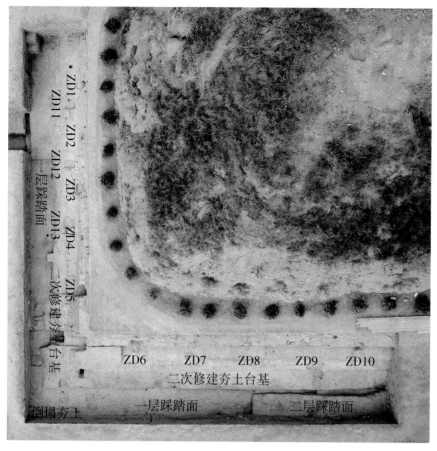

1. 西夯土台台体遗迹（上为北）

2. 西夯土台西南角二次增筑痕迹（西南—东北）

彩版五四 西夯土台遗迹示意

1. 西夯土台柱洞1（西—东）

2. 西夯土台柱洞2（西—东）

彩版五五　西夯土台柱洞

1. 西夯土台柱洞3（西—东）

2. 西夯土台柱洞4（西—东）

彩版五六　西夯土台柱洞

1. 西夯土台柱洞5（西—东）

2. 西夯土台柱洞6（南—北）

彩版五七　西夯土台柱洞

1. 西夯土台柱洞7（南—北）

2. 西夯土台柱洞8（南—北）

彩版五八　西夯土台柱洞

1. 西夯土台柱洞9（南—北）

2. 西夯土台柱洞10（南—北）

彩版五九　西夯土台柱洞

1. 西夯土台柱洞11（西—东）

2. 西夯土台柱洞12（西—东）

彩版六〇　西夯土台柱洞

1. 西夯土台柱洞13（西—东）

2. 西夯土台台基西立面纤木洞痕迹（西—东）

彩版六一　西夯土台柱洞、纤木洞

1. 西夯土台台基西侧建筑铺砖印记（西—东）

2. 西夯土台台基南侧铺砖印记（上为南）

彩版六二　西夯土台铺砖印记

踩踏面

1. 西夯土台台体西侧踩踏面（北—南）

第一层踩踏面　　　　第二层踩踏面

2. 西夯土台台体南侧踩踏面（上为北）

彩版六三　西夯土台踩踏面

① ② ③ ④ 第一层踩踏面 第二层踩踏面

1. 西夯土台两层瓦砾堆积（南—北）

2. 西夯土台彩绘痕迹（南—北）

彩版六四　西夯土台地层、彩绘

1. 西夯土台排水沟（南—北）

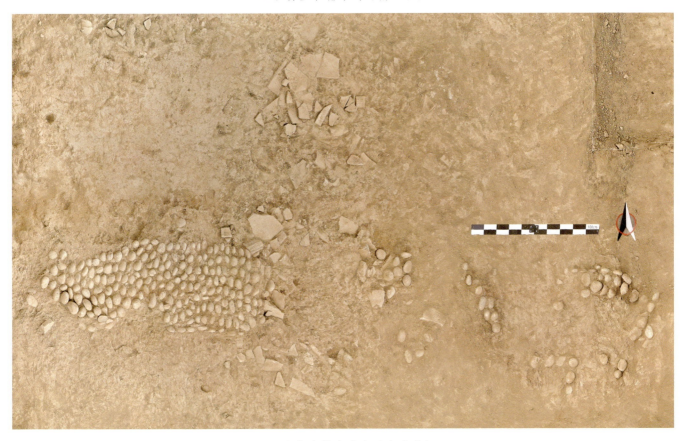

2. 西夯土台散水遗迹（上为北）

彩版六五　西夯土台排水沟、散水

1. 西夯土台南侧门道（上为北）

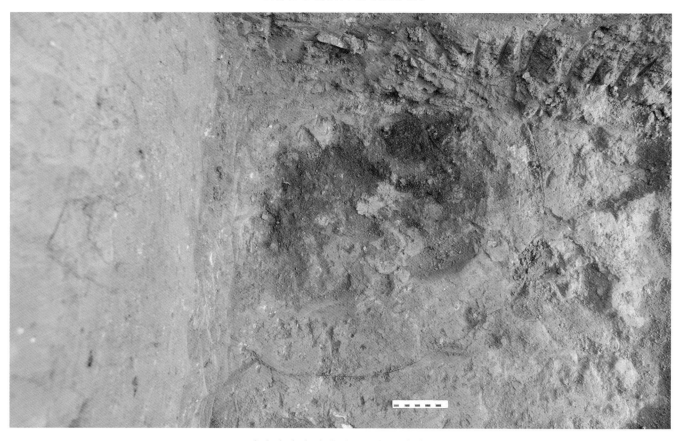

2. 西夯土台烧火遗迹（HY1）（上为南）

彩版六六　西夯土台南侧门道、烧火痕迹

1. 西夯土台XG1正射图（上为北）

2. 西夯土台XG1脚窝痕迹（西—东）

彩版六七　西夯土台XG1

1. 西夯土台XG2、XG3正射图（上为北）

2. 西夯土台XG4正射图（上为北）

彩版六八　西夯土台XG2、XG3、XG4

1. DG2①：1

2. DG2①：2

3. T0106②：22

4. T0106②：23

5. T0201③：14

6. T0206①：1

彩版六九　素面砖

1. T0206① : 2

2. T0206① : 3

3. T0206① : 4

4. T0206③ : 41

5. T0206③ : 42

6. T0202③ : 4

1. 几何纹砖（T0106②：21）

2. 方格纹砖（T0207②：13）

3. 板瓦（T0607②：17）

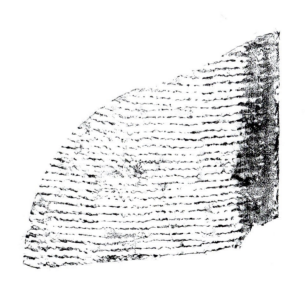

0　　　　　10厘米

4. 板瓦（T0607②：17）

彩版七一　砖、板瓦

1. T0201③：13

2. T0206③：36

3. T0607②：18

4. T0607②：20

5. T0102③：12

6. T0106②：19

彩版七二　板瓦

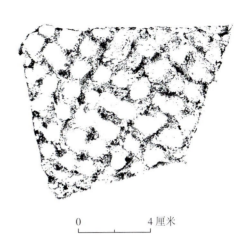

1. T0106③：23

2. T0106③：23

3. T0201③：12

4. T0206③：28

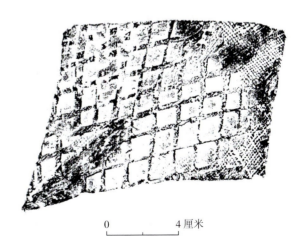

5. T0206③：37

6. T0206③：37

彩版七三　板瓦

1. T0206③：38

2. T0206③：38

3. T0206③：39

4. T0206③：40

5. T0207②：12

6. T0207②：12

0　　　　4厘米

0　　　　4厘米

彩版七四　板瓦

1. T0101②：3

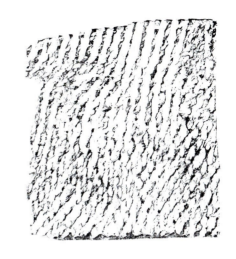

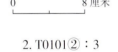

0   8厘米

2. T0101②：3

3. T0206②：5

0   5厘米

4. T0206②：5

彩版七五　板瓦

1. T0206③：29

2. T0206③：30

3. T0206③：31

4. T0206③：33

5. T0206③：34

6. T0607②：16

1. T0607②：19

4. T0206③：35

2. T0106②：20

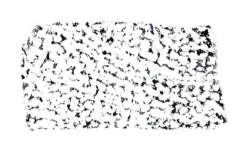

0   4厘米

5. T0206③：35

0   4厘米

3. T0106②：20

6. T0106②：17

彩版七七　板瓦

1. T0206④：3

2. T0206④：3

3. T0206④：3

0　　　　　5厘米

4. T0206④：3

彩版七八　戳印筒瓦

1. T0106②：18

0   10厘米

2. T0106②：18

3. T0201③：9

4. T0201③：10

5. T0102③：7

6. T0102③：9

彩版七九　筒瓦

1. T0106③：23

2. T0201①：1

3. T0201④：1

4. T0206③：26

5. T0206③：27

1. T0506③：3

2. T0201③：6

3. T0201③：7

4. T0201③：8

5. T0201③：11

6. T0506③：2

彩版八一　筒瓦

1. T0707③：1

2. T0106③：20

3. T0102③：8

0   8厘米

4. T0102③：8

彩版八二　筒瓦

0   4 厘米

1. T0201③：5   2. T0201③：5

3. T0206④：2   4. T0306④：3

彩版八三　云纹瓦当

1. T0807④：2

2. T0807④：2

3. T0807④：1

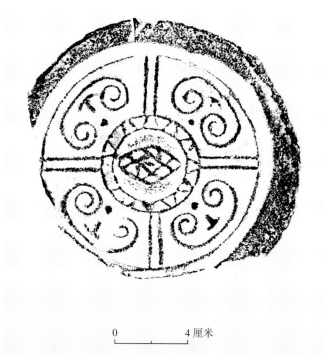

4. T0807④：1

彩版八四　云纹瓦当

1. DG2③：3）

0   4 厘米

2. DG2③：3）

3. T0206④：8）

0   4 厘米

4. T0206④：8）

5. T0206④：11

0   4 厘米

6. T0206④：11

彩版八五　云纹瓦当

1. 云纹瓦当（T0607④∶8）

0   4厘米

2. 云纹瓦当（T0607④∶8）

3. 云纹瓦当（T0607④∶10）

0   4厘米

4. 云纹瓦当（T0607④∶10）

5. "千秋万岁"瓦当（T0106③∶22）

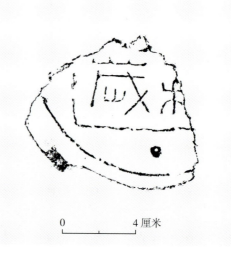

0   4厘米

6. "千秋万岁"瓦当（T0106③∶22）

彩版八六　云纹瓦当、"千秋万岁"瓦当

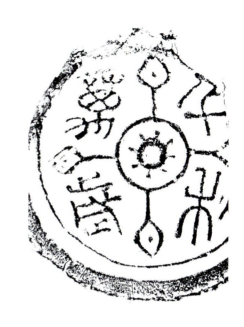

0 ____ 4厘米

1. DG1③：1

2. DG1③：1

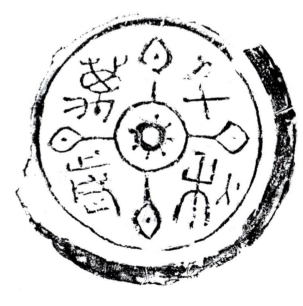

0 ____ 4厘米

3. DG2③：4

4. DG2③：4

彩版八七　　"千秋万岁"瓦当

1. T0102③：11

0   4厘米

2. T0102③：11

3. T0106②：4

0   4厘米

4. T0106②：4

彩版八八 "千秋万岁" 瓦当

1. T0106②：12

4. T0106②：14

2. T0106②：15

0   4厘米

3. T0106②：15

0   4厘米

5. T0106②：14

彩版八九　"千秋万岁"瓦当

1. T0106③：5

0　　　　4厘米

2. T0106③：5

3. T0106③：11

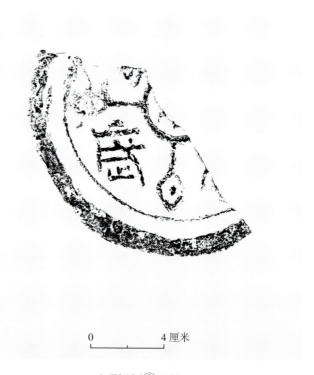

0　　　　4厘米

4. T0106③：11

彩版九〇　　"千秋万岁"瓦当

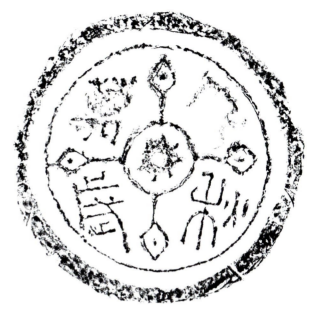

0   4 厘米

1. T0106③：12

2. T0106③：12

3. T0206②：1

彩版九一 "千秋万岁" 瓦当

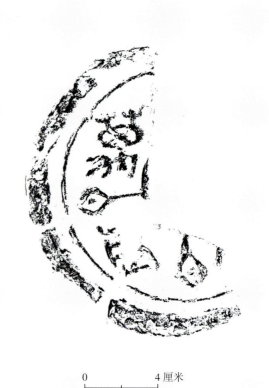

1. T0206③：2

2. T0206③：2

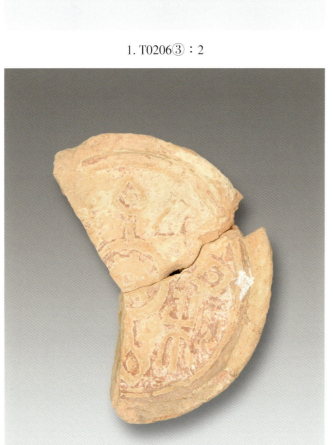

3. T0206③：3

4. T0206③：3

彩版九二　"千秋万岁"瓦当

0   4 厘米

1. T0206③：12

2. T0206③：12

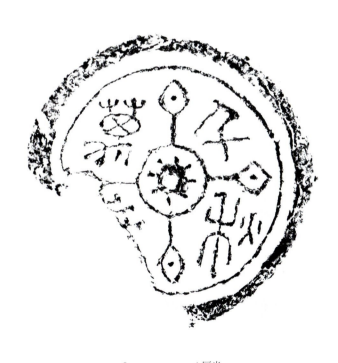

0   4 厘米

3. T0206③：17

4. T0206③：17

彩版九三　"千秋万岁"瓦当

1. T0206③：24

0　　　　　4厘米

2. T0206③：24

3. T0206③：25

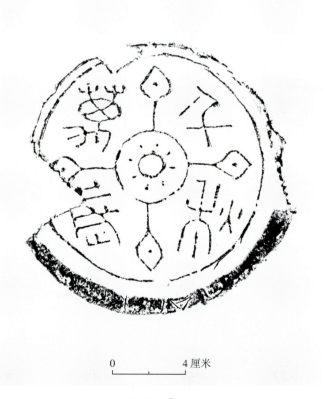

0　　　　　4厘米

4. T0206③：25

彩版九四　　"千秋万岁"瓦当

1. T0207②：5

0 4 厘米

2. T0207②：5

3. T0207③：4

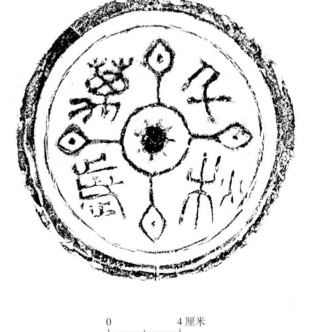

0 4 厘米

4. T0207③：4

彩版九五　"千秋万岁"瓦当

1. T0207③：8

0   4厘米

2. T0207③：8

3. T0306②：4

0   4厘米

4. T0306②：4

彩版九六　　"千秋万岁"瓦当

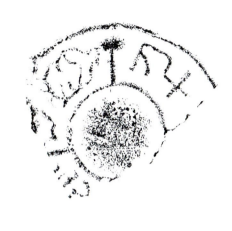

0　　　　　4厘米

1. T0101②：2

2. T0101②：2

0　　　　　4厘米

3. T0201③：2

4. T0201③：2

彩版九七　　"千秋万岁"瓦当

1. T0101①：4

2. T0101①：4

3. T0607②：15

4. T0607②：15

5. T0607③：1

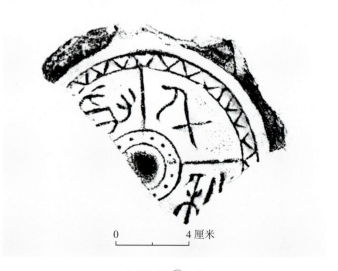

6. T0607③：1

彩版九八 "千秋万岁"瓦当

1. T0106②：5

2. T0106②：5

3. T0106②：9

4. T0106②：9

彩版九九　　"千秋万岁"瓦当

1. T0201③：3

0   4 厘米

2. T0201③：3

3. T0206②：4

0   4 厘米

4. T0206②：4

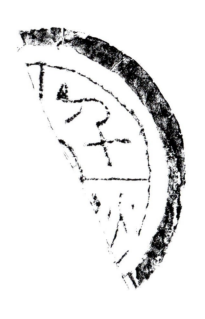

0   4厘米

1. T0206③：4

2. T0206③：4

0   4厘米

3. T0206③：10

4. T0206③：10

彩版一〇一　"千秋万岁"瓦当

1. T0206③：23

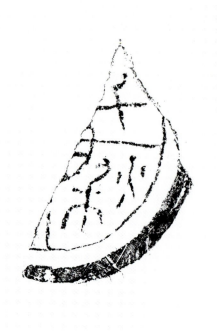

0   4厘米

2. T0206③：23

3. T0207②：11

0   4厘米

4. T0207②：11

彩版一〇二　"千秋万岁"瓦当

1. T0207③：1

2. T0207③：1

3. T0306③：2

4. T0306③：2

彩版一〇三　"千秋万岁"瓦当

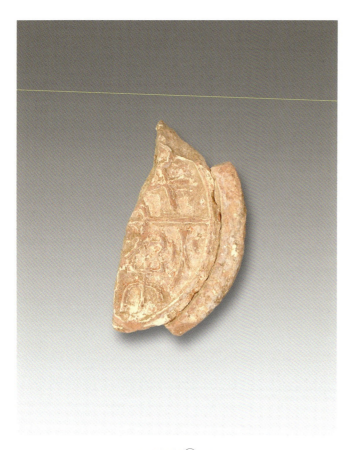

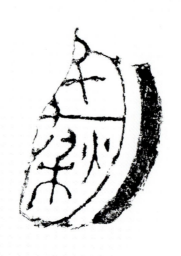

1. T0807②：1

2. T0807②：1

3. T0807③：2

4. T0807③：2

彩版一〇四　"千秋万岁"瓦当

3. T0106②：11

1. T0201③：4

0　　　　4厘米

4. T0106②：11

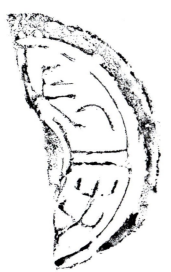

0　　　　4厘米

2. T0201③：4

5. T0106②：16

1. T0106③：4

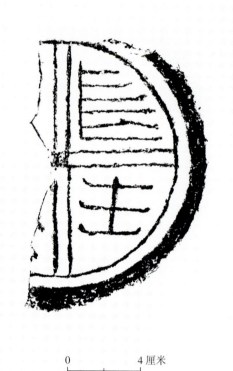

0   4厘米

2. T0106③：4

3. T0106③：6

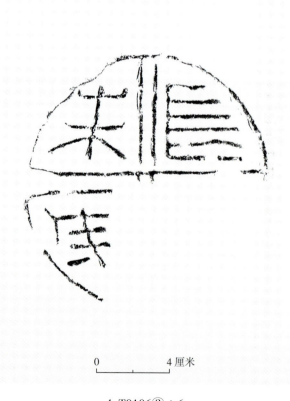

0   4厘米

4. T0106③：6

彩版一〇六　　"长生未央"瓦当

0　　　　4厘米

0　　　　4厘米

彩版一〇七　　"长生未央"瓦当

1. T0106③：21

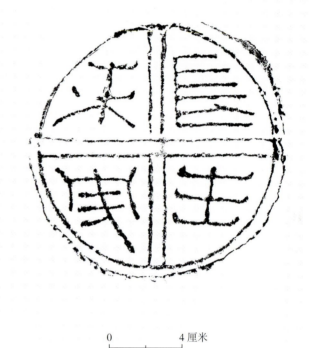

0 —————— 4 厘米

2. T0106③：21

3. T0206②：2

0 —————— 4 厘米

4. T0206②：2

彩版一〇八 "长生未央"瓦当

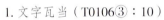

0   4厘米

1. 文字瓦当（T0106③：10）   2. 文字瓦当（T0106③：10）

3. 文字瓦当（T0206③：15）   4. 柱础石（T0506③：1）

彩版一〇九　文字瓦当、柱础石

1. XTG1①：29

2. XTG1①：31

3. XTG1②：39

4. XTG1③：47

5. XTG1③：48

6. XTG1③：49

1. XTG2①：15

2. XTG2②：44

3. XTG2②：45

4. T1602④：8

5. T1602④：9

6. T1602④：10

彩版一一一　素面砖

1. T1602④：11

2. T1602④：12

3. T1602④：13

4. T1602④：17

5. T1602④：18

6. T1602④：19

1. T1602④：20

2. T1602④：22

3. T1602④：26

4. T1602④：27

5. T1602④：28

6. XTG1①：32

1. XTG1②：40

2. XTG1②：41

3. XTG1②：42

4. XTG1②：43

5. XTG1③：41

6. XTG1③：44

彩版一一四　素面砖

1. XTG1③：52

2. XTG1③：53

3. XTG2②：49

4. XTG2③：38

5. XTG2③：39

6. XTG2采1

彩版一一五　素面砖

1. T1602②：10

2. XTG1③：43

3. XTG1③：50

4. XTG1③：51

5. XTG2①：12

6. XTG2①：12

1. 素面砖（T1206②∶2）

2. 素面砖（T1206②∶2）

3. 素面砖（T1604②∶19）

4. 素面砖（T1604②∶20）

5. 空心砖（XTG1①∶30）

0   5厘米

6. 空心砖（XTG1①∶30）

彩版一一七　素面砖、空心砖

1. XTG1①：27

2. XTG1①：28

彩版——八　几何纹砖

1. XTG1③：42

2. XTG2①：10

彩版一一九　几何纹砖

1. XTG2①：11

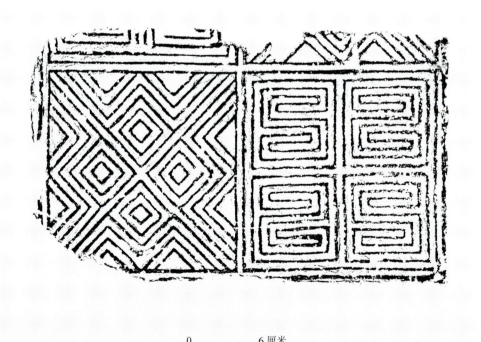

0   6厘米

2. XTG2①：11

彩版一二〇　几何纹砖

1. XTG2①：13

2. XTG2①：14

彩版一二一　几何纹砖

1. XTG2②：46

2. XTG2③：37

彩版一二二　几何纹砖

1. T1206①：4

2. T1406②：6

彩版一二三　几何纹砖

1. T1602②：8

2. T1602②：9

彩版一二四　几何纹砖

1. T1602②：11

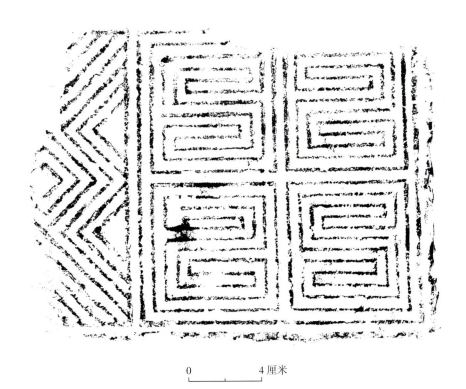

0   4 厘米

2. T1602②：11

彩版一二五　几何纹砖

1. T1602③：3

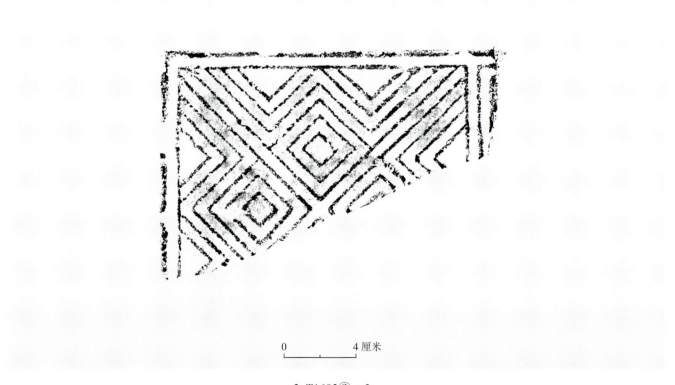

0   4厘米

2. T1602③：3

彩版一二六　几何纹砖

1. T1602③：4

0 ———————— 4厘米

2. T1602③：4

彩版一二七　几何纹砖

1. T1602④：15

2. T1602④：16

彩版一二八　几何纹砖

1. T1603①：1

2. T1603①：1

彩版一二九　几何纹砖

1. T1603①：3

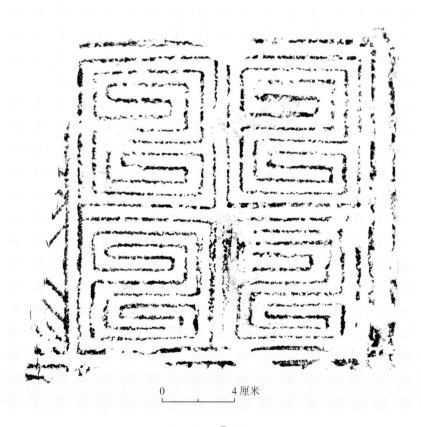

0   4厘米

2. T1603①：3

彩版一三〇　几何纹砖

1. T1603①：7

2. T1603①：8

彩版一三一　几何纹砖

1. T1603②：5

0   4厘米

2. T1603②：5

彩版一三二　几何纹砖

1. T1603②∶6

2. T1603②∶8

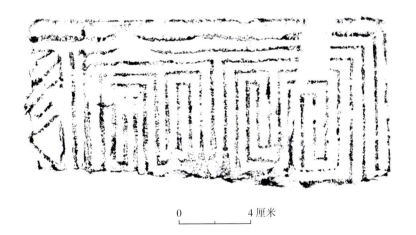

3. T1603②∶8

0   4厘米

彩版一三三　几何纹砖

1. T1603②：11

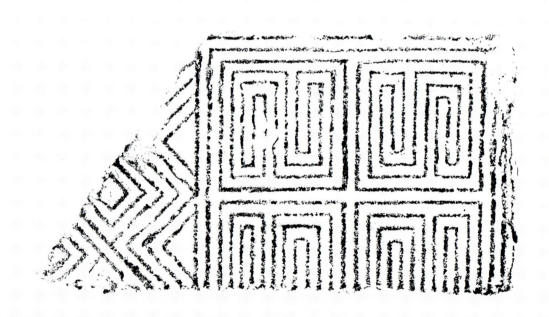

0   4厘米

2. T1603②：11

彩版一三四　几何纹砖

1. T1603②：24

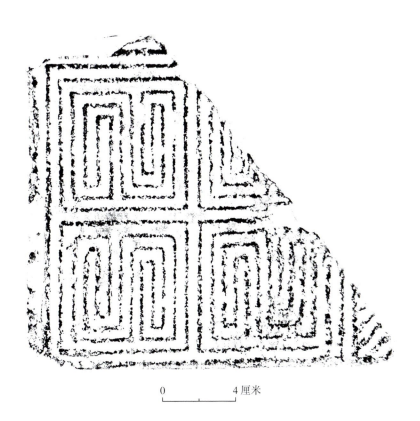

0   4厘米

2. T1603②：24

彩版一三五　几何纹砖

1. T1604②：21

2. T1604②：22

3. T1604②：23

彩版一三六　几何纹砖

1. T1604②：25

0   4厘米

2. T1604②：25

彩版一三七　几何纹砖

1. T1604②：27

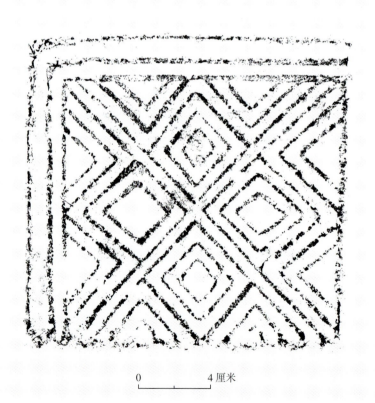

0   4厘米

2. T1604②：27

彩版一三八　几何纹砖

1. T1604②：29

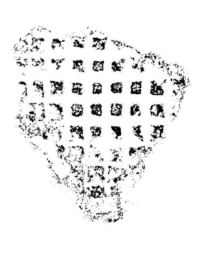

0   4厘米

2. T1603①：6   3. T1603①：6

彩版一三九　几何纹砖、方格纹砖

1. 素面槽砖（XTG2采2）

2. 空心砖（XTG1②：47）

彩版一四〇　素面砖、空心砖

1. T1604②：24

2. T1604②：24

1. XTG2②：33

0   5 厘米

2. XTG2②：33

彩版一四二　板瓦

1. XTG1①：21

2. XTG1①：22

3. XTG1②：30

4. XTG1②：35

5. XTG2①：8

6. XTG2②：32

彩版一四三　板瓦

1. XTG2②：34

2. XTG2②：35

3. XTG2③：11

4. XTG2③：34

5. XTG1③：20

0   8厘米

6. XTG1③：20

1. XTG1①：20

2. XTG1①：23

3. XTG1②：29

4. XTG2②：36

5. T1602②：2

6. XTG1②：32

1. XTG2①：6

2. XTG2①：7

3. XTG2③：14

4. XTG2③：33

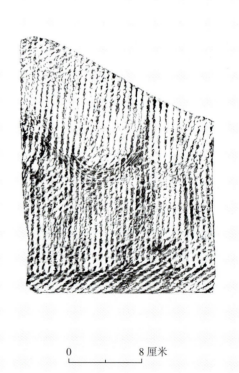

0   8厘米

5. XTG2③：33

彩版一四六　板瓦

1. 板瓦（T1602②：1）

2. 筒瓦（XTG2②：38）

3. 筒瓦（T1602④：1）

4. 筒瓦（XTG2④：6）

彩版一四七　板瓦、筒瓦

1. XTG1③：34

0   8厘米

2. XTG1③：34

彩版一四八　筒瓦

1. XTG1③：36

2. XTG2②：41

3. XTG1①：26

0　　　　　　　8厘米

4. XTG1①：26

5. XTG1②：36

6. XTG1②：37

彩版一四九　筒瓦

1. XTG1②：38

2. XTG1③：37

3. XTG2①：3

4. XTG2①：4

1. XTG2③：7

0   8厘米

2. XTG2③：7

彩版一五一　筒瓦

1. T1206①：3

2. T1602②：4

3. XTG1③：39

4. XTG1③：40

5. XTG2②：42

6. XTG2②：43

1. T1603② : 19

2. XTG2② : 39

3. XTG2③ : 8

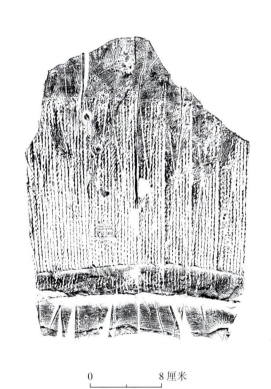

0   8厘米

4. XTG2③ : 8

彩版一五三　筒瓦

1. XTG1③：38

2. XTG1①：24

3. XTG1①：25

4. XTG2①：1

5. XTG2①：5

彩版一五四　筒瓦

1. 筒瓦（XTG2②：37）

0 —— 8厘米

2. 筒瓦（XTG2②：37）

3. 筒瓦（XTG2②：40）

4. 板瓦（T1602②：3）

彩版一五五　筒瓦、板瓦

1. T1603①：5

2. T1603②：20

3. T1603②：21

4. T1603②：23

5. XTG2①：2

6. T1602②：5

1. 筒瓦（T1602②：7）

2. 筒瓦（T1603②：22）

3. 云纹瓦当（XTG2④：16）

0   4厘米

4. 云纹瓦当（XTG2④：16）

彩版一五七　筒瓦、云纹瓦当

1. T1603④：17

0   4厘米

2. T1603④：17

3. T1603④：20

0   4厘米

4. T1603④：20

彩版一五八　云纹瓦当

0   4厘米

1. T1603④：23

2. T1603④：23

0   4厘米

3. T1603④：27

4. T1603④：27

彩版一五九　云纹瓦当

1. XTG1④：8

0   4厘米

2. XTG1④：8

3. XTG1④：16

0   4厘米

4. XTG1④：16

5. XTG2②：31

彩版一六〇　云纹瓦当

1. T1506④：7

2. T1506④：7

3. T1603③：19

4. T1603③：19

彩版一六一　云纹瓦当

1. T1603③：21

3. T1603④：11

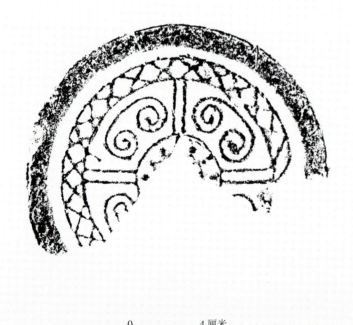

0   4厘米

2. T1603③：21

0   4厘米

4. T1603④：11

彩版一六二　云纹瓦当

1. T1603③：26

0   4 厘米

2. T1603③：26

3. T1603④：2

0   4 厘米

4. T1603④：2

彩版一六三　云纹瓦当

1. T1604④：7

3. T1604④：10

0   4厘米

2. T1604④：7

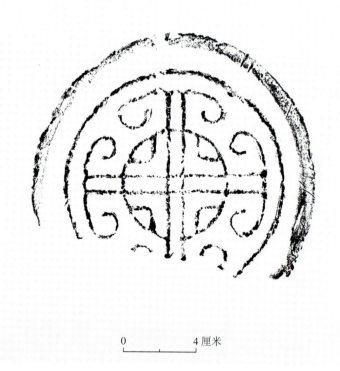

0   4厘米

4. T1604④：10

彩版一六四　云纹瓦当

1. T1604④：15

2. T1604④：15

0   4 厘米

3. XTG1②：9

彩版一六五　云纹瓦当

1. XTG1④：14

0　　　　　4厘米

2. XTG1④：14

3. XTG2④：5

0　　　　　4厘米

4. XTG2④：5

彩版一六六　云纹瓦当

1. T1602④：6

0　　　　　4 厘米

2. T1602④：6

3. T1603④：6

0　　　　　4 厘米

4. T1603④：6

1. T1603④：13

0   4 厘米

2. T1603④：13

3. T1603④：25

0   4 厘米

4. T1603④：25

彩版一六八　云纹瓦当

1. XTG1②：10

3. XTG1③：11

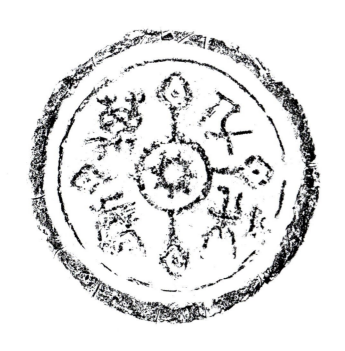

0   4厘米

2. XTG1②：10

0   4厘米

4. XTG1③：11

彩版一六九　"千秋万岁"瓦当

1. XTG1③：24

3. XTG1③：30

2. XTG1③：24

0   4厘米

4. XTG1③：30

彩版一七〇　"千秋万岁"瓦当

1. XTG1③：31

3. T1406③：8

4. T1603④：26

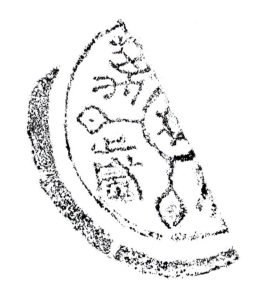

0　　　　4厘米

2. XTG1③：31

0　　　　4厘米

5. T1603④：26

彩版一七一　"千秋万岁"瓦当

1. XTG1③：23

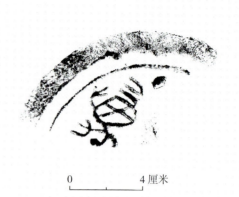

0　　　　　4厘米

2. XTG1③：23

3. T1206③：10

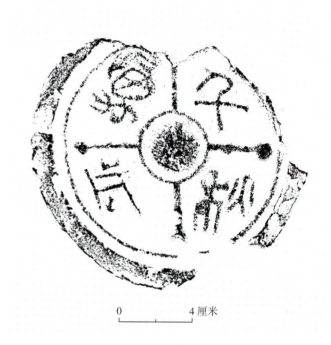

0　　　　　4厘米

4. T1206③：10

5. XTG1②：28

0　　　　　4厘米

6. XTG1②：28

彩版一七二　　"千秋万岁"瓦当

1. T1605③：15

0　　　　4厘米

2. T1605③：15

3. XTG1②：4

0　　　　4厘米

4. XTG1②：4

彩版一七三　　"千秋万岁"瓦当

1. XTG1③：18

0   4厘米

2. XTG1③：18

3. XTG1③：32

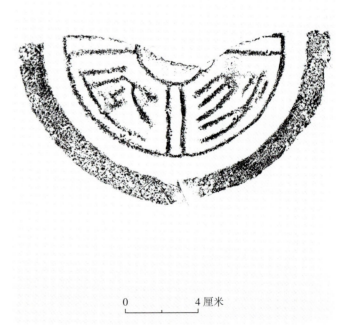

0   4厘米

4. XTG1③：32

彩版一七四　"千秋万岁"瓦当

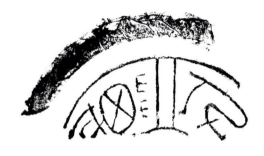

1. XTG2②：12

2. XTG2②：12

3. XTG2②：13

4. XTG2②：13

彩版一七五　　"千秋万岁"瓦当

1. XTG2②：17

3. XTG2②：24

0   4厘米

2. XTG2②：17

0   4厘米

4. XTG2②：24

彩版一七六　"千秋万岁"瓦当

1. XTG2②：25

2. XTG2②：25

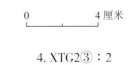
0   4厘米

3. XTG2③：2

4. XTG2③：2

彩版一七七　"千秋万岁"瓦当

1. XTG2③:24

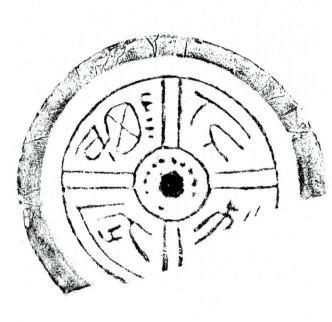

0   4厘米

2. XTG2③:24

3. T1206③:6

0   4厘米

4. T1206③:6

彩版一七八 "千秋万岁" 瓦当

1. T1206③：7

0　　4厘米

2. T1206③：7

3. T1206③：9

0　　4厘米

4. T1206③：9

彩版一七九　"千秋万岁"瓦当

1. T1306②：6

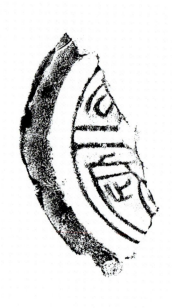

0   4 厘米

2. T1306②：6

3. T1306③：1

0   4 厘米

4. T1306③：1

彩版一八〇　"千秋万岁"瓦当

0   4厘米

1. T1406③∶6   2. T1406③∶6

0   4厘米

3. T1603②∶4   4. T1603②∶4

彩版一八一   "千秋万岁" 瓦当

1. T1603②：7

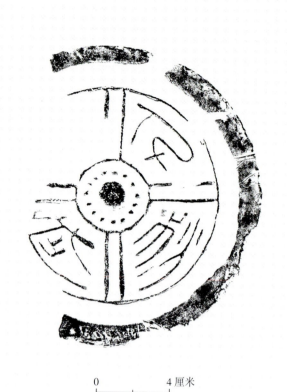

0———————4厘米

2. T1603②：7

3. T1603②：9

0———————4厘米

4. T1603②：9

彩版一八二　　"千秋万岁"瓦当

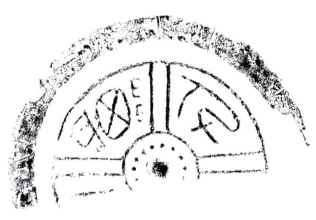

1. T1603②:32

2. T1603②:32

0   4厘米

3. T1603③:2

4. T1603③:2

彩版一八三　"千秋万岁"瓦当

1. T1603③ : 7

2. T1604② : 2

3. T1604② : 2

4. T1603③ : 12

5. T1603③ : 12

彩版一八四　"千秋万岁"瓦当

1. T1604②∶10

2. T1604②∶10

3. T1604③∶18

4. T1604③∶18

彩版一八五　"千秋万岁"瓦当

1. T1605②：8

2. T1605②：8

3. XTG1②：14

4. XTG1②：14

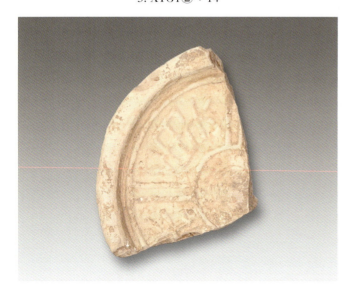

5. XTG2②：9

6. XTG2②：9

彩版一八六　"千秋万岁"瓦当

1. T1206②：8

3. T1206③：3

2. T1206②：8

0   4厘米

4. T1206③：3

彩版一八七　　"千秋万岁"瓦当

1. T1306②：8

0 4厘米

2. T1306②：8

3. XTG1②：8

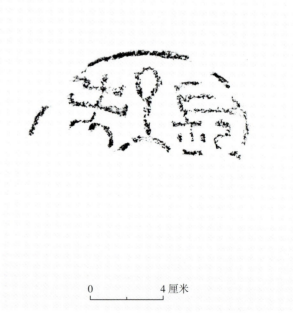

0 4厘米

4. XTG1②：8

彩版一八八 "千秋万岁" "长生未央" 瓦当

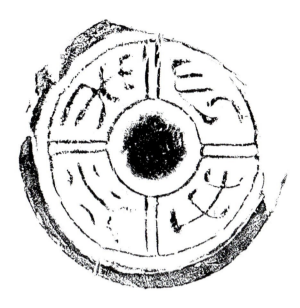

0 ⸻ 4厘米

1. XTG1②：16   2. XTG1②：16

0 ⸻ 4厘米

3. T1602④：2   4. T1602④：2

彩版一八九　"长生未央"瓦当

1. XTG1②：15

2. XTG1②：15

0 —————— 4厘米

3. XTG1②：17

4. XTG1②：17

彩版一九〇 "长生未央"瓦当

1. XTG1②：21

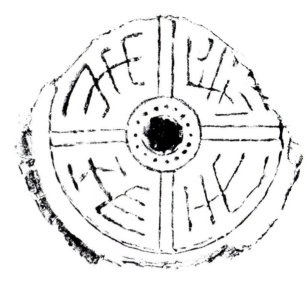

0 ___ 4 厘米

2. XTG1②：21

3. XTG1③：10

0 ___ 4 厘米

4. XTG1③：10

彩版一九一　“长生未央”瓦当

1. XTG1③：14

2. XTG1③：14

3. XTG1③：17

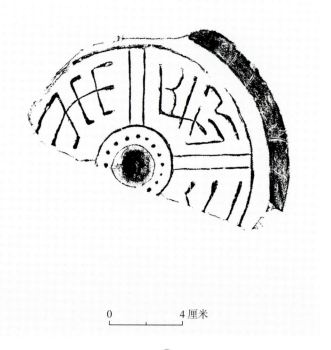

4. XTG1③：17

彩版一九二　"长生未央"瓦当

1. XTG1③：19

0   4 厘米

2. XTG1③：19

3. XTG1③：21

0   4 厘米

4. XTG1③：21

彩版一九三　　"长生未央"瓦当

1. XTG1③：27

2. XTG1③：27

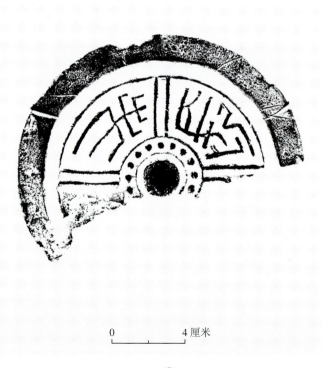

3. XTG1③：29

4. XTG1③：29

彩版一九四　　"长生未央"瓦当

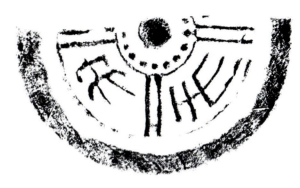

0   4厘米

1. XTG1③：35　　　　　　　　　　　　　　　2. XTG1③：35

0   4厘米

3. XTG2②：6　　　　　　　　　　　　　　　4. XTG2②：6

彩版一九五　　"长生未央"瓦当

1. XTG2③：18

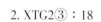

0   4厘米

2. XTG2③：18

3. XTG2③：22

0   4厘米

4. XTG2③：22

彩版一九六　　"长生未央" 瓦当

0 ____ 4 厘米

1. XTG2③：23

2. XTG2③：23

0 ____ 4 厘米

3. XTG2③：27

4. XTG2③：27

彩版一九七 "长生未央" 瓦当

1. XTG2③：32

0   4 厘米

2. XTG2③：32

3. T1206③：1

0   4 厘米

4. T1206③：1

彩版一九八   "长生未央" 瓦当

1. T1206③：4

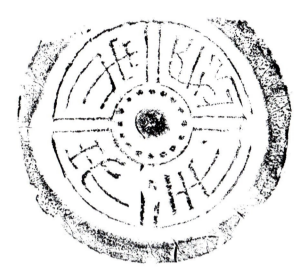

0   4厘米

2. T1206③：4

3. T1306②：3

0   4厘米

4. T1306②：3

彩版一九九   "长生未央" 瓦当

1. T1306②：9

2. T1306②：9

3. T1506②：3

4. T1506②：3

彩版二〇〇　　"长生未央"瓦当

1. T1602③：2

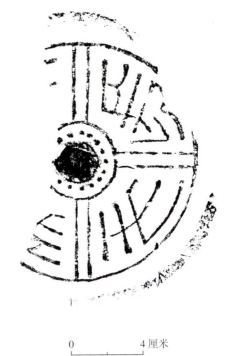

0   4 厘米

2. T1602③：2

3. T1603①：4

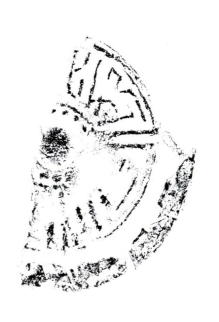

0   4 厘米

4. T1603①：4

彩版二〇一　"长生未央"瓦当

1. T1603②：2

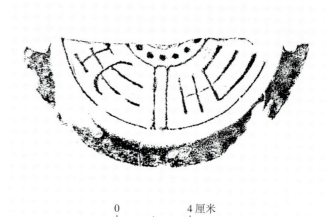

2. T1603②：2

3. T1603②：3

4. T1603②：3

5. T1603②：18

6. T1603②：18

彩版二〇二　"长生未央"瓦当

1. T1603③：11

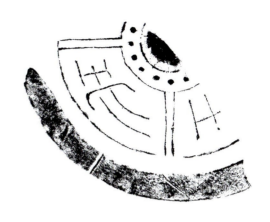

2. T1603③：11

0 　　 4 厘米

3. T1604②：16

4. T1604②：16

0 　　 4 厘米

5. T1604②：17

6. T1604②：17

0 　　 4 厘米

彩版二〇三　　"长生未央" 瓦当

1. T1604③：1

3. T1605②：11

0　　　　　　4厘米

4. T1605②：11

0　　　　　　4厘米

2. T1604③：1

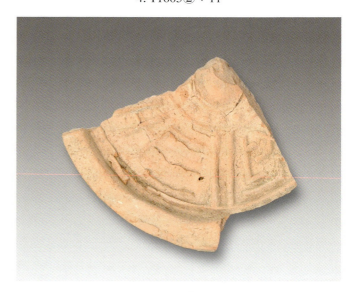

5. T1605③：8

彩版二〇四　　"长生未央"瓦当

1. T1605③：9

0   4厘米

2. T1605③：9

3.XTG1①：4

彩版二〇五　"长生未央"瓦当

1. "宫"字云纹瓦当（T1603④：18）

2. "宫"字云纹瓦当（T1603④：18）

3. "□□□通"字瓦当（XTG1③：15）

4. "□□□通"字瓦当（XTG1③：15）

彩版二〇六　　"宫"字云纹瓦当、"□□□通"字瓦当

1. 柱础石（T1602④：7）

2. 陶双耳杯（XTG1①：5）

3. 陶双耳杯（T1604④：29）

4. 陶双耳杯（T2012③：1）

5. 陶双耳杯（T2012③：4）

6. 陶双耳杯（T2012③：7）

彩版二○七　柱础石、陶双耳杯

1. XTG1①：6

2. XTG1①：7

3. T1603②：25

4. T2012③：3

5. T2012③：8

彩版二〇八　陶双耳杯

1. 陶罐（T1406②：9）

2. 陶豆盘（T1406③：3）

3. 陶器残片（XTG1①：8）

4. 陶器残片（XTG1①：9）

5. 陶器残片（T2012③：10）

6. 陶器残片（T2012③：11）

彩版二〇九　陶罐、陶豆盘、陶器残片

1. T2012③：13

2. XTG2①：17

3. XTG2①：18

4. T1602④：30

5. T2012③：12

6. T2012③：14

彩版二一〇　陶器残片